Synaptisches Management

Hans Gerd Prodoehl

Synaptisches Management

Strategische Unternehmensführung
im 21. Jahrhundert

 Springer Gabler

Hans Gerd Prodoehl
Düsseldorf
Deutschland

ISBN 978-3-658-05518-9   ISBN 978-3-658-05519-6 (eBook)
DOI 10.1007/978-3-658-05519-6

Die Deutsche Nationalbibliothek verzeichnet diese Publikation in der Deutschen Nationalbibliografie;
detaillierte bibliografische Daten sind im Internet über http://dnb.d-nb.de abrufbar.

Springer Gabler
© Springer Fachmedien Wiesbaden 2014

Lektorat: Ulrike M. Vetter

Gedruckt auf säurefreiem und chlorfrei gebleichtem Papier

Springer Gabler ist eine Marke von Springer DE. Springer DE ist Teil der Fachverlagsgruppe Springer
Science+Business Media
www.springer-gabler.de

Vorwort

Dieses Buch ist nicht auf der Zuschauertribüne entstanden, sondern im Handgemenge. Ich habe es nicht im Studierzimmer erdacht, sondern im Maschinenraum.

Es ist das Derivat und Destillat von 13 Jahren Erfahrungen in der Praxis der Unternehmensberatung und Unternehmensführung. Ich habe diese Praxiserfahrungen mit Erkenntnissen konfrontiert, die die Managementlehre, die Soziologie und die Sozialpsychologie in den vergangenen Jahrzehnten zum Management von Unternehmen gewonnen haben, und aus dieser Konfrontation einen neuen Ansatz für die Unternehmensführung im 21. Jahrhundert abgeleitet.

In all diesen Jahren in der Unternehmenspraxis habe ich bemerkenswerte Diskrepanzen festgestellt.

Da ist die Diskrepanz zwischen der wachsenden Anforderung an Unternehmen, vernetzt und systemisch zu denken und zu handeln, und der fortbestehenden Allergie in Unternehmen dagegen, sich umfassend intern und extern zu vernetzen und sich den Interdependenzen und Volatilitäten ihrer Umwelt zu stellen.

Da ist die Diskrepanz zwischen der wachsenden Herausforderung an Unternehmen, wandlungsaffin, änderungsfähig, anpassungsoffen, lernbereit und dynamisch zu agieren, und der althergebrachten Resistenz in Unternehmen gegen die Zumutungen des Wandels.

Da ist eine weitere sinnfällige Diskrepanz. Seit Jahrzehnten liegen belastbare wissenschaftliche Erkenntnisse darüber vor, wie es gelingen kann, Menschen in Unternehmen dazu zu bringen, ihr volles Potenzial auszuschöpfen, also nicht nur ihre Pflicht zu tun, sondern leidenschaftlich, engagiert, eigeninitiativ, innovationsoffen und intrinsisch motiviert zu arbeiten. Im Kontrast dazu bestehen in vielen Unternehmen nach wie vor anachronistische Führungsstrukturen, die dieses Potenzial verlässlich zudecken.

Es gibt aber auch noch eine weitere Diskrepanz zwischen Praxis und Wissenschaft. So liegen tiefgründige Erkenntnisse zur Unternehmensführung vor, die in der neueren Systemtheorie, Komplexitäts- und Chaostheorie, Kybernetik und Evolutionstheorie entwickelt wurden. Wenn diese Erkenntnisse in der Höhenluft akademischer Turmzimmer entstanden sind, dann können sie naturgemäß dem harten Luftdruck nicht standhalten, der in den Niederungen der Unternehmenspraxis tagtäglich ausgehalten werden muss.

Mir geht es mit diesem Buch darum, diese Diskrepanzen zu überwinden und damit Brücken zu schlagen zwischen den verschiedenen Anforderungen, denen Unternehmen

VI

im 21. Jahrhundert ausgesetzt sind. Denn ich gehe davon aus, dass es diese Brückenschläge, diese synaptischen Verbindungen sind, die ein Unternehmen in der zunehmend komplexen, volatilen und erratischen Unternehmensumwelt des 21. Jahrhunderts benötigt, wenn es dauerhaft Kurs halten will.

So ist denn dieses Buch ein Praxishandbuch für alle diejenigen, die heute mit der Führung von Unternehmen befasst sind. Und es entwirft zugleich ein wissenschaftliches Paradigma für die Unternehmensführung im 21. Jahrhundert. Es versucht damit, wissenschaftliche Erkenntnisse praktisch zu erden und praktische Erkenntnisse wissenschaftlich zu validieren.

Ich danke meiner Familie dafür, dass sie es mir neben meinem 24/7-Beruf ermöglicht hat, meine Urlaubstage dafür zu nutzen, dieses Buch zu schreiben.

Düsseldorf, im Juni 2014   Hans Gerd Prodoehl

Inhaltsverzeichnis

Der Autor

 **Hans Gerd Prodoehl** studierte Volkswirtschaftslehre, politische Wissenschaften, Soziologie und Germanistik an den Universitäten Berlin und Marburg/Lahn und promovierte im Jahr 1983 mit einer soziologischen Arbeit über die „Theorie des Alltags". In den Jahren 1983 bis 2001 war er in verschiedenen Positionen in der Landesregierung Nordrhein-Westfalen tätig. Im Jahr 2001 wechselte er aus der Politik in die Wirtschaft. Er ist seit Anfang 2001 Managing Director in der Unternehmensberatungsfirma goetzpartners (www.goetzpartners.com). In dieser Funktion hat er zahlreiche Unternehmen und Regierungen des In- und Auslands beraten. Neben seiner beruflichen Tätigkeit in Politik und Wirtschaft hat er mehrere Romane, wissenschaftliche Bücher und Aufsätze publiziert. Er lebt mit seiner Familie in Düsseldorf.

Abenteuer Management

1

Der Abenteurer nun, um es mit einem Worte zu sagen, behandelt das Unberechenbare des Lebens so, wie wir uns sonst nur dem sicher Berechenbaren gegenüber verhalten. Wo die Verwebung mit unerkennbaren Schicksalselementen den Erfolg unseres Tuns zweifelhaft macht, pflegen wir doch unseren Kräfteeinsatz zu begrenzen, uns Rückzugslinien offen zu halten, den einzelnen Schritt nur wie probeweise zu tun. Im Abenteuer verfahren wir direkt entgegengesetzt: gerade auf die schwebende Chance, auf das Schicksal und das Ungefähr hin setzen wir alles ein, brechen die Brücken hinter uns ab, treten in den Nebel, als müßte der Weg uns unter allen Umständen tragen. (Simmel 1911, S. 18)

Management von Unternehmen bedeutete zu allen Zeiten Management von Unsicherheit und Komplexität. Die Führung und Steuerung des sozialen Systems Unternehmen musste in einer komplexen Systemumwelt stets auf der Grundlage chronischer Informationsdefizite und struktureller Prognoseunsicherheiten erfolgen. Kein Analyseinstrument, keine Managementtheorie war je in der Lage, den Grundsachverhalt zu eliminieren, dass Unternehmensmanagement ein Abenteuer ist: ein entschlossener, möglichst zielklarer, strategisch fundierter, operativ durchgeplanter und analytisch abgesicherter Aufbruch ins Ungewisse.

Ich behaupte, dass für dieses „Abenteuer Unternehmensführung" heute andere Vorzeichen gelten als noch vor einigen Jahrzehnten. Und dass diese anderen Vorzeichen unser Verständnis von guter Unternehmensführung grundlegend verändern müssen.

Das Management von Unternehmen ist heute, im 21. Jahrhundert, mit einer neuen Dimension von Unsicherheit und Komplexität konfrontiert. In den vergangenen Jahrzehnten gab es für Unternehmen eine Potenzierung von Unsicherheit und Komplexität, die stetig weiter fortschreitet.

Dabei zeichnet sich heute ein Prozess ab, in dem Quantität in Qualität umschlägt. Das bedeutet: Die Herausforderung, die sich heute für die Unternehmensführung stellt, besteht nicht einfach darin, dass Komplexität und damit einhergehend auch Unsicherheit graduell zunehmen, sondern dass beide eine neue Qualität, eine neue Dimension gewinnen.

Diese neue Dimension von Unsicherheit und Komplexität erfordert als ihr Pendant ein neues Paradigma des Managements von Unternehmen. Die hergebrachten Paradigmen

H. G. Prodoehl, *Synaptisches Management*,
DOI 10.1007/978-3-658-05519-6_1, © Springer Fachmedien Wiesbaden 2014

der Unternehmensführung reichen nicht mehr aus, um Unternehmen in einer Systemumwelt zu steuern, die auf neuartige Weise komplex und vage ist.

Erforderlich ist ein Ansatz für die Unternehmenssteuerung, der die klassischen Ansätze der industrieökonomischen Unternehmensführung (Market-based View of the Firm, vgl. Porter 1988) und die Ansätze der ressourcenorientierten Unternehmensführung (Resource-based View of the Firm, vgl. Montgomery 1995) auf eine neue Evolutionsstufe hebt.

Management von Wirtschaftsunternehmen im 21. Jahrhundert, im Zeitalter einer potenzierten Komplexität und Unsicherheit, darf sich nicht darauf beschränken, ein Unternehmen durch zweckrationales Handeln planvoll und zielklar von einem Punkt A zu einem Punkt B zu bringen, von einem Ist-Zustand in einen Soll-Zustand zu überführen.

Management im 21. Jahrhundert darf auch nicht darauf reduziert werden, ein Unternehmen auf bestimmte quantifizierbare Ziele hin auszurichten (mehr Wachstum, höhere Profitabilität, größerer Marktanteil, höherer Cash-Flow, höherer Unternehmenswert, höhere Marktkapitalisierung etc.).

Es darf sich auch nicht darin erschöpfen, ein Unternehmen nach einer „klassischen" Mechanik zu steuern: Analyse des Problems oder der Chance – Bestimmung der intendierten Ziele – Evaluation des Ist-Zustands – Analyse der Varianten zur Problemlösung oder zur Chancenausschöpfung – Auswahl der besten Variante – Ableitung eines Maßnahmenplans zur Umsetzung dieser Variante – Fixierung von Zielen und Anweisungen zur Exekution des Maßnahmenplans – Kontrolle der Exekution des Maßnahmenplans – Implementation eines Systems von Belohnungen und Bestrafungen zur Sicherstellung einer plankonformen Exekution durch die Unternehmensakteure.

Ich will dieses klassische Management-Paradigma „Management 1.0" nennen.

Für das Management von Unternehmen im 21. Jahrhundert reicht es aber auch nicht aus, dieses Paradigma des Managements 1.0 mit den herkömmlichen Instrumenten des Change Managements zu garnieren. Diese Anreicherung des Management 1.0-Paradigmas um Methoden des Change Managements nenne ich „Management 2.0".

Das Paradigma des Managements 2.0 stellt darauf ab, die Umsetzung der Maßnahmen des Managements 1.0 dadurch zu befördern, dass die Unternehmensakteure durch diverse Instrumente der Kommunikation und Information, der Emotionalisierung und Mobilisierung „mitgenommen" werden. Das Management 2.0 will bewirken, dass die Mitarbeiterinnen und Mitarbeiter auf der Reise vom Punkt A zum Punkt B, die die Unternehmensführung verordnet, nicht teilnahmslos, sondern teilnahmsvoll folgen, dass sie diese Reise also nicht „willy-nilly", sondern „willingly" antreten.

Ich behaupte: Diese beiden Paradigmen des Managements 1.0 und des Managements 2.0 sind für die Steuerung von Unternehmen im 21. Jahrhundert nicht mehr hinreichend. In der Beschränkung der Unternehmensführung auf die Paradigmen des Managements 1.0 und des Managements 2.0 liegt ein eminentes, chronisch wachsendes Risiko unternehmerischer Fehlsteuerungen.

Im 21. Jahrhundert muss dieses „klassische" Management-Paradigma erweitert, ergänzt bzw. modifiziert werden um das **Paradigma des synaptischen Managements**, das Paradigma eines „Managements 3.0".

Das synaptische Management stellt nicht darauf ab, ein Unternehmen von einem Punkt A zu einem Punkt B zu befördern, sondern darauf, das Unternehmen zu befähigen, sich dauerhaft auf dem Weg der Erfolgsoptimierung zu bewegen.

Synaptisches Management zielt nicht darauf, Unternehmen anzupassen, sondern anpassungsfähig zu machen.

Synaptisches Management ist nicht darauf ausgerichtet, ein Unternehmen zu einem bestimmten Ziel hin zu führen, sondern darauf, ein Unternehmen zu ertüchtigen, möglichst effektiv und effizient Ziele erreichen zu können. Wohl wissend, dass Ziele immer beweglich sind. Und dass die Mittel, die man ergreift, die Ziele verändern.

Synaptisches Management stimuliert die endogene Eigendynamik des Unternehmens, die das Unternehmen in die Lage versetzt, agil und resilient, adaptiv und proaktiv, flexibel und elastisch auf die exogene Umweltdynamik einzugehen.

Es verschränkt jene Eigendynamik mit dieser Umweltdynamik so, dass aus dieser Verschränkung ein Potenzial erwächst, das eine optimale Unternehmensevolution ermöglicht.

Synaptisches Management zielt darauf ab, ein Unternehmen in ein transformationales Unternehmen zu transformieren, d. h. in ein Unternehmen, das sich deshalb effektiver und effizienter als seine Wettbewerber zu wandeln vermag, weil diese Wandlung von einer endogenen Wandlungsaffinität getragen und getrieben wird.

Dies bewirkt das synaptische Management im Kern dadurch, dass es im Unternehmen ein besonderes „Milieu" schafft:

- ein Milieu, in dem Gegensätze integriert werden (z. B. der Gegensatz zwischen dem Erfordernis nach Stabilität und Flexibilität) und in dem aus dieser Einheit des Entgegengesetzten eine endogene Spannung entsteht, die das Unternehmen nachhaltig dynamisiert;
- ein Milieu, in dem alle Elemente des sozialen Systems Unternehmen so mit sich selbst und mit ihrer Umwelt verknüpft werden, dass aus dieser Verknüpfung ein Optimum an evolutionärer Variation und Selektion entsteht;
- ein Milieu, in dem diejenigen Phänomene aufgebrochen und aufgehoben werden, die das Scheitern eines Unternehmens programmieren: die Phänomene der Abschottung des Unternehmens, eines Unternehmensbereichs oder eines Unternehmensakteurs von interner und externer Wandlungsdynamik.

Geht doch das synaptische Management davon aus, dass die Logik des Scheiterns eines Unternehmens gleichbedeutend ist mit der Logik der Abschottung.

Das synaptische Management schafft dieses Milieu im Unternehmen mit fünf Maßnahmen-Clustern, die im Kap. 6 dieses Buches dargestellt werden: Management von Umweltvernetzung, Management von Binnenvernetzung, Management von Kontingenz, Management von Temporalisierung und Management von Heterarchie.

Die These, die dem Paradigma des synaptischen Managements zugrunde liegt, lautet:

▶ Nur dann, wenn durch diese Maßnahmen des synaptischen Managements
   jenes Unternehmens-Milieu geschaffen wird, können die Instrumente der „klassischen", zweckrationalen Unternehmensführung, des Managements 1.0 und
   2.0, effizient und effektiv greifen. Außerhalb dieses Milieus besteht ein hohes
   und chronisch wachsendes Risiko dafür, dass diese Instrumente stumpf und
   dysfunktional bleiben; ihre Effektivität und Effizienz ist dann in der Regel eine
   Sache von Zufällen, ist nicht nachhaltig und nicht von Dauer.
   Werden diese Instrumente in das Milieu eines synaptisch geführten Unternehmens eingebettet, dann werden sie aufgehoben, und zwar im dreifachen Sinne
   dieses Wortes: Sie werden ihrer milieuexternen Statik enthoben, innerhalb des
   Milieus aufbewahrt und zugleich auf eine neue Evolutionsstufe gehoben.

Der „klassische", zweckrational handelnde Manager ähnelt dem Gärtner, der wissenschaftlich exakt, planvoll und diszipliniert seine Pflanzen düngt und wässert, pflegt und hegt,
aber sich nicht um das Klima schert, dem die Pflanzen ausgesetzt sind. Die Pflanzen werden trotz aller Anstrengungen des Gärtners mit hoher Wahrscheinlichkeit verkümmern,
wenn das Klima ihrem Wachstum nicht zuträglich ist.

Synaptische Arbeit stellt hingegen darauf ab, ein Klima zu schaffen, in dem die Pflanzen
optimal gedeihen können. Sie errichtet ein Treibhaus, in dem ein solches günstiges Klima permanent aufrechterhalten wird. Nur innerhalb dieser Klimazone, innerhalb dieses
Treibhauses kann die Arbeit des Gärtners dauerhaft und nachhaltig erfolgreich sein. Außerhalb kann sie allenfalls zufällig und ausnahmsweise Erfolg haben.

Innerhalb des Treibhauses ist die klassische, zweckrationale Arbeit des Gärtners nach
wie vor erforderlich. Der Gärtner wird hier aber anders düngen, anders wässern, anders
pflegen als außerhalb des Treibhauses. Denn das Treibhaus sorgt dafür, dass die endogenen
Kräfte der Pflanzen auf eine bestimmte Weise stimuliert werden. Entsprechend muss der
Gärtner seine Arbeit in diese klimatische Stimulation einpassen.

Synaptisches Management meint also: Das Abenteuer Management kann heute nicht
optimal bestanden werden, wenn man sich lediglich mit Zahlen, Daten, Fakten, IT-Systemen, Analysen, Landkarten, Navigationssystemen, Cockpits, Plänen und Machtbefugnissen ausrüstet. Um im Nebel des Ungewissen nicht zu stranden, braucht man mehr.

Man braucht vor allem die Fähigkeit, im Unvorhergesehenen und Unerwarteten trittsi-
cherer zu sein als die anderen.

Man braucht mehr als die Fähigkeit, auf präzise erkundetem und tektonisch umfassend
analysiertem Land planvoll zu handeln. Vielmehr kommt es auch und gerade darauf an,
sich auf einer Terra incognita souverän zu bewegen. Und das besser zu tun als die Wettbewerber.

Es reicht nicht mehr aus, sich zur Navigation in dieser Terra incognita mit den handels-
üblichen Navigationssystemen auszurüsten.

Für die strategische Unternehmensführung im 21. Jahrhundert ist mehr gefordert. Vor
allem die Fähigkeit, in einem Raum, in dem Unberechenbares geschieht, in dem nicht-
vorhersehbare Eruptionen und Wandlungen stattfinden und in dem vage, nicht eindeutig

identifizierbare Ereignisse eintreten, schneller und kundiger zu lernen als die Wettbewerber. Und sich dabei nicht der Illusion hinzugeben, man könne einen solchen Raum struktureller Unsicherheit meiden oder man könne ihn mit Instrumenten aus dem Arsenal der Managementtheorie sicher machen.

Was dieses „Mehr" konkret bedeutet, soll in diesem Buch behandelt werden.

Dabei mag man durchaus konzedieren, dass es in der Managementtheorie keine Neuerung gibt, die nicht schon irgendwann einmal da gewesen ist. Ich will aber hinzufügen: Wenn das Neue eine Variation des Alten und das Unbekannte eine Alteration des Bekannten ist, dann ist es genau dieses Variieren und Alterieren, das neue Einsichten in altbekannte Sachverhalte erlaubt.

Strategische Unternehmensführung im 21. Jahrhundert bedeutet im Kern Steuerung des sozialen Systems Unternehmen in einer Systemumwelt, die auf eine qualitativ neuartige Weise komplex und unsicher geworden ist und deren Komplexität vice versa auch die Komplexität des Systems Unternehmen potenziert.

Die Komplexität des sozialen Systems Wirtschaftsunternehmen war in früheren Phasen der marktwirtschaftlichen Evolution in vielfältiger Weise limitiert und kanalisiert: durch Abschottung von Wirtschaftsräumen, protektionistische Schutzwälle, Handelsbarrieren, staatliche Maßnahmen zur Eindämmung und Kanalisierung von Wettbewerb, staatliche Regulierung von Branchen und Unternehmen, staatliche Dominanz in bestimmten Branchen und Unternehmen, staatlich geförderte Monopole und Oligopole, informations- und kommunikationstechnische Restriktionen, Sprachbarrieren, kulturelle Barrieren, staatliche Maßnahmen zur regulatorischen Eindämmung sozialer, technischer und wirtschaftlicher Wandlungsdynamik und vieles andere mehr (siehe dazu auch: Hamel 2008, S. 77 ff.).

All diese Reglements und Barrieren reduzierten für die Wirtschaftsunternehmen die Umweltkomplexität und erleichterten für sie die unternehmensinterne „Selektion bevorzugter Relationierungsmuster" (Luhmann 1984, S. 89).

Es war, auch und gerade in Deutschland, für viele Unternehmen bis weit in die 80er Jahre des 20. Jahrhunderts hinein eine stabil umfriedete, überschaubare, leidlich komplexe Umwelt: Das behagliche Oligopol der großen Energieversorger schien in Stein gemeißelt, die Stadtwerke kannten keinen Wettbewerb, Zeitungsverlage beherrschten als Monopolisten oder Oligopolisten ihre lokalen Werbe- und Rubrikenmärkte, die Deutsche Bundespost hatte das Briefmonopol und das Monopol bei Telekommunikationsleistungen, im Schienenverkehr war Wettbewerb ein Fremdwort, Radio und Fernsehen war eine Domäne öffentlich-rechtlicher Anstalten, Teleshopping war gesetzlich verboten, Handelsunternehmen verkauften ihre Waren ausschließlich in Läden oder über gedruckte Kataloge, eCommerce war noch unbekannt und China war ein kommunistisches, fernes Land.

Diese Komplexitätseindämmung durch Umweltkonditionierung entfällt in der globalisierten Ökonomie des 21. Jahrhunderts mehr und mehr. Aus behaglicher Stabilität wird

H. G. Prodoehl, *Synaptisches Management*,
DOI 10.1007/978-3-658-05519-6_2, © Springer Fachmedien Wiesbaden 2014

hier unbehagliche Instabilität. Die Wirtschaftsunternehmen sind in diesem Jahrhundert aufgrund einer Vielzahl von Faktoren, die sich wechselseitig hebeln und potenzieren, einer qualitativ neuartigen, stetig wachsenden Umweltkomplexität ausgesetzt.

Folgende fünf Faktoren sind hier von besonderer Bedeutung: die Komplexitätssteigerung durch kulturelle Homogenisierung, die Potenzierung von Komplexität durch die Evolution der Informations- und Kommunikationstechnik, die Komplexitätssteigerung durch staatliche Deregulierung, die Komplexitätssteigerung durch Abschwächung der Geltungskraft von Normen und der Bindungskraft von Institutionen und die Komplexitätssteigerung durch Brechung der marktwirtschaftlichen Dynamik an der Eigendynamik ökologischer Systeme.

2.1   Komplexitätssteigerung durch kulturelle Homogenisierung

Kulturelle Barrieren, die in früheren Phasen der marktwirtschaftlichen Evolution einen Austausch von Waren und Dienstleistungen und eine unternehmensübergreifende Kooperation zwischen verschiedenen Branchen, Kulturräumen, Nationen und Kontinenten erschwert und damit für die Wirtschaftsakteure Komplexität begrenzt haben, werden seit Mitte des 20. Jahrhunderts kontinuierlich in einem globalen Prozess kultureller Homogenisierung abgebaut.

Bei dieser kulturellen Homogenisierung legt sich ein Set von Handlungs- und Denkkonventionen, die für die Akteure im marktwirtschaftlichen System relevant sind, gleichsam wie ein „Overlay-Netz" über die heterogenen Kulturräume innerhalb von Nationen und Regionen. Dieses Overlay-Netz drängt lokale Kulturen, die jener Homogenisierung entgegenstehen, systematisch zurück und befördert einen Prozess der Assimilation kultureller Normen, Werte, Denkkonventionen, Handlungsmuster und Wahrnehmungsformen und damit die Herausbildung einer wirtschaftsfunktionalen Welteinheitskultur (siehe dazu vielfältige Belege bei Landes 1999).

Sie erleichtert in vielfältiger Hinsicht die globale Kooperation der Wirtschaftsakteure über Kulturräume hinweg und beschleunigt damit stetig Wandel und Wandlungsdynamik. Dieses Overlay-Netz der wirtschaftsfunktionalen Welteinheitskultur stimuliert Warenaustausch und Wirtschaftskooperation auch und gerade dort, wo unterhalb dieses Overlay-Netzes kulturelle Divergenzen und Barrieren fortbestehen. Es homogenisiert die für das Handeln im privatwirtschaftlichen Bereich funktionalen Handlungs- und Denkkonventionen, Regeln und Normen auch dort, wo jenseits der wirtschaftlichen Sphäre kulturelle Besonderheiten fortdauern und kulturelle Heterogenität perpetuiert wird.

Diese kulturelle, wirtschaftsfunktionale Homogenisierung wird durch vielfältige Einflussfaktoren vorangetrieben. Die Globalisierung der Wirtschaftsbeziehungen befördert sie genauso wie die Herausbildung und Verbreitung weltweiter Business-Regularien (die von global operierenden Großkonzernen der Wirtschaftsprüfung proliferiert werden) und das Wirken supranationaler Institutionen (WTO, UN, Weltbank, IWF, OECD u. a.).

Jenseits all dieser Einflussfaktoren hat die kulturelle Homogenisierung aber auch eine inhärente Eigendynamik, ein selbstverstärkendes Eigengewicht.

Ein wesentlicher Motor und ein wesentliches Momentum für diese kulturelle Homogenisierung ist die Herausbildung von globalen, grenzüberschreitenden Medien der Massen- und der Individualkommunikation. Die Tragweite, die diese Medien für die Herausbildung einer wirtschaftsfunktionalen Welteinheitskultur und für die fortschreitende Veränderung von Traditionen haben, ist erst seit dem letzten Jahrzehnt des 20. Jahrhunderts sinnfällig geworden. Mit der Etablierung von globalen Massenmedien durch Verbreitung des Satellitenfernsehens seit den 80er Jahren des 20. Jahrhunderts (CNN, Fox, BBC World u. a.) und mit der ubiquitären Ausbreitung von internetbasierten Medien der Individualkommunikation (Facebook, Google, Twitter, Youtube, WhatsApp, Tumblr u. a.) wurde ein Momentum für die globale Vereinheitlichung, Standardisierung und Homogenisierung medialer Kommunikation geschaffen, das ein umfangreiches Potenzial in sich birgt, ein Potenzial zur Einebnung von Traditionen und Konventionen, zur Virtualisierung von Grenzen und kulturellen Besonderheiten und damit auch und gerade zur Beschleunigung von Wandel.

Die Erschütterungen, die sich in den arabischen Ländern seit dem Jahr 2009 ereignet haben, zeigen exemplarisch, wie die globalen Medien der Massen- und Individualkommunikation in der Lage waren, Wandlungsprozesse zu induzieren und zu beschleunigen.

Die globalen Massenmedien wirken als Wandlungs-Akzeleratoren, indem sie täglich über 24 h hinweg eine ständige Nachrichten-Präsenz und eine unablässige aktuelle Berichterstattung gewährleisten. Die globalen Medien der Individualkommunikation schaffen Wandlungsbeschleunigung, indem sie die grenzüberschreitende, durch keine staatlichen oder technischen Barrieren verhinderbare Kommunikation, Koordination und Kooperation von Gruppen von Menschen ermöglichen und erleichtern.

Die global verbreiteten Medien der Massen- und Individualkommunikation bilden gleichsam den Stoff, aus dem jenes „Overlay-Netz" der globalen Homogenisierung geflochten ist.

Das sprachliche Pendant zu diesem „Overlay-Netz" ist die Entwicklung der englischen Sprache zur kulturübergreifenden Lingua franca für den weltweiten Wirtschaftsaustausch. Der damit einhergehende Abbau von Sprachbarrieren stimuliert die globale Wirtschaftskooperation und befördert damit die Komplexität der unternehmensrelevanten Systemumwelten.

Ein markantes Beispiel für ein Fortschreiten wirtschaftsfunktionaler, kultureller Homogenisierung ist die Entwicklung Indiens seit Anfang der 90er Jahre (vgl. Naipaul 1992; Müller 2006).

Diese globale kulturelle Homogenisierung vergrößert die Komplexität für die Wirtschaftsunternehmen aus zwei Gründen.

Zum einen deshalb, weil diese Homogenisierung Barrieren, die der Beschleunigung und der Globalisierung des weltweiten Warenaustauschs entgegenstehen, abbaut.

Zum anderen deshalb, weil diese Homogenisierung einen Konflikt generiert, der für die Unternehmen mit wachsender Komplexität verbunden ist. Es ist dies der Konflikt zwischen jenem „Overlay-Netz" marktwirtschaftlicher Welteinheitskultur und lokalen kulturellen Traditionen bzw. lokalen Ökosystemen, die nach anderen Regeln und Normen funktionieren als diese Welteinheitskultur, gleichwohl aber von ihr tendenziell unterminiert werden und deshalb in vielen Regionen der Welt gegen die Ausbreitung dieser Welteinheitskultur mobilisiert werden.

Durch diese Mobilisierung entsteht in vielen Regionen der Welt ein Bruch zwischen der wirtschaftsfunktionalen Welteinheitskultur, die auf globale Verbreitung drängt, und lokalen Kulturen, die sich quer zu den Regeln dieser Welteinheitskultur stellen.

Dieser Bruch schafft für die Unternehmen, die in beiden Kulturen präsent sein müssen, ein chronisches Komplexitätsproblem.

Ein Beispiel für diesen Bruch, für diesen Konflikt, sind die Gärungsprozesse in den Staaten der arabischen Welt. Diese Gärungsprozesse haben vielfältige Ausprägungsformen (vom iranischen Fundamentalismus bis hin zur ägyptischen Revolution). Sie sind aber allesamt Ausdruck einer chronischen Spannung, in der sich diese Länder befinden, einer Spannung zwischen den Anforderungen und den Ingredienzien der marktwirtschaftlichen Welteinheitskultur und der Beharrungskraft lokaler Traditionen und Kulturen.

So geht die Ausbreitung dieser marktwirtschaftlichen Welteinheitskultur immer mit bestimmten Evolutionstendenzen und Konfliktszenarien einher.

Das kommerzielle Verwertungskalkül überlagert tendenziell moralische Werte. Die Statik sozialer Gefüge wird durch das Flexibilitäts- und Mobilitätspostulat der Marktwirtschaft tendenziell unterminiert. Die soziale Kluft zwischen Gewinnern und Verlierern der marktwirtschaftlichen Evolution wird tendenziell vertieft.

Hinzu kommt ein wesentlicher Sachverhalt: Marktwirtschaftliche Systeme tendieren dazu, geschlossene, auf den Konventionen von traditionellen Gemeinschaften beruhende, auf Begrenzung hin angelegte, nach zyklischen Taktungen funktionierende Ökosysteme (Familien, Stammesgruppen, Berufsstände, Naturlandschaften etc.) in Frage zu stellen und zu unterminieren. Denn die Dynamik marktwirtschaftlicher Systeme strebt dahin, das Geschlossene global durchlässig zu machen, traditionelle Konventionen zu überlagern, Qualitäten in Quantitäten zu transformieren, Begrenzungen aufzuheben und Zyklizität durch das lineare Kalkül des Immer mehr, Immer höher und Immer weiter abzulösen.

Diesen Evolutionstendenzen der marktwirtschaftlichen Welteinheitskultur stehen in den arabischen Ländern die Traditionsbestände und die Residuen lokaler Kulturen entgegen. Die sind in der Regel auf Geschlossenheit, Begrenztheit, traditionelle Konventionen und zyklische Ökosysteme ausgelegt. Der Bruch und der Konflikt zwischen diesen beiden Kultursphären, zwischen der lokalen Basiskultur und dem Overlay-Netz der Globalkultur, verursachen in diesen Ländern chronische Gärungen und Spannungen.

Die international tätigen Unternehmen, die in diesen Staaten der arabischen Welt Geschäfte machen wollen, geraten unweigerlich in dieses Spannungsfeld hinein, müssen sie doch sowohl nach den Taktungen der globalen Wirtschaft funktionieren als auch auf die lokalen Kulturen und traditionellen Regeln dieser Länder eingehen.

2.2   Die Potenzierung von Komplexität durch die Evolution der Informations- und Kommunikationstechnik

Es gab in den vergangenen Jahrzehnten drei klassische Wege zur Minderung von Komplexität und zur Schaffung einer Zone relativer Sicherheit und Berechenbarkeit für diejenigen, die im Bereich der Wirtschaft agierten:

- zum einen die Abschottung von Wirtschaftsräumen bzw. der Aufbau von Grenzzäunen gegen ubiquitären Wirtschaftsaustausch,
- zum anderen Normen, Regularien und Konventionen, die den Status-quo zementierten und Wandel behinderten bzw. die Geschwindigkeit von Evolutionen begrenzten
- und zum dritten Normen, Regularien und Konventionen, die den Austausch von Wissen, Informationen und Daten über Grenzen (von Unternehmen, Branchen, Regionen, Nationen etc.) hinaus reglementierten und eindämmten.

Die komplexitätssteigernde Wirkung der Informations- und Kommunikationstechnik (IuK-Technik), die in vielen Studien beschrieben wurde (siehe exemplarisch Friedman 2006; IBM-Studie 2012), rührt gerade daher, dass sie alle diese drei Wege der Komplexitätsminderung unterminiert und damit für immer mehr Wirtschaftssubjekte unbegehbar macht.

Diese ihre komplexitätssteigernde Wirkung hat die Informations- und Kommunikationstechnik seit den 80er Jahren des 20. Jahrhunderts entfaltet. Sie ging einher

- mit bahnbrechenden informationstechnischen Innovationen (der erste IBM PC kam 1981 auf den Markt, die erste Version der Windows-Software wurde 1985 in den Markt gebracht),
- mit einer „revolution in connectivity" (Friedman 2006, S. 59), die mit dem Internet, dem World Wide Web, dem Web-Browser und den Protokollen HTML, TCP/IP, VoIP einfach und kostengünstig ubiquitäre Kommunikation, Kollaboration und globalen Informationsaustausch ermöglichte,
- mit der „digitization revolution" (Friedman 2006, S. 70),
- mit dem globalen Ausbau der Telekommunikations-Infrastrukturen in Glasfasertechnik (die erste kommerzielle Installation eines Glasfaser-Systems fand im Jahr 1977 statt)
- und mit der Deregulierung der Telekommunikationsmärkte in den Industrieländern (beginnend in den USA mit der Entflechtung von AT&T im Jahr 1984).

Die Auswirkung dieser IuK-Revolution auf die Komplexität des Handelns der Wirtschaftsakteure lässt sich wie folgt beschreiben:

- Die protektionistische Abschottung von Wirtschaftsräumen und die Limitierung von Wettbewerb und Wirtschaftskooperation wurde mehr und mehr durch einen dynamischen „Unterstrom" der Informations- und Kommunikationstechnik unterminiert,

einen Unterstrom, der Grenzen porös und Mauern durchlässig machte. Die IuK-Techniken ermöglichten und erleichterten ubiquitäre Kommunikation, grenzüberschreitenden Informations- und Wissensaustausch und bewirkten deshalb eine allmähliche
Erosion der Barrieren, die noch im vergangenen Jahrhundert Komplexität, Wettbewerb
und Wandel eingedämmt haben.

- Die IuK-Techniken haben nicht nur den globalen Fluss von Wissen, Kommunikation
  und Information ermöglicht und erleichtert, sondern damit auch die Geschwindigkeit
  der Wissensakkumulation, des Wissenstransfers, des Wissenserwerbs und damit der
  wissenschaftlich-technischen Evolution vergrößert.
- Sie wirken als globaler Akzelerator, als ein Medium zur permanenten Beschleunigung
  von Wandel und Innovation, zur immer schnelleren Verdrängung des Alten und Dynamisierung des Neuen. Sie unterminieren damit stetig den Bestand des Bestehenden, die
  Relevanz und Gültigkeit von Gewissheiten und Wissensbeständen, die Schutzzonen an-
  gestammter Kompetenzen und Know-how-Domänen, die Sicherheit althergebrachter
  Rituale und Gewohnheiten. Sie unterlegen damit dem Handeln der Wirtschaftsakteure
  auf globaler Ebene einen reißenden, alles Feste und Bekannte, Gewisse und Sichere un-
  terspülenden Fluss, der alles durchdringt, auch geschützte Festungen des Status-quo
  unterminiert, und der dabei stetig schneller fließt, ohne Rücksicht auf Traditionen und
  altbewährte Konventionen.
- Die informations- und kommunikationstechnische Evolution, die neuen digitalen Medien der Kommunikation, Verbreitung und Aufbereitung von Information und das Internet wirken aber nicht nur als ein radikaler Akzelerator von Wandel und ein nachhal-
  tiger Liquidator von Sicherheit und Gewissheit. Sie haben darüber hinaus das Potenzial,
  auch Normen und Gesetze, Konventionen und Werte, die Schutzzonen um proprietäre
  Wissensbestände und normenbewehrte Konventionen ziehen, einzuebnen und zu unterspülen. Sie brechen nicht nur Barrieren und Mauern, deren Niederreißen normen-
  konform, also „compliant" ist. Vielmehr schaffen die IuK-Techniken ein Potenzial zur
  illegalen Wissensbeschaffung, zur Industrie- und Staatsspionage, zur Durchdringung
  von Eigentums- und Intimsphären, zur Erosion von Normen und Konventionen, ein
  Potenzial, das im Zuge der IuK-Evolution stetig ausgeweitet und ausdifferenziert wird.
- Jener „Unterstrom" der IuK-Technik ist also auch und gerade in der Lage, strafbewehrte
  Grenzen und Barrieren durchlässig zu machen. Vor ihm ist nichts sicher, nicht die Di-
  gnität von Unternehmensgeheimnissen, nicht der Tresor der proprietären Wissensbestände. Er unterspült Patente genauso wie Geheimdossiers und Eigentumsrechte.

All das, was die IuK-Evolution ausmacht, die ubiquitäre Breitband-Kommunikation über
Festnetze, Mobilfunknetze und Satelliten, die ubiquitäre Ausbreitung und Standardisie-
rung, Verbilligung und Vernetzung von Software und Hardware, die fortschreitende Op-
timierung der Leistungsfähigkeit von IuK-Modulen (Moore's law etc.), der Siegeszug des
Internet, die globale Ausbreitung von Kommunikations- und Informationsmedien auf der
Basis weltweit einheitlicher Protokolle etc., all dies potenziert beständig die Komplexität

der Systemumwelt von Unternehmen und erodiert diejenigen Zonen von Sicherheit und Beständigkeit, die vormals bestanden.

Und diese durch die beständige Evolution der IuK-Techniken und -Medien induzierte Erosion beschleunigt sich tendenziell. Dieser Erosion ist ein Momentum inhärent, das Komplexität weiter potenziert und Unsicherheit weiter perpetuiert.

Dieses endogene Momentum ist auch und gerade für das Internet kennzeichnend.

Das Internet ist Motor, Medium und Kristallisationspunkt für eine neue Ära der Steigerung von Komplexität, Volatilität und Wandel. Es schafft ein eigenes Ökosystem, das tendenziell alle Unternehmen affiziert und das für eine Vielzahl von Unternehmen Komplexität potenziert. Das Internet hat diese komplexitätssteigernde Wirkung aufgrund einer Reihe von Funktionsmechanismen, die dem Medium Internet inhärent sind. Sie seien hier kurz skizziert:

- Das Internet schafft für eine Vielzahl von Unternehmen die Chance, den gesamten Weltmarkt zu penetrieren, ohne eine globale Infrastruktur aufbauen zu müssen (Google, Facebook, eBay, MySpace, WhatsApp etc.). Damit erhalten diese Unternehmen die Möglichkeit, in einer Geschwindigkeit ein globales Geschäft zu errichten, die vor dem Internetzeitalter nicht vorstellbar war. Entsprechend verändern diese Unternehmen mit der gleichen Geschwindigkeit, mit der sie ihr Geschäft globalisieren, für Millionen von anderen Marktteilnehmern geschäftsrelevante Rahmenbedingungen.
- Die technische Architektur des Internet schafft für eine potenziell unendliche Vielzahl von Nutzern soziale Räume für hierarchiefreie Selbstorganisation, herrschaftsfreie Kommunikation, restriktionsfreie Informationsübermittlung, verantwortungsfreie Aktion und grenzüberschreitende Kooperation. Sie konstituiert damit soziale Räume, die sich tendenziell einer externen Kontrolle und Normierung entziehen. Alle Unternehmen, die mit diesen Räumen konfrontiert werden, werden dadurch in eine Sphäre erratischer Volatilität und Komplexität hineingezogen, die weder berechenbar noch kontrollierbar ist.
- Das Internet hat das chronische Potenzial, die normativen Schutzzäune zu unterspülen, die das geistige Eigentum vor unbefugtem Zugriff bewahren sollen. Es unterminiert dadurch nicht nur die Geschäftsmodelle diverser Branchen (Verlagshäuser, Musikfirmen, Filmproduzenten etc.), sondern auch die Schranken, die den Zugang zu Firmengeheimnissen konditionieren.
- Das Internet schafft für alle Kaufinteressenten dadurch, dass es ein universaler Transparenz-Generator ist, einen stetig umfangreicher werdenden Pool von Informationen über Waren, Anbieter und Kaufkonditionen. Und es öffnet Räume für einen ubiquitären Austausch der Kaufinteressenten in den Peer Groups der Social-Media-Medien. Diese Transparenz- und Interaktionschancen, die das Internet erschließt, schaffen die Voraussetzungen dafür, dass die Kunden für die Warenanbieter heute weniger denn je berechenbar und domestizierbar sind. Die Kunden werden damit im Ökosystem des Internet tendenziell kundiger, wählerischer, untreuer und volatiler.

- Das Internet etabliert eine virtuelle globale Warenbörse und verändert damit fortwährend die Bedingungen für den Kauf und Verkauf von Waren. Dieses internetbasierte Ökosystem des E-Commerce dynamisiert permanent für alle Marktteilnehmer, die mit dem Handel von Waren befasst sind, die Rahmenbedingungen ihrer Handelstätigkeit.

2.3 Komplexitätssteigerung durch staatliche Deregulierung

Zwei Umbrüche waren es, die, beginnend in den 80er Jahren des letzten Jahrhunderts, im globalen Maßstab eine neue Ära der Komplexitätssteigerung induzierten: der Siegeszug der neuen IuK-Techniken bzw. der neuen IuK-Medien und der Siegeszug der Marktökonomie. Beide Umbrüche fanden etwa zeitgleich statt, verschränkten sich und potenzierten damit ihre komplexitätssteigernde Wirkung.

Mit dem Fall des kommunistischen Systems in der Sowjetunion und in den Staaten Osteuropas, mit der Öffnung des kommunistischen China für die Marktökonomie durch Deng Xiaoping seit den 80er Jahren des 20. Jahrhunderts, mit der marktwirtschaftlichen Transformation des sozialistischen Indien ab 1991 durch den damaligen indischen Finanzminister Manmohan Singh wurde eine globale Entwicklung eingeleitet, die für die Wirtschaftsakteure zwei komplexitätssteigernde Effekte zeitigte.

Zum einen wurde mit diesen Umbrüchen das Zeitalter der globalen Wettbewerbsökonomie eingeläutet. Mit der schrittweisen Öffnung der genannten Staaten für die Marktwirtschaft wurden normative Barrieren, die dem globalen Warenaustausch und der globalen Wirtschaftskooperation entgegenstanden, graduell abgebaut. Damit wurden auch die Voraussetzungen für eine globale Durchsetzung der seit den 80er Jahren entwickelten IuK-Techniken und IuK-Medien geschaffen.

Die Globalisierung von Marktwettbewerb und Wirtschaftsbeziehungen, die durch den globalen Siegeszug der Marktwirtschaft ermöglicht und erleichtert wurde, bewirkte für die Wirtschaftsunternehmen aus mehreren Gründen eine Potenzierung von Komplexität:

- Einerseits führt diese Globalisierung dazu, dass unternehmerische Dispositionen, nicht nur bei Großkonzernen, sondern auch bei mittelständischen Unternehmen, in einer global ausgeweiteten Systemumwelt getroffen werden müssen. Das soziale System Unternehmen wird damit in eine globale Umwelt hineingeworfen, in der globale Entwicklungen auf das Unternehmen einwirken und Entscheidungen des Unternehmens globale Implikationen und Wirkungen zeitigen können. Ehemals bestehende geographische Begrenzungen der für das Unternehmen relevanten Systemumwelt werden eliminiert. Seine Systemumwelt wird global.
- Andererseits muss das Unternehmen diese globale Komplexität seiner Systemumwelt in innersystemischen Strukturen reflektieren und damit seine interne Systemdifferenzierung, mithin seine Binnenkomplexität erheblich ausweiten. Es kann diese externe Komplexität nur dann bewältigen, wenn es sie in interne Komplexität übersetzt.

- Die Komplexitätssteigerung im Binnenraum des Systems Unternehmen und die globale Komplexitätssteigerung in der systemrelevanten Umwelt beeinflussen sich, wirken aufeinander ein und bewirken damit tendenziell eine wechselseitige Potenzierung von Komplexität.

Zum anderen haben die genannten Umbrüche (Fall des kommunistischen Systems in der Sowjetunion, marktwirtschaftliche Evolution in den Schwellenländern etc.) einen globalen Trend zur staatlichen Deregulierung und zum Abbau staatlicher Wirtschaftsdomänen angestoßen. Dieser Trend hat in vielfältiger Hinsicht die Komplexität für unternehmerisches Handeln in den Staaten, die diesen Trend aufgenommen haben, vergrößert.

So machte es die Essenz des kommunistischen Wirtschaftssystems aus, für die staatlichen Unternehmen Volatilität und Umweltkomplexität möglichst einzudämmen. Staatlich dirigierte Wirtschaftsplanung sollte für alle Wirtschaftsakteure einen Raum der langfristigen Berechenbarkeit schaffen, in dem die Risiken und Unsicherheiten des kapitalistischen Wirtschaftens außer Kraft gesetzt waren. Dieser staatlich durchregelte kommunistische Wirtschaftsraum schaffte auch für die Wirtschaftsakteure in den westlichen Marktwirtschaften eine Zone der Berechenbarkeit und der Stabilität. All dies erodierte dann seit Ende der 80er Jahre im Zuge des Niedergangs des kommunistischen Weltsystems.

Die Staaten haben ein ganzes Arsenal an Instrumenten, mit denen für die innerstaatlichen Wirtschaftsakteure Komplexität und damit Unsicherheit gemindert werden kann. Im Zuge jenes Trends zur Deregulierung, der seit den 80er Jahren des letzten Jahrhunderts verstärkt zu beobachten ist, wurden die Wirkungskraft und die Wirkungsreichweite dieser Instrumente mehr und mehr geschwächt und eingeschränkt. Auch wurden in vielen Staaten einige dieser Instrumente komplett verschrottet.

Folgende komplexitätssteigernde Maßnahmen haben einzelne Staaten zum Beispiel im Kontext jenes Trends zur Deregulierung ergriffen:

- Privatisierung staatlicher Wirtschaftsunternehmen (die damit in den globalen Wirtschaftswettbewerb hineinzogen und aus einer staatlich durchregelten „Schutzzone" herausbefördert wurden);
- Deregulierung bestimmter Branchen und Unternehmen, die vormals durch staatliche Regulierung eine „staatlich normierte und damit komplexitätsreduzierte Systemumwelt" zugeteilt bekommen hatten (z. B. in der europäischen Telekommunikationswirtschaft; so hatte die Deutsche Bundespost in den 80er und frühen 90er Jahren des letzten Jahrhunderts noch eine durch staatliche Regulierung abgesicherte, dauerhaft berechenbare und damit komplexitätsarme Systemumwelt: ohne nationalen Wettbewerb, ohne Wettbewerber aus dem Ausland; diese komplexitätsarme Systemumwelt wurde mit der Deregulierung des deutschen Telekommunikationsmarktes ab dem Jahr 1998 schrittweise transformiert; sie wurde damit auf dramatische Weise komplexer);
- Abbau staatlich normierter „Schutzzonen" für Unternehmen (z. B. durch Absenkung oder Beseitigung protektionistischer Barrieren, die bestimmte Wirtschaftsbranchen in

bestimmten Staaten vor der globalen Konkurrenz abschirmten und damit die für diese Branchen relevante Systemumwelt simplifizierten);

- Abbau staatlicher Normen, die entweder eine Abschwächung von Markt- und Wandlungsdynamik oder die Etablierung von veränderungsresistenten Enklaven (Zonen, die der Marktdynamik entzogen sind) bewirken; ein Beispiel sind arbeitsrechtliche Normen, die unternehmerische Dispositionen beschränken; ein Abbau solcher Normen, wie er in vielen europäischen Ländern in den vergangenen Jahren erfolgte, stimuliert die Marktdynamik und erhöht mit der marktwirtschaftlichen Wandlungsgeschwindigkeit auch die Komplexität der Systemumwelt, in der sich die Unternehmen bewegen.

Durch all diese staatlichen Maßnahmen wurde und wird bewirkt, dass die für die Unternehmen relevanten Systemumwelten immer differenzierter, wandlungsaffiner, unsteter, erratischer, unberechenbarer, kontingenter und damit komplexer werden.

2.4   Komplexitätssteigerung durch Abschwächung der Geltungskraft von Normen und der Bindungskraft von Institutionen

Ein weiterer Faktor, der in den vergangenen Jahrzehnten zur markanten Komplexitätssteigerung für das soziale System Wirtschaftsunternehmen geführt hat, ist die in allen fortgeschrittenen Volkswirtschaften der Welt nachweisbare Erosion der Geltungskraft von Normen und Werten, Konventionen und Regeln, moralischen Standards und ethischen Prinzipien. Sie ist in vielen Untersuchungen detailliert aufgewiesen worden (vgl. Scheler 1955, S. 126 ff.; Gouldner 1974, S. 458 ff.; Lefebvre 1972, S. 86 ff.).

Die „Renaissance" von Ethik und Moral, die in den vergangenen Jahren mit den Etiketten „Corporate Social Responsibility", „Good Governance" und „Compliance" versehen wurde, ist keine Gegenbewegung gegen diesen Trend, sondern unterstreicht seine Wirksamkeit.

Denn diese „Renaissance" ist eine Reaktion der Wirtschaftsakteure und Wirtschaftsunternehmen auf Auswüchse von Amoralität und Moralindifferenz (Korruptionsaffären, Weltfinanzkrise u. a.), die jener Trend hervorgebracht hat. Es ist eine trendkonforme Reaktion. Denn sie zielt nicht darauf ab, jenen Trend umzukehren, sondern die gesellschaftliche und politische Legitimation des Wirtschaftshandelns, die aufgrund jenes Trends erschüttert wurde, zu restituieren.

Dieser Trend zur Moralindifferenz und zur Normenrelativierung, der in fortgeschrittenen Industriegesellschaften nachweisbar ist, ist für die Komplexität der Systemumwelt, in der die Unternehmen agieren, von großer Bedeutung.

Denn in einer Gesellschaft, in der staatliche Normen und moralische Regeln eine hohe Geltungskraft haben, bewegen sich Wirtschaftsunternehmen in einer durchregelten und damit für sie weithin berechenbaren Systemumwelt. Normen und Moralprinzipien führen zu einer Verminderung von Kontingenz, weil sie das Arsenal der Handlungsmöglichkeiten, das den Wirtschaftsakteuren und den Wirtschaftsunternehmen zur Verfügung steht, kanalisieren und dezimieren. Sie schaffen damit für die Unternehmen eine normativ strukturierte Umwelt, in der Unsicherheit und Komplexität durch kodifizierte Regeln und moralische Prinzipien eingehegt und begrenzt sind (vgl. Parsons 1980, S. 183 ff.).

In dem Maße, in dem die Verbindlichkeit ethischer Standards und moralischer Normen für die Wirtschaftsakteure schwächer wird, nimmt die Komplexität der Systemumwelt zu, in der sich die Akteure bewegen. Ihre Fähigkeit, Handlungen anderer Wirtschaftsakteure zu berechnen und zu antizipieren und, darauf basierend, für sich selbst eine Selektion von Handlungsoptionen vorzunehmen, wird in einer Umwelt der chronischen Normenrelativierung und Moralindifferenz strukturell unterminiert. Für die Wirtschaftsakteure wachsen damit chronisch Kontingenz und Unsicherheit.

Dieses grundsätzliche Problem wird für Unternehmen, die sich in unterschiedlichen Wirtschaftsräumen und Ethikwelten bewegen müssen, noch potenziert. Sie sind damit konfrontiert, dass sie in dem einen Wirtschaftsraum ethische Prinzipien beachten müssen, die in anderen Wirtschaftsräumen faktisch keine Geltung haben bzw. geschäftsschädigend wirken. Sie müssen gewärtigen, dass die gleiche ethische Norm in dem einen Wirtschaftsraum Voraussetzung für Geschäftserfolg und in dem anderen Wirtschaftsraum Garant für Misserfolg ist. Sie erfahren zum Beispiel, dass ein Geschäftsabschluss in Dänemark durch Bestechungszahlungen unmöglich und in Indien erst möglich gemacht wird.

Diese „ethische Ambivalenz" des Wirtschaftshandelns im Zeitalter der Globalisierung ist ein weiterer Faktor, der die strukturelle Komplexität für die Wirtschaftsunternehmen erhöht.

Das soziostrukturelle Pendant zur Normenrelativierung ist die chronische Abschwächung der Bindungskraft von sozialen Institutionen und das Voranschreiten eines sozialen Individualisierungsprozesses. Diese Herausbildung einer individualisierten Gesellschaft ist in der soziologischen Literatur vielfach aufgewiesen worden (siehe exemplarisch: Beck 1986, S. 143 ff.; Sennett 2000).

Auch diese Tendenz, die in den fortgeschrittenen Industrieländern verstärkt seit der zweiten Hälfte des vergangenen Jahrhunderts zu beobachten ist, hat für die Komplexität der Systemumwelt, in der sich Unternehmen bewegen, eine weittragende Bedeutung.

Und das in zweierlei Hinsicht:

Zum einen ist mit der Abschwächung der Bindungskraft von sozialen Institutionen (Familien, Vereinen, Verbänden, Parteien, Unternehmen etc.) ein Voranschreiten sozialer Individualisierung verbunden. „Der Motor der Individualisierung läuft auf vollen Touren" (Beck 1986, S. 157). Soziale Cluster mit homogenen Binnenstrukturen werden damit mehr und mehr zurückgedrängt, soziale Monaden prägen zunehmend das gesellschaftliche Milieu.

Jene sozialen Cluster waren und sind aber von großer Bedeutung, um die Systemumwelt, in der sich Unternehmen bewegen, zu strukturieren und damit zu simplifizieren. Indem diese sozialen Cluster an Bindungskraft verlieren, indem die soziale Individualisierung voranschreitet, wird die Systemumwelt für Unternehmen erheblich komplexer.

Diese Komplexitätssteigerung ergibt sich daraus, dass die Strukturen des gesellschaftlichen Milieus, in dem sich die Unternehmen bewegen müssen, im Zuge des Trends zur Individualisierung differenzierter, kleinteiliger, heterogener und erratischer werden.

Für die Systemumwelt der Unternehmen hat dies eine erhebliche Bedeutung. Prägen die Lebensbedingungen der Menschen, die den Unternehmen als Konsumenten, Kunden, Mitarbeiter, Meinungsbildner etc. begegnen, doch in vielfältiger Hinsicht diese Systemumwelt. In dem Maße, in dem diese Menschen aus tradierten sozialen Clustern heraustreten, in einer „individualisierten Gesellschaft" (Beck 1986, S. 217) ihre eigene Biographie aus einer Vielzahl von Möglichkeiten komponieren, wird das „System Individuum" im Vergleich zu früheren Vergesellschaftungsformen erheblich komplexer.

Beck beschreibt diese Komplexitätssteigerung wie folgt: „Individualisierung bedeutet in diesem Sinne, dass die Biographie der Menschen aus vorgegebenen Fixierungen herausgelöst, offen, entscheidungsabhängig und als Aufgabe in das Handeln jedes einzelnen gelegt wird. Die Anteile der prinzipiellen entscheidungsverschlossenen Lebensmöglichkeiten nehmen ab, und die Anteile der entscheidungsoffenen, selbst herzustellenden Biographie nehmen zu. Individualisierung von Lebenslagen und -verläufen heißt also: Biographien werden ‚selbstreflexiv'; sozial vorgegebene wird in selbst hergestellte und herzustellende Biographie transformiert" (Beck 1986, S. 216).

Mit dieser Komplexitätssteigerung auf der Ebene der individuellen Biographien, beim „System Individuum", potenziert sich auch die Komplexität der unternehmensrelevanten Systemumwelt, zu der jenes „System Individuum" notwendig gehört.

Diese Komplexitätssteigerung manifestiert sich z. B. in dem Trend einer stetig wachsenden Produktdifferenzierung und einer stetig abnehmenden Produkt-Halbwertzeit. Das Pendant zur gesellschaftlichen Individualisierung ist die Individualisierung der Produkte. Mit einer wachsenden Produktvielfalt antworten die Unternehmen auf den Bedarf der Individuen nach individuell gestalteten, auf ihre spezifischen Bedarfe und Befindlichkeiten hin zugeschnittenen Produkten.

Diese Produktindividualisierung potenziert unternehmensinterne Komplexität: „There is a point at which external variety … turns into excessive internal business complexity" (Child et al. 1991, S. 52; siehe hierzu auch: Anderson 2006).

Zum anderen geht mit jener Individualisierung auch eine Tendenz zur Entwertung von Traditionen und normativen Obligationen, zur Fragmentierung von Zeitverwendung und zum Abbau von Langfristbindungen einher. Dieses „Regime der kurzfristigen Zeit" (Sennett 2000, S. 26), diese „Dominanz kurzfristiger, schwacher Bindungen" (Sennett 2000, S. 29) kennzeichnen den „flexiblen Kapitalismus" (Sennett 2000, S. 10) des 21. Jahrhunderts.

Richard Sennett (2000, siehe S. 15 ff., 39 ff.) beschreibt, dass dieser neue Kapitalismus des 21. Jahrhunderts einen flexiblen Menschen ausbildet und erfordert, der sich aus langfristigen Loyalitäten, Vertrauensbeziehungen, Treue- und Verpflichtungsverhältnissen löst bzw. ohne Bedenken und Schmerzen lösen kann, der in der Lage ist, Bindungen leicht einzugehen und zu zerbrechen.

Der flexible Mensch hängt weder an Traditionen noch an Moralnormen, weder an Gewohnheiten noch an gewohnten Strukturen und Beziehungen, weder an Routinen noch an einer festen Ordnung. Er kultiviert gegenüber all diesen Phänomenen seiner Lebenswirklichkeit eine Haltung der habituellen Indifferenz. Er ist ohne Bedenken und Reserven in der Lage, mit den Volatilitäten der Märkte mitzugehen, Bekanntes und Gewohntes hinter sich zu lassen, Altes einzuäschern und Neues gegen das Neueste auszutauschen. Sein Zeithorizont ist kurz, genauso wie die Halbwertzeit seiner Bindungen und Beziehungen. Er hat die Fähigkeit, seinen Charakter flexibel nach den Umweltanforderungen zu modellieren und seine Identität kurzfristig zu modulieren.

Dieser flexible Kapitalismus führt mitsamt dem Menschenbild, das er ausstanzt, zu einer drastischen Steigerung der Komplexität der Systemumwelt, in der die Unternehmen agieren müssen.

Denn das Milieu einer habituellen Flexibilisierung führt dazu, dass die Systemumwelt der Unternehmen immer volatiler, immer weniger berechenbar wird. Die Beständigkeit des Bestehenden wird in diesem Milieu ebenso liquidiert wie die Berechenbarkeit des Bekannten. Langfristige Konstanz gibt es in diesem Milieu ebenso wenig wie verlässliche Relevanz. Volatilität, Kurzfristigkeit und erratischer Wandel sind die Bestimmungsfaktoren dieses Milieus. Sie prägen damit auch die Systemumwelt der Wirtschaftsunternehmen.

Geschäftsrelevant wird dies für die Unternehmen auf vielen Ebenen.

So nimmt mit jener „Volatilisierung" von Werten und Normen die traditionsgestützte Bindung von Kunden an bestimmte Marken, Unternehmen und Produkte ab. Der volatile Kunde identifiziert sich nicht mehr mit einer bestimmten Marke, sondern nur noch mit sich selbst und mit seiner eigenen Fähigkeit, beliebig oft und beliebig schnell zu wechseln. Dieser volatile Kunde muss von den Unternehmen ständig neu als Kunde umworben, gewonnen, gepflegt und mit flexibler Produktgestaltung adressiert werden.

Für den volatilen Kunden bietet das Internet eine passfähige Informationswelt für seine Konsumenten-Volatilität. Indem er seine Kaufentscheidungen an Social Communities im Netz orientiert, auf Rating-Seiten vorsondiert, durch internetbasierte Preis- und Qualitätsvergleiche vortaxiert und durch ubiquitär im Netz verfügbare Produktinformationen grundiert, lebt er eine Konsumenten-Volatilität aus, die für die Unternehmen eine zunehmende Komplexität schafft.

Diese Volatilisierung breitet sich auch auf den Beschäftigungsmärkten aus. Man kann sie als wachsende Mitarbeiter-Volatilität kennzeichnen.

Der volatile Mitarbeiter ist der in den Kontext des flexiblen Kapitalismus passgenau eingeflochtene Mitarbeiter. Er identifiziert sich weder mit seiner Firma noch mit seiner Aufgabe, hat keine traditionsbewährte Firmenbindung mehr, sondern kennt nur noch die unverbrüchliche Bindung an das Ziel seiner eigenen Selbstoptimierung. Er prüft auf den einschlägigen Internet-Karrierebörsen ständig seinen Marktwert und seine Wechselchancen, ist stets bereit, für einen besseren Job seinen jetzigen aufzugeben, ist stets auf dem Sprung und deshalb auch chronisch gegenüber dem Unternehmen, in dem er aktuell arbeitet, distanziert.

Auch diese Mitarbeiter-Volatilität schafft für die Unternehmen eine wachsende Komplexität. Können sie doch für die Attraktion ihrer Leistungsträger nicht mehr, wie noch in früheren Zeiten, auf die Bindungswirkung traditionsgestützter Unternehmenswerte und Unternehmensstrukturen bauen.

2.5   Komplexitätssteigerung durch Brechung der marktwirtschaftlichen Dynamik an der Eigendynamik ökologischer Systeme

Ein weiterer Faktor, der die Komplexität und Volatilität der Umwelt für die Unternehmen im 21. Jahrhundert gegenüber früheren Evolutionsstufen des Kapitalismus drastisch erhöht, ist die Brechung marktwirtschaftlicher Dynamik an den Grenzen ökologischer Systeme.

Diese Brechung ist der marktwirtschaftlichen Evolution immanent. Sie wurde aber in der zweiten Hälfte des 20. Jahrhunderts auf eine qualitativ neue Evolutionsstufe gehoben.

Mit dieser Brechung ist Folgendes gemeint: Marktwirtschaftliche Systeme funktionieren nach der Rationalität einzelunternehmerischer Partikularinteressen und nach den Sachgesetzlichkeiten der Märkte. Ihr Funktionsprinzip ist das der linearen Akkumulation. Sie zielen darauf ab, auf einem linear ansteigenden Wachstumspfad immer mehr Ressourcen aufzuhäufen, seien es die Ressourcen Geld und Kapital, Marktmacht und Verfügungsgewalt über Personen, Sachen und Ideen. Dabei kennen sie grundsätzlich keine Grenzen, ihre inhärente Akkumulationsdynamik ist unbegrenzt.

Ökologische Systeme hingegen operieren nach anderen Gesetzen. Sie haben begrenzte Ressourcen, funktionieren nicht nach dem linearen Kalkül von Wachstum und Akkumulation, sondern nach dem zyklischen Kalkül von Selbsterhalt und Bestandssicherung.

Die zweite Hälfte des vergangenen Jahrhunderts markierte nun den Beginn jener Ära, in der sich die marktwirtschaftliche Dynamik strukturell und krisenhaft an den Funktionsprinzipien jener ökologischen Systeme brach, in die die Marktwirtschaft notwendig eingebettet ist. Diese Brechung verursachte und verursacht eine stetig zunehmende Komplexität für die Unternehmen, die sich in dieser ökonomischen und ökologischen Umwelt bewegen müssen.

Die Ausprägungs- und Verlaufsformen dieser Brechung sind vielfältig. Einige seien hier kurz skizziert:

- Der strukturelle Kontrast zwischen der linearen Akkumulationsdynamik der Marktwirtschaft und der Zyklizität natürlicher Ökosysteme brach in Deutschland nicht zufällig gerade zu jener Zeit auf, als die beschriebene Komplexitäts-Evolution Platz griff: in den 70er Jahren des 20. Jahrhunderts. Damals entstand mit den Grünen jene politische Bewegung, die diesen Kontrast zu ihrem politischen Programm machte. Bis heute hat dieser Kontrast vielfältige Verlaufsformen gefunden (vom Klimawandel bis hin zu lokalen Umweltzerrüttungen). Er verursacht für die Unternehmen eine wachsende Komplexität (z. B. dadurch, dass nahezu alle Unternehmen heute ihre Geschäftsstrategie auf Nachhaltigkeit eichen müssen, auf das „Mantra der Sustainability", und das auch und gerade dann, wenn diese Eichung ihrer einzelkapitalistischen Rationalität zuwiderläuft).

- Die lineare Akkumulationsmotorik der Marktwirtschaft stand schon immer quer zu den Funktionsprinzipien und zu der limitierten Konfliktverarbeitungskapazität der menschlichen Psyche und Physis. Das unlimitierte Bestreben nach quantitativer Maximierung stand und steht hier psychischen und physischen Ökosystemen gegenüber, die nur über begrenzte Ressourcen verfügen und nach zyklischen Taktungen funktionieren.

Dieser grundsätzliche Kontrast zwischen der linearen Grenzenlosigkeit marktwirtschaftlicher Evolution und der zyklischen Begrenztheit des „menschlichen Faktors" ist im 21. Jahrhundert gegenüber früheren Epochen der Marktwirtschaft drastisch verschärft. Die limitierte Kapazität der menschlichen Psyche und Physis steht hier chronisch wachsenden Anforderungen gegenüber: Anforderungen zur Rezeption explosionsartig anschwellender Daten- und Informationsvolumina, zur Bewältigung wachsender Komplexität und zum Handeln in einer globalen Wirtschaftswelt, in der „die CEO's die Folgen wirtschaftlicher Entwicklungen nicht steuern und nicht einmal vorhersehen können."[1]

Dass sich dieser Kontrast in der zweiten Hälfte des 20. Jahrhunderts zu einer strukturellen, sich tendenziell verbreiternden und vertiefenden Krise auswuchs, ist nicht erst seit der öffentlichen Berichterstattung über psychische Ausfallerscheinungen („Burnout", Work-Life-Imbalance etc.) sinnfällig. Für die Unternehmen schafft dies eine zunehmende Komplexität, weil sie im Wettbewerb mit anderen Unternehmen nicht mehr ohne Rücksichtnahme auf diesen Kontrast bestehen können (sie sind z. B. gehalten, jenes „Mantra der Nachhaltigkeit" auch auf ihre Arbeitsbedingungen und auf ihre strategische Personalpolitik zu beziehen).

- Ein weiterer struktureller Kontrast wurde in der zweiten Hälfte des 20. Jahrhunderts drastisch verschärft: der Kontrast zwischen dem einzelkapitalistischen Prinzip der Maximierung von Ressourcen und dem sozio-politischen Prinzip der Wertegebundenheit und Rechtskonformität jeglichen Wirtschaftshandelns (bzw. dem sozio-politischen Ökosystem der Ethik und des Rechts). Im globalen Wettbewerb zeigt sich diese drastische Verschärfung z. B. dort, wo Wettbewerbsverzerrung auftritt, weil ein Unternehmen gegen einen Wettbewerber antreten muss, für den Werte und Normen gelten, die das Unternehmen für sich selbst nicht reklamieren kann (z. B. wenn der Wettbewerber eines Unternehmens mit einem staatsvermittelten Wettbewerbsvorteil, beispielsweise einer zinsgünstigen Staatsfinanzierung bzw. einer verdeckten oder offenen Staats-Subventionierung, antritt, auf den das konkurrierende Unternehmen nicht zurückgreifen

---

[1] So IBM in der Studie „Führen durch Vernetzung" (IBM 2012, S. 12), die das IBM Institute for Business Value im Jahr 2012 auf der Basis einer Befragung von 1700 Chief Executive Officers durchgeführt hat.

kann; oder wenn der Wettbewerber, ohne Sanktionen befürchten zu müssen, Beste-
chungsinteressen seiner Kunden bedienen kann, Interessen, die das konkurrierende
Unternehmen nicht zu adressieren vermag). Für die Unternehmen wirkt sich diese
Kontrastverschärfung u. a. deshalb komplexitätssteigernd aus, weil sie heute in der Regel umfangreiche Compliance-Vorkehrungen treffen und zugleich darauf besorgt sein
müssen, dass sie gegenüber einem Wettbewerber, der dieses „Mantra der Compliance"
mit leichter Hand wegwischen kann, nicht an Boden verlieren.

- Seit der zweiten Hälfte des 20. Jahrhunderts, etwa zeitgleich mit der Evolution global
  operierender Massenmedien, hat sich ein weiterer Konflikt für die Unternehmen zu-
  gespitzt, der vorher häufig unerkannt bleiben und damit ignoriert werden konnte: der
  Konflikt zwischen ihrem linearen Akkumulationsinteresse und dem gesellschaftlichen
  Ökosystem, in dem sie agieren. Seitdem können Unternehmen nicht mehr darauf setzen, dass kritische Folgewirkungen, die ihr einzelunternehmerisches Wirken auf das soziale Ökosystem zeitigt, für sie deshalb unbeachtlich bleiben, weil sie dem Staat als dem
  „Reparaturbetrieb der Marktwirtschaft" die Beseitigung dieser Schäden überantworten
  können.

Solche kritischen Folgewirkungen werden seit den 70er Jahren des 20. Jahrhunderts,
als das Satellitenfernsehen aufkam, mehr und mehr in das Licht der Öffentlichkeit getaucht. Sie können damit von den Unternehmen immer weniger ignoriert werden. Das
Internet sorgt seit den 90er Jahren des 20. Jahrhunderts dafür, dass jedes Unternehmen
gewärtigen muss, dass kritische soziale Folgewirkungen seines Handelns in Echtzeit
aufgedeckt, ubiquitär verbreitet, massenhaft in sozialen Internet-Communities rezensiert und über viele Jahre hinweg im Netz erinnert werden.

Die Unternehmen müssen sich deshalb, auf Kosten wachsender Komplexität, mehr
und mehr mit diesen Folgewirkungen befassen und sie zum Gegenstand der eigenen
Geschäftsstrategie machen. Sie müssen sich damit das „Mantra der Corporate Social
Responsibility" aneignen. Diese Aneignung verursacht für die Unternehmen zwar mehr
Komplexität, ist aber nicht vermeidbar.

So muss z. B. jedes Handelsunternehmen damit rechnen, dass es in den Massenmedi-
en und im Internet gravierende und nachhaltige Reputationsschäden erleidet, wenn es
sich nicht darum kümmert, ob die Waren, die es vertreibt, in Entwicklungsländern mit
Kinderarbeit hergestellt werden, oder ob diese Waren in den Herstellungsländern mit
ökologisch bedenklichen Produktionsverfahren erzeugt wurden.

- Im ersten Jahrzehnt des 21. Jahrhunderts ist eine weitere Brechung zwischen Ökonomie
  und Ökologie sinnfällig geworden. Die globale und die nationale Realwirtschaft kann
  nämlich gegenüber der Finanzwirtschaft auch als ein Ökosystem angesehen werden, das
  mit limitierten Ressourcen ausgestattet ist und das nach Gesetzlichkeiten funktioniert,
  die aus der Knappheit verfügbarer Produktionsfaktoren abgeleitet sind. Demgegenüber
  hat die Finanzwirtschaft grundsätzlich die Möglichkeit, eine eigene, von der Realwirtschaft abgekoppelte Sphäre der finanzwirtschaftlichen Transaktionen zu schaffen, die
  deshalb durch nichts begrenzt ist, weil sie auf keinerlei knappe Ressourcen rekurrieren
  muss. Innerhalb der Finanzwirtschaft kann durch algorithmische Kreation von immer

neuen Finanzprodukten und derivativen Operationen eine Eigenwelt erschaffen werden, die dem Interesse an linearer Akkumulation von Geldressourcen keine Begrenzungen entgegensetzt.

Es kennzeichnet aber die Malaise dieser Eigenwelt, dass ihre inhärente Akkumulationsdynamik zwar keine Grenzen kennt, dass sie sich mit dieser Eigendynamik aber nie aus dem Ökosystem der Realwirtschaft herauslösen kann. Die Rechnungen, die diese Eigenwelt ausstellt, müssen immer von der Realwirtschaft beglichen werden. Die finanzwirtschaftliche Eigenwelt kann allenfalls für eine bestimmte Zeit in sich selbst kreisen und von der Realwirtschaft abgekoppelt funktionieren. Grundsätzlich aber muss sie immer wieder zur Realwirtschaft hin vermittelt und mit dem Ökosystem der Knappheitswirtschaft verkoppelt werden.

In der ersten Hälfte des 21. Jahrhunderts haben wir zwei Episoden des Sachverhalts erlebt, dass ein eigenweltlich verselbständigtes Finanzsystem mit erheblichen Schmerzen wieder mit dem realwirtschaftlichen Knappheitssystem verflochten und damit krisenhaft geerdet werden musste (der New-Economy-Hype der Jahre 1998 ff. und der Finanz-Crash 2008 ff.).

Weitere Episoden werden folgen.

Dies ist deshalb absehbar, weil das Potenzial der Finanzwirtschaft, eine von der Realwirtschaft abgekoppelte Eigenwelt zu kreieren, durch die beschriebenen Entwicklungen der vergangenen Jahrzehnte auf eine völlig neue Evolutionsstufe gehoben wurde. Die Globalisierung der Handels- und Warenmärkte, die Deregulierung der Finanz- und Realwirtschaft und die Evolution der Informations- und Kommunikationstechnik haben für die Kreation einer finanzwirtschaftlichen Eigenwelt neue, sich stetig selbst fortbildende Rahmenbedingungen geschaffen. Das Potenzial, diese Eigenwelt zu errichten, ist der Finanzwirtschaft inhärent. Jene Rahmenbedingungen potenzieren dieses Potenzial. Und sie potenzieren dieses Potenzierungs-Potenzial. Denn die genannten Rahmenbedingungen machen es möglich, dass die globale Finanzwirtschaft immer schneller darangeht, immer voluminösere eigenweltliche Kreationen hervorzubringen. Diese Rahmenbedingungen befähigen die Akteure der globalen Finanzwirtschaft, eine Derivate-Eigenwelt zu konstruieren, deren Umschlagsgeschwindigkeit und Volumen stetig steigt. Diese Derivate-Eigenwelt türmt sich über der ökologisch wachstumslimitierten Realwirtschaft immer höher auf.

Weil es aber so ist, dass die Schecks, die in dieser Eigenwelt ausgestellt werden, immer in der Realwirtschaft eingelöst werden müssen, schafft diese wachsende Eigenwelt-Dynamik für die Realwirtschaft eine chronisch steigende Komplexität, Volatilität und Unsicherheit.

Diese Brechung einer finanzökonomischen Eigenwelt an den harten Grenzen eines realwirtschaftlich-ökologischen Systems hat für die Unternehmen, die in dieser Eigenwelt oder in der Realwirtschaft operieren, bereits zu Anfang des 21. Jahrhunderts eine Vielzahl an Komplexitätssteigerungen mit sich gebracht. Sie reichen von volatiler Banken-Regulierung über nicht berechenbare Staatsfinanzkrisen bis hin zu chronischer Kreditverknappung für die Realwirtschaft in bestimmten Staaten (z. B. in Griechenland).

Diese **fünf Faktoren der Komplexitätssteigerung**, die ich hier skizziert habe, sind vielfach miteinander verflochten, voneinander abhängig und aufeinander bezogen. In ihrer Kumulation potenzieren sie ihre Wirkungen. Sie befördern in ihrer vielfältigen Wechselwirkung und Verschränkung eine Komplexitätssteigerung in der Systemumwelt der Unternehmen, die es in früheren Phasen der marktwirtschaftlichen Evolution nicht gab.

Diese Komplexitätssteigerung ist keine organische und graduelle Fortentwicklung früherer Stufen der Komplexitäts-Entwicklung. Vielmehr markiert sie eine neue Epoche der unternehmensrelevanten Umweltkomplexität, eine qualitativ neue Dimension der Komplexität, Unsicherheit und Kontingenz, mit der die Unternehmen in ihrer Systemumwelt konfrontiert sind.

Qualitativ neu ist diese Komplexität deshalb, weil sie eine neue Stufe (siehe dazu exemplarisch: Beck 1986; Sennett 2000; Friedman 2006) in der Entwicklung des globalen marktwirtschaftlichen Systems indiziert, eine neue Stufe, auf der die Residuen vorkapitalistischer und nichtkapitalistischer Wirtschaftssysteme im Weltmaßstab allmählich ausgehöhlt und aufgehoben werden.

Solche Residuen sind z. B. protektionistische Handelsbarrieren, staatliche Monopole in bestimmten Branchen (Energiewirtschaft, Telekommunikation, Banken etc.), der Ausschluss oder die Reglementierung von Wettbewerb in bestimmten Wirtschaftsbereichen durch staatliche Regulierung (z. B. im deutschen Rundfunk bis zum Jahr 1984, dem Jahr, in dem erstmals in Deutschland privater Rundfunk zugelassen wurde), Verbot wirtschaftlicher Betätigung in bestimmten Wirtschaftssektoren durch staatliche Regulierung (z. B. im Teleshopping, das bis Mitte der 90er Jahre in Deutschland verboten war) und staatliche Beschränkungen für Kommunikation und mediengestützte Meinungsbildung (z. B. durch Zensur).

Bis weit in die zweite Hälfte des 20. Jahrhunderts hinein wirkten diese Residuen komplexitätsmindernd auf den Wirtschaftsprozess ein. Sie temperierten sozialen und ökonomischen Wandel, kanalisierten Innovation und behinderten grenzüberschreitende Kooperation. Sie beschränkten die globale Entfesselung marktwirtschaftlicher Dynamik. Sie sedierten auf vielfältige Weise den Prozess der „schöpferischen Zerstörung", den Schumpeter (vgl. 2005)[2] beschrieb.

Diese Sedativa, die die Marktdynamik einhegten, werden von dem beschriebenen Evolutionsprozess graduell außer Funktion gesetzt. Es ist ein Prozess, der nicht aufhaltbar oder rückholbar ist, und der eine immanente Dynamik hat, die ihn stetig weitertreibt.

Auch dies macht die neue Stufe der Komplexität der unternehmensrelevanten Systemumwelt aus: Der dargestellte Entwicklungsprozess – mit den Faktoren der kulturellen Homogenisierung, der IuK-Evolution, der ubiquitären Ausbreitung der Marktwirtschaft, der Normenrelativierung und Individualisierung und der Brechung der Marktkräfte an den Grenzen von Ökosystemen – kennt keinen Stillstand, keinen Zielpunkt.

---

[2] Karl Marx sprach bereits 1848 von der „unendlich erleichterten Kommunikation", mit der „auch die barbarischsten Nationen in die Zivilisation" gerissen werden. Heute wissen wir, dass die Epoche der globalen Entfesselung jener „unendlich erleichterten Kommunikation" erst etwa 140 Jahre nach diesem Marxschen Diktum begann.

Er entfaltet vielmehr eine inhärente Dynamik, die ihn stetig anfacht und fortführt, und die damit ein Garant dafür ist, dass die beschriebene Komplexitätssteigerung kontinuierlich fortschreiten wird.

Auch dies, die unaufhörliche weitere Potenzierung von Komplexität, ist ein Merkmal dieser neuen Epoche der marktwirtschaftlichen Evolution.

Reflexion dieser neuen Qualität von Komplexität und Unsicherheit in der US-amerikanischen und europäischen Management-Theorie

Es ist kein Zufall, dass etwa zu der Zeit, als sich jene neue Qualität der Unternehmensumwelt herausgebildet hat, auch in der Management-Theorie neue Ansätze zur Führung von Unternehmen entwickelt wurden. Die Management-Theorie in den USA und in Europa hat mit diesen Neuansätzen die beschriebenen qualitativen Wandlungen in der Unternehmensumwelt aufgenommen und reflektiert.

Diese Neuerungen in der Management-Theorie können etwa in dem Zeitraum lokalisiert werden, in dem sich die skizzierte neue Qualität der Unternehmensumwelt herausgebildet hat. Also etwa in den 60er, 70er und 80er Jahren des 20. Jahrhunderts.

In den USA wurden diese neuen Ansätze zum Management von Unternehmen auf der Grundlage der Komplexitätstheorie, der Chaostheorie, der Systemtheorie, der Sozialpsychologie, der biologischen Evolutionstheorie und der evolutionsbasierten Management-Kybernetik ausgebildet. Ihre Protagonisten waren u. a. Stafford Beer (1995, US-Erstausgabe 1972), der Anfang der 70er Jahre die Management-Kybernetik begründete, J. W. Forrester (1961), der die Systemtheorie in die US-amerikanische Management-Theorie einführte, und Karl Weick (1995, US-Erstausgabe 1969), der die Organisationstheorie sozialpsychologisch erneuerte.

In Europa waren die Protagonisten dieser systemtheoretischen, komplexitätstheoretischen und kybernetischen Erneuerung der Reflexion über Unternehmensführung z. B. Niklas Luhmann, der die Systemtheorie für die Analyse des sozialen Systems Unternehmen öffnete (Luhmann 1984), Friedrich A. von Hayek, der die Betriebswirtschaftslehre mit der Theorie sozialer Systeme verknüpfte (Hayek 1973), Hans Ulrich, der die systemische Natur der Unternehmung analysierte (Ulrich 1971, Erstausgabe 1968), und Fredmund Malik, der die von Stafford Beer begründete Management-Kybernetik aufgriff und weiterführte (Malik 2008, Erstausgabe 1984).

Der gemeinsame Nenner aller dieser Neuansätze bestand darin, dass sie über das traditionelle, zweckrationale Paradigma einer mechanischen Unternehmensführung hinausgingen. Dieses traditionelle Paradigma ging davon aus, dass es möglich ist, ein Unternehmen zweckrational, kontrolliert und berechenbar sicher von einer bestimmten Ist-Situation in eine definierte Soll-Situation zu überführen, und dass diese planvolle Zukunftsgestaltung durchführbar ist

- auf der Basis einer exakten Analyse der Ist-Situation des Unternehmens (Stärken, Schwächen, Markposition, Kernkompetenzen, Potenziale etc.) und der Unternehmensumwelt (Märkte, Kunden, Konkurrenten etc.),
- auf der Grundlage einer präzisen Prognose der Umweltentwicklung,
- mit einer darauf gegründeten präzisen Zwecksetzung, die vom Management vorgegeben und top-down in der Unternehmenshierarchie durchgesetzt wird,
- und mit einem detaillierten Plan, der Maßnahmen, Regeln, Kontrollmechanismen, Befehle, Belohnungen und Bestrafungen beinhaltet.

Dieses Paradigma nenne ich hier das Paradigma der mechanischen Unternehmensführung. Es geht davon aus, dass Unternehmen ähnlich wie Maschinen exakt konstruiert und berechenbar planvoll weiterentwickelt werden können. Es basiert auf der Prämisse, dass das Top-Management in der Lage ist, ein Unternehmen planvoll und zweckkonform durch richtige Analyse und detaillierte Anweisungen auf einen bestimmten, exakt vorhersehbaren Weg zu führen.

Dieses Paradigma der mechanischen Unternehmensführung taugte für eine Unternehmensumwelt, die berechenbar stabil, in ihrer Entwicklung hinreichend vorhersehbar und in ihrer Komplexität ausreichend überschaubar war. Eine solche Unternehmensumwelt gab es für die Unternehmen in Europa und den USA allenfalls zu bestimmten Zeiten der marktwirtschaftlichen Evolution, wenn eine solche berechenbar veränderungsresistente Unternehmensumwelt durch staatliches Handeln geschaffen und abgesichert wurde.

Ab den 60er und 70er Jahren des 20. Jahrhunderts bildete sich aber, wie oben gezeigt wurde, für die Unternehmen in Europa, in den USA und tendenziell auch in anderen Teilen der Welt eine qualitativ neue Umwelt heraus. Eine Umwelt chronischer, tendenziell wachsender Volatilität, Komplexität und Unsicherheit. Für die Steuerung von Unternehmen in dieser neuen Umwelt wurde das Paradigma der mechanischen Unternehmensführung zunehmend dysfunktional.

Diese Dysfunktionalität markierte jenen Beginn einer neuen Ära in der Reflexion über Unternehmensführung, die sich in den beschriebenen Neuansätzen manifestierte. Der gemeinsame Nenner dieser neuen Ansätze für das Management von Unternehmen besteht darin, dass die Autoren Abschied nehmen von der Vorstellung, ein Unternehmen sei wie ein mechanisches System im Detail exakt planbar und steuerbar.

> Komplexität bedeutet im Management-Kontext nichts anderes, als dass die formalen Führungsorgane einer Unternehmung niemals über ausreichende Informationen, niemals über genügend Wissen und niemals über genügend Kenntnisse und Fertigkeiten verfügen können, um eine Unternehmung, die sich jenseits der Komplexitätsbarriere befindet, *im Detail* zu steuern und zu gestalten. (Malik 2008, S. 76)

Die Komplexitätswissenschaft geht nicht von der Annahme (oder der Wunschvorstellung) aus, dass sich die Ereignisse aktiv steuern lassen. Ihr Schwerpunkt liegt vielmehr darauf, flexibel und geschickt zu reagieren: das Unerwartete zu erwarten. (Pascale et al. 2002, S. 104)

Wenn Organisationen sich bei ihrer Reproduktion nur nach ihrer eigenen geschichtlich entwickelten ,Melodie' richten, dann folgt daraus, dass sich Manager von der Vorstellung zielorientierter Steuerung von Organisationen verabschieden müssen. Die Entscheidungen, über die sich eine Organisation reproduziert, werden in ihr entsprechend den systemeigenen Mustern der Entscheidungsfindung getroffen. (Meissner et al. 2009, S. 29)

Diese neuen Ansätze einer nicht-mechanischen Unternehmensführung waren der Reflex der oben beschriebenen Umweltveränderungen: In einer unberechenbar volatilen und irritierend komplexen Umwelt konnten Unternehmen nicht mehr zureichend im Paradigma des Social Engineering, der ingenieurgemäßen Mechanisierung von Analyse, Planung, Zielsetzung, Maßnahmendefinition, Maßnahmen-Umsetzung und -Controlling geführt werden. Die neuen Ansätze der Komplexitäts- und Systemtheorie reflektierten den Sachverhalt, dass ein starres, maschinengemäß konstruiertes und durch Detailanweisungen von oben präzise ausgerichtetes Unternehmensgefüge an den unvorhersehbaren Volatilitäten einer irritierend komplexen Umwelt zerschellen muss.

Zugleich aber brachen sich diese neuen Ansätze einer systemtheoretischen und komplexitätstheoretischen Unternehmensführung immer wieder an den praktischen Realitäten und Erfordernissen im Unternehmensalltag. Bis heute hat sich zwischen den Theoremen und Postulaten der System- und Komplexitätstheorie und den alltagspraktischen Anforderungen, die an das Unternehmensmanagement gestellt sind, eine Kluft ausgebildet, die nicht zureichend geschlossen wurde.

Denn Unternehmensführer müssen bis heute in aller Regel auf Geheiß ihrer Stakeholder eine „heroische Gestaltungsillusion" kultivieren. Von ihnen wird in der Regel erwartet, dass sie ein Unternehmen planvoll steuern, dass sie auf der Grundlage umfassenden, ausreichenden Wissens handeln, Probleme präzise analysieren und dann definitiv lösen, ein Unternehmen durch Detailanweisungen unter Kontrolle haben und durch bestimmtes Handeln bestimmte Wirkungen erzielen.

Denn welcher Manager kann schon (siehe die o. a. Zitate) gegenüber seinen Eigentümern mit den Worten antreten, man müsse sich „von der Vorstellung zielorientierter Steuerung von Organisationen verabschieden"? Welcher Unternehmensführer kann den Analysten, die unablässig sein Unternehmen taxieren, mitteilen, er gehe nicht von der Annahme aus, „dass sich die Ereignisse aktiv steuern lassen?" Und welcher Vorgesetzte kann im heutigen Unternehmensalltag seinen Mitarbeitern mit der Aussage gegenübertreten, man werde „nie über genügend Kenntnisse und Fertigkeiten verfügen können", um ein Unternehmen präzise steuern zu können?

Ein Manager, der bei einem Einstellungsgespräch dem Unternehmenseigentümer sein systemtheoretisches Credo von „der grundsätzlichen Nichtsteuerbarkeit und Unplanbarkeit" (Wimmer et al. 2009, S. 174) von Unternehmen entgegenbringt, wird danach weiter nach einer Anstellung suchen dürfen.

Ein Unternehmensführer, der gegenüber seinen Stakeholdern betont, er könne „die Folgen wirtschaftlicher Entwicklungen nicht steuern und nicht einmal vorhersehen"[1], dürfte gewärtigen, dass sein persönliches Rating auf Trash-Niveau herabgesenkt wird.

Trotz vielfältiger Bemühungen, jene Kluft zu schließen, gibt es sie nach wie vor. Jene Kluft zwischen den Steuerungsaporien, die die systemtheoretische Managementwissenschaft aufzeigt, und dem Steuerungspostulat, das relevante Stakeholder an das Unternehmensmanagement stellen.

Diese Kluft kann nicht einfach dadurch geschlossen werden, dass sich die Unternehmensführung kontrafaktisch, gegen den Druck der volatilen Umwelt, wieder auf das alte Paradigma der mechanischen Unternehmensführung besinnt. Denn diese Rückbesinnung wird spätestens dann, wenn das so geführte Unternehmen einer unvorhergesehenen Umweltirritation ausgesetzt wird, eine gravierende Unternehmenskrise programmieren.

Der Weg zurück in die trügerische Idylle des Social Engineering ist abgeschnitten. Genauso wie der Weg zurück in die berechenbare, komplexitätsarme Unternehmensumwelt einer staatlich umfriedeten Marktwirtschaft verstellt ist.

Gleichwohl finden wir heute im Alltag vieler Unternehmen nach wie vor eine Dominanz des Typus der mechanischen Unternehmensführung vor. Einer Unternehmensführung, die ein Unternehmen von der Annahme aus managt, es sei durch präzise und detaillierte Analysen, Strategien, Zielsetzungen, KPI's, Pläne, Maßnahmenkataloge, Anweisungen, Regeln, Normen, Belohnungen, Bestrafungen und Kontrollsysteme berechenbar zuverlässig steuerbar.

Es ist dies eine Unternehmensführung, die nach dem Prinzip Hoffnung auf der Spitze einer Rasierklinge balanciert, in der Annahme, es werde schon kein Windhauch aufkommen, der diesen Balanceakt jäh unterbricht.

Eine Unternehmensführung, die sich nicht auf dieses Prinzip Hoffnung verlassen will, muss darauf gründen, jene Kluft zu schließen. Das Paradigma des synaptischen Managements liefert dafür einen Beitrag – einen theoretischen Rahmen und ein praktisches Instrumente-Tableau.

Bevor ich auf die Kernelemente des synaptischen Managements eingehe, will ich zunächst im Folgenden einen kurzen Überblick über einige ausgewählte Ansätze der system- und komplexitätstheoretischen Management-Literatur geben, auf die ich bei meinem Ansatz des synaptischen Managements rekurrieren werde.

Dieser Überblick wird einmünden in eine Darstellung der Gründe und Hintergründe dafür, dass ich hier für ein neues Paradigma in der Unternehmenssteuerung, für das Paradigma des synaptischen Managements, plädiere. Dieses neue Paradigma rekurriert neben den im Folgenden beschriebenen Theorieansätzen noch auf eine Vielzahl weiterer wissenschaftlicher Ansätze: auf Konzepte der US-amerikanischen und der europäischen kognitiven Psychologie und Sozialpsychologie, auf Theorien der US-amerikanischen und der europäischen Soziologie und auf Paradigmen der Linguistik und der Kommunikations-

---

[1] Mit diesem Zitat zieht IBM die Quintessenz aus einer Befragung von 1700 CEOs, die das IBM Institute for Business Value im Jahr 2012 durchgeführt hat. (Siehe IBM 2012)

forschung. Diese Ansätze werden bei der Ausfächerung des Paradigmas des synaptischen Managements fortlaufend einbezogen.

3.1 Das Unternehmen als komplexes soziales System

Ich verstehe das soziale System „Wirtschaftsunternehmen" als ein komplexes System, das sich in der Differenz zur Systemumwelt konstituiert. Die soziologische Systemtheorie, auf die ich hier Bezug nehme, leitet Komplexität in sozialen Systemen zum einen aus der Beschaffenheit von sozialen Systemen selbst und zu anderen aus der System-Umwelt-Differenz ab.

Soziale Systeme sind dann komplex, wenn sie so ausdifferenziert sind, dass „auf Grund immanenter Beschränkungen der Verknüpfungskapazität der Elemente nicht mehr jedes Element jederzeit mit jedem anderen verknüpft sein kann" (Luhmann 1984, S. 46). Komplexität markiert dann den Zwang zur Selektion bestimmter Relationen zwischen diesen Elementen innerhalb eines komplexen Systems.

Die soziologische Systemtheorie geht ferner davon aus, dass „die Umwelt für jedes System komplexer ist als das System selbst. Den Systemen fehlt die ‚requisite variety' (Ashby), die erforderlich wäre, um auf jeden Zustand der Umwelt reagieren bzw. die Umwelt genau systemadäquat einrichten zu können. Es gibt, mit anderen Worten, keine Punkt-für-Punkt-Übereinstimmung zwischen System und Umwelt" (Luhmann 1984, S. 47).

Komplexität kennzeichnet damit immer auch einen Mangel an Information. „Komplexität ist, so gesehen, die Information, die dem System fehlt, um seine Umwelt (Umweltkomplexität) bzw. sich selbst (Systemkomplexität) vollständig erfassen und beschreiben zu können." Komplexität steht damit „als Begriff für Unsicherheit oder Risiko, als Planungs- und Entscheidungsproblem" (Luhmann 1984, S. 50 f.).

Komplexität bedeutet danach, dass ein soziales System auf der Basis eines chronischen Informationsmangels eine Selektionsentscheidung zu den Relationen zwischen seinen systeminternen Elementen und zu den Relationen zwischen diesen Elementen und der Umwelt treffen muss. „Komplexität in dem angegebenen Sinne heißt Selektionszwang, Selektionszwang heißt Kontingenz, und Kontingenz heißt Risiko" (Luhmann 1984, S. 47). „Das System enthält … als Komplexität einen Möglichkeitsüberschuß, den es selbstselektiv reduziert" (Luhmann 1984, S. 66 f.).

Diese Komplexität eines sozialen Systems ist umso größer, je größer die systeminterne Binnendifferenzierung (Systemdifferenzierung) und je größer die Umweltdifferenzierung und Umweltkomplexität ist (Luhmann 1984, S. 256 ff.).

Dabei bedingen sich beide wechselseitig: Systemdifferenzierung ist ein „Verfahren der Steigerung von Komplexität" (Luhmann 1984, S. 38). Das System differenziert sich aus, indem es intern Teilsysteme bildet, Systeme im System, und damit weitere interne System/Umwelt-Differenzen schafft. Mit dieser internen Differenzierung reagiert das soziale System auf eine wachsende Umweltdifferenzierung. Es erhöht damit aber auch gleichzeitig die

Komplexität der Umwelt, in der es sich bewegt, und stimuliert die weitere Ausdifferenzierung seiner Systemumwelt.

Soziale Systeme können nach der Systemtheorie von Niklas Luhmann ihre eigene Komplexität und die ihrer Systemumwelt auf vielfältige Weise reduzieren, strukturieren und damit managen. Folgende Modelle des Komplexitäts-Managements sind von besonderer Bedeutung:

- Komplexitäts-Management durch Strukturen und Prozesse: „Strukturen fassen die offene Komplexität der Möglichkeit, jedes Element mit jedem anderen zu verbinden, in ein engeres Muster ‚geltender‘, üblicher, erwartbarer, wiederholbarer oder wie immer bevorzugter Relationen." „Prozesse kommen dadurch zustande …, daß konkrete selektive Ereignisse zeitlich aufeinander aufbauen" (Luhmann 1984, S. 74).
- Temporalisierung der Komplexität: Soziale Systeme können die fluktuierende Umweltkomplexität, die stetige Wandlung ihrer Systemumwelt, dadurch verarbeiten, dass sie alle internen Elemente, Relationen, Relationierungsmuster, Strukturen und Prozesse nur für eine kurze Zeit ausbilden und damit einem stetigen Prozess der Erneuerung aussetzen. „Systeme mit temporalisierter Komplexität … zwingen sich selbst zum laufenden Wechsel ihrer Zustände dadurch, daß sie die Dauer der Elemente, aus denen sie bestehen, minimieren. Sie kombinieren auf diese Weise, zeitlich gesehen, Stabilität und Instabilität und, sachlich gesehen, Bestimmtheit und Unbestimmtheit" (Luhmann 1984, S. 80).
  Solche Systeme sind „auf ständigen Zerfall angewiesen", bilden keine statische, sondern eine „dynamische Stabilität" aus, indem sie ihre Systemelemente unaufhörlich erneuern (Luhmann 1984, S. 78 f.). Sie müssen durch interne Arrangements eine hohe Rezeptivität für Umweltinformationen ausbilden, damit sie in der Lage sind, ihre interne Dynamik kontinuierlich umweltkonform zu optimieren. Für sie ist permanente Destruktion und Desintegration notwendige Bedingung für unaufhörliche Produktion und umweltadäquate Erneuerung.
  Sie gründen Stabilität auf Instabilität, weil sie darauf geeicht sind, ihre internen Relationierungsmuster je nach internen und externen Anforderungen laufend zu ändern.

  Systeme dieser Art sind daher immanent unruhig, sind einer endogen erzeugten Dynamik ausgesetzt und zwingen sich genau dadurch selbst, hiermit kompatible Strukturen zu lernen. (Luhmann 1984, S. 77)

- Binärer Schematismus als Modus der Interpenetration: Soziale Systeme sind stetig dazu gezwungen, mit anderen sozialen Systemen, die zu ihrer Umwelt gehören, eine „Intersystembeziehung" (Luhmann 1984, S. 290) aufzubauen. Interpenetration dieser Systeme liegt dann vor, wenn sie sich wechselseitig, auf der Grundlage ihrer jeweils eigenen Komplexität, konstituieren bzw. weiterentwickeln. Sie müssen dies tun auf der Basis eines chronischen Mangels an Information über das jeweils andere System.
  Diese wechselseitige Konstitution und Konditionierung sozialer Systeme kann so erfolgen, dass das penetrierende System das aufnehmende System versuchsweise (trial

and error) mit zwei verschiedenen Möglichkeiten (der Relationierung, Strukturierung, Weiterentwicklung etc.) konfrontiert.

Das aufnehmende System hat dann die Wahl zwischen diesen beiden Möglichkeiten. Das penetrierende System kann das Problem des Informationsmangels und der Komplexität für sich selbst dadurch reduzieren, dass es „für jede der beiden Möglichkeiten Anschlussverhalten bereithält" (Luhmann 1984, S. 316). Auf diese Weise kann die Koordination beider Systeme auf der Basis einer Vielzahl binärer Rückkopplungen (weitermachen oder abbrechen, akzeptieren oder ablehnen etc.) erfolgen, bei denen in einem wechselseitigen Prozess des Auslotens und Testens beide Systeme ermitteln, ob und wie sie sich penetrieren können.

Fredmund Malik hat in den 80er Jahren des 20. Jahrhunderts die soziologische Systemtheorie und die systemtheoretische Kybernetik zur Grundlage seiner Managementlehre gemacht. Er bezieht sich in seiner systemtheoretischen Management-Kybernetik auf die Vorarbeiten von Hans Ulrich, der die Betriebswirtschaftslehre systemtheoretisch neu begründete, von Friedrich von Hayek, der die Unternehmenslehre als Theorie komplexer Systeme anlegte, und vom Begründer der Management-Kybernetik, Stafford Beer.

All seinen Werken legt Malik das Verständnis von zwei Arten von Managementtheorien zugrunde, die sich, so Malik, gegenseitig ausschließen, da sie völlig verschieden seien und von grundsätzlich unterschiedlichen Prämissen ausgingen. Seinen eigenen Ansatz der systemisch-evolutionären Managementtheorie grenzt er dabei scharf von dem anderen Ansatz der konstruktivistisch-technomorphen Managementtheorie ab, den er als überholt und ungeeignet für die Steuerung komplexer Unternehmenssysteme im 21. Jahrhundert ansieht.

Die konstruktivistisch-technomorphe Managementtheorie geht nach Malik davon aus, dass das Unternehmen wie eine Maschine planvoll, zweckrational und kontrolliert gestaltet werden kann und dass diese Unternehmens-Mechanik bis ins einzelne Detail hinein zweckkonform einrichtbar und kontrollierbar ist:

> Komplexitätsbeherrschung im Lichte dieses Paradigmas bedeutet also die Herstellung einer an bestimmten, im Voraus festzulegenden Zwecksetzungen zu beurteilenden und im Lichte dieser Zwecksetzungen als rational geltenden Ordnung (von Elementen, Abläufen usw.) durch planvolles menschliches Handeln derart, dass das Resultat dieses Handelns aufgrund der dem Handeln inhärenten Zweckrationalität den vorgefassten Absichten und Zwecken entspricht. Zu diesem Paradigma gehört weiter die Vorstellung, dass außer auf diesem Wege nichts Zweckmäßiges entstehen kann, dass also jede menschlichen Zwecken entsprechende Ordnung ausschließlich durch, im beschriebenen Sinne, zweckrationales und absichtsvolles Handeln zustande kommen kann. (Malik 2008, S. 34)

Diese Managementtheorie geht, so Malik, davon aus, dass durch bestimmtes planvolles Tun in linearer Kausalität bestimmte beabsichtigte Wirkungen erzielbar sind. Sie setzt darauf, dass das Management top-down durch präzise Anordnungen und Befehle eine detaillierte, für alle Teile der Unternehmens-Maschinerie verbindliche Steuerung durchsetzt. Sie zielt dabei darauf ab, die Unternehmens-Maschinerie durch diese detaillierte Steuerung in einen Optimalzustand zu versetzen, der „mit einer Elimination von Flexibilität" (Malik 2009, S. 56) einhergehen muss. Dabei setzt diese konstruktivistisch-technomorphe Managementlogik voraus, dass ausreichende Informationen vorliegen, um eine gesicherte Planung und belastbare Prognosen erstellen zu können.

Demgegenüber geht der systemisch-evolutionäre Theorietyp, den Malik seinen Arbeiten zugrunde legt, vom Basisparadigma der selbstorganisierenden und selbstgenerierenden Ordnung aus, wie sie sich im lebenden Organismus findet. Diese Managementtheorie basiert auf der Annahme, dass in einem sozialen System nie ausreichend Informationen vorliegen, um das System im Detail zu regeln und zu steuern. Steuerung eines sozialen Systems kann deshalb nach diesem Theorietyp nur bedeuten, durch allgemeine Rahmenregeln dazu beizutragen, dass sich die endogenen Kräfte des Systems durch Selbstorganisation formieren.

> Der evolutionäre Ansatz … geht davon aus, dass eine vollständige Kontrolle und Beherrschung nicht möglich ist. Durch die Verwendung genereller Regeln des Verhaltens kann in einem größeren Bereich zwar eine größere Orientierung ermöglicht werden als ohne solche Regeln, dies jedoch nur unter Verzicht auf Regelung des Details. Die ordnungserzeugende Wirkung allgemeiner Regeln im Sinne des evolutionären Ansatzes ermöglicht somit eine gewisse regulierende Wirkung auch in Bereichen sehr großer Komplexität, dies allerdings um den Preis von Unbestimmtheit des Details. (Malik 2009, S. 92)

> Die Leitmaxime ist: Gestalte ein System so, dass es sich weitgehend selbst organisieren und selbst regulieren kann. Dies entspricht einem der Naturgesetze der Kybernetik als der Wissenschaft vom Funktionieren. (Malik 2013a, S. 85 f.)

Entsprechend geht die systemische Managementtheorie davon aus, dass „wir nie … genügend Informationen besitzen, um Entscheidungen wirklich *rechtfertigen* zu können … Insbesondere haben wir nie ausreichend Informationen zur Verfügung, um Prognosen machen zu können" (Malik 2009, S. 111). Diese Theorie stellt deshalb nicht auf Detailregelungen ab, sondern will durch „Anwendung von abstrakten, allgemeinen Regeln des Verhaltens" darauf hinwirken, dass aus einer „Vielzahl sich ständig selbstkoordinierender Elemente" „etwas Sinnvolles, eine zweckmäßige Ordnung des Geschehens resultieren kann" (Malik 2009, S. 103).

Weil „jede Unternehmung in einem überraschend hohen Ausmaß ein sich selbst organisierendes System ist, das wir nur sehr bedingt unter Kontrolle haben, das, im Gegenteil, viel eher *uns unter Kontrolle* hat" (Malik 2009, S. 253), kann es nach diesem Paradigma in der Unternehmensführung nur darum gehen, durch bestimmte allgemeine „Spielregeln" (Malik 2009, S. 264) einen kontinuierlichen selbstorganisierenden Prozess zu stimulieren:

> Durch immer wieder neue Versuche und Berichtigung von Fehlern, Täuschungen und Irrtümern entwickelt sich mit der Zeit das, was als akzeptable ‚Lösung' bezeichnet werden kann. Dabei ist allerdings zu beachten, dass ein solcher Prozess der Eigendynamik und Selbstorganisation realer Systeme wegen de facto meistens gar nicht zu einer wirklichen Lösung führt, sondern nur zu einer neuen Situation, die recht schnell wieder neue Probleme aufwerfen

wird. Wir haben es also vielmehr mit einem kontinuierlichen Prozess zu tun, bei dem sich aus jedem Schritt weitere Fragen ergeben, die man nicht im Voraus kennen konnte und die die jeweils weitere Richtung des Prozesses bestimmen. Das Ganze ist ein typischer selbstorganisierender Prozess. (Malik 2009, S. 263)

Diese Management-Methode der Stimulation von Selbstorganisation durch allgemeine Spielregeln ist für Malik gerade deshalb ohne Alternative, weil sich die Umwelt der Unternehmen in den vergangenen Jahrzehnten enorm gewandelt habe. Malik rekurriert dabei auf jenes Phänomen der qualitativen Steigerung der Komplexität in der Umwelt der Unternehmen, das ich oben im Kap. 2 dargestellt habe. Malik nennt diese Komplexitätssteigerung die „Große Transformation21" (Malik 2013a, S. 41 ff.).

3.2 Unternehmenssteuerung durch soziale Interaktionsmedien

In seinem Spätwerk hat der amerikanische Soziologe Talcott Parsons einen originären Ansatz zur Analyse der Kapazitäten sozialer Systeme für das Management von Komplexität vorgelegt: die Theorie der sozialen Interaktionsmedien (Parsons 1980). Auch diese Theorie ist für meinen Ansatz des synaptischen Managements von Bedeutung.

Parsons geht, ähnlich wie Luhmann, davon aus, dass Komplexitäts-Management bedeutet, aus einem Universum von möglichen Handlungen innerhalb eines Systems, zwischen Systemen und zwischen System und Umwelt bestimmte Handlungen zu selektieren, die für das jeweilige System sinnvoll sind. Komplexitäts-Management bedeutet also Selektionszwang.

Parsons stellt nun dar, dass soziale Systeme diese Selektion dadurch vollziehen und damit gewünschte Handlungen dadurch durchsetzen bzw. bewirken können, dass sie soziale Interaktionsmedien einsetzen. Diese Medien sind Kapazitäten der sozialen Systeme, mit denen die Systeme auf formalisierte, sozial normierte und standardisierte Weise in Interaktionsprozessen die Selektion von Handlungsmustern steuern und konditionieren. Sie basieren auf einem sozial normierten Netzwerk von Regeln und auf Ressourcen, die für die Herbeiführung von Selektionen eingesetzt werden.

Soziale Systeme können Komplexität dadurch beherrschen und bewältigen, dass sie ihre internen System-Einheiten, externe soziale Systeme und ihre soziale Umwelt dazu veranlassen, bestimmte Selektionen, bestimmte Denk- und Handlungsmuster zu übernehmen. Sie erreichen dies nach der Theorie von Parsons dadurch, dass sie soziale Interaktionsmedien nutzen. Diese Medien sind der konventionalisierte Hebel, den soziale Systeme einsetzen, um Komplexität berechenbar, steuerbar und damit bewältigbar zu machen.

Parsons geht davon aus, dass es vier verschiedene soziale Interaktionsmedien gibt, die in sozialen Systemen, z. B. in Wirtschaftsunternehmen, zur Komplexitäts-Beherrschung eingesetzt werden:

- **Geld**: Das Medium Geld bewirkt einen Selektionstransfer, d. h. die Übernahme eines von Ego gewünschten Verhaltens durch Alter, dadurch, dass Ego dem Alter einen bestimmten Vorteil bzw. ökonomischen Nutzen verspricht. (Beispiele in Wirtschaftsunternehmen: interne Incentivierungssysteme, externe Pricing-Strategien, Incentivierungs-Strategien gegenüber relevanten Dritten etc.). Dazu ist erforderlich, dass das Medium Geld in „ein relativ klar definiertes Regelsystem von Marktbeziehungen eingebettet ist" (Parsons 1980, S. 70).
- **Macht**: „Macht ist die generalisierte Fähigkeit zur Sicherung des Einhaltens bindender Verpflichtungen der Einheiten einer kollektiven Organisation; dabei wird vorausgesetzt, daß die Verpflichtungen durch ihren Bezug auf kollektive Ziele und Zwecke legitimiert sind, und daß bei Widerstand mit dem Einsatz negativer Sanktionen zu rechnen ist" (Parsons 1980, S. 70).
  Macht kann „als generalisiertes Medium in einem komplexen System" nur dann „effektiv Ressourcen für kollektives Handeln mobilisieren", wenn sie sozial legitimiert ist und wenn sie die Kapazität hat „sicherzustellen, daß Obligationen tatsächlich verbindlich sind und nötigenfalls durch negative Sanktionen ‚erzwungen' werden können" (Parsons 1980, S. 77). Innerhalb von Unternehmen kann Macht z. B. durch Governance-Regeln und Organisationsstrukturen kodifiziert werden. Unternehmen können darüber hinaus ihre Umweltkomplexität z. B. dadurch reduzieren, dass sie Marktmacht aufbauen und über diese Marktmacht bestimmte Elemente ihrer Systemumwelt konditionieren und damit für sich selbst berechenbar machen.
  So kann z. B. die Strategie der Industrial Organization, die vor allem auf die Arbeiten von Porter zurückgeht (vgl. Porter 1988; vgl. auch Porter 1986), als ein Managementansatz verstanden werden, der darauf abstellt, die Marktposition eines Unternehmens durch Aufbau von Marktmacht zu optimieren – von Marktmacht gegenüber Wettbewerbern, Kunden, Zulieferern und gegenüber Dritten, die die eigenen Produkte durch Substitute zu ersetzen drohen.
- **Einfluss**: Der Einflussreiche bewegt einen Dritten dazu, seine Selektionen zu übernehmen, wenn der Dritte den Einflussreichen als Führungsperson, Spezialist bzw. Experte anerkennt und ihm damit attestiert, dass er eine hohe Reputation und einen Informationsvorsprung hat, eine „vertrauenswürdige Informationsquelle" (Parsons 1980, S. 151) ist, der gleichen „Solidaritätsgemeinschaft" wie der Dritte zugehört und dass seine Meinung (bzw. Selektionsvorgabe) deshalb für ihn, den Dritten, als „a good thing" (Parsons 1980, S. 150)[2], als richtig und maßgeblich zu gelten hat. In Wirtschaftsunternehmen kann Einfluss z. B. über die Anerkennung eines Expertenstatus, die Zuerkennung (oder Usurpation) von Informationsdomänen und über eine formelle oder informelle Reputations-Hierarchie ausgeübt werden.

---

[2] vgl. dazu auch Habermas, der sich hier auf Parsons bezieht: „Einflußreiche Instanzen treffen bei ihrer Klientel auf die Bereitschaft, sich belehren zu lassen. Die Äußerungen des Einflußreichen sind nicht durch ein Amt autorisiert, aber sie wirken dank der Überzeugungskraft, die Konsens herbeiführt, autoritativ." (Habermas 1981, Band 2, S. 408).

Eine Führungskraft kann ihre Führungsautorität in einem Unternehmen nicht nur durch Machtbefugnisse, die ihr qua Funktion und Status übertragen werden, erlangen und durchsetzen. Vielmehr kann diese Führungsautorität auch durch Einfluss gewonnen werden. Die Führungskraft, die ihre Führungsautorität auf den Einfluss stützt, den die Mitarbeiter der Führungskraft zuerkennen, führt so, wie es der ehemalige Personalchef von ABB, Gary Steel, einmal formuliert hat: „Leadership ist nicht so sehr eine Frage der Rolle, des Status oder des Titels. Die Frage ist: Werden dir die Leute folgen, wenn man dir Titel und Status wegnimmt?" (zitiert nach: Jenewein und Morhart 2007, S. 32).

• **Commitments**: Komplexitäts-Management durch Commitments erfolgt dadurch, dass Ego einen Alter zur Übernahme bestimmter Selektionen veranlasst, weil Alter diese Übernahme als moralisch verpflichtend und verbindlich ansieht.

Das soziale Interaktionsmedium Commitments wird danach von Parsons definiert als „generalisierte Fähigkeit und glaubwürdiges Versprechen, die Implementation von Werten zu bewirken" (Parsons 1980, S. 203). Dabei nimmt Parsons an, dass Ego und Alter von gemeinsamen Werten ausgehen und dass für beide die moralische Verpflichtung zur Integrität gilt, d. h. die Pflicht, diese Normen und Werte als moralisch bindend anzuerkennen und sie zur Richtschnur für das eigene Denken und Handeln zu machen. Eine Verletzung dieser Pflicht führt zu moralischen Sanktionen (Ermahnung, moralische Missbilligung, Entlassung von Mitarbeitern, die gegen geltende Werte gehandelt haben etc.). Wirtschaftsunternehmen können Commitments z. B. in Form von Compliance-Regeln mobilisieren.

3.3 Management von Komplexität in Unternehmen durch „Systems Thinking"

Die US-amerikanische soziologische Schule des „Systems Thinking" hat wichtige Beiträge zum Verständnis und zum Management des sozialen Systems Unternehmen geleistet, auf die ich ebenfalls für meinen Ansatz des synaptischen Managements Bezug nehme.

Diese soziologische Schule, die vom US-amerikanischen Systemtheoretiker Russel L. Ackoff begründet wurde, geht davon aus, dass das Systems Thinking dem „Conventional Thinking" diametral entgegengesetzt ist. „Conventional Thinking" bedeutet nach Ackoff: „Take any complex system (like a business), separate it out into its component parts and then try to understand and manage each part as well as possible." Dieser Ansatz führt, so Ackoff, ins Abseits: „The problem is that it's perfectly possible to understand or improve the function or performance of one part (even many parts) and yet to misunderstand, disable or even destroy the system as a whole at the same time" (Ackoff 2010, S. 5).

Ähnlich Niklas Luhmann: „Probleme sind nur dann Probleme, wenn sie nicht isoliert, nicht Stück für Stück bearbeitet und gelöst werden können. Gerade das macht ihre Problematik aus. Es gibt Probleme also nur als Problem-Systeme (bzw. als Systemprobleme)" (Luhmann 1984, S. 84).

Die Systemtheorie des Systems Thinking wendet sich also gegen eine mechanistische Simplifizierung des Komplexitäts-Managements. Sie betont dagegen: „Systems Thinking looks at relationships (rather than unrelated objects), connectedness, process (rather than structure), the whole (rather than just its parts), the patterns (rather than the contents) of a system, and context" (Ackoff 2010, S. 6).

Dieser Ansatz des Systems Thinking geht davon aus, dass das Management von Komplexität in Unternehmen nur dann gelingen kann, wenn es von folgenden Grundsätzen geleitet wird:

- **Tropisms**: Strukturen und Prozesse innerhalb eines Unternehmens und in der Unternehmens-Umwelt (in einer Branche etc.) sind nicht auf monokausale Ursachen und lineare Ursache-Wirkungs-Ketten zurückzuführen, sondern sind durch vielfältige Einflussfaktoren und Wirkungskräfte bedingt, die wiederum auf vielfältige Weise miteinander verbunden, aufeinander bezogen bzw. wechselseitig konditioniert sind („multiple causation", vgl. Ackoff 2010, S. 19). Sie können deshalb auch nicht durch Reduktion auf bestimmte Faktoren und Kräfte simplifizierend gemanagt werden.
- **Self-Organization**: Komplexitäts-Management in Wirtschaftsunternehmen kann nur dann erfolgreich sein, wenn das System Unternehmen so konditioniert wird, dass es ihm möglich wird, sich selbst, durch Selbstorganisation, stetig in einem Prozess der Transition, Transformation, Modifikation und Adaption zu halten und dabei die Wandlungen der unternehmensrelevanten Umwelt stetig zu antizipieren und zu internalisieren (vgl. Ackoff 2010, S. 12 ff.).
- **Interconnectedness and Heterarchical networks**: Eine dieser Konditionierungen besteht darin, Unternehmen so auszurichten, dass sie in ihrer Binnenstruktur auf Heterarchie basieren. Eine heterarchisch strukturierte Organisation besteht aus vielfältigen Elementen (Geschäftsbereichen, Abteilungen, Gruppen, Projekten etc.), die nicht hierarchisch über- und untergeordnet, sondern in funktionaler Abgrenzung nebengeordnet sind, mit einer polyzentrischen Ausrichtung und einer kooperativen Entscheidungsstruktur. Sie sind vielfach miteinander vernetzt und voneinander abhängig, kommunizieren und kooperieren autonom und treffen Entscheidungen nicht nach dem Weisungsprinzip der Hierarchie, sondern nach dem Partizipations- und Verhandlungsprinzip. Sie basieren auf Offenheit und Vertrauen (vgl. Ackoff 2010, S. 13 ff.).
- **Implementing Change**: Management im konventionellen Denken bedeutet: Beschreibung eines Problems, Analyse der Problemursachen, Definition von Maßnahmen zur Behebung dieser Ursachen, Etablierung eines Projekts zur Implementation dieser Maßnahmen, Kontrolle der Projektumsetzung.
  Systems Thinking beschreibt einen grundlegend anderen Management-Pfad: Analyse der Beziehungen eines Problems zum Systemganzen, Erkenntnis eines „interacting set of problems, a system of problems" (Ackoff 2010, S. 23), Einleitung eines Change-Prozesses durch gezielte Inputs in das System, Organisation von Feedbacks aus dem System auf diese Inputs, Analyse der Reaktion des Systems auf diese Inputs bzw. der Effekte dieser Inputs auf das System, Ableitung eines neuen Sets verfeinerter Inputs aus dieser Analyse, erneute Feedback-Aufnahme und so fort (vgl. Ackoff 2010, S. 18 f.).

- **Parts management vs. Systems management**: Ein Management-Ansatz zur Optimierung bestimmter Einheiten/Teile eines Unternehmens-Systems, isoliert von anderen,
  muss aus der Sicht des Systems Thinking scheitern. Demgegenüber plädiert das Systems
  Thinking für „decisions taken in concert with other departments or units, a process that
  benefits the whole as well as the parts because each part learns what it can do together
  with the others to advance the whole" (Ackoff 2010, S. 20).

3.4   Komplexitäts-Management durch Stimulation von Selbstorganisation und Emergenz

In einer engen Nachbarschaft zur Systemtheorie des Systems Thinking hat sich in den USA
eine Theorie für das Komplexitäts-Management in Unternehmen etabliert, die ihre Wurzeln in der Chaostheorie hat. Diese US-amerikanische Chaos- und Komplexitätstheorie
wurde u. a. von Kauffman, Anderson, Pascale, Millemann, Stacey und Tetenbaum ausgebildet (siehe z. B.: Anderson 1999, S. 216 ff.; Tetenbaum 1998, S. 21 ff.; Kauffman 1995;
Kelly 1994; Pascale 1999, S. 83 ff.; Stacey 2005; Pascale et al. 2002).

Diese Schule der US-amerikanischen Chaos- und Komplexitätstheorie geht von folgenden Prämissen aus:

- Die Komplexität der Systemumwelt von Unternehmen, die Dynamik des disruptiven
  Wandels und die Schnelligkeit von unvorhersehbaren Umweltveränderungen ist im 21.
  Jahrhundert beispiellos: „Today's changes are discontinuous and happening at a geome-
  tric rate. Organizations must be sufficiently agile to be instantly reconfigurable to meet
  new demands. The disequilibrium created is unprecedented in our history" (Tetenbaum
  1998, S. 23).
- Diese Komplexität und Wandlungsdynamik macht klassische Unternehmensplanung
  und Unternehmenssteuerung im Sinne des „Social Engineering" (siehe Pascale et al.
  2002, S. 23, 183) weitgehend dysfunktional. Nach dem Managementansatz des „Social
  Engineering" sind Veränderungen in Unternehmen planbar, vorhersehbar und kontrollierbar. Kausalitäten sind linear (wenn – dann). Es gibt eindeutige Ursache-Wirkung-
  Beziehungen. Deshalb kann nach diesem Ansatz Wandlung in Unternehmen top down,
  durch präzise Planung, Zielvorgaben und Anweisungen, Belohnungen und Bestrafungen über alle Hierarchieebenen hinweg implementiert werden.
- Dem widerspricht die Chaos- und Komplexitätstheorie. Sie geht davon aus, dass diese
  Instrumente des „Social Engineering" nur greifen können, wenn es für bestimmte Rou-
  tine-Probleme in Unternehmen ein klar definiertes Repertoire an Lösungen gibt, die
  bekannt, bewährt und erprobt sind.
  Dies sind aber aus Sicht der Chaos- und Komplexitätstheorie nicht die typischen Herausforderungen, die sich den Unternehmen im 21. Jahrhundert stellen: „The new world
  is full of unintended consequences and counterintuitive outcomes. In such a world, the
  map to the future cannot be drawn in advance. We cannot know enough to set forth a

meaningful vision or to plan productively. In fact, engaging in such activities in the belief that we can predict the future and, to a degree, control it, is probably both illusory and dangerous, in that it allows a false and potentially debilitating sense of security" (Tetenbaum 1998, S. 24).

Aus diesen Prämissen zieht einer der profiliertesten Vertreter der US-amerikanischen Chaos- und Komplexitätstheorie, Richard T. Pascale, vier zentrale Schlussfolgerungen:

- **Erstens**: „Gleichgewicht ist der Vorbote des Todes. Ein lebendes System, das sich in einem Gleichgewichtszustand befindet, reagiert nur begrenzt auf Veränderungen in seinem Umfeld. Dadurch erhöhen sich seine Risiken enorm" (Pascale et al. 2002, S. 17; vgl. auch Pascale 1999, S. 85).
  Unternehmen müssen deshalb stetig aus Sicherheits-, Schutz- und Komfortzonen herausgeführt, aus einem Zustand des Gleichgewichts, der Balance, der Harmonie, der Stabilität und der Ordnung herausgerissen werden. Damit sie vital, agil und wandlungsfähig bleiben und damit in der Lage sind, auf Eruptionen in ihrer Systemumwelt schnell und elastisch zu reagieren, müssen die Unternehmen stetigen Irritationen ausgesetzt werden. Diese Irritationen müssen ein bestehendes Gleichgewicht stören, müssen Instabilität, Unordnung, Disharmonie und Spannung erzeugen.
  Diese Gleichgewichtsstörung muss, damit sie die Unternehmen nicht ungesteuert und chaotisch in einen Zustand der Destabilisierung hinabstürzt, bestimmten Regeln folgen und auf bestimmten Unternehmensstrukturen aufsetzen, die sicherstellen, dass die Produktion von Unordnung nicht anarchisch, sondern auf einer Ordnungsgrundlage erfolgt. Entsprechend muss diese Gleichgewichtsstörung nach dem Prinzip „oder in disorder" erfolgen und einen Status der „bounded instability" (Tetenbaum 1998, S. 30) schaffen.
  Nach Auffassung der Chaos- und Komplexitätstheoretiker ist es Aufgabe der Manager, in einem solchen Unternehmen das Paradoxon von „regularity and irregularity, simplicity and complexity, predictability and unpredictability, and stability and instability" (Tetenbaum 1998, S. 30; siehe auch Pascale et al. 2002, S. 141 ff.) permanent aufrechtzuerhalten und auszuhalten.
- **Zweitens**: Es ist erforderlich, Unternehmen, die sich disruptiven Veränderungen stellen müssen, auf einen „Zustand am Rand des Chaos" (Pascale et al. 2002, S. 17; siehe auch Anderson 1999, S. 223) hinzutreiben. In diesem Zustand beständiger Instabilität und Spannung am Rand des Chaos haben Unternehmen bessere Chancen als ihre Wettbewerber, die sich in einem Gleichgewicht befinden, disruptive Umweltveränderungen mit innovativen Mutationen zu beantworten und damit ihre Wettbewerbsfähigkeit signifikant zu erhöhen.

In der Chaostheorie repräsentiert der Rand die Grenze zwischen Ordnung und Chaos, den Punkt, an dem aus dem Zusammentreffen von Stabilität und Instabilität die Selbstorganisation entsteht. (Zohar 2000, S. 131)

- **Drittens**: In diesem Zustand des Experimentierens, des Improvisierens, der Dissonanzen, der Unordnung und des Stresses, wenn „complex adaptive systems move towards the edge of chaos" (Pascale 1999, S. 85), entwickelt sich in dem sozialen System Unternehmen „Selbstorganisation und Emergenz" (Pascale et al. 2002, S. 109). Aus Unordnung entsteht eine neue Ordnung („Emergenz"), indem die Teile des Systems neue Verbindungen eingehen, indem aus Interaktion und Intersektion neue Verknüpfungen hervorgehen, indem sich das Unternehmen als ein lebendiger Organismus selbst neu erfindet.

  Damit Emergenz in einem sozialen System entstehen kann, ist eine Unternehmenskultur erforderlich, „in which rules are meant to be broken and assumptions are continually being tested". Emergenz benötigt ein Klima „that supports experimentation, risk-taking, and failure, and views trial-and-error as a viable process" (Tetenbaum 1998, S. 27). Tetenbaum nennt dieses soziale System, das sich durch Selbstorganisation und Emergenz immer wieder neu schafft, „chaordic", „a combination of chaos and order": „While irregular and unpredictable, the patterns that emerge from chaos have a ‚hidden' recognizable form. Chaos is actually constrained by the rules that govern it" (Tetenbaum 1998, S. 25).

  Beispiele für Emergenz in sozialen Systemen sind für die Protagonisten der Chaos- und Komplexitätstheorie z. B. das Silicon Valley[3], das Internet, oder auf Unternehmensebene Visa und GE (siehe Pascale et al. 2002, S. 36 f., 123 f.).
- **Viertens**: Unternehmen des 21. Jahrhunderts können dementsprechend, so die Chaos- und Komplexitätstheorie, nicht nach den Grundsätzen des überkommenen „Social Engineering" planvoll, kontrolliert und zielgenau gesteuert werden. „No one can direct a living system, only disturb it" (Pascale 1999, S. 85; so auch Stacey 2005, S. 12).

  Weil die Wandlung des sozialen Systems Unternehmen nicht vorhersehbar ist, weil es keine lineare Kausalität, keine gerade Linie zwischen Ursache und Wirkung gibt, weil sich die Umwelt der Unternehmen diskontinuierlich, unvorhersehbar und erratisch verändert, weil unvorhersehbare Auswirkungen planvollen Tuns unvermeidbar sind, deshalb kann ein Unternehmensführer das komplexe adaptive System Wirtschaftsunternehmen nur mit der Managementmethode des „design for emergence" (Pascale 1999, S. 91) steuern.

  Damit ist gemeint: Führung des Unternehmens durch beständige Störung von Gleichgewicht, durch vielfältige Rückkopplungen und Iterationen, die Lernen und Evolution ermöglichen, durch flexibles, adaptives Eingehen auf Unvorhergesehenes, durch beständige „Kurskorrekturen" auf einem „Zickzackkurs" (Pascale et al. 2002, S. 177) und, vor allem, durch stetige Einbindung und Einforderung des Engagements und der Partizipation möglichst aller Mitarbeiter an dem Transformationsprozess, den das Unternehmen durchlaufen muss.

---

[3] „Silicon Valley ‚emerged'. It is a prime example of how spontaneous self-organizing systems produce extraordinary outcomes out of chaos." (Tetenbaum 1998, S. 25).

Diese Einbindung aller Mitarbeiter in den Change-Prozess kann Emergenz und Selbstorganisation befördern, wenn sie mit bestimmten Management-Methoden organisiert wird: Organisation von Fluktuation, Rotation, Reorganisation und grenzüberschreitender Kooperation, Gewährleistung von schonungsloser Transparenz und rückhaltloser Offenheit über Probleme und Herausforderungen, Organisation von Rückkopplungen und lernenden Iterationen, Aufrechterhalten von Spannung und Veränderungsdruck, Schaffung von Räumen für Improvisation und Lernerfahrungen, Sicherung von Commitment und Erfolgskontrolle (siehe Pascale et al. 2002, S. 141 ff., 181 ff.).

Tetenbaum fasst dieses Prinzip des partizipativen Change Managements wie folgt zusammen: „Companies that want to prepare themselves to become chaordic organizations must rely on the collective intelligence of their people to create a desired future" (Tetenbaum 1998, S. 27).

Ähnlich argumentiert Petzinger: „In einer Zeit, in der Veränderungen ohne Vorwarnung eintreten und ganze Unternehmen und Branchen über Nacht auszulöschen drohen, können die Unternehmen nur überleben, wenn sie alle Individuen mit ihren Wahrnehmungen, Gefühlen und Gedanken beteiligen und diese ermuntern, sich in ihrem Verhalten an ihren eigenen Kenntnissen und Überzeugungen zu orientieren" (Petzinger 1999, S. 81; zitiert nach: Pascale et al. 2002, S. 25).

In der US-amerikanischen Diskussion über diesen Managementansatz der Chaos- und Komplexitätstheorie ist vielfach angezweifelt worden, ob sich dieser Ansatz für praktisches Management in Unternehmen hinreichend operationalisieren lässt.[4]

In der Tat ist die mangelnde Operationalisierbarkeit dieses Theorieansatzes eine seiner wesentlichen Schwächen. Wenn nach Aussage der Chaos- und Komplexitätstheoretiker davon auszugehen ist, dass „chaos is self-organizing" (Tetenbaum 1998, S. 25), dann gibt es nur begrenzte Möglichkeiten, diesen Prozess der Selbstorganisation zu steuern bzw. zu induzieren.

Entsprechend geben die Protagonisten der Chaos- und Komplexitätstheorie an, dass ein zentrales Beispiel für Selbstorganisation und Emergenz in sozialen Systemen, das kalifornische Silicon Valley, durch keinerlei Management-Expertise und -methode an anderen Orten kopiert und reproduziert werden kann (Tetenbaum 1998, S. 25; Pascale et al. 2002, S. 125 ff.).

Einige der Protagonisten der Chaos- und Komplexitätstheorie legen selbst dar, dass ihre Theorie weit davon entfernt ist, praktisch operationalisierbar zu sein: „To date, chaos and complexity theories have not been applied to human systems" (Tetenbaum 1998, S. 32).

Hier knüpft der Ansatz des synaptischen Managements an. Er greift zentrale Erkenntnisse der Chaos- und Komplexitätstheorie auf. Zugleich macht er sie für die Praxis der Un-

---

[4] So stellen Humphries & Smith fest: „We find that the practical utility of complexity thinking is grossly exaggerated. … This leads to the conclusion that it is a concept with little demonstrable empirical validity." (Humphries und Smith 2004, S. 99; vgl. auch die gleiche Position bei: Letiche und Lissack 2002, S. 72–94).

ternehmensführung fruchtbar. Denn er bahnt Wege zur Integration dieser Erkenntnisse in die alltägliche Managementpraxis.

3.5 Management von Komplexität durch Reduktion von Komplexität

Neben den beschriebenen theoretischen Ansätzen für das Komplexitätsmanagement gibt es eine Vielzahl von Management-Konzepten, die darauf abstellen, die interne Komplexität innerhalb der Prozesse und Strukturen eines Unternehmens umweltkonform zu reduzieren.

Nach diesen Konzepten ist es erforderlich, dass das Unternehmen die Komplexitätsanforderungen seiner Systemumwelt reflektiert und dann eine Unterscheidung trifft zwischen einer internen Komplexität, die im Hinblick auf die Komplexität der Systemumwelt notwendig und nicht-reduzierbar ist, und einer internen Komplexität, die nicht von der Systemumwelt gefordert und deshalb nicht erforderlich ist. Auf dieser Grundlage stellen diese Konzepte dann verschiedene Instrumente und Methoden für die Reduzierung der internen Unternehmenskomplexität auf das unbedingt Notwendige vor.

Das Unternehmen muss also nach diesen Konzepten so viel interne Komplexität ausbilden wie nötig, um die Komplexitätsanforderungen seiner Systemumwelt abbilden zu können. Zugleich muss es so wenig interne Komplexität schaffen wie möglich, um seine Binnenstrukturen möglichst kosteneffizient zu gestalten.

> Complexity become(s) unnecessary and value draining when companies fail to address the trade-off between customization and complexity – between the costs associated with customization, the value derived from it, and the price that should be charged for it. … So, complexity per se is not the problem. The problem is the inability to manage and control it. (Anderson et al. 2006, S. 19; vgl. dazu auch: Bliss 2000[5])

Der gemeinsame Nenner all dieser Ansätze für das operative Komplexitäts-Management innerhalb von Unternehmen kann wie folgt beschrieben werden:

Sie gehen von einer Analyse der von externen Umweltfaktoren induzierten und der von internen Faktoren verursachten Unternehmenskomplexität aus.

Ziel dieser Analyse ist es zum einen, Transparenz über die Treiber für unternehmensinterne Komplexität und deren Auswirkungen auf Kosten, Qualität und Zeit der Produktherstellung zu schaffen. Auf diese Weise wird versucht, die Kosten für ein bestimmtes Niveau von Unternehmenskomplexität und für bestimmte Komplexitätstreiber messbar und damit kontrollierbar zu machen (siehe Raufeisen 1999; Meyer 2007).

Zum anderen stellen diese Ansätze durch Evaluation und Isolation der umweltinduzierten Komplexitätstreiber darauf ab, die Unternehmenskomplexität, die nicht-reduzierbar,

---

[5] Bliss unterscheidet zwischen externen und internen Treibern von Unternehmenskomplexität und zeigt auf dieser Grundlage Wege für die Reduktion von nicht-notwendiger interner Unternehmenskomplexität auf.

weil umwelterforderlich ist, von der Umweltkomplexität zu separieren, die nicht umwelterforderlich und deshalb gestaltbar ist.

Zum dritten zielt die Analyse vor diesem Hintergrund darauf, für verschiedene Unternehmensbereiche bzw. für unterschiedliche Unternehmensfunktionen Hebel und Methoden für das umweltkonforme Komplexitätsmanagement darzustellen (siehe Marti 2007[6]).
Dieses Komplexitätsmanagement hat drei Schwerpunkte: Vermeidung der Entstehung von
nicht-umwelterforderlicher Komplexität (z. B. durch komplexitätsbewusste Produktentwicklung etc.), Reduktion von bestehender nicht-umwelterforderlicher Komplexität und
Einsatz von Instrumenten für das kontinuierliche Monitoring und Controlling von unternehmensinterner Komplexität.

Von diesem gemeinsamen Nenner ausgehend wurden vielfältige Strategien und Methoden für das Komplexitätsmanagement in bestimmten Unternehmensbereichen ausgebildet. Einige seien hier aufgeführt:

- Management der Produktkomplexität durch Ausbalancierung von Markterfordernissen
  (nach Produktvielfalt, Produktindividualisierung, Customizing etc.) mit dem Erfordernis interner Kostenoptimierung durch Standardisierung und Komplexitätsreduktion;
  z. B. durch Variantenmanagement (siehe Braun et al. 2009; Wildemann 1998, S. 47–68),
  d. h. der Ermittlung und Aussonderung von Produkten, die die interne Komplexität
  signifikant erhöhen, ohne zugleich einen entsprechend hohen Kundennutzen zu bieten;
- Management der Produktentwicklung und Produktgestaltung durch Strategien der Modularisierung[7], der Standardisierung von Plattformen und Schnittstellen (siehe Schuh
  et al. 2001), des Simultaneous Engineering bzw. des Lifecycle Engineering (siehe Marti
  2007; Wildemann 1998);
- Management der Prozesskomplexität, z. B. durch „ressourcenorientierte Prozessopti-
  mierung" (siehe Schuh und Schwenk 2001, S. 201 ff.) bzw. durch ganzheitliche Erfassung, Planung und Regelung der Komplexität in Unternehmensprozessen (siehe Puhl
  1999);
- Management von Komplexität in bestimmten funktionalen Bereichen; Beispiel: Kostenreduktion durch Komplexitätsreduktion im Supply Chain Management (siehe Blecker et al. 2006; Miragliotta und Perona 2004, S. 103 ff.; siehe auch Wildemann 1999,
  S. 30–42[8]).

---

[6] Marti führt eine „Komplexitäts-Matrix" ein, auf deren Grundlage er Norm-Strategien für die Ausbalancierung von externer mit interner Komplexität ableitet.

[7] Siehe Marti 2007, S. 73: „Thanks to widely standardized interfaces a limited number of standard
and customized modules can be combined in many different ways to form a stream of distinct product variants. A broad product portfolio can therefore be maintained that does not cause excessive
cost to the enterprise."

[8] Wildemann stellt zur Optimierung von Komplexität im Bereich des Supply Chain Managements
das Konzept eines Beschaffungsgüter-Portfolios vor.

Für das Paradigma des synaptischen Managements ist vor allem die Strategie des Komplexitäts-Managements durch Modularisierung von Bedeutung (vgl. hierzu: Waltl und Wildemann 2014). Die Modularisierung ist in der industriellen Produktion ein Verfahren des Komplexitäts-Managements, das es erlaubt, Variantenreichtum mit Kosteneffizienz zu vereinbaren. So setzt z. B. Volkswagen dieses Verfahren in seinen Produktionsbetrieben ein („Modularer Produktionsbaukasten"). Die Strategie der Modularisierung beruht auf folgenden Grundsätzen:

- Innerhalb eines komplexen Ganzen (z. B. eines Fahrzeugs) werden Bausteine („Module") herausdestilliert. Diese Module sind Ensembles von Elementen (Einzelteilen), die eine gemeinsame Eigenschaft haben: denselben Werkstoff, dieselbe Funktion (z. B. eine Lichtanlage) oder dieselbe Weiterentwicklungsfähigkeit.
- Diese Module müssen so ausgestaltet sein, dass sie in verschiedensten Produkten und Produktgruppen einsetzbar sind (z. B. eine Lichtanlage in unterschiedlichen Fahrzeugtypen – von der Kleinwagenklasse bis zur Luxusklasse). Sie müssen also im Systemkontext unterschiedlicher Ganzheiten funktionsfähig sein.
- Die Kunst der Modularisierung umfasst nun zum einen die Aufgabe, auf möglichst standardisierte und damit effiziente Weise je nach den fluktuierenden Produktanforderungen einzelne Elemente innerhalb eines Moduls durch andere zu ersetzen; damit wird eine modulinterne synaptische Elastizität und Anpassungsfähigkeit geschaffen.
- Zum anderen stellt Modularisierung darauf ab, die einzelnen Module über standardisierte Schnittstellen, die zugleich adaptiv weiterentwickelbar sind, möglichst effizient miteinander zu verbinden. Indem so eine modulexterne synaptische Verknüpfungsfähigkeit geschaffen wird, können die Module einfach und friktionslos miteinander kombiniert und damit für den Aufbau von verschiedenen Produkt-Systemen (z. B. Fahrzeugtypen) eingesetzt werden.

Ich werde im Kap. 6.5 zeigen, dass diese Strategie der Modularisierung auch für die adaptive Flexibilisierung von Unternehmensorganisationen (durch Management von Heterarchie) eingesetzt werden kann. Sie ist nicht nur eine Strategie der Produktionsoptimierung, sondern auch ein Verfahren zur Optimierung von Organisationen. Damit ist sie ein wichtiger Funktionskreis im Paradigma des synaptischen Managements.

Management von Komplexität und Unsicherheit im 21. Jahrhundert: das Wandlungsdilemma und die Logik des Scheiterns

4

Ich gehe, im Einklang mit der beschriebenen europäischen und US-amerikanischen System- und Komplexitätstheorie, von folgender These aus: Im Blick auf die neue Qualität von Komplexität und Unsicherheit, mit der die Unternehmen im 21. Jahrhundert konfrontiert sind, reicht es nicht mehr aus, die Unternehmen nach den klassischen Paradigmen der markt- oder ressourcenorientierten Unternehmensführung zu steuern.

Es reicht nicht mehr aus, Unternehmensführung so zu verstehen, als gehe es bei ihr ausschließlich darum,

- auf der Basis einer umfassenden Analyse des Unternehmens (Stärken und Schwächen) und der Unternehmensumwelt (Bedrohungen und Chancen) eine Unternehmensstrategie zu fixieren, im Einklang mit dieser Strategie Ziele festzulegen, einen Plan zur Zielerreichung aufzustellen und diesen Plan dann möglichst effizient und effektiv umzusetzen,
- die Mitarbeiter bei dieser Umsetzung durch Maßnahmen des kommunikativen Change Managements „mitzunehmen",
- Unternehmen kundenorientiert auszurichten und die Marktposition der Unternehmen gegenüber ihren Kunden stetig zu optimieren,
- den Nutzen, den das Unternehmen für seine Kunden stiftet, nachhaltig zu mehren,
- Unternehmen gegenüber Wettbewerbern so zu differenzieren, dass sie gegenüber aktuellen und potenziellen Wettbewerbern (z. B. gegenüber Anbietern von Substitutionsprodukten) einen signifikanten und nachhaltigen Wettbewerbsvorteil erlangen,
- das interne Personalmanagement und die interne Organisationsentwicklung effizient und effektiv auf diese Kunden- und Marktziele auszurichten,
- die Verhandlungs- und Marktmacht von Unternehmen gegenüber ihren Zulieferern, Partnern und Regulierern zu optimieren,

H. G. Prodoehl, *Synaptisches Management*,
DOI 10.1007/978-3-658-05519-6_4, © Springer Fachmedien Wiesbaden 2014

- die unternehmensinternen Ressourcen möglichst effizient und effektiv auszugestalten und zu allokieren, vom physischen Kapital über das technologische Kapital und
Humankapital bis hin zur Unternehmensorganisation, der Unternehmenskultur, den
finanziellen Unternehmensressourcen und den im Unternehmen inkorporierten Kompetenzen und Kernkompetenzen (siehe dazu: Burr et al. 2011, S. 21 ff.).

All diese Ingredienzien einer „klassischen" Unternehmensführung, der Management-Pa-
radigmen 1.0 und 2.0, sind wichtig und unerlässlich für die Unternehmensführung im 21.
Jahrhundert, reichen aber nicht mehr aus.

Sie markieren das „Pflichtprogramm" der Unternehmensführung.

Dieses „Pflichtprogramm" kann aber heute, in der unsteten Unternehmensumwelt des
21. Jahrhunderts, nur dann mit Erfolg absolviert werden, wenn es eingebettet wird in ein
„Kürprogramm", das Programm des synaptischen Managements.

Dieses Kürprogramm konditioniert jenes Pflichtprogramm. Erst mit diesem Kürprogramm wird das Milieu geschaffen, in dem jenes Pflichtprogramm allein effektiv und effizient wirken kann. Außerhalb dieses Milieus ist der Manager, der nur seine Pflicht tut,
auf glückliche Zufälle angewiesen, wenn er mit seinen Pflichtübungen beabsichtigte Wirkungen erzielen will. Darauf eben, dass sich jener Windhauch nicht einstellt, der seinen
pflichtgemäßen Balanceakt auf der Spitze einer Rasierklinge unterbricht.

Der Unternehmensführer im 21. Jahrhundert, der nur die Pflicht absolviert, weil er
die Kür als eine Quantité négligeable, als folkloristisches Randphänomen deklariert, wird
in der Regel sein Pflichtpensum verfehlen. Es ist dies die Lehre, die aus den qualitativen
Wandlungen der Unternehmensumwelt in den vergangenen Jahrzehnten gezogen werden
muss.

Das Kürprogramm besteht im Kern darin, ein Unternehmen zu dynamisieren. Wenn
die Systemumwelt, in der die Unternehmen agieren und von der sie abhängig sind, immer
komplexer, erratischer, volatiler, unberechenbarer und unsteter wird, wenn sich die Ver-
änderungsgeschwindigkeit und die Veränderungsintensität dieser Systemumwelt stetig
potenziert und wandelt, dann reicht es nicht mehr aus, einem Ist-Zustand (Status-quo des
Unternehmens) einen Soll-Zustand (strategisches Unternehmensziel) gegenüberzustellen
und ein Unternehmen dann planvoll, effizient und effektiv vom Ist- zum Soll-Zustand zu
überführen.

Es reicht nicht mehr aus, einen „Point of Departure" und einen „Point of Arrival" festzulegen und dann darauf hinzuwirken, dass sich das Unternehmen planvoll vom einen
zum anderen Punkt fortbewegt.

Denn im 21. Jahrhundert muss die Unternehmensführung gewärtigen, dass jeder Soll-
Zustand in zweifacher Hinsicht ein „moving target" ist: Er ist zum einen ein Ziel-Zustand,
der sich auf dem Weg, den das Unternehmen zu seiner Erreichung zurücklegt, abrupt und
erratisch wandeln, verkehren und verflüchtigen kann, und er ist zum anderen kein An-
kunftsort, sondern eine flüchtige Durchgangsstation. Die Unternehmensführung muss
einkalkulieren, dass jeder Point of Arrival ein Point of Departure ist.

Demgegenüber bedeutet Dynamisierung von Unternehmen durch synaptisches Management

- nicht, ein Unternehmen anzupassen (von Punkt A zu Punkt B zu steuern), sondern seine Anpassungsfähigkeit auszubilden und es zugleich permanent in die Lage zu versetzen, seine Umwelt proaktiv zu beeinflussen,
- nicht, ein Unternehmen zu transformieren, sondern es transformational zu gestalten,
- nicht, eine Veränderung zu induzieren, sondern ein Unternehmen so zu konditionieren, dass es wandlungsaffin und veränderungsoffen ist,
- nicht, dem Unternehmen eine Neuerung zu verordnen, sondern ein Unternehmen in einen Zustand der permanenten Erneuerung zu versetzen,
- nicht, ein Unternehmen planvoll auf ein Ziel zu bewegen, sondern in einem Unternehmen ein Milieu zu schaffen, das stetige Bewegung und unstete Beweglichkeit schafft und das damit die Bedingungen dafür optimiert, dass sich das Unternehmen effizient und effektiv auf ein Ziel zubewegen kann,
- nicht, ein Unternehmen in einen bestimmten Zustand zu versetzen, sondern seine Agilität und Affinität zur andauernden Fortbildung erreichter Zustände aufrechtzuerhalten.

Synaptisches Management zur Dynamisierung von Unternehmen ist auch immer Resilienz-Management. Ich beziehe mich, wenn ich den Begriff „Resilienz" verwende, auf das Paradigma des „Resilience Engineering" von Hollnagel, Woods und Leveson. Nach diesem Paradigma markiert Resilienz in einer Welt „of irreducible uncertainty" die Fähigkeit von Systemen „to anticipate and adapt to the potential for surprise and failure" (Hollnagel et al. 2013, S. 3 f.).

> Success belongs to organisations, groups and individuals who are resilient in the sense that they recognise, adapt to and absorb variations, changes, disturbances, disruptions, and surprises – especially disruptions that fall outside of the set of disturbances the system is designed to handle. (Hollnagel et al. 2013, S. 3)

Dieses Management-Programm der Dynamisierung ist für Unternehmen, die sich in der volatilen Umwelt des 21. Jahrhunderts bewegen müssen, deshalb von entscheidender Bedeutung, weil das soziale System Unternehmen ein grundsätzlich strukturdeterminiertes System ist.

Dieser Begriff der Strukturdeterminiertheit sozialer Systeme ist von Humberto Maturana entwickelt worden (Maturana 1982). Er stellt darauf ab, dass soziale Systeme mit ihrer Umwelt nicht im Sinne einer deterministischen und linearen Ursache-Wirkungs-Beziehung interagieren. Gleiches gilt für die Interaktion des sozialen Systems Unternehmen mit seinen vielfältigen unternehmensinternen Subsystemen (Geschäftseinheiten, Gruppen, Mitarbeiter etc.). Auch für diese Interaktion gilt, dass sie nicht zureichend im Bild von Reiz und Reaktion, als linear-kausale Wirkung eines äußeren Impulses gedacht werden kann.

Strukturdeterminiertheit bedeutet, dass jedes soziale System und Subsystem auf äußere Reize hin immer nur gemäß seiner eigenen inneren Verfasstheit reagiert. Die Art und

Weise, wie ein soziales System auf seine Umwelt reagiert, wird maßgeblich von der internen Strukturiertheit des Systems bestimmt. Die interne Verfassung des Systems determiniert, wie das System die Dynamik seiner Umwelt verarbeiten und in eigene Wandlungsprozesse übersetzen kann.

Jedes soziale System hat einen Eigensinn, der aus den Bedingungen und Möglichkeiten seiner Selbstorganisation erwächst. Jeder äußere Reiz kann immer nur im Medium dieses Eigensinns rezipiert und abgearbeitet werden.

> Es gibt in diesem Sinne keine Fremdsteuerung, sondern nur Selbststeuerung im Umgang mit Fremdsteuerung. Alle Steuerungsversuche aus der Umwelt müssen systemintern verarbeitet werden. Man kann nicht aus der Umwelt in ein System hineingreifen, sondern jeder Eingriffsversuch muss im System als solcher interpretiert und dann vor dem Hintergrund eigener Sinnkriterien weiterverarbeitet werden. (Wimmer und Jung 2009, S. 113)

Entsprechend kann ein Unternehmen auf seine Umwelt immer nur so reagieren, wie das die internen Strukturen des Unternehmens zulassen. Wenn sich ein Unternehmen auf seine Umwelt bezieht, dann kann es das nur tun, indem es sich auf sich selbst bezieht. Es kann auf die Außenwelt nur reagieren, indem es auf sich selbst reagiert. Es kann die Reize der Außenwelt immer nur gebrochen und konditioniert durch seine eigenen internen Strukturen aufnehmen und verarbeiten (siehe auch: Simon 2009, S. 53 f.).

> Die Lenkungskapazität eines Systems und damit seine Fähigkeit, Komplexität unter Kontrolle zu bringen, ist abhängig von seinen grundlegenden Strukturen. Es gibt Systemstrukturen, die die Komplexitätsbeherrschung erleichtern und solche, die sie erschweren oder unmöglich machen. Mit Bezug auf das Problem der Komplexitätsbeherrschung verhält sich ein System also so, wie seine Struktur ihm erlaubt, sich zu verhalten. Diese Erkenntnis, dass das Lenkungsverhalten eines Systems eine notwendige Folge der Systemstruktur ist, ist ein grundlegendes Resultat systemtheoretischer Forschungen …. (Malik 2008, S. 157)

Das Management-Programm der Dynamisierung bedeutet nun, ein Unternehmen intern so auszurichten, dass es die Fähigkeit hat, synaptisch mit der Dynamik seiner Umwelt zu interagieren. Nur ein soziales System, dessen Elemente auf flexible, flüssige und bewegliche Weise miteinander verknüpft sind, wird in der Lage sein, Irritationen und Perturbationen, die von seiner Umwelt ausgehen, in eine systeminterne Dynamik und Wandlung zu übersetzen. Ein soziales System hingegen, das eine interne Struktur der Statik und festgefügten Stabilität ausgebildet hat, wird gegenüber einer dynamischen Umweltevolution immer nur statisch reagieren können.[1]

Nur die interne Dynamik eines Unternehmens kann sicherstellen, dass ein Unternehmen adaptiv und flexibel die fluktuierenden Irritationen, die von seiner Umwelt ausgehen, in umweltgerechte Wandlungsprozesse übersetzen kann.

---

[1] Bemerkenswerterweise ist dieser Sachverhalt schon vor mehr als 2500 Jahren aufgefallen: „Die biegsamsten Glieder in der Gemeinschaft lenken die unbeugsamsten." „Das Härteste in der Welt – bezwungen wird es vom Geschmeidigsten." Es sind dies zwei Übertragungen des ersten Satzes im 43. Spruch im Buch Tao-te-king von Lao-tse. Die erste Übertragung stammt von Alexander Ular, die zweite von Ernst Schwarz.

Ein synaptisch dynamisiertes Unternehmen transformiert seinen strukturellen, systemischen Eigensinn in eine strukturelle, systemische Eigendynamik. Es ist diese endogene Dynamik, die das Unternehmen in den Stürmen seiner volatilen Umwelt wetterfest macht.

> In einer ungewissen Welt ist … nicht der Wettbewerbsvorteil eines Unternehmens zu einem bestimmten Zeitpunkt, sondern sein **bleibender** evolutionärer Vorteil ausschlaggebend. (Hamel 2008, S. 150, Hervorhebung im Original).

Ein dynamisiertes Unternehmen bewegt sich aus seiner eigenen internen Dynamik heraus, es interagiert als ein solches dynamisches System oszillierend und fluktuierend mit seiner Umwelt, bewegt diese Umwelt und wird von ihr bewegt. Ein solches auf andauernde Beweglichkeit hin ausgerichtetes Unternehmen hat aufgrund dieser seiner Strukturdeterminiertheit die Chance, Irritationen und Evolutionen in seiner Umwelt elastisch zu parieren und in eigene umweltadäquate Evolution umzumünzen. Es kann die Umweltbewegungen aufgrund seiner internen Dynamik in kontinuierliche Lernprozesse umsetzen und dadurch seine Adaptionsfähigkeit stetig fortbilden.

Diese Dynamisierung von Unternehmen kann nur gelingen, wenn die Unternehmen so konditioniert werden, dass sie in der Lage sind, elastisch, agil, resilient und flexibel auf neue Umweltkonstellationen einzugehen. Das können Unternehmen nur dann, wenn sie einen Prozess der „Liquidization" durchlaufen haben, einen Prozess, in dem fixe, statische, veränderungsresistente Strukturen verflüssigt und damit wandlungsfähig und schnell wandelbar werden.

Nun steht aber eine Unternehmensführung, die die Aufgabe hat, ein Unternehmen strukturell zu dynamisieren, vor einem strukturellen Dilemma. Es sei hier Wandlungsdilemma genannt.

Dieses Wandlungsdilemma hat eine doppelte Ausprägung: das Wandlungsdilemma der Komplexität und der Konfliktresistenz.

4.1 Das Wandlungsdilemma der Komplexität

Dynamisierung eines Unternehmens muss immer mit einer Steigerung der Binnenkomplexität im Unternehmen einhergehen.

Unternehmen, die statische Strukturen ausgebildet haben, mit fest fixierten und veränderungsresistenten Regeln und Überzeugungen, können mit dieser internen Statik Komplexität drastisch reduzieren.

Anders bei dynamisierten Unternehmen: Die Beweglichkeit, mit der im dynamisierten Unternehmen interne Strukturen und Prozesse, Normen und Einstellungen justiert werden, schafft für das Unternehmen eine stetig wachsende interne Komplexität. Im dynamisierten Unternehmen sind alle Elemente des Systems elastisch miteinander verknüpft. Diese Elastizität schafft ein Milieu der beweglichen Neuformierung von Verknüpfungen, damit auch ein Milieu gesteigerter Kontingenz, in dem die Komplexität erheblich höher ist als in einem Unternehmensmilieu, das aus festzementierten Verknüpfungen von Elementen besteht.

Einerseits erfordert die dynamische Unternehmensumwelt von den Unternehmen, die sich in dieser Umwelt evolutionär bewegen wollen, eine durchgängige interne Dynamisierung. Andererseits aber schafft diese Dynamisierung eine unternehmensinterne Komplexität, die die Interaktion innerhalb des Unternehmens ebenso erschwert wie die Interaktion des Unternehmens mit seiner Umwelt.

Dieses Phänomen, dass die Dynamisierung eines Unternehmens seine effiziente und effektive Interaktion mit der unternehmensrelevanten Umwelt sowohl erleichtert als auch erschwert, sowohl ermöglicht als auch behindert, nenne ich das Wandlungsdilemma der Komplexität.

Dieses Wandlungdilemma der Komplexität hat daneben auch noch eine andere Ausprägungsform.

Unternehmen müssen, um sich elastisch in ihrer Umwelt bewegen zu können, ein Sensorium dafür ausbilden, die für sie relevanten Wandlungen in ihrer Systemumwelt umfassend rezipieren und antizipieren zu können. Dieses Erfordernis kollidiert aber chronisch mit der oben skizzierten, in den letzten Jahrzehnten stetig gewachsenen Komplexität und Volatilität dieser Systemumwelt.

Einerseits stellt diese wachsende Komplexität und Volatilität der Systemumwelt für die Unternehmen eine imperativische Herausforderung dafür dar, diese Wandlungen ihrer Umwelt umfassend und frühzeitig zu rezipieren und zu antizipieren.

Andererseits macht eben diese wachsende Komplexität und Volatilität es für die Unternehmen immer schwieriger, jene Rezeptions- und Antizipationsleistung zu vollbringen. Sie können ihre Systemumwelt nicht vollständig erfassen, beschreiben, vorhersagen und kontrollieren, müssen aber zugleich ihren eigenen Markterfolg damit verknüpfen, dass sie dies können.

In der Sprache der Systemtheorie: Das soziale System Unternehmen ist in dem Maße, wie seine Umwelt komplexer und volatiler wird, damit konfrontiert, dass sich das Problem der chronisch defizitären Verknüpfungskapazität seiner Systemelemente zuspitzt, ergo der Selektionszwang steigt, damit Kontingenz, Unsicherheit und Risiko zunehmen.

Zumal sich für die Unternehmen im 21. Jahrhundert das Problem der „notwendigen Mannigfaltigkeit" drastisch zuspitzt. Mit „notwendiger Mannigfaltigkeit" („requisite variety") ist gemeint, „dass die Mannigfaltigkeit innerhalb eines Systems mindestens ebenso groß sein muss wie die Umweltmannigfaltigkeit, auf die sie sich einzustellen sucht. Prägnanter formuliert: Nur Mannigfaltigkeit kann Mannigfaltigkeit regulieren." (Buckley 1968, S. 495).

Danach muss ein Unternehmen die chronische Zunahme der Komplexität in seiner Systemumwelt durch ständige Steigerung der unternehmensinternen Komplexität reflektieren. Sie vergrößern damit aber notwendig das Problem der chronisch defizitären Kapazitäten zur Verarbeitung von Informationen und zur Selektion von Handlungsvarianten.

Hier zeigt sich eine **Bruchstelle** zwischen den steigenden Anforderungen an die Unternehmen, Komplexität und Unsicherheit zu antizipieren, zu evaluieren und zu managen, und strukturellen Restriktionen, mit denen die Unternehmen beim Versuch, diese Anforderung zu erfüllen, konfrontiert sind.

Diese Bruchstelle, die das Wandlungsdilemma der Komplexität indiziert, charakterisiert nicht nur das soziale System Unternehmen im 21. Jahrhundert, sondern auch und gerade die handelnden Akteure in diesen Unternehmen. Es ist nicht nur eine mikroökonomische, sondern auch eine individuelle Bruchstelle. Sie prägt das Denken und Handeln jedes Managers.

Denn das Erfordernis, in einer immer komplexer und volatiler werdenden Systemumwelt die für die Dynamisierung des Unternehmens relevanten Sachverhalte zu erkennen, Entwicklungen zu antizipieren und Maßnahmen zu ergreifen, bricht sich an der limitierten Rezeptions- und Reflexionskapazität der Individuen, die das Unternehmen führen. Diese physiologisch-psychologische Limitierung ist unaufhebbar und unhintergehbar.[2]

Der Grundsachverhalt der limitierten Apperzeptionskapazität des menschlichen Gehirns hat sich in früheren Phasen der marktwirtschaftlichen Entwicklung nicht in dem Maße wie heute als Steuerungsdilemma für die Unternehmen ausgeprägt. Als diese Limitierung noch auf eine nur limitiert komplexe und nur limitiert wandlungsdynamische Systemumwelt traf, konnte sie sich noch nicht zu einem strukturellen Steuerungsdilemma auswachsen.

Das aber ist im 21. Jahrhundert anders. Hier werden an die Apperzeptionskapazität der handelnden Akteure stetig wachsende Anforderungen gestellt. Das Erfordernis, eine hochkomplexe und hochvolatile Umwelt zu erkennen, zu verstehen, auszudeuten und diese Deutung in unternehmensinterne Dispositionen zu übersetzen, überfordert chronisch die limitierte Rezeptions- und Reflexionskapazität der handelnden Akteure. Diese chronische Überforderung markiert die individuelle Seite jenes Wandlungsdilemmas der Komplexität (siehe hierzu: Kahnemann 1973).

Beispiel

In der Finanzkrise der Jahre 2008 ff. ist diese chronische Überforderung vielfach deutlich geworden. Die vorliegenden Analysen zu den Vorder- und Hintergründen dieser Finanzkrise haben mit vielfältigen Belegen aufgewiesen, dass die Führungskräfte in vielen Banken chronisch damit überfordert waren, die Komplexität der Finanzinstrumente, die sie intern ausgebildet hatten, ebenso zu verstehen wie die Komplexität der Umwelt, in der die Aktionen dieser Banken eingebettet waren. Als Manager, die im Syndrom der „heroischen Gestaltungsillusion" befangen waren, mussten sie bis zum Zusammenbruch des Systems gegenüber ihren Stakeholdern eine umfassende Informiertheit vorspiegeln. Tatsächlich aber waren sie chronisch in einem Zustand strukturell defizitärer Informiertheit und Informationsverarbeitungskapazität befangen.

Diese chronische mentale Überforderung kann auch durch differenzierte Instrumente des Social Engineering nicht aufgehoben werden. Instrumente wie z. B. Knowledge-Management-Tools, Big-Data-Systeme, Business-Intelligence-Lösungen, Prognose- und

---

[2] „… die menschliche Unwissenheit im Zusammenhang mit komplexen Sachverhalten ist eine absolute, die auch durch noch so große Fortschritte in den Computerwissenschaften nicht beseitigt werden kann." (Malik 2008, S. 179).

Szenarien-Analysen u. a. sind hilfreich, um im Dschungel der Komplexität Strukturen und Wegmarkierungen aufzufinden. Sie können aber jenes Syndrom der chronischen Überforderung nicht aufheben.

Sie bergen auch eine signifikante Gefahr in sich. Denn wenn sie, nach kostenaufwändiger Installation, dem Management eines Unternehmens suggerieren, es könne jenes Komplexitätsdilemma durch technische Instrumente überwinden, so befestigen sie das Syndrom einer „technikgestützten Gestaltungsillusion", die für Unternehmen existenzgefährdend sein kann.

Aber auch der traditionalistische Weg zur Auflösung jenes Komplexitätsdilemmas taugt nicht mehr zur Unternehmensführung im 21. Jahrhundert. Es ist dies der Weg einer Selektion des Relevanten und Richtigen durch unternehmerischen Instinkt („aus dem Bauch heraus").

Denn dieser Versuch, das Komplexitätsdilemma durch Instinkt und Bauchgefühl zu überwinden, operiert mit einer Extrapolation von vergangenen Deutungs- und Handlungsschemata auf die Gegenwart und Zukunft. Er setzt damit auf die Wiederkehr des Gleichen, auf den Bestand des Bestehenden und auf die berechenbare Reproduzierbarkeit des Altbewährten. All dies sind Voraussetzungen, die in der volatilen und unsteten Systemumwelt der Unternehmen des 21. Jahrhunderts ständig außer Kraft gesetzt werden.

4.2   Das Wandlungsdilemma der Konfliktresistenz

Seit den 60er Jahren des 20. Jahrhunderts, seitdem das Paradigma des „social engineering" (Veränderung ist vorhersehbar, Ursache-Wirkungs-Zusammenhänge sind planbar, Unternehmen sind top-down durch Zielvorgaben, Weisungen und Kontrollen steuerbar etc.) mehr und mehr kritisch rezensiert wurde, wurden in der Managementtheorie vielfältige Ansätze dafür entwickelt, Unternehmen auf Wandlungs-, Anpassungs-, Innovations- und Lernfähigkeit hin auszurichten.[3] Das oben erhobene Postulat, Unternehmen zu dynamisieren, kann im Lichte dieser Strategieansätze trivial anmuten.

Nicht trivial ist indes die Reflexion eines Bruchs, der zwischen diesen ökonomischen Strategieansätzen und einigen Grunderkenntnissen der Psychologie und der Soziologie besteht.

Dieser Bruch lässt sich wie folgt beschreiben: Die vorliegenden Strategieansätze zur Dynamisierung der Unternehmen zielen darauf ab, die Wandlungsfähigkeit, Wandlungsflexibilität und die Wandlungsgeschwindigkeit von Unternehmen dadurch zu erhöhen, dass sie unternehmensinterne Stabilisatoren und Beharrungskräfte, tradierte Gewissheiten und überkommene Selbstverständlichkeiten stetig unterminieren. Sie setzen das Unternehmen

---

[3] Siehe die beispielhaft im Kap. 3.4 dargestellten Ansätze der US-amerikanischen Chaos- und Konflikttheorie; siehe auch den Ansatz der „Dynamic Capabilities", d. h. den Management-Ansatz zur permanenten Erneuerung und Rekombination der Unternehmensressourcen im Blick auf sich wandelnde Markt- und Umweltbedingungen; dazu: Burr et al. 2011, S. 30 ff.

damit einem stetigen Restrukturierungsdruck aus, schaffen chronisch ein Milieu der Ungewissheit und der Unbeständigkeit, der Instabilität und Volatilität.

Dieses Milieu aber wird von den Menschen, die davon betroffen sind, als Konflikt erfahren (siehe dazu: Prodoehl 1983. S. 113 ff.). Sie reagieren auf diese Konfliktsituation mit einer Vielzahl von Strategien der Konfliktreduktion und der Konfliktvermeidung.

Mit diesen Strategien unterlaufen sie stetig jenen Strategieansatz zur Dynamisierung von Unternehmen. Sie konterkarieren mit diesen Strategien der Konfliktreduktion permanent die Fähigkeit und Bereitschaft der Unternehmen, innerhalb der Dschungellandschaft der Systemumwelt eine Ideallinie der Unternehmensentwicklung auszumachen und auszugestalten.

Und sie tun das, weil sie es tun müssen (vgl. Prodoehl 1983).

Denn diese Strategien der Unternehmensakteure zur Minderung von Dynamisierungs-Konflikten, diese Strategien zur gezielten Entdynamisierung, sind ein Element der „condition humaine". Es sind Strategien der Unternehmensführung genauso wie der operativ tätigen Unternehmensmitarbeiter. Sie sind nicht beseitigbar, weil ihre Beseitigung mit einer Abschaffung der „condition humaine" in den Unternehmen einhergehen müsste.

Ich will diese Strategien der Konfliktreduktion, mit denen die Unternehmensakteure auf die „Zumutungen" der wachsenden Komplexität und Volatilität reagieren, als **Strategien der Abschottung** bezeichnen. Die Akteure managen und mindern die Konflikte, denen sie ausgesetzt sind, durch diverse Aktionen und Haltungen, mit denen sie Unerwünschtes und Unberechenbares auszufiltern, auszusondern und auszublenden suchen.

All diese Strategien zur Abschottung, die ich im Folgenden näher betrachten werde, stehen quer zum Erfordernis der Dynamisierung von Unternehmen. Sie stehen auch quer zu den Erfordernissen der Unternehmenssteuerung im 21. Jahrhundert. Denn, wie im Folgenden noch zu zeigen sein wird, die Logik des Scheiterns von Unternehmen in der komplexen und volatilen Systemumwelt des 21. Jahrhunderts ist die Logik der Abschottung.

Das synaptische Management und die Syndrome der Abschottung

5

Für die Managementtheorie ist es unerlässlich, diesen doppelten Bruch zu reflektieren, der sich in den Wandlungsdilemmata der Komplexität und der Konfliktresistenz offenbart, und diese Reflexion in die Neu-Konzeption einer Unternehmensstrategie zum Management von Komplexität und Unsicherheit in Unternehmen des 21. Jahrhunderts einzubeziehen.

▶ Diese Reflexion geht von folgenden beiden Feststellungen aus:
Ein Unternehmen muss im 21. Jahrhundert stetig wachsende Komplexität bewältigen; aber es besteht aus Systemen und Subsystemen, die eine strukturell limitierte Kapazität zur Komplexitätsbewältigung haben.
Ein Unternehmen muss im 21. Jahrhundert dynamisiert werden; aber es umfasst immer Systeme und Syndrome, die sich strukturell dieser Dynamisierung widersetzen.

Es ist diese Reflexion, die ein Kernelement des Ansatzes eines synaptischen Managements ausmacht. Der Ansatz einer synaptischen Unternehmensführung reflektiert jene beiden Wandlungsdilemmata. Er geht davon aus, dass eine Strategie für die Unternehmensführung im 21. Jahrhundert eingedenk jener Bruchstellen konzipiert werden muss, die zwischen dem Erfordernis einer Dynamisierung von Unternehmen und den Struktursachverhalten stehen, die diesem Erfordernis entgegenwirken.

Das Konzept der synaptischen Unternehmenssteuerung geht über den Ansatz der mechanischen Unternehmensführung (planvolle Führung eines Unternehmens vom Punkt A zum Punkt B) ebenso hinaus wie über Ansätze des Change Managements (Mobilisierung der Mitarbeiter für diese planvolle Führung eines Unternehmens vom Punkt A zum Punkt B) und über system- und komplexitätstheoretische Ansätze, die für die Überführung eines Unternehmens in einen Status kontinuierlicher Destabilisierung und Restrukturierung plädieren.

H. G. Prodoehl, *Synaptisches Management*,
DOI 10.1007/978-3-658-05519-6_5, © Springer Fachmedien Wiesbaden 2014

Es entwickelt diese Ansätze weiter, indem es die Brechungen reflektiert und einkalkuliert, die all diese Ansätze durch bestimmte psychologische und soziologische Grundsachverhalte erfahren.

Es integriert diese Grundsachverhalte und Brechungen in ein Paradigma zur Unternehmensführung, das einen Weg aufzeigt zur Dynamisierung von Unternehmen, auf dem jene beiden Wandlungsdilemmata im dreifachen Sinne des Wortes aufgehoben werden: Sie werden ernst genommen und kultiviert (aufgehoben im Sinne von bewahrt), zugleich gezielt transformiert und moduliert (aufgehoben im Sinne von beseitigt), so dass sie auf einer neuen Entfaltungsstufe (aufgehoben im Sinne von „auf eine neue Stufe heben") die erforderliche Dynamisierung der Unternehmen nicht mehr konterkarieren, sondern befördern.

Ich werde im Folgenden das Wandlungsdilemma der Konfliktresistenz und die Brechung des betriebswirtschaftlichen Postulats der Flexibilisierung am konfliktmindernden Verhaltenstableau der Abschottung näher beleuchten.

Die wachsende Komplexität, Volatilität und Unberechenbarkeit der Systemumwelt, die die Unternehmen im 21. Jahrhundert vorfinden, spiegelt sich in den Unternehmen darin wider, dass Brüche und Umbrüche, Friktionen und Restrukturierungen, disruptive Wandlungen und Transformationen mehr und mehr zu ihrem Alltag gehören.

Diese permanenten Brüche und Umbrüche bringen es mit sich, dass traditionelle Werte und Erfahrungswelten, die den Unternehmensalltag in früheren Epochen prägten, mehr und mehr pulverisiert und ausgelöscht werden. Ich meine Werte und Erfahrungswelten wie

* die Identifikation von Mitarbeitern mit „ihrem" Unternehmen, das für sie „Arbeitsheimat" war,
* die Stabilität von Beziehungen und Interaktionsformen innerhalb und außerhalb des Unternehmens,
* die nachhaltige und langfristige Berechenbarkeit, Kontrollierbarkeit, Planbarkeit und Stetigkeit von Prozessen und Strukturen im Unternehmen (siehe dazu: Sennet 2000).

Die Erosion dieser Werte und Erfahrungswelten wird im Strategiekonzept der US-amerikanischen Komplexitätstheorie[1] reflektiert.

Dieses Konzept operiert mit Maßnahmen, die feste Strukturen und Prozesse in Unternehmen verflüssigen, starre Routinen flexibilisieren, Imbalancen und Dissonanzen schaffen, die Identität des Unternehmens und seiner Akteure konstruktiv destruieren, tradierte Gewissheiten in Frage stellen, Wandlungen induzieren und allen Akteuren im Unternehmen eine verlässliche, berechenbare Handlungsgrundlage entziehen.[2]

---

[1] Siehe oben Kap. 3.4; ähnlich der Strategieansatz der Dynamic Capabilities; siehe dazu: Montgomery 1995; Geus, de 1988, S. 70 ff.

[2] Jack Welch hat diesen Managementansatz mit martialischen Worten beschrieben: „In jenen Tagen warf ich laufend Handgranaten, um die Traditionen und Rituale in die Luft zu sprengen, die uns meiner Meinung nach bremsten." (Welch 2002, S. 111).

Die Tatsache, dass diese „traditionellen" Werte und Erfahrungswelten in der Wirtschaftswelt des 21. Jahrhunderts mehr und mehr anachronistisch werden, bedeutet nun
nicht, dass sie auch für die Menschen, die in dieser Wirtschaftswelt arbeiten, anachronistisch werden. Die Erosion dieser Werte und Erfahrungswelten stößt mitnichten auf Menschen, die sich an diese Erosion bruchlos und klaglos anbequemen können.

Die Anforderungen, die die neuzeitliche Wirtschaftswelt an die Akteure stellt, stehen
vielmehr quer zu deren Interessen und Bedürfnissen. Letztere sind nicht konfliktfrei und
ohne Rest in das Prokrustesbett jener Anforderungen einzubetten. Der „flexible Mensch"
ist ein Anforderungstableau der dynamisierten Wirtschaft, das auf Menschen trifft, die
sich an dieses Tableau nur anpassen können, wenn sie entweder für sich selbst entgegenwirkende Tendenzen gegen dieses Anforderungstableau mobilisieren oder psychische Zer-
rüttungen in Kauf nehmen (siehe dazu: Sennet 2000).

Die Maßnahmen, die ergriffen werden müssen, um ein Unternehmen in einer volatilen
Umwelt stetig zu dynamisieren, schaffen für die Akteure in dem Unternehmen ein hohes
Konfliktniveau. Die Menschen reagieren auf dieses Konfliktniveau mit einem bestimmten Ensemble an konfliktreduzierenden Handlungs- und Denkweisen, die einer Dynamisierung der Unternehmen entgegenwirken. Dieses Ensemble an konfliktreduzierenden
Handlungs- und Denkweisen ist in der Lage, strategische Ansätze zu konterkarieren, die
darauf abzielen, Unternehmen in einer komplexen und volatilen Umwelt flexibel, anpassungsfähig, agil, resilient, innovativ, wandlungsoffen und damit wettbewerbsstark zu machen.

Im Folgenden bezeichne ich diese Ensembles als „Syndrome der Abschottung". Ich will
diese Aussagen zu den „Syndromen der Abschottung" im Rekurs auf Theorieansätze der
psychologischen und soziologischen Konflikttheorie näher begründen und ausführen.[3]

Dabei gehe ich auf der Grundlage dieser Theorieansätze davon aus, dass in unserem
Kontext vier Syndrome von Bedeutung sind, die jeweils ein bestimmtes Ensemble an konfliktreduzierenden Handlungs- und Denkweisen der Unternehmensakteure charakterisie-
ren. Es sind dies die Syndrome der Reservate, der Gemeinschaften, der Konsonanzen und
der Korridore.

5.1   Reservate

In der soziologisch geerdeten psychologischen Konflikttheorie wird darauf abgehoben,
dass die Menschen im Laufe der gesellschaftlichen Evolution ein Bedürfnis entwickelt
haben, das für die Entwicklung der geschichtlichen Vergesellschaftungsformen konstitutiv und prägend war und ist: das Bedürfnis nach generalisierter Realitätskontrolle (siehe

---

[3] Die folgenden Darlegungen basieren auf folgender Arbeit: Prodoehl 1983; siehe dazu auch neuere
psychologische Arbeiten, die die folgenden Ausführungen stützen: Roth 2007; Gigerenzer 2008.

zum Folgenden: Prodoehl 1983, S. 113 ff.; siehe dazu auch: Berger und Luckmann 1969, S. 49 ff.; Fromm 1974, S. 196 ff.; Holzkamp-Osterkamp 1975, 1976)[4].

Es ist dies das Bedürfnis danach, die sozialen und natürlichen Umweltkonstellationen, in denen sich die Menschen bewegen, und damit die Lebensbedingungen, die die Menschen in dieser Umwelt vorfinden, so auszugestalten, dass sie planbar, berechenbar und beherrschbar sind. Dieses Bedürfnis nach generalisierter Realitätskontrolle stellt darauf ab, präventiv und proaktiv Lebensbedingungen zu schaffen, die es ermöglichen, künftige Umweltveränderungen und aus diesen Veränderungen resultierende Wandlungserfordernisse vorausschauend zu antizipieren, in die bestehende Lebenswelt der Menschen zu integrieren und sie damit kontrollierbar und beherrschbar zu machen.

Generalisierte Realitätskontrolle meint also: Schaffung einer gesellschaftlich-natürlichen Lebensumwelt und Lebenswelt, in der nicht nur das Heute abgesichert, stabilisiert und festgelegt ist, sondern auch das Morgen antizipierbar, berechenbar und kontrollierbar wird.

Dieses Bedürfnis nach generalisierter Realitätskontrolle manifestiert sich im Bereich privatwirtschaftlicher Unternehmen darin, dass die Unternehmensakteure darauf abstellen, Reservate auszubilden.

Ich verstehe unter Reservaten Räume, die sich die Unternehmensakteure mit dem Ziel einrichten, innerhalb dieser Räume eine möglichst umfassende und langfristige Kontrolle ausüben zu können. Die Individuen schaffen mit solchen Reservaten Subsysteme innerhalb des sozialen Systems Unternehmen, die möglichst weitgehend der privatautonomen Verfügung der Individuen unterliegen. Reservate sind Sicherheitszonen und Zufluchtsstätten, in denen die Individuen abgeschirmt von Unternehmensveränderungen, Dispositionen Dritter, Marktzufällen und Fremdsteuerungen einen Mikrokosmos privatautonomer Realitätskontrolle errichten bzw. zu errichten versuchen. Es sind Enklaven, in denen der Reservatsbesitzer eine weitgehende Verfügungsgewalt über externe Einflüsse, die auf die Reservate einwirken, und über reservatsinterne Vorgänge und Strukturen ausübt bzw. auszuüben versucht.

Diese Reservate sind auf langfristige Realitätskontrolle ausgelegt. Selbst dann, wenn ein Reservat sich tatsächlich nicht als langfristig stabil erwiesen hat (z. B. weil es im Zuge einer Unternehmensumstrukturierung aufgelöst wurde), bleibt für die Unternehmensakteure das Ziel einer erneuten Errichtung von langfristig abgesicherten Zonen individueller Realitätskontrolle bestehen. Der Reservatsbesitzer, der ein bestehendes Reservat aufgeben musste, geht dann daran, im umstrukturierten Unternehmen ein neues Reservat zu errichten.

Reservate können mit unterschiedlichen Ressourcen und Instrumenten errichtet werden.

Macht kann eine solche Ressource sein. Ein Unternehmensakteur, der vom Unternehmen mit bestimmten Machtbefugnissen ausgestattet ist, kann mit dieser Befugnis daran-

---

[4] Siehe dazu auch die Theorie der Hierarchie der Bedürfnisse nach Abraham Maslow (1981), der dieses Bedürfnis nach Realitätskontrolle und Sicherheit zu den fundamentalen Bedürfnissen rechnet.

gehen, ein Reservat zu schaffen. Versteht man Macht als eine generalisierte, situations-übergreifende Chance, andere Menschen zu einer bestimmten, von deren Bedürfnissen und Interessen abstrahierenden Selektion von Handlungsalternativen zu veranlassen (vgl. Luhmann 1975, S. 4 ff.), so kann ein Reservat in diesem Raum der privatautonomen Machtausübung errichtet werden. Der Reservatsbesitzer kann innerhalb des Reservats die Handlungsdispositionen anderer über situative Kontingenzen hinweg festlegen, verstetigen, berechnen und kontrollieren.

Eine weitere Ressource, mit der ein Reservat errichtet werden kann, ist die Verfügungs-gewalt über Sachen bzw. über Strukturen und Prozesse. Ein Unternehmensakteur, der für einen bestimmten Unternehmensbereich eine solche Verfügungsgewalt innehat, kann diese für den Bau eines Reservats nutzen. So kann er z. B. seine Dispositionschancen über Arbeitsmittel, Arbeitsgegenstände, Arbeitsbedingungen, Arbeitsprozesse und Arbeitsräume gezielt zur Schaffung einer Enklave privatautonomer Realitätskontrolle nutzbar machen.

Beispiel

Ein IT-Mitarbeiter, der für das Unternehmen eine proprietäre Software-Lösung ge-schaffen hat, kann damit ein Know-how-Reservat im Unternehmen schaffen, das für Dritte unzugänglich ist. Er kann damit für sich selbst im Unternehmen eine Macht-position aufbauen, die es ihm ermöglicht, Wandlungsambitionen Dritter (z. B. zur Ersetzung der proprietären Software durch eine Standardsoftware) abzuwehren und diese Abwehrhaltung auch dann mit Erfolg aufrechtzuerhalten, wenn sie dem Unter-nehmensinteresse zuwiderläuft.

Peter Senge schildert einen anderen Typ von Reservaten. Er berichtet davon, dass ein US-amerikanischer Automobilhersteller eines Tages feststellte, dass die japanische Konkurrenz im Motorblock ihrer Fahrzeuge drei Mal den gleichen Standardbolzen ver-wendete, während bei den amerikanischen Wagen drei unterschiedliche Bolzen einge-setzt wurden, „was die Montage des Autos erheblich verlängerte und verteuerte. Warum benutzten die Amerikaner drei verschiedene Bolzen? Weil in der Detroiter Entwick-lungsabteilung drei Technikergruppen arbeiteten, die jeweils ausschließlich ‚für ihren Teil' zuständig waren." (Senge 2011, S. 31)

Auch Einfluss kann als Ressource zur Schaffung von Reservaten dienen. Der Einflussrei-che kann dadurch, dass er auf andere Einfluss ausübt, sowohl die Beziehungen des Re-servats zu der reservatsexternen Umwelt als auch die reservatsinternen Konstellationen konditionieren. Indem andere dem Reservatsbesitzer bescheinigen, dass er ein geschätzter, unangefochtener Know-how-Träger ist, kann der Reservatsbesitzer sein Reservat mit der Zustimmung der anderen errichten und befestigen.

Ein weiteres wesentliches Instrument zur Etablierung eines Reservates, das mit der Ressource des Einflusses eng korreliert, ist die Abschottung Dritter von bestimmten, für das Unternehmen relevanten Wissensbeständen. Indem ein Unternehmensakteur unter-nehmensrelevantes Wissen hortet, abschirmt und andere vom Zugang zu diesem Wissen abschottet, kann er für sich selbst eine Ressource akkumulieren, die es ihm ermöglicht, ein einflussbasiertes Reservat zu errichten. Er hat dann ein individuelles „Geheimwissen", ein Wissensmonopol, ein Wissens-Reservat.

Ein weiteres probates Mittel zur Etablierung von Reservaten ist die Abschottung Dritter von Beziehungen und Kontakten, Zugängen und Zugangschancen zu unternehmensrelevanten Personen und Institutionen in der externen Umwelt des Unternehmens (und/oder im Unternehmen selbst). Ein Unternehmensakteur, der solche Beziehungen bzw. Beziehungschancen hat, kann dann, wenn er sie für sich monopolisiert und andere von diesen Beziehungen/Beziehungschancen ausschließt, eine Einflussdomäne im Unternehmen errichten, die leicht zu einem Reservat ausgebaut werden kann.

Es gibt eine Vielzahl von weiteren Ressourcen und Instrumenten, die Unternehmensakteure nutzen können, um innerhalb eines Unternehmens Reservate zu errichten. Die Spannweite dieser Mittel reicht von Rechtsnormen, die den Bestand eines Reservats absichern, über exklusive Beziehungen zu relevanten Personen innerhalb des Unternehmens („Ich bin ein Freund des CEO"), über den Besitz von „belastbarem Material" („Ich weiß etwas, das dann, wenn ich dieses Wissen Dritten zugänglich machen würde, deine Karriere beenden bzw. beeinträchtigen würde") bis hin zur Verfügung über Eigentumstitel (Patente, Unternehmensanteile etc.) oder zum Besitz von Dingen („Schlüsselgewalt").

Reservatsbesitzer können zum Aufbau und zur Absicherung ihrer Reservate auf die Problematik des chronischen Informationsmangels in komplexen Organisationen rekurrieren. Sie können ihr Reservat gleichsam im Bunde mit der unternehmensinternen Komplexität zementieren.

So gehört es zu den „Grundparadoxien" des unternehmensinternen Controllings, dass Controlling-Systeme, auf denen die Steuerung eines Unternehmens basiert, chronisch defizitär sein müssen. Denn die Kennziffern, mit denen sie operieren, können nur selektiv, auf der Grundlage von strukturellem Informationsmangel, ermittelt werden. Und ihre Erhebung kann ebenfalls nur auf der Grundlage einer strukturell riskanten Selektion von bestimmtem Informations-Input erfolgen.

> Es braucht also das Wissen, dass man nicht alles wissen kann. Controlling-Systeme schaffen immer nur selektive Beschreibungen des eigenen Zustandes. Der Bereich des Nichtwissens in der Unternehmenssteuerung wird mit wachsender Komplexität immer größer. Dies ist eine der zentralen Paradoxien, die durch die Funktion von Führung zu bewältigen ist. (Wimmer und Schumacher 2009, S. 188)

Die Reservatsbesitzer können diese Paradoxie für sich nutzbar machen. Sie können, wenn sie entsprechenden Einfluss oder entsprechende Macht haben, die Kennziffern und Controlling-Informationen, die das Management über ihr Reservat bekommt, gezielt konditionieren und manipulieren. Sie haben damit in erheblichem Umfang die Möglichkeit, die Kontrolle und Steuerung ihres Reservats durch das Management des Unternehmens zu kontrollieren und zu steuern.

Dadurch können Reservatsbesitzer ihr Reservat gegen Steuerungseinflüsse von oben gezielt immunisieren. Sie können damit gleichsam bewirken, dass ihr Reservat eine eigene Immunität gegenüber externer Kontrolle ausbildet. Damit können sie ihre Partikularinteressen wirksam gegenüber einer Intervention durch das Management des Unternehmens abschotten.

Diese Selbst-Immunisierung verfängt so lange, bis das Reservat aufgrund struktureller Funktionsdefizite kollabiert.

Bis es aber dazu kommt, kann der Reservatsbesitzer durch jene Konditionierung von externer Kontrolle eine erhebliche Zeit lang die Illusion der Funktionsfähigkeit des Reservats aufrechterhalten. Er hat damit die Chance, das Management des Unternehmens über eine signifikante Zeitstrecke hinweg im Unklaren über den tatsächlichen Status des Reservates zu lassen.[5]

All diesen Ressourcen und Instrumenten ist gemein, dass sie nach der Logik der Abschottung funktionieren. Es ist dies ein konstitutives Merkmal aller Reservate, dass sie einem Unternehmensakteur nur dann die Chance zur generalisierten Realitätskontrolle verleihen können, wenn dieser Akteur Dritte von bestimmten Ressourcen abschotten kann.

Deshalb operieren Reservate im Unternehmensalltag häufig mit folgenden Funktionsprinzipien:

- einer systematischen Beschränkung und Kanalisierung der Verknüpfung des Reservats mit anderen Unternehmensbereichen (Aufbau von „Silos" im Unternehmen),
- einer Abschottung des Reservats von bestimmten Sphären der unternehmensexternen und unternehmensinternen Umwelt,
- der Konventionalisierung von Ritualen zur Abschirmung der reservierten Schutzzonen von Wandlungsprozessen im Unternehmen und in der unternehmensexternen Umwelt,
- einer systematischen Befestigung der Mauern, die das Reservat (das „Silo") von der reservatsexternen Welt trennen, durch ritualisierte Abwehr von Ereignissen, die jene Mauern destabilisieren bzw. erodieren könnten.

Reservate können nicht abgeschafft oder überwunden, sondern nur gemanagt werden. Sie sind so lange Bestandteil der Kultur von Unternehmen, wie Menschen Bestandteil der Kultur von Unternehmen sind. Sie können für die Unternehmen durchaus auch geschäftsnotwendige Funktionen erfüllen (z. B. beim Aufbau von proprietären Know-how-Domänen im Unternehmen).

Eine Unternehmenssteuerung, die darauf abstellt, Reservate zu beseitigen, muss deshalb genauso scheitern wie eine, die das synaptische Management von Reservaten vernachlässigt oder unterlässt.

---

[5] Ein Beispiel für das Kollabieren von Reservaten, die eine Zeit lang stabil bestanden und das Unternehmen von notwendigen Entwicklungen abschotteten, ist die Geschichte der Unfähigkeit von Motorola, den Wandel des Mobiltelefonmarktes von der analogen zur digitalen Technologie rechtzeitig entdecken und unternehmensintern abbilden zu können. Für diese Unfähigkeit war ursächlich der Bestand festgefügter Reservate, in Gestalt von einzelnen Geschäftsbereichen, die sich eine Zeit lang erfolgreich gegeneinander und gegen Umwelteinflüsse abschotten konnten. Siehe dazu: Finkelstein 2006, S. 153 ff.

Kein Change-Management-Projekt, kein Ansatz zur Dynamisierung eines Unternehmens, keine Unternehmenstransformation kann gelingen, wenn sie abstrahiert von der Relevanz und der Funktion der Reservate. Reservate müssen, damit Unternehmenssteuerung effizient und effektiv sein kann, als Objekt, Medium und Kristallisationspunkt des synaptischen Managements von Unternehmen begriffen werden.

5.2 Gemeinschaften

Ein weiteres „Syndrom der Abschottung" sind Gemeinschaften. Auch die Bildung von Gemeinschaften in Unternehmen kann, ebenso wie die Errichtung von Reservaten, auf Bedürfnisse von Menschen zurückgeführt werden, die sich im Vergesellschaftungsprozess herausgebildet und stabilisiert haben. Es ist dies das Bedürfnis nach Interaktionsreziprozität im Kontext von Kooperationsprozessen (siehe dazu: Prodoehl 1983, S. 117 ff.; Habermas 1981, Bd. 2, S. 171 ff.).

Kooperationsprozesse können nur dann gelingen, wenn die Kooperierenden durch sprachliche Interaktion eine Koinzidenz des wechselseitigen Situationsverständnisses sicherstellen. Sie müssen fortwährend ihre Handlungsperspektiven verschränken, ihre Problemdefinitionen, Zielsetzungen, arbeitsteiligen Rollenverständnisse und moralisch-normativen Wertvorstellungen miteinander abstimmen und zur Deckung bringen.

> Diese kooperationsnotwendige Reziprozität der Interaktionsperspektiven, diese überlebensnotwendige Synthetisierung von Handlungsmotiven, Tätigkeitsbedeutungen und Wirklichkeitsinterpretationen im Brennglas des gemeinsamen Kooperationszwecks unterlegt den zwischenmenschlichen Beziehungen eine einheitliche bzw. vereinheitlichende Bezugsgrundlage. (Prodoehl 1983, S. 117)

Dieses kooperationsnotwendige Bedürfnis nach Interaktionsreziprozität hat auf allen Vergesellschaftungsstufen zur Bildung von Gemeinschaften geführt. Ich verstehe unter Gemeinschaft ein „soziales Beziehungsgeflecht von Personen, die ihre wechselseitigen Handlungen an gemeinsam geteilten Konventionen ausrichten und von daher auf der Grundlage einer konventionalisierten Homogenität reziproker Handlungserwartungen und -selektionen agieren" (Prodoehl 1983, S. 145).

Dabei begreife ich Konventionen als einen spezifischen Typ von Normen, der eine Verhaltensordnung vorgibt, deren „Geltung äußerlich garantiert ist durch die Chance, bei Abweichung innerhalb eines angebbaren Menschenkreises auf eine (relativ) allgemeine und praktisch fühlbare Mißbilligung zu stoßen" (Weber 1976, S. 17).

Der Bestand einer Gemeinschaft steht und fällt mit der wechselseitigen moralischen Verbindlichkeit von Konventionen und Wirklichkeitsdeutungen. Eine Gemeinschaft wird konstituiert, indem sich ein bestimmter Kreis von Personen, die Gemeinschaftsmitglieder, darauf verständigt, sich unter dem einigenden, gemeinschaftsstiftenden Dach reziprok verpflichtender Konventionen und Realitätsinterpretationen zusammenzuschließen. Innerhalb der Gemeinschaft gilt für die Mitglieder eine Verpflichtung dazu, ihre Verhaltenserwartungen und Verhaltensselektionen zu homogenisieren, von gleichen Geboten und Verboten auszugehen, ihre Realitätsinterpretationen zu vereinheitlichen und ein gleiches Verständnis für gemeinschaftskonforme Normalität und gemeinschaftsfremde Anomalität zu erzeugen.

Gemeinschaften definieren sich damit immer auch über Rituale und Regeln der Abgrenzung und Abschottung. Denn sie errichten eine Trennungswand zwischen den normadäquaten Interaktionsprozessen im Binnenbereich der jeweiligen Gemeinschaft und den anders genormten bzw. anomalen Verhaltens- und Denkweisen im Außenbereich der Nicht-Mitglieder (vgl. Prodoehl 1983, S. 146; Luhmann 1964, S. 29 ff.).

Die Abschottung von Gemeinschaften gegen ihre Umwelt kann durchaus bis zur Feindbildprojektion gehen, d. h. bis zur Frontstellung gegen das gemeinschaftsexterne Milieu des Anomalen, Fremden, Unkonventionellen und Irregulären (vgl. Prodoehl 1983, S. 157 f.).

Die Gemeinschaftsmitglieder können ihre Gemeinschaft dadurch intern stabilisieren, vor Irritationen bewahren und gegen Unbillen abschotten, dass sie einen gemeinsamen Feind ausmachen, der für Fehlentwicklungen verantwortlich gemacht werden kann.[6]

Gemeinschaften konstituieren immer auch Zonen generalisierter Realitätskontrolle. Denn sie unterlegen der Interaktion der Gemeinschaftsmitglieder eine Substruktur moralisch verpflichtender, langfristig gültiger, kalkulierbar veränderungsresistenter, routinehaft verstetigter Konventionen. Dadurch wird die Interaktion der Mitglieder im Binnenbereich der Gemeinschaft dauerhaft vorhersagbar, berechenbar, kontrollierbar und planbar. Die gleichgesinnten Gemeinschaftsmitglieder schaffen für sich selbst im Milieu der Gemeinschaft eine Welt der Vertrautheit, „in der die Zukunft projektiv festlegbar und die Kontinuität des Selbstverständlichen und Bekannten kontrollierbar ist" (Prodoehl 1983, S. 148).

In einer komplexen und volatilen Umwelt sind Gemeinschaften damit, ähnlich wie Reservate, Enklaven der Komplexitätsreduktion und Stabilität. Ihre Funktion der „Unsicherheitsabsorption" kann als Miteinander von „zukunftsbezogener Ereigniskontrolle und gegenwärtiger Bestandssicherheit" beschrieben werden (Luhmann 1973, S. 15).

Gemeinschaften sind „Plausibilitätsstrukturen" (Berger und Luckmann 1969, S. 165), d. h. konfliktberuhigte Zonen gewissheitsbestätigender Interaktionssequenzen, in denen die Mitglieder den Versuch unternehmen, die Schwankungen, Volatilitäten, Disruptionen, Zufälle und Komplexitäten der Außenwelt für sich selbst außer Kraft zu setzen.

In Wirtschaftsunternehmen sind Gemeinschaften ein wichtiges Element der formellen und der informellen Organisation. Vielfach wurden Gemeinschaftsstrukturen in Unternehmen z. B. im Rekurs auf „informelle Gruppen"[7] beschrieben.

Für die Unternehmen haben Gemeinschaften, ähnlich wie die Reservate, eine ambivalente Funktion.

---

[6] Peter Senge schreibt dazu: „Einige Organisationen erheben diese Neigung zu einem Gebot: ‚Du sollst immer einen externen Sündenbock finden.'" Er nennt dies das „Syndrom des ‚äußeren Feindes'". (Senge 2011, S. 31).

[7] Schon Ralf Dahrendorf hat dieses Phänomen der informellen Gruppen im Unternehmen untersucht (Dahrendorf 1962).

Einerseits sind Gemeinschaftsstrukturen unverzichtbare Elemente der Binnenstruktur jedes Unternehmens. Indem sie eine Verschränkung wechselseitiger Handlungsperspektiven innerhalb von Arbeitsteams ermöglichen, erleichtern sie Kommunikation und Kooperation. Sie können auf vielfältige Weise zur Standardisierung, Routinisierung und damit zur reibungslosen Exekution von Arbeitsprozessen beitragen.

Andererseits stehen Gemeinschaften, wie die Reservate, quer zu den Erfordernissen der Dynamisierung von Unternehmen.

Gemeinschaften sind Substrukturen, die sowohl innerhalb der Aufbau- und Ablauforganisation als auch außerhalb der formalen Strukturen von Unternehmen bestehen können. Ihr Konstitutionsprinzip ist die Absicherung des Bekannten, Gewohnten und Konsensstiftenden ebenso wie die Abwehr des Neuen und Ungewohnten, das die althergebrachten Rituale, Überzeugungen und Konventionen der Gemeinschaft in Frage stellt.

Unternehmensinterne Gemeinschaften können vielfältige Mechanismen zur Selbststabilisierung und zur Wandlungsresistenz ausbilden (siehe dazu: Prodoehl 1983, S. 145 ff.). In all diesen Formationen bilden Gemeinschaften stets Milieus der Beharrung und Bestandssicherung. Sie sind Horte der Selbstbestätigung des Selbstverständlichen. In den Gemeinschaften versichern sich die Gemeinschaftsmitglieder beständig wechselseitig, recht zu haben und recht zu handeln. Sie bieten ihren Mitgliedern eine Geborgenheit im Ritual.

Weil Gemeinschaften Substrukturen sind, können sie nicht mit den traditionellen Instrumenten des Social Engineering (Restrukturierung von Unternehmen, Organisationsänderungen etc.) erfasst werden. Sie verschärfen das Wandlungsdilemma, in dem sich Unternehmen befinden, weil sie nicht nur wandlungslähmend wirken, sondern auch im herkömmlichen Paradigma der Unternehmensanalyse nicht vorkommen. Sie entfalten ihre Wirkung gleichsam unterhalb des Radarschirms der konventionellen Managementmethoden, weil ihr Vorkommen im Unternehmen in der Regel nirgendwo kodifiziert und transparent gemacht ist.

Gemeinschaften können in vielfältigen Ausprägungsformen vorkommen. Sie treten z. B. zutage als Seilschaften, informelle Gruppen, Vereine, Freundeskreise oder als Camarillas, d. h. als verschworene Kreise Gleichgesinnter, die sich um einen Unternehmensentscheider herum gruppieren. Sie können sich aber auch in die formellen Organisationsstrukturen des Unternehmens einfügen und so z. B. ganze Geschäftsbereiche, Abteilungen, Referate und Projekt-Teams prägen.

5.3 Konsonanzen

Die Bejahung und die Organisation von Wandel schaffen stets ein psychologisches Problem. Denn Wandel bedeutet immer, dass man von früherem Denken und Tun Abschied nehmen muss, dass ein Denken und Handeln, das man früher gegenüber sich selbst und gegenüber anderen als richtig dargestellt hat, nun als veraltet bzw. als anachronistisch gilt.

Von Denkformen und Handlungsschemata Abschied zu nehmen, die für einen selbst lange Zeit maßgebend waren, schafft aber stets ein Konfliktpotenzial. Geht dieser Abschied doch immer einher mit dem Eingeständnis dessen, dass man entweder früher den Geist der Zeit nicht erkannt hat oder dass man selbst, weil man über Jahre hinweg etwas heute nicht mehr Zeitgemäßes gedacht und getan hat, den Ballast des Alten noch heute mit sich herumträgt, ja gleichsam infiziert ist mit dem Odium des Nicht-Zeitgemäßen, das Teil der eigenen Vergangenheit und damit Teil des eigenen Selbst ist.

Dieses Konfliktpotenzial ist damit auch und gerade für diejenigen relevant, die den Wandel bejahen und sich zum Protagonisten von Wandlungsprozessen machen. Denn auch ihnen hängt an, dass sie einmal Teil einer überkommenen, nicht mehr zeitgemäßen Orientierung oder Ordnung waren. Ihrer Arbeit ist deshalb das Risiko inhärent, dass sie ersetzt werden von denen, die das Kainsmal des Abgehalfterten nicht mit sich tragen.

Es ist dies der Grund und Hintergrund für die altbekannte Formel von der Wandlungsresistenz des Wandlungsbedürftigen: „Nicht ist schwieriger zu erreichen, nichts hat ungewissere Erfolgsaussichten und nichts ist mit mehr Gefahren verbunden, als der Versuch, eine neue Ordnung herbeizuführen" (Machiavelli 2009)[8].

In diesen Kontext kann das dritte „Syndrom der Abschottung" verortet werden, das Syndrom der Konsonanz.

Ich verstehe unter Konsonanz die habituelle Neigung und das objektive Interesse von Menschen, bestimmte Erkenntnisse, Wahrnehmungen und Erfahrungen abzuwehren, zu verkennen, zu leugnen oder umzudeuten, wenn diese Erkenntnisse, Wahrnehmungen und Erfahrungen einen Konflikt erzeugen oder verschärfen können. Konsonanz meint, dass Menschen die Rezeption der äußeren Realität immer nur durch den Filter ihrer Interessen und emotionalen Befindlichkeiten vornehmen, durch einen Filter, der nur das hindurchlässt, was zur Bewältigung und Reduktion von Konflikten taugt, was also passend und konsonant ist zu einem bestehenden Ensemble von Wirklichkeitsdeutungen und Wahrnehmungen.

Das Syndrom der Konsonanz stellt also darauf ab, dass falsches, verzerrtes Erkennen und Wahrnehmen, Denken und Urteilen in Unternehmen nicht etwa ein Randphänomen ist, das nur mehr akzidentiell vorkommt, hin und wieder, in Ausnahmefällen und Sondersituationen. Sondern dass Formen falschen Bewusstseins regelmäßig im Management von Unternehmen und bei den Unternehmensakteuren auftreten, dass sie Strukturphänomene sind, die notwendig zum sozialen System Unternehmen gehören.

Dass unser Denken und Wahrnehmen durch einen emotional getönten, interessengeleiteten Filter erfolgt, ist in der Geschichte der Psychologie und der Soziologie vielfach aufgewiesen worden. Anna Freud (1982) hat die Abwehrmechanismen, die Individuen zur Ausblendung „unpassender" Kognitionen und Emotionen ausbilden, detailliert un-

---

[8] Die These sei gewagt, dass sich bei nahezu allen Managern, die mit der Formel „Alles im Unternehmen muss sich wandeln. Wir müssen ständig wandlungsbereit sein." daherkommen, in ihrer alltäglichen Lebenswelt Sphären ausfindig machen lassen, in denen diese Manager größten Wert auf die Beständigkeit des Bestehenden legen.

tersucht.[9] Leon Festinger hat zu diesen „Bedingungen der Realitätsausklammerung in menschlichem Denken" (Holzkamp 1973, S. 341) eine „Theorie der kognitiven Dissonanz" entworfen.

Nach Festinger stehen zwei kognitive Elemente dann in einer dissonanten Beziehung zueinander, wenn „das Gegenteil des einen Elements aus dem anderen folgt" (Festinger 1978, S. 26). Er folgert daraus:

> „Die Präsenz von Dissonanz erzeugt Druck zur Reduktion oder Beseitigung der Dissonanz. Die Stärke des Drucks zur Dissonanzreduktion ist eine Funktion der Stärke der Dissonanz. Mit anderen Worten, Dissonanz verhält sich in gleicher Weise wie ein Trieb-, Bedürfnis- oder Spannungszustand. Das Vorhandensein von Dissonanz führt zu einer Handlung, die auf deren Reduktion hinzielt, ebenso wie z. B. Hunger zu einer Handlung führt, die den Hunger reduziert" (Festinger 1978, S. 30). Festiger fährt fort: „Der dieser Theorie zugrundeliegende Gedanke ist der, daß der menschliche Organismus bestrebt ist, eine Harmonie, Konsistenz oder Kongruenz zwischen seinen Meinungen, Attitüden, Kenntnissen und Wertvorstellungen herzustellen. Das heißt, es besteht ein Antrieb, Konsistenz unter den Kognitionen herzustellen." (Festinger 1978, S. 253)

Ein Mechanismus der Dissonanzreduktion und der Herstellung von Konsonanz besteht laut Festinger in der selektiven Informationsaufnahme:

> „Das Vorhandensein von Dissonanz führt zu einer Suche nach neuen Informationen, die Kognitionen etablieren, welche mit bereits bestehenden kognitiven Elementen konsonant sind, sowie zu einem Vermeiden solcher Quellen für neue Informationen, welche die bestehende Dissonanz sehr wahrscheinlich noch verstärken würden". „Der auf eine Person ausgeübte Einfluss wird um so erfolgreicher eine Meinungsänderung herbeiführen, je stärker diese Meinungsänderung die Dissonanz dieser Person reduziert." (Festinger 1978, S. 257)[10]

Diese Dissonanztheorie wurde seit ihrer Etablierung durch Leon Festinger im Jahr 1957 durch eine Vielzahl empirischer Studien validiert (vgl. Irle und Möntmann 1978, S. 274–365; vgl. auch Prodoehl 1983, S. 125 f.).

In jüngster Zeit wurde der kognitive Funktionsmechanismus der Leugnung und Verdrängung von dissonanten Kognitionen durch neuropsychoanalytische Forschungen am

---

[9] Anna Freud spricht von einer doppelten Abwehr, der Abwehr der äußeren und der inneren Realität. Sie thematisiert diese doppelte Abwehr in den Begriffen der „Verdrängung" und der „Leugnung": „Die Verdrängung leistet für die Beseitigung der Triebabkömmlinge dasselbe wie die Leugnung für die Beseitigung der Außenweltreize." (Freud 1982, S. 137).

[10] Dieses Phänomen kannte schon Goethe; siehe Goethes Gespräche mit Eckermann: „Wir sprachen von Professoren, die, nachdem das Bessere gefunden, immer noch die Newtonische Lehre vortragen. ‚Dies ist nicht zu verwundern,' sagte Goethe; ‚solche Leute gehen im Irrtum fort, weil sie ihm ihre Existenz verdanken. Sie müßten umlernen, und das wäre eine sehr unbequeme Sache.'" (Eckermann 1981, S. 217).

Deutschen Zentrum für Neurodegenerative Erkrankungen (DZNE) in Bonn nachgewie-sen und beschrieben.[11]

Das Syndrom der Konsonanz kann nur zureichend erfasst werden, wenn die Rolle der Emotionen im kognitiven Prozess verstanden wird. Emotionen sind „Bewertungen der kognitiv erfaßten Realität im Hinblick auf ihre ‚subjektive Bedeutung'" (Holzkamp-Os-terkamp 1976, S. 293). Emotionale Wertungen stellen die Vermittlungsbrücke zwischen Kognition und Handeln dar, indem sie die Rezeption der äußeren Realität bzw. das Er-kennen bestimmter Sachverhalte durch den Filter der subjektiven Befindlichkeiten und Dispositionen hindurchleiten. Eine Kognition, deren emotionale Bewertung zu einem Handeln führen würde, das vom Subjekt als dissonant, ergo als gefährlich erlebt werden muss, provoziert Abwehrmechanismen. „Die ‚gefährlichen' Emotionen können nur da-durch ihrer möglichen Wirksamkeit auf das Handeln beraubt werden, daß die Kognition der Realitätsaspekte, deren Bewertung sie darstellen, ‚abgewehrt' wird" (Holzkamp-Oster-kamp 1976, S. 293).[12]

Das Syndrom der Konsonanz ist immer auch ein Syndrom der Abschottung. Das gilt auch und gerade für die Unternehmenspraxis. Tendiert doch ein Unternehmensakteur dazu, dissonante Kognitionen bzw. konfliktträchtige Emotionen durch Abschottung sei-ner Wahrnehmungen und Realitätsdeutungen von dissonanzerzeugenden Erkenntnissen abzuwehren oder zu modulieren.

Innerhalb von Unternehmen können Konsonanzen von einzelnen Unternehmensak-teuren ausgebildet werden (individuelle Konsonanzen). Sie können aber auch konventio-nalisierte Einstellungen von Gruppen und Geschäftseinheiten im Unternehmen darstellen (kollektive Konsonanzen). Darüber hinaus können Konsonanzen auch aus Einstellungen, Positionen, Realitätsinterpretationen und Erwartungen bestehen, die in einem Unterneh-men verbindlich für alle gelten (Unternehmens-Konsonanzen).

Die Bewältigung und Reduktion von Konflikten und Dissonanzen kann im Syndrom der Konsonanz auf vielfältige Weise geschehen. Sie kann im Unternehmensalltag z. B.

- durch Leugnung, Verdrängung und Abwehr von Kognitionen erfolgen, die Dissonan-zen erzeugen („Was nicht sein darf, kann nicht sein."),
- in Gestalt einer dissonanzmindernden (Um-)Deutung von Kognitionen und Realitäts-aspekten daherkommen (siehe die Einschätzung des CEO von Microsoft, Steve Balmer, im Jahr 2006, Apple habe mit seinem iPhone keine Marktchancen),
- dadurch bewirkt werden, dass Erkenntnisse und Realitätsdeutungen nur mehr auf be-währten Wegen und aus „ungefährlichen", weil nicht dissonanzträchtigen Quellen be-zogen werden („Der Berater, der mich schon lange berät und der weiß, was ich von ihm wissen will, bestätigt mein Wissen mit seinen Studien."),

---

[11] Die entsprechenden Forschungsergebnisse einer Forschungsgruppe unter der Leitung von Dr. Ni-kolai Axmacher werden vom DZNE im Jahr 2014 publiziert.

[12] Entsprechend gilt, dass jede Managemententscheidung emotional gesteuert und motiviert ist und dass die Forderung nach Ausklammerung von Emotionen aus der Unternehmensführung identisch ist mit der Forderung nach Ausklammerung von Personen aus der Unternehmensführung.

- durch Abschirmung Dritter von unerwünschten Erkenntnissen, die in einem persönlichen „Safe" gehortet und tabuisiert werden, durchgeführt werden (siehe die Siemens-
  internen „Erkenntnis-Safes" in der Zeit vor 2009, in denen Wissen über Korruptions-
  praktiken vor dem Zugriff Dritter geschützt wurde),
- oder durch Reduktion von Unbekanntem auf Bekanntes angestrebt werden, d. h. durch
  die Integration alles Neuen, potenziell Dissonanzerzeugenden in ein dissonanzmin-
  derndes Denk- und Wahrnehmungsschema, das bewährt und vertraut ist („Gedruckte
  Zeitungen wird es immer geben, auch im Internet-Zeitalter.").

Beispiele und empirische Erhebungen zum Syndrom der Konsonanz im Unternehmensalltag sind Legion.

So zeigt Richard T. Pascale, „dass die meisten Lernbehinderungen bei Unternehmen
ihre Ursache in der Vermeidung von Konflikten haben":

> Umfangreiche Untersuchungen haben gezeigt, dass Konflikte in wenig mehr als der Hälfte
> der Fälle unter den Teppich gekehrt und ignoriert werden. In weiteren 30 % münden sie in
> hitzigen Auseinandersetzungen ohne produktives Resultat. Nur in einem von fünf Fällen wird
> der Konflikt an die Oberfläche gebracht, diskutiert und zufriedenstellend gelöst. (Pascale et al.
> 2002, S. 215)[13]

Die US-amerikanischen Sozialpsychologen Ross und Nisbett haben in ihrer Zurechnungs-
theorie („attribution theory") gezeigt, dass Unternehmensakteure dazu neigen, systematisch bestimmte kognitive Fehler zu machen. Sie tendieren zum Beispiel dazu, positive
Ereignisse auf eigenes Tun und negative Ereignisse auf äußere Umstände zurückzuführen
(siehe Ross und Nisbett 1991).

Der britische Soziologe Andrew Pettigrew, der Methoden strategischer Entscheidungsfindung untersuchte, „wies nach, daß Unternehmen oft zehn Jahre lang an geradezu him-
melschreiend falschen Vorstellungen von ihrer eigenen Welt festhalten, obwohl es erdrü-
ckende Beweise gibt, daß sich diese Welt geändert hat und sie das wohl auch tun sollten"
(Peters und Waterman 2003, S. 30; siehe auch: Pettigrew 1973).

Peter Senge fasst die Ergebnisse der Forschungen des US-amerikanischen Organisa-
tionssoziologen Chris Argyris zu den strukturellen kognitiven Fehlleistungen bei Unternehmenslenkern wie folgt zusammen:

> Wir lernen, dass wir uns nie die schmerzliche Blöße geben dürfen, unsicher oder unwis-
> send zu erscheinen, auch wenn wir uns so fühlen. Genau dieser Prozess blendet alle neuen
> Erkenntnisse aus, weil wir sie als bedrohlich empfinden. Die Folge davon ist, was Argyris als
> ‚geschulte Inkompetenz' bezeichnet, Teams, die unglaublich kompetent sind, wenn es darum
> geht, das eigene Lernen zu verhindern. (Senge 2011, S. 38)

---

[13] Chris Argyris prägte für diese habituelle Attitüde der Vermeidung von Konfliktwahrnehmung den
Begriff der „befähigten Inkompetenz".

Chris Argyris (1985) hat in seinen Forschungsarbeiten vielfältige Befunde zum Syndrom der „Defensive Routines" aufgeführt, der Abwehr-Routinen, in die sich Manager verstricken, wenn sie ihre Konsonanzen vor Irritationen zu schützen und abzuschotten versuchen. Nach Argyris reagieren Manager mit Abwehr-Routinen auf Dissonanz-Erfahrungen, z. B. auf die Erfahrung, dass es eine Kluft zwischen vorhandenem und erforderlichem Wissen gibt.[14]

Ein weiteres Beispiel: US-amerikanische Forscher haben in den Jahren 2000 bis 2010 356 US-Firmen im Hinblick auf die Performance von CEO's untersucht. Sie kamen zu folgendem Ergebnis:

> Zu Beginn, wenn die Manager sich in ihren neuen Job stürzen, holen sie Informationen auf diversen Wegen ein. Sie wenden sich sowohl an externe als auch unternehmensinterne Quellen. Das stärkt ihre Beziehung nicht nur zu den Mitarbeitern, sondern auch zu den Kunden. Mit der Zeit sammeln die CEO's Wissen an, und sie folgen eingefahrenen Pfaden. Sie verlassen sich zunehmend auf ihre internen Informationsnetzwerke und stellen sich weniger auf die Marktbedingungen ein. ... Weil sie am Status quo festhalten, reagieren sie weniger auf die wechselnden Kundenbedürfnisse. (Luo et al. 2013, S. 16)

Die Forschungen der US-amerikanischen Psychologen Daniel Kahneman und Amos Tversky haben einen zusätzlichen Gesichtspunkt zur Ausdeutung des Syndroms der Konsonanz aufgezeigt (siehe Kahnemann 2012; Kahnemann und Tversky 2012, S. 521 ff.). Kahneman und Tversky weisen nach, dass Menschen bei ihren Urteilen und Entscheidungen in vorhersehbarer Weise systematische Fehler machen: „Wir dokumentierten systematische Fehler im Denken gewöhnlicher Menschen und führten diese Fehler auf die Konstruktion des Kognitionsmechanismus zurück und nicht auf die Verfälschung des Denkens durch Emotionen."

Neben der oben dargestellten Verfälschung des Denkens durch Emotionen gibt es also nach Kahneman und Tversky noch eine zweite Quelle für jene verzerrten, fehlerhaften Wahrnehmungen, Urteile und Entscheidungen, die ich im Begriff der Konsonanz abgebildet habe: die Konstruktion des menschlichen Kognitionsmechanismus.

Beide weisen nach, dass Menschen in ihrem intuitiven Denken (dem „schnellen Denken") systematisch gravierende Fehler machen, die in vielen Fällen auch ihr bewusstes, logisches, anstrengendes „langsames Denken" beeinflussen und verzerren. „Wir können gegenüber dem Offensichtlichen blind sein, und wir sind darüber hinaus blind für unsere Blindheit." (Kahneman 2012, S. 37).

Kahneman belegt mit einer Vielzahl empirischer Studien

> „eine rätselhafte Beschränkung unseres Denkens": „unser übermäßiges Vertrauen in das, was wir zu wissen glauben, und unsere scheinbare Unfähigkeit, das ganze Ausmaß unseres Unwissens und der Unbestimmtheit der Welt zuzugeben. Wir überschätzen tendenziell unser Wissen über die Welt, und wir unterschätzen die Rolle, die der Zufall bei Ereignissen spielt.

---

[14] Senge beschreibt eine mögliche Abwehr-Routine wie folgt: „Halte die Leute durch Einschüchterung in der Defensive, damit sie dein Denken nicht in Frage stellen.'" (Senge 2011, S. 274).

Überzogenes Vertrauen in die Vorhersehbarkeit der Welt wird durch die illusorische Gewissheit retrospektiver Einsichten gestützt." (Kahneman 2012, S. 26)

In diesem Zusammenhang weist Kahneman z. B. nach, dass es bestimmte kognitive Verzerrungen in der Wahrnehmung von Wandlungen gibt:

Eine allgemeine Beschränkung des menschlichen Geistes ist seine mangelhafte Fähigkeit, vergangene Wissenszustände oder Überzeugungen, die sich gewandelt haben, zu rekonstruieren. Sobald man sich eine neue Sicht der Welt (oder eines Teils von ihr) zu eigen macht, verliert man sofort einen Großteil seiner Fähigkeit, sich an das zu erinnern, was man glaubte, ehe man seine Einstellung änderte. (Kahneman 2012, S. 251)

Dieser „Rückschaufehler" indiziert, dass Führungskräfte, die einen Unternehmenswandel durchsetzen müssen, auf vorhersehbare Weise nicht vor kognitiven Verzerrungen gefeit sind.

Das Gleiche gilt bei anderen für Führungskräfte wichtigen kognitiven Leistungen: bei der Bildung von Urteilen über die Wahrscheinlichkeit unsicherer Ereignisse und bei risikobehafteten Entscheidungen. Kahneman und Tversky zeigen auf der Grundlage vielfältiger empirischer Studien, dass Menschen bei der Beurteilung der Wahrscheinlichkeit des Eintritts unsicherer Ereignisse „zu systematischen und vorhersagbaren Irrtümern" neigen (Kahneman 2012, S. 544) und dass es verschiedene Weisen gibt, „wie menschliche Entscheidungen von den Regeln der Rationalität abweichen können" (Kahneman 2012, S. 27).

Kahneman führt noch eine Reihe von weiteren kognitiven Verzerrungen an, die systematisch auftreten und die regelmäßig zu gravierendem Fehldenken und Fehlverhalten bei Unternehmern und Unternehmenslenkern führen:

- die Optimismus-Verzerrung: „Meistens unterschätzen risikofreudige Akteure die Risiken, die sie eingehen, und sie bemühen sich nicht hinlänglich, die Höhe der Risiken herauszufinden. Weil sie die Risiken falsch einschätzen, halten sich optimistische Unternehmer oftmals für besonnen, auch wenn sie dies nicht sind." (Kahneman 2012, S. 316). „Wenn emotionale, kognitive und soziale Faktoren, die überzogenen Optimismus unterstützen, zusammenkommen, sind sie eine berauschende Mischung, die Menschen manchmal dazu veranlasst, Risiken einzugehen, die sie meiden würden, wenn sie über die Erfolgschancen Bescheid wüssten." (Kahneman 2012, S. 325).
- Selbstüberschätzung oder die „Hybris-Hypothese": Führungskräfte sind häufig „schlichtweg weniger kompetent, als sie zu sein glauben." (Kahneman 2012, S. 318). Sie überschätzen sich deshalb häufig selbst, weil „der subjektive Grad des Überzeugtseins von der Kohärenz der Geschichte bestimmt wird, die man konstruiert hat, nicht von der Güte und Menge der Informationen, die sie stützen." (Kahneman 2012, S. 326). „Wir konzentrieren uns auf das, was wir wissen, und vernachlässigen das, was wir nicht wissen, so dass wir die Richtigkeit unserer Überzeugungen überschätzen." (Kahneman 2012, S. 320). „Die meisten von uns sehen die Welt positiver, als sie es tatsächlich ist, sich selbst in einem günstigeren Licht, als es angemessen ist, und die Ziele, die sie sich

vornehmen, empfinden sie als leichter realisierbar, als sie es tatsächlich sind. Wir neigen auch dazu, unsere Fähigkeit überzubewerten, die Zukunft vorherzusagen." (Kahneman 2012, S. 315). „Eine der Lektionen der Finanzkrise, die zur Großen Rezession führte, besteht darin, dass es Zeiten gibt, zu denen die Konkurrenz unter Experten und zwischen Organisationen starke Kräfte hervorbringt, die eine kollektive Blindheit gegenüber Risiken und Unsicherheit fördert." (Kahneman 2012, S. 324).

• Kollektive Verirrung durch Gruppendruck: „In dem Maße, wie sich ein Team auf eine Entscheidung einigt – und insbesondere dann, wenn der Teamleiter seine Meinung kundtut -, werden öffentlich geäußerte Zweifel an der Vorteilhaftigkeit der geplanten Maßnahme allmählich unterdrückt und schließlich sogar als Beleg für die fehlende Loyalität gegenüber dem Team und seinen Anführern behandelt. Die Unterdrückung von Zweifeln trägt zur Selbstüberschätzung in einer Gruppe bei, in der nur Befürworter der Entscheidung ein Mitspracherecht haben." (Kahneman 2012, S. 327).

Der US-amerikanische Kognitionspsychologe S. Makridakis hat eine Vielzahl von weiteren kognitiven Verzerrungen in Unternehmen nachgewiesen, so z. B. Phänomene selektiver Wahrnehmung (aufgrund dessen, dass die Realität nur aus der eigenen Perspektive wahrgenommen wird), selektiver Informationsrezeption (Ignorieren von Fakten, die bestimmte Urteile, die bereits getroffen wurden, in Frage stellen) und Prognose-Verzerrung (die Präferenz für ein bestimmtes künftiges Ereignis beeinflusst die Prognose dieses Ereignisses) (Makridakis 1990).

Der US-amerikanische Sozialpsychologe Karl Weick hat umfangreiche Studien dazu vorgelegt, wie Menschen die Realität missdeuten, weil sie in vorkonfigurierten Erwartungen, Routinen und Plänen befangen sind.

So weist Weick nach, dass Erwartungen „zu ‚toten Winkeln' in der Wahrnehmung führen" können.

Außerdem suchen wir aktiv nach Beweisen, die unsere Erwartungen bestätigen, und meiden Beweise, die unsere Annahmen widerlegen ... Je größer der Druck, desto wahrscheinlicher wird es, dass wir intensiv nach bestätigenden Informationen suchen und alle Daten, die nicht zu unseren Erwartungen passen, ignorieren ... Immer wenn eine Routine aktiviert wird, gehen die Menschen davon aus, dass die aktuelle Situation sich nicht gravierend von jener Situation unterscheidet, in der sie die Routinen erlernt haben. Wie bei den meisten Erwartungen neigen wir dazu, nach Bestätigung dafür zu suchen, dass die bestehenden Routinen in Ordnung sind ... Nach demselben Muster suchen wir häufig auch bei Plänen nach Informationen, die unsere Erwartungen bestätigen. Pläne verleiten uns dazu, mit eingeengtem Blick nach Beweisen für die Richtigkeit unseres Plans zu suchen. Möglichen Gegenbeweisen gehen wir tunlichst aus dem Weg. Pläne verleiten uns genauso geschickt wie andere Erwartungen dazu, die allmähliche Entwicklung des Unerwarteten zu übersehen. (Weick und Sutcliffe 2010, S. 27–29)[15]

---

[15] Es gibt viele weitere Studien, die diese Phänomene belegen: das Phänomen, dass Menschen, die mit unerwarteten Ereignissen konfrontiert werden, die Neigung haben, an ihrer tradierten Situationsdeutung auch dann festzuhalten, wenn Fakten dieser Deutung widersprechen; oder das Phänomen, dass Menschen Informationen, die ihren Erwartungen widersprechen, für wertlos erklären; siehe z. B. Clarke 1993; de Keyser und Woods 1990.

Das Syndrom der Konsonanz manifestiert sich auch und gerade in dem Phänomen, das ich „Fürstendilemma" nenne.

Dieses „Fürstendilemma" wurde in der deutschen Literaturwissenschaft bei der Analyse des Verhältnisses deutscher Schriftsteller des 18. Jahrhunderts (in der Epoche der „Aufklärung") zu den herrschenden Feudalfürsten vielfach analysiert. Ich bezeichne mit diesem Begriff des „Fürstendilemmas" das Dilemma eines absoluten Herrschers, der in seiner Umgebung nur von Jasagern, Speichelleckern und Akklamateuren umgeben war, die dem Herrscher unentwegt versicherten, wie recht er doch habe. Für die Untertanen war dieses akklamative und affirmative Verhalten lebensnotwendig, mussten sie doch bei Widerspruch damit rechnen, ihr Leben verwirkt zu haben. Für den Fürsten war dieses Verhalten seiner Untertanen aus der Sicht der bürgerlichen Literaten tendenziell ruinös, machte dieses Verhalten es für ihn doch unmöglich, sein Denken und Handeln vor dem Spiegel aufklärerischer Kritik zu reflektieren und zu läutern.

Heutzutage könnte man dieses Syndrom das „CEO-Dilemma" nennen. Da der CEO über alle Personen in seinem Unternehmen Macht ausübt und damit die Möglichkeit hat, ein Widerwort eines Mitarbeiters mit wirksamen Strafen zu sanktionieren (vom Entzug der Wertschätzung über den Entzug von Kommunikationschancen, Befugnissen und Beförderungsoptionen bis hin zur sozialen Ächtung und Entlassung), agiert er in einem „Kontext der strukturellen Selbstillusionierung": Seine Untergebenen neigen aus objektiven Eigeninteressen dazu, die Befindlichkeiten und Positionen des CEO zu affirmieren und zu bekräftigen („Wie recht sie doch wieder haben."). Indem sie sich als Claqueure des Machthabers gerieren, tendieren sie dazu, die Fehldeutungen, Selbstüberschätzungen und kognitiven Verzerrungen ihres CEO zu zementieren.

Unternehmensführer, die sich in dieses Gehäuse der Selbstillusionierung verstrickt haben, verfügen über vielfältige Möglichkeiten, dieses Gehäuse auch gegen widrige Fakten und Zahlen abzudichten – zumindest so lange, bis ein Punkt erreicht ist, an dem dieses Gehäuse unter dem Druck der evidenten Daten und Fakten zusammenbricht und eine Unternehmenskrise offen zutage tritt.[16]

Dieses CEO-Dilemma ist kein akzidentielles Phänomen. Es ist vielmehr ein notwendig in das Machtgefüge hierarchisch organisierter Unternehmen eingraviertes Strukturphänomen. Dort wird der „Mythos des allwissenden Spitzenmanagers" (Hamel 2008, S. 291) durch die Strukturen der Organisation perpetuiert.

Dieses Phänomen der strukturellen Selbstillusionierung betrifft nicht nur die CEO's, sondern tendenziell alle Machthaber in hierarchisch strukturierten Organisationen, alle diejenigen, die aufgrund ihrer Stellung in einem hierarchischen System Macht über andere ausüben können.

Der ehemalige CEO von United Airlines, Ed Carlson, beschreibt dieses CEO-Dilemma wie folgt: „Eines der Probleme in amerikanischen Unternehmen ist, daß der Mann an der

---

[16] Die Unternehmensgeschichte ist reich an Beispielen für solche Abdichtungsversuche. Man denke nur an die vielfältigen Gestaltungsmöglichkeiten, die die Kennzahl Ebitda einem findigen Manager darbietet und die eine kundige Bilanzierung eröffnet.

Spitze wenig Neigung hat herumzureisen und sich der Kritik zu stellen. Meist neigt er eher zur Isolation und hat am liebsten Leute um sich, die ihm nicht widersprechen. Der Chef hört im Unternehmen nur, was er hören will." (Peters und Waterman 2003, S. 332).

Ein Unternehmen, das gegen dieses CEO-Dilemma nicht kontinuierlich entgegenwirkende Maßnahmen ergreift, zum Beispiel in Form einer systematisch organisierten und gepflegten Dialog- und Dissenskultur (siehe dazu das Kap. 6.3.7), läuft Gefahr, an dieser strukturellen Selbstillusionierung zu scheitern.

Zumal dann, wenn die Machthaber im Unternehmen, die unbehelligt der Selbstillusionierung frönen, zugleich die Macht, die ihnen das Unternehmen übertragen hat, zur Zementierung und Abschottung von Reservaten nutzen. Diese Kumulation von Konsonanzen und Reservaten ist ein probates Mittel, um ein Unternehmen gezielt in einen Abgrund hineinzumanövrieren.

Die Konsequenzen, die für die Unternehmensführung im 21. Jahrhundert aus der Diagnose des Phänomens der Konsonanzen gezogen werden müssen, sind weitreichend. Ich werde auf diese Konsequenzen im folgenden Kap. 6 eingehen. Nur so viel sei hier gesagt:

▶ Aus dem Phänomen der Konsonanzen muss die Quintessenz gezogen werden, dass es in Unternehmen des 21. Jahrhunderts nicht darum gehen kann, den perfekten Unternehmenschef zu suchen. Einen CEO, der genauso kompetent wie intelligent, visionär wie pragmatisch, demütig wie souverän, selbstkritisch wie prinzipienfest, empathisch wie durchsetzungsstark, passioniert wie diszipliniert ist. Vielmehr geht es im Kern darum, ein Unternehmen durch synaptisches Management so auszurüsten, dass es auch mit unvollkommenen Führungskräften erfolgreich funktionieren kann.
Es gilt, das Management von Unternehmen zu entauratisieren, d. h. die Aura zu dekuvrieren, Manager wüssten und hätten zu wissen, „was Sache ist." Und es gilt, den Manager von der „Bürde eines allwissenden Gebarens" (Senge 2011, S. 274) zu befreien. Der Ausweg aus den Verirrungen der Konsonanzen liegt nicht darin, den Schlüssel zur Erkenntnis des Schönen, Guten und Wahren zu finden. Sondern darin, durch synaptisches Management ein Unternehmensmilieu zu schaffen, in dem diese Konsonanzen permanent aufgespürt, offengelegt, thematisiert, hinterfragt, damit in Bewegung gehalten und einem Prozess der Melioration zugänglich gemacht werden.

5.4 Korridore

Korridore sind die unsichtbaren Zonen zwischen den unsichtbaren Leitplanken, die das Denken und Handeln jedes Mitarbeiters eines Unternehmens konditionieren und determinieren.

Zwischen diesen Leitplanken bewegt sich das alltägliche Arbeitsleben. Sie geben diesem Arbeitsleben Struktur und Kontur. Sie sind notwendig, damit man im Arbeitsalltag die vorgegebene Richtung einhalten und Kurs halten kann. Ohne diese Leitplanken würde man sich in der Arbeitswelt im Ungefähren verlieren. Sie sind also für die Orientierung im Unternehmensalltag unverzichtbar. Zugleich markieren sie eine Grenzlinie zwischen der Sphäre, in der sich ein Unternehmensmitarbeiter qua Funktion und Rolle, Reputation und Kompetenz bewegen darf, und der Welt außerhalb dieser Sphäre, die jenseits des Korridors, jenseits der vom Korridor gesetzten Leitplanken liegt. Der Korridor ist deshalb, weil er nur mit dieser Begrenzung existieren kann, immer auch ein Syndrom der Abschottung.

Korridore sind im Unternehmen die Ausprägungsformen dessen, was in der Kybernetik „Homöostase" genannt wird. Homöostase bezeichnet die Fähigkeit eines Systems, immer wieder (auch nach Störungen) dadurch ein Gleichgewicht und eine innere Stabilität zu finden, dass bestimmte systeminterne Faktoren und Variablen innerhalb einer bestimmten, dem System zuträglichen Bandbreite, Schwankungsbreite und Grenzlinie gehalten werden.[17]

Korridore sind danach diejenigen „homöostatischen Strukturen", die die Menschen in Unternehmen ausbilden, um für sich selbst und für ihre Arbeitsumgebung Stabilität und Gleichgewicht zu schaffen.

Es gibt in jedem Unternehmen diverse Ausprägungsformen von Korridoren: Es gibt Korridore für jeden Mitarbeiter, Korridore für bestimmte Teams und Projektgruppen, Organisationseinheiten und Geschäftsbereiche. Bezeichnen wir all dies, die einzelnen Mitarbeiter, die Arbeitseinheiten und Bereiche des Unternehmens als Subsysteme innerhalb des sozialen Systems Unternehmen, so können wir festhalten, dass es für alle diese Subsysteme jeweils spezifische Korridore gibt. All diesen Typen von Korridoren ist eines gemeinsam: Sie bestimmen den Denk- und Handlungsraum, innerhalb dessen sich die Subsysteme bewegen können und dürfen. Sie determinieren die Zone des Erlaubten und Erwünschten (das Gebiet innerhalb des Korridors) und definieren jenseits dieser Zone, jenseits der Wände des Korridors, die Verhaltens- und Denkweisen, die zu vermeiden bzw. zu unterlassen sind.

Korridore sind essentielle Medien der Komplexitätsreduktion in jedem Unternehmen. Sie erleichtern den Mitarbeitern die generalisierte Realitätskontrolle und die berechenbare Interaktionsreziprozität. Sie machen es möglich, dass die Mitarbeiter eines Unternehmens in einer geordneten Regelmäßigkeit denken und handeln, dass sie feste Erwartungen hinsichtlich des regelkonformen Verhaltens anderer Mitarbeiter ausbilden und dass sie auf dieser Grundlage ihr Denken und Verhalten mit dem Denken und Verhalten der anderen effizient und effektiv koordinieren können.

Korridore bilden die Grundformation, innerhalb der sich die Mitarbeiter, die Arbeitsgruppen und die Geschäftsbereiche eines Unternehmens bewegen. Doch wurden sie in keinem Unternehmen bis heute kodifiziert, identifiziert, analysiert und evaluiert. Auch sind sie bisher nicht Gegenstand betriebswirtschaftlicher Forschung geworden.[18]

---

[17] Vgl. zur Homöostase von sozialen und natürlichen Systemen: Ashby 1956.

[18] Gleichwohl gibt es in der Literatur vielfältige Ansätze, z. B. zur Regelhaftigkeit innerbetrieblicher Kooperation, die für eine Analyse von Unternehmens-Korridoren nutzbar gemacht werden können: siehe z. B. Hayek 1973.

Das mag darauf zurückzuführen sein, dass sie nirgendwo sinnfällig greifbar sind; sie durchziehen und prägen zwar das gesamte Unternehmen und den gesamten Arbeitsalltag jedes Mitarbeiters; aber sie sind weder sichtbar noch offensichtlich. Sie sind ein abstraktes Ensemble von Regeln, Vorgaben und Vorschriften, das jedes konkrete Denken und Verhalten im Unternehmen grundiert, selbst aber keine konkrete Ausprägungsform hat.

Es gibt die Korridore nicht konkret, in der Wirklichkeit der Unternehmen, im konkreten Denken. Sie sind Ergebnis des abstrahierenden Denkens, Ergebnis einer Abstraktion von konkreten Sachverhalten. Korridore sind Abstraktionsleistungen der systemtheoretischen Analyse. Sie sind die virtuellen Koordinaten, innerhalb derer sich alle Akteure im Unternehmen bewegen.

Die Konstitutionsprinzipien der Korridore sind äußerst heterogen und vielschichtig. Diese Konstitutionsprinzipien können in vier Punkten zusammengefasst werden:

Korridore werden **zum einen** konstituiert und determiniert von Regeln und Konventionen, die im Unternehmen kodifiziert sind, aber auch von Regeln und Konventionen, die nirgendwo festgelegt und verschriftlicht wurden; die verhaltens- und bewusstseinsprägende Wirkungskraft dieser Regeln bzw. Konventionen hängt nicht davon ab, ob sie den Akteuren bekannt oder bewusst sind. Die Regeln und Konventionen kanalisieren das Verhalten der Unternehmensakteure innerhalb des Korridors auch dann, wenn die Akteure nichts von ihnen wissen (siehe dazu: Malik 2009, S. 86 ff., 127 ff.).

Zum anderen werden die Wände der Korridore durch Reservate, Gemeinschaften und Konsonanzen zementiert. Jene drei Syndrome der Abschottung haben für die Architektur und die Statik dieser Wände eine konstitutive Bedeutung.

Zum dritten werden die Korridore für die Mitarbeiter eines Unternehmens durch die kodifizierten unternehmensinternen Strukturen und Prozesse geprägt: durch die Stellung des Mitarbeiters in der Aufbau- und Ablauforganisation des Unternehmens, durch die soziale Position des Mitarbeiters im Unternehmen, seine Zuständigkeiten und Verantwortlichkeiten, Machtbefugnisse und Handlungsvollmachten, Rollen und Funktionen.

Viertens werden die Korridore durch immaterielle Faktoren bestimmt. Es sind dies Faktoren, die prägend sind für die virtuelle, nicht formalisierte Organisationsstruktur und Interaktionsordnung eines Unternehmens. So hängt z. B. der Korridor, in dem sich ein bestimmter Mitarbeiter bewegen muss, in erheblichem Umfang von seiner Reputation im Unternehmen und vom Fremdbild ab, das andere von ihm haben. Diese Reputation und dieses Fremdbild bestimmen die Einfluss-Sphäre des Mitarbeiters im Unternehmen.[19] Diese Einfluss-Sphäre determiniert wiederum maßgeblich den Korridor, der für diesen Mitarbeiter vorgegeben ist. Weitere immaterielle Faktoren, die den Korridor eines Mitarbeiters determinieren können, sind:

• der Habitus des Mitarbeiters, verstanden als das Ensemble der Charakterzüge des Mitarbeiters, die für das Unternehmen und für den Arbeitsalltag des Mitarbeiters im

---

[19] Ich gebrauche hier den Begriff des Einflusses in dem Sinne, in dem Talcott Parsons ihn verwendet; siehe dazu: Parsons 1980 und Kap. 3.2.

Unternehmen relevant sind und die aus der Sicht der relevanten Kooperationspartner dieses Mitarbeiters prägend für dessen Individualität sind (wenn z. B. ein Mitarbeiter als im besonderen Maße empathisch gilt, so prägt diese Charakterzuschreibung, dieser Habitus, in hohem Maße den Korridor, der für diesen Mitarbeiter im Unternehmen vorgegeben ist),

- Beziehungen und Kontakte, die ein Mitarbeiter im Unternehmen und außerhalb des Unternehmens aufgebaut hat;
- das Vertrauen und der Kredit, der dem Mitarbeiter von Kollegen und Vorgesetzten eingeräumt wird;
- die Reputation, die der Mitarbeiter in der unternehmensrelevanten Umwelt hat (bei Kunden, Lieferanten etc.);
- das Verhältnis, das der Mitarbeiter zu relevanten Gemeinschaften und Reservaten im Unternehmen hat;
- das Wissen, das der Mitarbeiter über bestimmte Fachthemen und/oder über bestimmte Personen im Unternehmen hat;
- die Funktion, die der Mitarbeiter im Hinblick auf die Generierung und Stabilisierung unternehmensrelevanter Konsonanzen hat.

Die invisiblen Korridore prägen nachhaltig die Binnenstruktur des sozialen Systems Unternehmen und den Arbeitsalltag jedes Unternehmensmitarbeiters. Sie machen den genetischen Code aus, den sich ein Unternehmen zulegt, um die Verhaltens-, Wahrnehmungs- und Denkweisen jedes Mitarbeiters zu konditionieren. Es ist dies zugleich auch der genetische Code der Abschottungsleistungen, die das Unternehmen sich selbst und seinen Mitarbeitern auferlegt.

Wenn ich Korridore allgemein definiere als das Ensemble von Verhaltens-, Wahrnehmungs- und Denkweisen, die jeder Mitarbeiter eines Unternehmens in seinem Arbeitsalltag ausbilden und ausleben kann und darf, dann bedeutet das auch: Die Korridore existieren bei allem, was die Mitarbeiter denken und tun. Also auch bei allen Aktivitäten, die die Mitarbeiter außerhalb des Unternehmen, bei Kunden, Lieferanten, Dienstleistern, sonstigen Geschäftspartnern etc. absolvieren. Sie sind die „Overhead-Folien", die über alle unternehmensinternen und unternehmensexternen Aktivitäten des Mitarbeiters ausgebreitet sind und in die all diese Aktivitäten eingraviert sein müssen.

Korridore können durch Reservate, Gemeinschaften und Konsonanzen stabilisiert, abgedichtet und gegenüber der Außenwelt abgeschottet werden. Sie sind aber mehr als die Kumulation von Reservaten, Gemeinschaften und Konsonanzen. Sie bilden deshalb ein eigengewichtiges Syndrom der Abschottung.

Der Korridor, in dem sich jeder Mitarbeiter eines Unternehmens bewegt, ist, wie schon dargelegt, unter anderem auf vielfältige Weise durch ungeschriebene und geschriebene Regeln und Konventionen definiert. Die Wände des Korridors markieren damit immer auch

die Grenzen zu den Zonen des korridorjenseitigen Denkens und Handelns, die dem Mitarbeiter regelmäßig verschlossen sind.

Zu diesen Regeln und Normen, die für die Konstitution von Korridoren relevant sind,
gehören zum Beispiel

- rechtlich kodifizierte Regeln (Regeln, die aus staatlichen Gesetzen und Vorschriften resultieren: BGB, Aktiengesetz, Handelsgesetzbuch, GmbH-Gesetz etc.),
- konventionalisierte kodifizierte Regeln (z. B. die Regeln des Handelns des ehrbaren,
  ordentlichen Kaufmanns, die Regeln von Treu und Glauben etc.),
- nicht-kodifizierte, „unsichtbare" Konventionen (davon gibt es unzählige: von der Konvention, von einem Kunden kein Personal abzuwerben, bis zu der Konvention, bestimmte Themen in Gesprächen mit bestimmten Personen zu tabuisieren),
- Kommunikationsregeln (z. B. die Regel, dass ein Mitarbeiter zwar mit seinem direkten
  Vorgesetzten kommunizieren darf, nicht aber mit dem Vorgesetzten seines Vorgesetzten),
- Zugangsregeln (z. B. die Regel, dass bestimmte Informationen, die im Unternehmen
  vorliegen, nur für bestimmte Personen, die dazu besonders autorisiert sind, zugänglich
  sind; oder die Regel, dass bestimmte Räume im Unternehmen nur von bestimmten Personen unter bestimmten Bedingungen betreten werden dürfen),
- Funktionsregeln (Zuständigkeits-Festlegungen, Machtbefugnisse, Zeichnungsbefug-
  nisse, Entscheidungsbefugnisse, Informations- und Kommunikationsbefugnisse, Ver-
  handlungsbefugnisse, Delegationsbefugnisse etc.),
- Handlungsregeln (Aufgaben, Pflichten, Verantwortlichkeiten, Gestaltungsräume etc.),
- Vertraulichkeits-Regeln (Regeln, die bestimmen, dass ein Mitarbeiter bestimmte Informationen nur bestimmten Dritten verfügbar machen darf),
- Außenauftritts-Regeln (Regeln zu den Funktionen und Rollen, die ein Mitarbeiter in
  der Umwelt des Unternehmens, z. B. bei Kunden und Lieferanten, einnehmen muss und
  darf),
- Regeln, die bestimmte Reservats-Besitzer, Gemeinschaftsmitglieder und Hüter von
  Konsonanzen verhängen,
- von Dritten bestimmte Regeln (z. B. die Vorgabe eines Kunden, dass ein Unternehmensmitarbeiter bestimmte Kommunikationsgebote und –verbote zu beachten hat; oder die
  Anweisung eines Kunden, dass ein Unternehmensmitarbeiter mit Wettbewerbern des
  Kunden nicht in Kontakt treten und mit ihnen keine Geschäftsbeziehungen aufbauen
  darf).

Der Korridor legt sich wie eine unsichtbare Hülle um das Handeln und Denken aller Unternehmensmitarbeiter. Er begleitet ihr Denken und Handeln auf Schritt und Tritt, seien
sie im Binnenraum des Unternehmens tätig oder in der Unternehmensumwelt.

Das Markante an diesem Korridor ist: Er schafft für die Mitarbeiter, die eine Zeit lang in
einem Unternehmen arbeiten, einen Kordon der Geborgenheit, eine Zone der Sicherheit
und Berechenbarkeit, eine Komfortzone des Bekannten, Vertrauten und Bewährten.

Das Know-how, das man benötigt, um innerhalb dieses Korridors vorhandene Aufgaben bewältigen zu können, ist nach einiger Zeit erworben und erprobt. Die Beziehungen, die man, um die Arbeit innerhalb dieses Korridors erledigen zu können, zu Menschen im Unternehmen und zu Bezugspersonen außerhalb des Unternehmens benötigt, sind etabliert und eingefahren. Haltungen, Denkweisen, Verhaltensschemata, Regeln, Wertungen und Werte, die man für eine effiziente Arbeit im Korridor benötigt, sind gelernt und routinisiert. Vertrauen, das man zu internen und externen Bezugspersonen aufbauen muss, um innerhalb des Korridors generalisierte Realitätskontrolle ausüben zu können (siehe dazu: Luhmann 1973), ist vorhanden und wird durch stetige Interaktion innerhalb des Korridors immer wieder neu gefestigt. Eigene Interessen, Bedürfnisse und Befindlichkeiten sind mit den Arbeits- und Lebensbedingungen, die innerhalb des Korridors herrschen, abgeglichen und abgestimmt.

Zugleich ist der Korridor durch Außenwände von der korridorjenseitigen Außenwelt abgeschirmt. Die Außenwände markieren die Trennlinie zwischen der korridorinternen Welt der Vertrautheit und Bekanntheit und der korridorexternen Welt der Fremde. Sie können auch zur Abschottung des Korridors von der fremden exterritorialen Welt genutzt werden.

Der Einbruch des Fremden in die Korridorwelt kann durch bestimmte Rituale so moduliert werden, dass er die bekannte und vertraute Welt innerhalb des Korridors nicht grundlegend verändert. Solche Rituale manifestieren sich z. B. in Transformationsregeln, die bestimmen, dass das Fremde nur dann Einlass in die Korridor-Innenwelt finden kann, wenn es auf bestimmte Weise „eingemeindet", d. h. an die korridorinterne Welt angepasst und damit „korridorisiert" wird.

Solche Transformationsregeln können auch als Konventionen ausgebildet werden, die für die Korridorinsassen in der Innenwelt des Korridors eine Gemeinschaftszone schaffen. Die Gemeinschaft der Korridorinsassen kann durch solche konventionelle Regulierung der „Permeabilität" der Korridorwände innerhalb des Korridors eine gegen „Zumutungen" der Außenwelt abgesicherte Komfortzone errichten.

Greifen solche konventionalisierten und regulierten Rituale, dann kann die behagliche Komfortzone der Korridorwelt selbst dann erhalten werden, wenn sie sich in ritualisierter Weise auf den Druck der Außenwelt hin weiterentwickelt. Ihre Weiterentwicklung kann dann so temperiert und kanalisiert werden, dass sie den Bestand des Vertrauten in der Binnenwelt des Korridors nicht tangiert.

Gelingt eine derartige Ritualisierung nicht, kann der Einbruch des Fremden in den Korridor also nicht komfortzonen-konform temperiert werden, so löst dieser Einbruch Dissonanzen aus. Dissonanzmindernde Rituale haben dann immer auch die Funktion, den Bestand des Bewährten in der Korridorwelt gegen die „Zumutungen" des Wandels abzusichern.[20]

---

[20] Vgl. dazu exemplarisch die Ausführungen, die der Vorsitzende des Vorstands der ThyssenKrupp AG, Dr. Heinrich Hiesinger, auf der Hauptversammlung des Unternehmens am 18. Januar 2013 zu den Gründen und Hintergründen für die Krise gemacht hat, in die das Unternehmen geraten ist. Sei-

Der Korridorinsasse kann solche Dissonanzen präventiv zu verhindern suchen, er kann seinen Korridor gegen die Zumutungen des Wandels abdichten, wenn er nach einer Maxime verfährt, die ich **„inzestuöse Beziehungspflege"** nenne.

Wer nach dieser Maxime handelt, achtet darauf, dass er in seinem Berufsalltag nur solche Einflüsse auf sich wirken lässt und nur solche Beziehungen eingeht, die korridortauglich sind. Er wird sich dann immer mit Personen umgeben, deren Verhalten und Denken dem Korridorstandard entsprechen, wird nur solche Mitarbeiter einstellen, die korridorgeeignet sind, wird nur solche Konferenzen und Veranstaltungen besuchen, die in seinen Korridor hineinpassen, wird nur solche Gespräche und nur solche Gesprächspartner zulassen, die die Usancen des Korridors beachten, wird nur solche Bücher lesen, Fachzeitschriften studieren und Anregungen Dritter aufnehmen, die seine Korridorwelt bestätigen, und wird sich nur mit solchen Beratern umgeben, die sich affirmativ auf seinen Korridor beziehen. Indem der Korridorinsasse derart alle seine Beziehungen inzestuös anlegt, kann er eine Erschütterung seiner Konsonanzen vermeiden, – so lange, bis die äußere Realität eine solche Erschütterung erzwingt.

Das Syndrom des Korridors hat auch eine subjektive Seite. Darauf hat Danah Zohar aufmerksam gemacht:

> In unseren Newtonschen Unternehmen wird streng zwischen Arbeitswelt und Privatleben getrennt. Newtonsche Mitarbeiter (einschließlich der Manager) bringen nur diejenigen Aspekte ihrer Persönlichkeit in die Arbeit ein, die sie für unmittelbar relevant halten und die ihnen helfen, effizient zu arbeiten, die Klauseln ihres Arbeitsvertrages zu erfüllen und sich an den Zielvorgaben und Werten des Unternehmens auszurichten. ... Alles andere gehört zum Privatleben und geht das Unternehmen nichts an. (Zohar 2000, S. 120)[21]

Jeder Unternehmensakteur trifft, auf der Basis eigener Interessen und auf der Grundlage von Unternehmensregeln, eine Entscheidung darüber, welche Facetten der eigenen Persönlichkeit in den Korridor integriert werden und welche nicht. Er schottet damit das private, korridorjenseitige Ich vom öffentlichen, korridorinternen Ich ab. Das bedeutet immer auch, dass der Akteur bestimmte Potenziale (Fähigkeiten, Kompetenzen, Talente etc.) seiner Persönlichkeit korridortauglich macht und andere Potenziale systematisch aus dem Korridor aussperrt.

Der Korridor hat, wie bereits angedeutet, für die Unternehmen eine ambivalente Bedeutung.

Denn einerseits erleichtert und vereinfacht ein Handeln und Denken innerhalb des Korridors alle Dispositionen und Aktionen der Korridorinsassen. Der Korridor ist für sie eine Zone verminderter Komplexität, in der die Unsicherheit und Kontingenz, die in der

---

ne Ausführungen zu den „Seilschaften" und „Silos" im Unternehmen, die für diese Krise ursächlich bzw. mitursächlich waren, können als ein eindrucksvolles Exempel für die Syndrome der Reservate, Korridore, Gemeinschaften und Konsonanzen gelesen werden.

[21] Zohar versteht unter einem Newtonschen Unternehmen das, was ich als ein zweckrational-mechanisch geführtes Unternehmen bezeichnet habe.

Systemumwelt obwaltet, in Sicherheit und Eindeutigkeit transformiert wird. Innerhalb
dieser Zone wird effizientes und effektives Handeln durch vielfältige Mechanismen und
Rituale ermöglicht und befördert.

Andererseits aber ist der Korridor ein Syndrom der Abschottung. Er funktioniert nur
dann komplexitätsreduzierend, dissonanzmindernd und effizienzfördernd, wenn er die
Akteure vom Einbruch des Irritierend-Neuen abschirmt. Denken und Handeln im Korridor entdynamisiert deshalb ein Unternehmen. Diese Entdynamisierung kann bis zur Lähmung und Paralysierung des Unternehmens gehen. Sie ist tendenziell existenzgefährdend
dann, wenn sich das Unternehmen in einer chronisch erratischen und volatilen Umwelt
bewegen muss und wenn das Unternehmen keine synaptischen Maßnahmen zur Re-Dynamisierung der unternehmensinternen Korridore ergreift.

Es bedarf deshalb in der Unternehmensumwelt des 21. Jahrhunderts eines synaptischen
Managements, das sich auf dreifache Weise mit den im Unternehmen bestehenden Korridoren befasst:

- Zum einen muss das synaptische Management Methoden und Instrumente entwickeln
  und einsetzen, um die invisiblen Korridore, die für das Unternehmen relevant sind, so
  weit wie möglich aufzuspüren und transparent zu machen. Erst auf dieser Grundlage
  können die Korridore zum Gegenstand der Unternehmensführung werden.
- Zum anderen muss das synaptische Management die unternehmensinternen Korridore
  gezielt nutzbar machen für die operative Führung des Unternehmens. Denn sie formieren innerhalb des Unternehmens ein System von Ordnungen und Orientierungen, das
  für das operative Funktionieren des Unternehmens unerlässlich ist.
- Zum dritten muss das synaptische Management zugleich zur strategischen Führung des
  Unternehmens Methoden und Instrumente entwickeln und einsetzen, um die relevanten Korridore im Unternehmen im dreifachen Sinne des Wortes aufzuheben. Ziel dieser
  synaptischen Führungsleistung ist es, die Korridore zu dynamisieren und sie damit in
  ein Ferment für die Wandlungsfähigkeit des Unternehmens zu verwandeln.

Die letztere Aufgabe bildet den eigentlichen Kern des synaptischen Managements von
Korridoren. Wir zeigen im folgenden Kapitel, wie diese Aufgabe umgesetzt werden kann.

Beispiel

Mein Korridor Ich bin Mitarbeiter im Unternehmen XY. Dort bin ich für den Vertrieb unserer ABC-Produkte in der DACH-Automobilindustrie zuständig. Ich berichte
in dieser Funktion direkt an den DACH-Vertriebschef unseres Unternehmens. Der ist
wiederum unmittelbar dem Vertriebsvorstand unterstellt. Meine Funktion im Unternehmen schreibt mir vor, was ich tun muss, was ich tun darf und was ich zu unterlassen habe: Ich muss mich bei unseren ABC-Produkten so auskennen, dass ich sie
verkaufen kann. Tieferen Einblick in die technischen Details dieser Produkte brauche
ich nicht und bekomme ich von unserer Technikabteilung auch nicht. Die Ingenieure

dort achten sehr darauf, dass ich in ihre Geheimwissenschaft nicht eingeweiht werde. Darüber hinaus habe ich keinen Zugang zu den DEF-Produkten der Firma. Ich hätte diesen Zugang zwar gerne. Auch deshalb, weil ich beim Verkauf meiner ABC-Produkte manche Verbindung für den Verkauf von DEF-Produkten knüpfen könnte. Doch habe ich Anweisung, mich aus dem Geschäftsfeld DEF strikt herauszuhalten. Die Kollegen im DEF-Vertrieb achten auch sehr genau darauf, dass ich nicht in ihren Revieren wildere. Sie haben mir neulich klar gesagt: „Mische dich nicht in unser Geschäft ein, dann stecken wir unsere Nase auch nicht in dein Geschäft". Innerhalb des Unternehmens habe ich Zugang zu bestimmten Informationen, zu anderen nicht; mein Informationszugang ist durch meine Funktion im Unternehmen determiniert und limitiert. Auch darf ich mit bestimmten Kollegen kommunizieren, mit anderen nicht. So würde ich gerne regelmäßig mit der Strategieabteilung sprechen, weil ich mich dafür interessiere, welche strategischen Ideen dort verfolgt werden. Es wäre aber non-compliant, wenn ich das täte (obwohl nirgendwo geschrieben steht, dass ich das nicht darf). Mein Vorgesetzter würde mir das übel nehmen. Es gibt neben denen, mit denen ich sprechen darf, und denen, mit denen ich nicht sprechen darf, eine Grauzone von möglichen Kommunikationspartnern: Die darf ich zwar kontaktieren. Aber wenn die dann meine Kontaktaufnahme zurückweisen, kann ich dagegen nichts tun. Auch kann ich nicht ausschließen, dass diese Kontaktaufnahme mir von anderen im Unternehmen angekreidet wird („Der mischt sich in Sachen ein, die ihn nichts angehen." „Der kommuniziert wild in der Gegend herum." „Der ist ein potenziell gefährliches ‚unguided missile' in der Unternehmenskommunikation"). Meine Visitenkarte bestimmt ferner präzise die Zonen und die Grenzen der Außenwelt, in der ich mich bewegen darf: Ich darf mit meinen aktuellen und potenziellen Kunden Kontakt aufnehmen, dort aber nur auf einer bestimmten Hierarchie-Ebene und mit bestimmten Funktionsträgern. Wenn ich diese Beschränkungen nicht beachte, also mit einer Hierarchie-Ebene beim Kunden Kontakt aufnehme, die mir nicht zusteht, riskiere ich, von meinen eigentlichen Kontaktpartnern beim Kunden zurechtgewiesen oder gemieden zu werden. Auch muss ich dann befürchten, dass mein Vorgesetzter negatives Kunden-Feedback über mein Handeln bekommt. Kürzlich war ich auf einer Kunden-Veranstaltung und habe dort den Strategiechef meines Kunden getroffen. Der berichtete mir von einigen Vorgängen bei unserem US-amerikanischen Wettbewerber XY, die für uns recht bedeutsam sind. Ich habe darüber sofort unseren Strategiechef informiert. Daraufhin habe ich ein hartes Schreiben meines Vorgesetzten bekommen, in dem ich darauf hingewiesen wurde, dass ich eine solche Kommunikation immer nur über ihn zu führen habe. Mein Vorgesetzter kommuniziert auf besondere Weise. Er ist umgeben von einem „Freundeskreis". Dem gehören nur handverlesene Mitarbeiter an. Kollegen, die mein Chef besonders schätzt und mag. Innerhalb dieses Freundeskreises (der „Toscana-Runde" heißt) werden alle für unsere Vertriebsarbeit wichtigen Themen besprochen. Ich habe keinen Zugang zu diesem Freundeskreis. Als ich kürzlich meinen Vorgesetzten fragte, ob ich zu den Besprechungen dieses Kreise dazukommen könne, wies er mich mit harten Worten zurecht: „Machen Sie das, wofür Sie hier bezahlt werden, und halten Sie sich aus Angelegenheiten raus, die Sie nichts angehen!" Mein Glück ist, dass ich seit meiner Schulzeit eine gute Freundschaft mit Peter Müller habe. Und dass dieser Peter Müller seit einem Jahr bei uns CFO ist. Als ich ihm von dieser harten Ansage meines Vorgesetzten erzählte, sagte mir Peter, das sei ein antiquierter Führungsstil. Er werde die Sache für mich regeln. Wenige Tage später kam mein Vorgesetzter zu mir, plauderte überraschend freundlich mit mir und fragte mich dann, ob ich nicht Interesse hätte, zur nächsten Sitzung der Toscana-Runde dazu-zukommen. Ich weiß nun nicht, ob das ein Angebot ist, das ich nur deshalb bekommen habe, weil erwartet wird, dass ich es ablehne. Oder ob das ein sizilianisches Angebot ist, eines, das man nicht ablehnen kann…

Unternehmensführung durch synaptisches Management

Diese vier Syndrome der Abschottung sind weder theoretisch noch praktisch voneinander separierbar. Sie können weder antiseptisch voneinander geschieden noch können sie überschneidungsfrei beschrieben werden. Sie sind allesamt Ausprägungsformen eines übergreifenden Phänomens, des Phänomens der Komplexitätsreduktion und Unsicherheitsabsorption durch Abschottung.

Jedes dieser vier Syndrome der Abschottung kann für sich selbst dargestellt und in seinen Funktionsprinzipien geschildert werden. Doch sind diese vier Syndrome in der Theorie und in der Praxis auf vielfältige Weise miteinander verbunden, aufeinander bezogen und ineinander verflochten. Sie bedingen sich wechselseitig, überlagern und durchdringen sich. Sie bilden unterschiedliche und unterscheidbare Logiken. Diese Logiken greifen in komplexer Weise auf dem unternehmensinternen Wirkungsfeld, auf dem jene Komplexitätsreduktion und Unsicherheitsabsorption durch Abschottung geschieht, ineinander. Sie sind vier Layer einer Schichtenarchitektur der Abschottung, die in der Praxis der Unternehmensabschottung eine Einheit bilden.

Wie bereits dargestellt, haben diese vier Syndrome der Abschottung für die Unternehmen und für die Unternehmensakteure eine ambivalente Bedeutung.

Sie sind einerseits Stabilisatoren, die es erleichtern bzw. erst ermöglichen, in Unternehmen einen bestimmten Status der Ordnung, des Gleichgewichts, der Ruhe, der Routine, der konsensualen Kooperation, der konstruktiven Kommunikation und der Standardisierung von Prozessen zu etablieren und aufrechtzuerhalten.

Andererseits sind sie wandlungslähmende Faktoren, die in den Unternehmen eine statische Unbeweglichkeit und eine behaglich-behäbige Status-quo-Fixierung befördern.

Aufgrund dieser wandlungslähmenden Funktion können die vier Syndrome der Abschottung dann, wenn sie innerhalb eines Unternehmens gehäuft und **unangefochten** auftreten, die Wandlungsdilemmata der Konfliktresistenz und der Komplexität so weit verschärfen, dass Unternehmen in Existenzkrisen geraten.

Unternehmen, die von Reservaten durchsetzt sind, in denen zugleich vielfältige Gemeinschaftsstrukturen bestehen und in denen darüber hinaus dissonanzmindernde Strategien der Absicherung von Konsonanz und Korridor-Konstanz vorhanden sind, stehen dann, wenn diese Syndrome der Abschottung unangefochten in ihnen fortwirken, in der Gefahr, auf Erfordernisse zur Dynamisierung nicht zureichend eingehen zu können.

Sie laufen damit das Risiko, sich strukturell zu entdynamisieren und sich von den Volatilitäten der Außenwelt abzukoppeln.

Mit „unangefochten" ist hier gemeint: Innerhalb der Unternehmen gibt es keinerlei Strategien und Maßnahmen, mit denen das Ziel verfolgt wird, den wandlungslähmenden Effekten von Reservaten, Gemeinschaften, Konsonanzen und Korridoren entgegenzuwirken. In solchen Unternehmen kann sich aus der wechselseitigen Kumulation der statusquo-fixierenden Wirkungen der vier Syndrome eine strukturelle Lähmung und Wandlungsresistenz herausbilden, die das Unternehmen tendenziell paralysiert.

Eine solche Kumulation ist häufig beobachtbar:

- Reservate können durch Gemeinschaften befestigt und durch Dissonanz vermeidende Konsonanzen abgesichert werden.
- Auch können Gemeinschaften durch Reservate zementiert und durch konsonantes Erkennen und Interpretieren dauerhaft stabilisiert, d. h. gegenüber gemeinschaftsfremden Einflüssen abgedichtet werden.
- Ferner können Rituale der Dissonanzminderung durch Gemeinschaftsstrukturen interaktiv vereinbart, normiert und damit gegen Fremdeinwirkungen abgeschottet werden.
- Darüber hinaus können solche Rituale dann, wenn sie mit der Errichtung von Reservaten einhergehen, durch Zugriff auf Reservats-Ressourcen in ihrem Wirkungsgrad gesteigert werden.
- Ferner können Reservate, Gemeinschaften und Konsonanzen die Wände von Korridoren hermetisch gegen die korridorjenseitige Welt abdichten. Umgekehrt können Korridore die Wirkungskraft und Wirkungsreichweite von Reservaten, Gemeinschaften und Konsonanzen erheblich erhöhen.

Für Unternehmen, die sich in der volatilen, unberechenbaren, erratischen und hochkomplexen Systemumwelt des 21. Jahrhunderts bewegen müssen, gilt: **Die Logik des Scheiterns ist die Logik der Abschottung.**

Wer darauf abstellt, ein Unternehmen an den Rand des Abgrunds zu führen, muss dafür Sorge tragen, dass in ihm die Syndrome der Abschottung genährt werden und dass sie unangefochten fortbestehen. Wer darauf abstellt, ein Unternehmen durch alle Wirbel und Strudel eines reißenden, nicht kalkulierbaren Flusses unbeschadet und mit Erfolg hindurchzusteuern, muss jenen Syndromen der Abschottung entgegenwirken.

Es ist dies die Folie, vor der das Paradigma des synaptischen Managements ausgebildet wird. Dieses Paradigma meint im Kern: Dynamisierung von Unternehmen durch strategisch geerdete und systematisch umgesetzte Ent-Abschottung.

Es ist dies kein Paradigma, das wie ein Projekt begonnen und zum Abschluss gebracht werden kann. Wenn synaptisches Management gelingt, bewirkt es eine permanente Dynamik innerhalb eines Unternehmens und in den Beziehungen des Unternehmens zu seiner

Systemumwelt, die stetig Abschottungstendenzen konterkariert. Es ist also kein Paradigma, das beschreibt, wie man ein Unternehmen vom Punkt A zum Punkt B führt. Sondern ein Paradigma, das darlegt, wie man ein Unternehmen in steter Bewegung weg vom Punkt A und hin zu ständig wechselnden und fluktuierenden Zielkonstellationen hält.

Synapsen sind Medien der Ent-Abschottung. Sie verknüpfen und verbinden, bilden Brücken aus und Scharniere, stellen Bezüge und Beziehungen her, bauen Konnektoren und Konnexitäten, verflüssigen das Feste und machen das Getrennte durchlässig, transzendieren Grenzen und Mauern, öffnen das Geschlossene und dynamisieren das Statische, führen Gegensätzliches zueinander und synthetisieren Widersprüchliches, machen das Fremde heimatlich und das Heimatliche fremd.

Synaptisches Management stellt darauf ab, Unternehmen fortwährend dadurch zu dynamisieren, dass die Syndrome der Abschottung andauernd durch synaptische Vernetzung konterkariert und dadurch (im dreifachen Sinne) aufgehoben werden. Auf diese Weise zielt synaptisches Management darauf, die Fähigkeit von Unternehmen zu optimieren, sich innerhalb komplexer, unberechenbarer und immer schneller rotierender Umwelten stetig selbst zu wandeln.

Damit schafft synaptisches Management den Kontext, der erforderlich ist, damit klassische Maßnahmen der mechanischen Unternehmensführung und des „Social Engineering", des Managements 1.0 und des Managements 2.0, überhaupt greifen können.

Synaptisches Management ersetzt also nicht die bekannten und etablierten Paradigmen der Restrukturierung von Unternehmen, sondern schafft genau das Milieu, innerhalb dessen jene Restrukturierungsmaßnahmen allein ihre intendierte Wirkung entfalten können.

Das Paradigma des synaptischen Managements steht deshalb nicht quer und konträr zu den klassischen Paradigmen[1] des Transformations-Managements in Unternehmen. Es ergänzt und grundiert diese Paradigmen vielmehr dadurch, dass es jenes Milieu schafft, ohne das die Mechanik des Social Engineering vor der Behäbigkeit der wandlungsresistenten Binnenstrukturen des Unternehmens zerschellen muss.

Ich habe oben, im Kap. 4, vom Pflichtprogramm und vom Kürprogramm des Managements gesprochen. Malik hat für einen vergleichbaren Sachverhalt die Unterscheidung getroffen zwischen der Objektebene des Managements, auf der die konstruktivistisch-technomorphe Steuerung ansetzt, und der Metaebene des Managements, auf der sich der systemisch-evolutionäre Management-Ansatz bewegt (vgl. Malik 2008, S. 52 ff., 2009, S. 104 f.).

Ausgehend von diesen Topoi kann das Paradigma des synaptischen Managements im Gesamtarsenal der Instrumente, die für die Unternehmensführung im 21. Jahrhundert relevant sind, wie folgt lokalisiert werden.

▶   Unternehmensführung im 21. Jahrhundert muss im Kern duales Management
       sein.

---

[1] Vgl. dazu zum Beispiel die umfassende Darstellung des gesamten Arsenals der „klassischen" Instrumente des Transformations-Managements in Gouillart und Kelly 1999.

Es muss **zum einen** mit den Instrumenten der mechanischen Unternehmensführung (siehe dazu Kap. 4) operieren. Dies ist das „unhintergehbare Pflichtprogramm" der Unternehmensführung. Management muss auf der „Objektebene" immer darin bestehen, auf der Basis von Analysen detaillierte Ziele abzuleiten, spezifische Maßnahmen zu definieren und daraus ein Umsetzungsprogramm abzuleiten, dessen Impact nach bestimmten Kennziffern nachgehalten, gemessen und kontrolliert wird und dessen Exekution mit der Mobilisierung der Mitarbeiter einhergeht.

Dieses mechanische Management ist damit **direkte Steuerung** von konkreten Umständen und Ereignissen. Es stellt darauf ab, auf der Basis minutiöser Planung durch konkrete Anweisungen und konkrete Detailregelungen ein bestimmtes Verhalten in bestimmten Einzelfällen zu bewirken und damit bestimmte Zustände zu erreichen.

Die Erkenntnis, die aus der Evolution der Unternehmensumwelt seit den 70er Jahren des 20. Jahrhunderts abgeleitet werden muss, ist nun die, dass die Instrumente, die das Management aus diesem Arsenal der mechanischen Unternehmensführung beziehen kann, allesamt mit hoher Wahrscheinlichkeit stumpf, dysfunktional, ineffizient und ineffektiv sind, wenn sie nicht innerhalb eines **Milieus** eingesetzt werden, das durch synaptisches Management geschaffen wird.

Management muss deshalb **zum anderen** immer auch darin bestehen, ein solches Milieu auszubilden.

Werden die Instrumente der mechanischen Unternehmensführung außerhalb dieses Milieus angewendet, so können sie allenfalls da und dort zufällige Wirkungstreffer erzielen. Der Manager, der die Instrumente der mechanischen Unternehmensführung außerhalb dieses Milieus einsetzt, ähnelt dem Boxer, der vor einem großen Kampf das Training versäumt hat, der deshalb weder physisch noch psychisch adäquat auf den Kampf vorbereitet ist, und der in diesen Kampf hineingeht mit der Hoffnung auf einen „lucky punch", einen Zufallstreffer, den ihm ein günstiges Schicksal bescheren möge.

Weil Unternehmensführung aber nicht verantwortlich nach dem Prinzip Hoffnung des „lucky punch" angelegt werden kann, bedarf es notwendig für das Management von Unternehmen im 21. Jahrhundert jenes Milieus, in dem allein das mechanische Management gedeihen kann.

▶   Es ist die Aufgabe der synaptischen Unternehmensführung, dieses Milieu zu
        schaffen und nachhaltig aufrechtzuerhalten.

Wie das geschieht, werde ich in den Unterkapiteln zu diesem Kapitel zeigen.

Mit synaptischer Unternehmensführung wird also das „Kürprogramm" absolviert, ohne das jenes Pflichtprogramm allenfalls zufällig wirksam sein kann. Ein Manager wird aber nicht dafür bezahlt, in der Kirche Kerzen anzuzünden und damit auf ein gütiges Schicksal zu setzen.

Der Begriff „Milieu" stellt darauf ab, innerhalb eines Unternehmens günstige Bedingungen dafür zu schaffen, dass ein Unternehmen im Blick auf alle möglichen Umweltkonstellationen dauerhaft anpassungs- und evolutionsfähig ist und bleibt. Der Manager, der ein solches Milieu schafft, stimuliert damit die Kräfte der Selbstorganisation und Selbstregulierung des sozialen Systems Unternehmen. Er tut das so, dass diese Kräfte aufgrund ihrer intrinsischen Eigendynamik eine erfolgversprechende Evolution des Unternehmens begünstigen und befördern.

Friedrich von Hayek hat diese Milieubildung mit dem Begriff der „Kultivierung" umschrieben (siehe Hayek 1967, S. 18 ff.).

Synaptisches Management, das ein solches Milieu schafft, unterscheidet sich grundlegend vom mechanischen Management. Denn dieses milieubildende synaptische Management ist im Kern **indirekte Steuerung**. Es zielt nicht darauf ab, ein bestimmtes Verhalten im Einzelfall zu konditionieren, sondern darauf, allgemeine Rahmenregeln vorzugeben, innerhalb derer die Akteure im sozialen System Unternehmen aufgrund ihrer eigenen Erfahrungen, Erkenntnisse, Dispositionen und Positionen ihr jeweils spezifisches Verhalten austarieren. Es operiert nicht mit Befehlen, die punktgenaues Parieren einfordern, sondern mit Spielregeln, die Spielräume öffnen.

Das Ziel des synaptischen Managements ist es also nicht, ein bestimmtes Verhalten eines bestimmten Mitarbeiters in einem bestimmten Einzelfall zu bewirken. Synaptisches Management zielt auch nicht darauf ab, durch detaillierte Befehle einen bestimmten künftigen Zustand zu erreichen. Vielmehr ist das synaptische Management darauf gerichtet, durch allgemeine, abstrakte Verhaltensregeln das Unternehmen und die Akteure im Unternehmen so zu konditionieren, dass das Unternehmen in fluktuierenden Umweltkonstellationen optimal bewegungsflexibel, anpassungsaffin, lernfähig und evolutionselastisch ist und bleibt.

Beispiel

Synaptisches Management würde also z. B. in einem Unternehmen, in dem das Kundenmanagement im Argen liegt (was sich darin äußern könnte, dass Bestandskunden abspringen, Wettbewerber bei der Neukundenakquise vorne liegen, Umsätze rückläufig sind, der Auftragseingang einbricht etc.), nicht darauf abstellen, den einzelnen Vertriebsmitarbeitern detaillierte Weisungen für die Erreichung spezifischer Zielvorgaben (Auftragseingang, Verlängerung und Ausweitung von Verträgen mit Bestandskunden, Gewinnung von Neukunden etc.) zu erteilen.

Vielmehr wird synaptisches Management darauf abzielen, durch bestimmte Rahmenregelungen das gesamte Unternehmen auf Kundenorientierung und Kundenzentrierung hin auszurichten („Customer-Centric Company"). Synaptisches Management wirkt also darauf hin, im Unternehmen ein Milieu zu schaffen, in dem alle Subsysteme des Unternehmens auf Kundenzentrierung hin ausgerichtet werden.

Auf dieser Grundlage erst kann der Vertrieb dann mit Instrumenten des mechanischen Managements **milieukonform** ausgerichtet werden. Milieukonform bedeutet hier: befähigen und ausrüsten statt abrichten und kommandieren.

Die Essenz des dualen Managements von Unternehmen hat danach zwei miteinander korrespondierende Aspekte: Direkte Steuerung durch mechanische Unternehmensführung kann nur dann nachhaltig effizient und effektiv sein, wenn sie eingebettet wird in ein Unternehmens-Milieu, das durch indirekte Steuerung und synaptisches Management geschaffen wird. Und umgekehrt: Indirekte Steuerung durch synaptisches Management kann nur dann nachhaltig effizient und effektiv sein, wenn Instrumente des mechanischen Managements eingebettet werden in das Milieu, das durch synaptisches Management erzeugt wird.

Die Wirkungsweise des synaptischen Managements kann entsprechend, wie bereits in Kap. 1 skizziert, im Bild des Treibhauses exemplifiziert werden: Damit wachstumsfördernde und wandlungsbeschleunigende Maßnahmen der Kultivierung eines Feldes gelingen können, bedarf es eines bestimmten Klimas, ohne das diese Maßnahmen ins Leere laufen würden. Dieses Klima wird durch ein Treibhaus erzeugt, das für alle Aktionen, die der Kultivierung des Feldes dienen, ein spezifisches und homogenes Milieu schafft.

Entsprechend geht das synaptische Management davon aus, dass es weder sinnvoll noch möglich ist, jene vier Syndrome der Abschottung zu destruieren und abzuschaffen.

Denn diese vier Syndrome haben ja eine ambivalente Funktion für die Unternehmen. Für Maßnahmen der mechanischen Unternehmenssteuerung können sie durchaus funktional und förderlich wirken. So kann z. B. die Entscheidung zur Einführung eines neuen Produktes im Produktportfolio eines Unternehmens nur dann effizient und effektiv umgesetzt werden, wenn im Unternehmen eine Konsonanz in der gemeinschaftlichen Beurteilung der Sinnhaftigkeit dieser Neuerung besteht.

Synaptisches Management stellt nicht darauf ab, Reservate, Gemeinschaften, Konsonanzen und Korridore zu beseitigen, sondern darauf, sie einem stetigen Dynamisierungsdruck auszusetzen. Indem synaptisches Management permanent die vorhandenen Abschottungstendenzen durch synaptische Vernetzung konterkariert, werden Reservate, Gemeinschaften, Konsonanzen und Korridore fortwährend unter Spannung gesetzt und in Bewegung gehalten.

Diese unaufhörliche Spannung bewirkt, dass sich diese Syndrome der Abschottung stetig auflösen, neu bilden, rekonstruieren, adjustieren und damit flexibilisieren müssen. Durch diese andauernde Bewegung, die den vier Syndromen durch das synaptische Management verordnet wird, geschieht eine permanente Transformation dieser Syndrome, eine Metamorphose, in der sich diese Syndrome der Abschottung tendenziell in Syndrome der Ent-Abschottung wandeln.

Denn sie, die sich als Momente des Statischen in einer dynamischen Umwelt zu behaupten suchen, werden durch synaptisches Management zur unausgesetzten Bewegung und Beweglichkeit angehalten und dadurch in einen andauernden Prozess der Selbsttransformation überführt. Es ist dieser Prozess, in dem sich die Syndrome der Abschottung selbst dynamisieren und dadurch aufhören, die Dynamisierung des Systems Unternehmen zu behindern bzw. zu verhindern.

Synaptisches Management bewirkt also etwas Widersprüchliches. Syndrome, die der Abschottung dienen und der statischen Beharrung, werden durch dieses synaptische Management in Momente der Vernetzung und der dynamischen Bewegung transformiert.

Das synaptische Management besteht gerade darin, dass es diesen Widerspruch stetig schafft und aufrechterhält.

> Die abstrakte Identität mit sich ist noch keine Lebendigkeit, sondern daß das Positive an sich selbst die Negativität ist, dadurch geht es außer sich und setzt sich in Veränderung. Etwas ist also lebendig, nur insofern es den Widerspruch in sich enthält, und zwar diese Kraft ist, den Widerspruch in sich zu fassen und auszuhalten. (Hegel 1969b, S. 76)

Diese Funktion des synaptischen Managements ist durchaus vergleichbar, aber nicht identisch mit der Funktion des „Emergenz-Managements" in der US-amerikanischen Komplexitätstheorie (siehe Pascale et al. 2002, S. 109 ff.).

Vergleichbar ist in beiden Paradigmen der Ansatz, Gleichgewicht und Statik in Unternehmen einer permanenten Störung auszusetzen.

Unterschiedlich sind beide Paradigmen da, wo das synaptische Management darauf abstellt, dass es in der Unternehmensführung nicht, wie es die US-amerikanische Komplexitätstheorie postuliert, darum gehen kann, statische Strukturen abzuschaffen, Vertrautes zu zerstören[2] und Ordnung in Chaos zu überführen.[3] Im Unterschied dazu geht das Paradigma des synaptischen Managements davon aus, dass es in der Unternehmensführung erforderlich ist, den Widerspruch zwischen statischen und dynamischen Momenten in ein und demselben Syndrom permanent zu schaffen, aufrechtzuerhalten und auszuhalten.

Synaptisches Management bewirkt diese Dynamisierung des Statischen dadurch, dass sie stetig eine synaptische Verknüpfung von Strukturen und Prozessen im Unternehmen und zwischen Unternehmen und Systemumwelt erzwingt.

Beispiel

Dies sei am Beispiel des Syndroms des Korridors erläutert: Synaptisches Management schafft den Korridor nicht ab, zerstört diese Komfortzone der Korridorinsassen nicht, sondern kultiviert sie, indem synaptisches Management den Korridor einem stetigen Veränderungsdruck aussetzt. Das bewirkt das synaptische Management dadurch, dass es die Wände, die den Korridor vor der Außenwelt abschließen, durchlässig und porös macht. Synaptisches Management übt eine kontinuierliche Spannung auf die Außenwände des Korridors aus und verändert damit graduell deren Aggregatzustand: Die Wände verlieren ihre Konsistenz, ihre steinerne Statik, ihre abschottende Festigkeit und werden tendenziell liquid, verflüssigen sich und öffnen damit den Korridor zur Außen-

---

[2] Siehe dazu Kevin Kelly's Statement: „Die biologische Natur dieses Zeitalters ist dergestalt, dass der plötzliche Zerfall etablierter Bereiche ebenso gewiss ist wie die plötzliche Entstehung neuer. Deshalb setzt die Fähigkeit zur Innovation die Fähigkeit voraus, das Vertraute und Bewährte zu zerstören." (zitiert nach: Pascale et al. 2002, S. 102 f.).

[3] Vgl. dazu das Statement von Tom Peters, der feststellte, nachdem die Unternehmenstheorie 40 Jahre lang gepredigt habe, man müsse Chaos in Ordnung verwandeln, sei es nun an der Zeit zu predigen, Ordnung in Chaos zu verwandeln; siehe dazu: Tetenbaum 1998, S. 23 f.

welt hin. Durch diese Öffnung wird der Korridor den Dynamisierungsanforderungen der Außenwelt ausgesetzt, unfähig, sich von diesen Anforderungen abschirmen zu können.

Synaptische Unternehmensführung besteht deshalb im Austragen und Aushalten eines Widerspruchs: Ein Korridor, der doch durch steinerne Außenwände konstituiert wird, besteht fort mit einem liquiden Äußeren, das doch das Gegenteil einer steinernen Wand ist.

Man kann diesen Widerspruch, den das synaptische Management kreiert, aushält und aufrechterhält, auch in ein anderes Bild kleiden: Synaptisches Management stellt darauf ab, für die Menschen, die in einem Unternehmen arbeiten, eine Heimat in der Fremde zu schaffen. Heimat, das ist eine Zone der Vertrautheit, der Sicherheit und der Geborgenheit. Fremde, das ist das Gegenteil: eine terra incognita, in der das Vertraute nicht zählt und Geborgenheit nicht existiert, in der nur zurechtkommt, wer im Unbekannten zu navigieren versteht. Synaptisches Management integriert beides, spannt das Gegensätzliche zusammen und schafft damit einen Widerspruch, der das Ferment ist für die beständige Dynamisierung des sozialen Systems Unternehmen.

Synaptisches Management schafft für die Unternehmensakteure beständig ein Milieu, in dem die Heimat fremd und die Fremde heimatlich wird.

Die Wirkungsweise des synaptischen Managements besteht damit nicht nur darin, Verschiedenartiges zu verknüpfen, sondern auch und gerade darin, Gegensätzliches zu verbinden und Gegensätze aufzuheben.[4] Sie muss sich insofern in Widersprüchen bewegen, als sie „in dem Fassen des Entgegengesetzten in seiner Einheit" besteht (Hegel 1969a, S. 52).

Dieser Sachverhalt, dass die Führung von Unternehmen notwendig im Management von Widersprüchen besteht, wird in der Managementliteratur vielfach aufgeführt:

> Da die Widersprüchlichkeit und die Risiken unternehmerischen Handelns nicht grundsätzlich auflösbar sind, bietet das Eingeständnis der Nichtentscheidbarkeit in oftmals paradoxen Entscheidungssituationen eine heilsame Ent-Täuschung angesichts der Illusion eines omnipotenten General Management: Führen heißt, einen klugen Umgang mit den konstitutiven Paradoxien einer Organisation zu finden. Wer da auf Eindeutigkeit und widerspruchsfreie Rationalität setzt, verkennt die Komplexität heutiger Organisationen. (Wimmer und Schumacher 2009, S. 173)

> Und wenn die erfolgreichen Unternehmen ein wirklich auffallendes Merkmal besitzen, dann diese Fähigkeit, Zwiespältiges und Widersprüchliches konstruktiv zu bewältigen. (Peters und Waterman 2003, S. 20)

> Management hat zu tun „mit der sich täglich neu stellenden Problematik der Harmonisierung unvermeidlich widersprüchlicher Absichten und Erwartungen." (Malik 2008, S. 22)

---

[4] Vgl. Hegels Diktum: „Etwas ist nur insofern aufgehoben, als es in die Einheit mit seinem Entgegengesetzten getreten ist." (Hegel 1969a, S. 114).

Hochleistungsunternehmen scheinen die Fähigkeit zu besitzen, bei der Strategieerstellung konkurrierende Bezugssysteme miteinander zu vereinen. Sie gehen gleichermaßen planungsorientiert und schrittweise, richtungweisend und partizipativ, kontrollierend und um Empowerment bemüht, visionär und detailliert vor. (Hart 1991, S. 121)[5]

Erfolgreiche Managementinnovatoren wie John Mackey finden Wege, um scheinbar unvereinbare Gegensätze miteinander zu versöhnen. (Hamel 2008, S. 120 f.)

Karl Weick hat den Kern des Widerspruchs herausgearbeitet, in dem sich das Management von Unternehmen bewegen muss: den Widerspruch, die Kräfte der Beharrung und Wandlung, des Statischen und Fließenden, der Stabilität und der Flexibilität in sich zu vereinen. Er weist nach, dass „chronische Stabilität dysfunktional" ist, weil sie adaptive Evolution be- bzw. verhindert, und dass zugleich „chronische Flexibilität" die „Identität" zerstört, weil „sich die Organisation kein Gefühl der Einheit und Kontinuität im Zeitverlauf bewahren kann." „Totales Mißtrauen schafft die ultraflexible Organisation, totales Vertrauen schafft die ultrastabile Organisation, und keine der beiden Formen dient auf Dauer der Anpassung." (Weick 1995, S. 307, 311)[6]

Es ist diese synaptische Integration des Gegensätzlichen, was synaptisches Management im Kern ausmacht. Synaptisches Management geht davon aus, dass Unternehmen im 21. Jahrhundert nur dann nachhaltig erfolgreich sein können, wenn sie Dissens fördern, um Konsens zu schaffen, Gewissheiten fixieren und zugleich verflüssigen, Regeln verbindlich setzen und zugleich Räume für regelinkonformes Verhalten schaffen, einen unternehmensweiten Korridor für gemeinsam geteilte Haltungen, Einstellungen, Werte und Prozeduren schaffen und zugleich jenes Momentum stimulieren, das diesen Korridor stetig in Frage stellt und fortbildet.

Die Mannigfaltigen werden erst auf die Spitze des Widerspruchs getrieben regsam und lebendig gegeneinander und erhalten in ihm die Negativität, welche die inwohnende Pulsation der Selbstbewegung und Lebendigkeit ist. (Hegel 1969b, S. 78)

Synaptisches Management adressiert das Wandlungsdilemma der Komplexität und das Wandlungsdilemma der Konfliktresistenz mit einem Arsenal an Instrumenten, die allesamt darauf abzielen, die Vernetzungsintensität und die Vernetzungsproduktivität in Unternehmen zu optimieren.

---

[5] ähnlich betont Spender (1992) die Bedeutung der Vereinigung des Gegensätzlichen in der Unternehmensführung.

[6] Weick zitiert in diesem Kontext A. Rothenberg, der janusköpfiges Denken als eine Bewegung beschrieb, bei der es gelingt, „in aktiver Weise zwei oder mehr entgegengesetzte oder antithetische Ideen, Begriffe oder Vorstellungen gleichzeitig zu denken." (Weick 1995, S. 327)

►   Diese Instrumente, mit denen das synaptische Management von Unternehmen
      operiert, können in fünf Instrumenten-Clustern zusammengefasst werden. Sie
      werden im Folgenden dargestellt und beispielhaft erläutert.

Diese fünf Sets von Instrumenten, diese fünf Maßnahmen-Cluster stehen nicht antiseptisch nebeneinander, sondern sind auf vielfältige Weise miteinander verschränkt, aufeinander bezogen und voneinander abhängig. Sie stehen in einem komplexen Wirkungs- und
Bedingungszusammenhang.

Synaptisches Management kann deshalb nur dann gelingen, wenn diese fünf Maßnahmen-Cluster allesamt umgesetzt werden. Sie stellen ein kohärentes Ensemble von miteinander verbundenen Managementleistungen dar. Wird nur das eine Maßnahmen-Cluster
realisiert und das andere nicht, muss synaptisches Management scheitern.

Es sind diese fünf Instrumenten-Cluster, aus denen das Paradigma des synaptischen
Managements besteht und in denen es sich praktisch verwirklicht.

Diese fünf Maßnahmen-Cluster reflektieren nicht nur die Medien, mit denen das synaptische Management operiert, sondern auch die Grundprinzipien, den „Mindset" des
synaptischen Managements.

Es sind dies die fünf Grundprinzipien, nach denen ein Unternehmen strukturiert werden muss, wenn es dauerhaft dynamisiert werden soll. Ein Unternehmen, das auf diese
fünf Grundprinzipien hin ausgerichtet wird, bildet ein Milieu aus, in dem alle unternehmensinternen Subsysteme ein optimales Klima dafür vorfinden, sich beständig evolutionär weiterzubilden und stetig zu lernen. In diesem Klima werden die endogenen Kräfte all
dieser Subsysteme so stimuliert, dass die Selbstorganisation und Selbstentfaltung dieser
Subsysteme das Gesamtsystem Unternehmen umweltadäquat dynamisiert.

Die Implementation dieser fünf Maßnahmen-Cluster im Unternehmen kann zureichend nur als ein **Prozess des Änderungsmanagements** verstanden werden, in dem eine
„**synaptische Kultur**" im Unternehmen ausgebildet wird.

Synaptisches Management meint deshalb immer Bildung und Fortbildung einer bestimmten Unternehmenskultur. Diese Kulturbildung kann nicht von oben verordnet werden. Sie ist kein Projekt der mechanischen Unternehmensführung durch Top-down-Di-
rektiven. Sie kann nur gelingen, wenn sie rekursiv angelegt wird.

Rekursivität ist ein grundlegendes Merkmal jedes sozialen Systems. Damit ist gemeint:
Die Kultur eines sozialen Systems und die Handlungen, die diese Kultur ausbilden, stehen
nicht in einer linearen Ursache-Wirkung-Beziehung, sondern in einer Wechselbeziehung,
sie bedingen und konditionieren sich wechselseitig. Die von der Kultur geprägten Handlungen prägen die Kultur und die von diesen Handlungen geprägte Kultur prägt diese
Handlungen.

Kulturbildung durch synaptisches Change Management muss deshalb wie folgt verstanden werden: Synaptisches Management schafft die Kultur, die aus der Kompilation der
fünf Maßnahmen-Cluster besteht, dadurch, dass diese fünf Maßnahmen-Cluster umgesetzt werden. Die Bildung der synaptischen Unternehmenskultur muss danach in einem
iterativen Prozess erfolgen, der Rückkopplungen und Lernschleifen enthält. Die bestehen-

de Unternehmenskultur prägt die Art und Weise der Umsetzung der fünf Maßnahmen-Cluster in einem Prozess, in dem diese Unternehmenskultur durch die Umsetzung dieser fünf Maßnahmen-Cluster weitergebildet wird.

Die Unternehmenskultur, die Gegenstand des synaptischen Managements ist, hat deshalb immer eine dreifache Bedeutungsdimension: Sie ist Voraussetzung, Medium und Resultat der Wirkungen der fünf Maßnahmen-Cluster.

Dieser Modus der Umsetzung des synaptischen Managements mag komplex erscheinen. Es ist dies aber eine Komplexität, die nicht abdingbar ist. Sie reflektiert die Komplexität des sozialen Systems, dessen Kultur gebildet werden soll.

Synaptisches Management muss sich dieser Komplexität gerade deshalb stellen, weil es sich nicht darauf beschränken darf, Verhalten zu prägen, sondern darauf ausgerichtet sein muss, die Verhältnisse zu beeinflussen, die dem Verhalten zugrunde liegen.

> Perhaps the most intriguing aspect of culture as a concept is that it points us to phenomena that are below the surface, that are powerful in their impact but invisible and to a considerable degree unconscious … We can see the behaviour that results, but often we cannot see the forces underneath that cause certain kinds of behaviour. (Schein 2004, S. 8)

Ich will den Paradigmenwechsel, den das synaptische Management indiziert, noch mit einem weiteren Bild veranschaulichen. Dabei rekurriere ich auf die Unterscheidung zwischen Management 1.0, Management 2.0 und Management 3.0, die ich in Kap. 1 vorgenommen habe. All diesen Management-Typen liegen bestimmte Mantras, d. h. Syndrome von Überzeugungen und Weltbildern, zugrunde.

- Das Mantra des Managements 1.0 (mechanische, zweckrationale Unternehmensführung) lautet: Wir verändern den Lauf des Flusses durch planvolles Handeln.
- Das Mantra des Managements 2.0 (mechanische Unternehmensführung mit Mitarbeiter-Mobilisierung) lautet: Wir verändern den Lauf des Flusses durch gemeinschaftliches, planvolles Handeln.
- Das Mantra des Managements 3.0 (synaptisches Management) lautet: Wir verändern den Lauf des Flusses dadurch, dass wir fließen. Wohl wissend, dass man niemals ein einziges Mal in den gleichen Fluss steigen kann.

Archimedes in Syrakus oder Innovation durch synaptische Kultur
„Archimedes is one of the most important figures of antiquity for the history of science. Among the remarkable achievements he accomplished as a mathematician, physicist, and astronomer are the development of the scientific foundations of statics and hydrostatics and, in particular, the formulation of the law of the lever. As an engineer he conceived catapults and winches which were used to defend his native city Syracuse against the Romans. The mechanical instruments he designed, among them the Archimedean screw, constitute pathbreaking technological innovations. The achievements and the myth of Archimedes shaped the history of culture and science of different epochs and in many world regions from Mediterranean antiquity, via the Arabic reworking of ancient science, the European Renaissance and the diffusion of its science to China, to the global recognition of Archimedes as a founding father of modern science." (Di Pasquale und Parisi Presicce 2013, S. 17)

Die bahnbrechenden Erfindungen und Innovationen, die Archimedes (287–211 v. Chr.) erdachte, sind nicht vorstellbar ohne das kulturelle Ambiente, in dem er lebte und arbeitete. Es war das Ambiente der Stadt Syrakus im 3. Jahrhundert v. Chr., in der Zeit der Herrschaft von König Hiero II (275–215 v. Chr.), einer fünfzigjährigen Zeit des Friedens und der wirtschaftlichen Blüte.

In dieser Zeit entwickelte sich in Syrakus eine singuläre Kultur der ubiquitären Vernetzung und des globalen Austauschs. In Syrakus lebten und arbeiteten damals Schriftsteller und Philosophen, Sprachgelehrte und Mathematiker, Astronomen und Mediziner, Geographen und bildende Künstler, Maschinenbauer und Handwerker Seite an Seite, in engem Austausch, über Fachdisziplinen und Generationen hinweg. In dieser fünfzigjährigen Friedenszeit unter Hiero II entstand in Syrakus ein Klima des interdisziplinären Austauschs von Ideen und Argumenten, eine Kultur des offenen Dialogs und Disputs über Fragen der Wissenschaft und Philosophie, der Kultur und der Kunst, der Religion und der Politik.

Es war auch ein Klima der Toleranz: So wurde in Syrakus eine Vielzahl von religiösen Kulten gepflegt, neben- und miteinander.

Archimedes bekam in diesem kulturellen Milieu von König Hiero II ausreichende finanzielle Ressourcen und einen nahezu unbeschränkten Freiraum für seine Forschungen und Vernetzungen, Reisen und interdisziplinären Arbeiten.[7]

Und Syrakus war offen für den Austausch mit allen damals bekannten Weltgegenden: Die Stadt war ein Kreuzungs- und Vernetzungspunkt für Schiffe aus Griechenland, Italien, Ägypten, Karthago und anderen Orten im Mittelmeer, für Schiffe, die Waren transportierten und Menschen, Ideen und Wissen. Syrakus war „a point of convergence and transition of peoples coming from all directions" (Di Pasquale und Parisi Presicce 2013, S. 21). So bildete sich in Syrakus eine singuläre Kultur des Austauschs von Wissen und des offenen Dialogs, eine Kultur der „early globalization of scientific and technical knowledge" (Di Pasquale und Parisi Presicce 2013, S. 17).

Diese umfassende Vernetzung zeigt sich beispielhaft an dem intensiven Austausch, den es damals zwischen Syrakus und Alexandria gab. Alexandria war damals gleichsam in Nordafrika, was Syrakus im zentralen Mittelmeer war: ein Zentrum der Künste und Wissenschaften, der Innovationen und Erfindungen.

Hier entwickelte sich „a true scientific community that could meet up and debate arguments of mutual interest" (Di Pasquale und Parisi Presicce 2013, S. 21). Archimedes nahm an dieser Kultur des offenen wissenschaftlichen Dialogs und des interdisziplinären „knowledge sharing" in Alexandria teil, er lebte dort viele Monate lang. Diese Vernetzung manifestierte sich in seinem wissenschaftlichen Werk: „Archimedes' work constitutes a sensational synthesis of Greek, Magno Graecian and Alexandrian culture" (Di Pasquale und Parisi Presicce 2013, S. 20).

6.1 Management von Umweltvernetzung und synaptisches Umweltmanagement

Synaptisches Management von Umweltvernetzung geht – auf der Grundlage der oben dargestellten Ansätze einer System- und Komplexitätstheorie des Unternehmens – von zwei Prämissen aus:

---

[7] Dazu trug sicher auch bei, dass Archimedes ein persönlicher Freund und ein Verwandter des Königs war.

Prämisse der Umwelt-Kompatibilität jeglicher Management-Aktivität
Weil ein Unternehmen im 21. Jahrhundert in eine fluktuierende, volatile und zunehmend komplexe Umwelt eingebettet ist, muss Management im 21. Jahrhundert immer im Rekurs auf die Umwelt des Unternehmens erfolgen. Das bedeutet konkret:

- Der Zustand, in dem sich das Unternehmen befindet, und die Entwicklungsrichtung, die das Unternehmen nimmt, müssen stetig mit der Umwelt des Unternehmens vermittelt werden.
- Alles, was im Management eines Unternehmens gedacht und getan wird, muss permanent mit dem abgeglichen werden, was in der Umwelt des Unternehmens geschieht und geschehen könnte.
- Alle Aktionen des Unternehmens und seines Managements müssen stets im Hinblick darauf konzipiert und umgesetzt werden, welche Umweltbedingungen für diese Aktionen vorliegen, wie diese Aktionen durch aktuelle und künftige Umweltbewegungen konditioniert und beeinflusst sind, welche Auswirkungen diese Aktionen auf die Systemumwelt haben und welche Wechselwirkungen zwischen den Aktionen und der Systemumwelt vorliegen.

Prämisse der Umwelt-Agnostik jeglicher Management-Aktivität
Weil ein Unternehmen im 21. Jahrhundert in eine fluktuierende, volatile und zunehmend komplexe Umwelt eingebettet ist, muss Management im 21. Jahrhundert ohne zureichende Kenntnis der Umwelt des Unternehmens erfolgen. Das bedeutet konkret:

- Umwelt-kompatibles Unternehmensmanagement ist immer mit dem Wandlungsdilemma der Komplexität konfrontiert. Es manifestiert sich in folgendem Real-Widerspruch: Manager müssen bei all ihrem Tun in Kenntnis der Unternehmensumwelt handeln. Manager müssen bei all ihrem Tun konzedieren, dass sie die Unternehmensumwelt nicht zureichend kennen.
- Alle Management-Aktivitäten müssen immer im Rekurs darauf erfolgen, dass diese Aktivitäten Umweltauswirkungen haben und Wechselwirkungen mit der Umwelt zeitigen können, die nicht vorhersehbar und deshalb nicht einplanbar sind.
- Alle Management-Aktivitäten müssen immer im Rekurs darauf erfolgen, dass diese Aktivitäten Umweltauswirkungen haben und Wechselwirkungen mit der Umwelt zeitigen können, die nicht erwartet wurden und die nicht erwünscht sind.

Aus diesen beiden Prämissen zieht synaptisches Management folgende Konsequenz:

Die für das Unternehmen und für das Management des Unternehmens zwingend erforderliche Verschränkung mit seiner Umwelt kann nicht allein und nicht in erster Linie mit den Instrumenten der mechanischen Unternehmensführung erfolgen (z. B. über Stabsstellen, die permanent Analysen zur Umwelt fertigen; über externe Dritte, die das Management fortlaufend über die Umwelt informieren; über Anweisungen an Mitarbeiter, bestimmte Informationen über die Umwelt einzuholen etc.).

Sie muss vielmehr dadurch geschehen, dass die Unternehmensführung ein Milieu schafft, in dem alle Mitarbeiter des Unternehmens dazu stimuliert, motiviert, incentiviert und ertüchtigt werden, sich stetig und stetig neu mit ihrer Umwelt zu verknüpfen und diese Verknüpfung effektiv und effizient für die Entwicklung des Unternehmens nutzbar zu machen. In diesem Milieu werden die endogenen Ressourcen, die im Unternehmen vorhanden sind, umfassend dafür mobilisiert, die Umweltvernetzung durch Selbstorganisation permanent zu optimieren. Dieses Milieu vitalisiert und potenziert die kollektive Intelligenz des Unternehmens dadurch, dass stetig neue Synapsen, neue Nervenverbindungen, neue Verschaltungen zwischen Unternehmen und Umwelt geknüpft werden.

Es ist dies das Paradigma des synaptischen Managements durch Umweltvernetzung.

Beispiel

Ein Beispiel für unvorhergesehene Umweltwirkungen aus der Unternehmenspraxis: Das Management eines großen Unternehmens trifft zur Mitte des Jahres mit dem Ziel der Optimierung des Cash-Flows Entscheidungen zum Liquiditätsmanagement. Eine dieser Entscheidungen lautet, alle Zahlungen des Unternehmens an seine Lieferanten sofort einzustellen und diese Zahlungen dann erst am Anfang des kommenden Jahres vorzunehmen. Bei dieser Entscheidung zur Verschiebung von Zahlungen an die Lieferanten nimmt die Unternehmensführung in Kauf, dass sie damit gegen Verträge verstößt, die das Unternehmen mit seinen Lieferanten geschlossen hat. Die Unternehmensführung geht davon aus, dass diese gezielten Vertragsverletzungen für das Unternehmen keine negativen Auswirkungen haben werden. Man kalkuliert zwar damit, dass die Lieferanten verstimmt reagieren und remonstrieren werden, nimmt aber zugleich an, dass kein Lieferant tatsächlich etwas gegen diese Zahlungsverschiebung unternehmen wird (rechtlich durch Klage oder faktisch durch Zurückhaltung von Leistungen). Denn man nimmt an, dass es die Lieferanten nicht wagen werden, ihre Geschäftsbeziehung zu dem großen Unternehmen nur wegen dieser Zahlungsverschiebung zur Disposition bzw. in Frage zu stellen. Nun geschieht aber etwas Unvorhergesehenes: Einige Lieferanten haben gute Beziehungen zu relevanten Kunden des Unternehmens. Aus Berichten dieser Lieferanten erfahren die Kunden, dass das Unternehmen zur Liquiditätsschonung mit dem Instrument der Vertragsverletzung operiert. Mehrere Kunden betrachten dieses Verhalten des Unternehmens als „non-compliant". Sie gehen davon aus: Ein Unternehmen, das Regeln gegenüber Lieferanten verletzt, ist auch in der Lage, Regeln gegenüber Kunden zu verletzen. Vor diesem Hintergrund kündigen die Kunden bestehende Verträge mit dem Unternehmen bzw. weisen das Ansinnen des Unternehmens, bestehende Verträge auszuweiten, zurück.

Dass die beständige und vielgestaltige Vernetzung eines Unternehmens mit seiner Systemumwelt für den Markterfolg des Unternehmens essentiell ist, gehört zu den Allgemeinplätzen der Managementtheorie (siehe dazu z. B.: Johnson et al. 2011, S. 64 ff.). Gleichwohl steht die systematische und strategisch geerdete Vernetzung des Unternehmens mit seiner Systemumwelt bisher in kaum einem Unternehmen im Fokus des Top-Managements. Umweltvernetzung wird in der Regel opportunistisch und naturwüchsig, als Beiprodukt des Kerngeschäfts, als „Mitnahmeeffekt" und „unausweichliche Begleiterscheinung des alltäglichen Geschäfts" praktiziert. Es fehlt aber daran, dass sie als Kernaufgabe des Top-Managements erkannt wird. Es mangelt daran, dass die Umweltvernetzung als eine zentrale Aufgabe des Unternehmens aufgefasst wird, die strategisch geerdet, systematisch, umfassend, kontinuierlich und ubiquitär (d. h. in allen Bereichen des Unternehmens) konzipiert, umgesetzt, kontrolliert und stetig optimiert werden muss.

Synaptisches Management beharrt darauf, dass genau dies erforderlich ist, wollen Unternehmen in der Lage sein, im Dschungel ihrer Systemumwelt dauerhaft erfolgreich zu agieren.

Ein solches systematisches Vernetzungsmanagement beginnt mit der Einbettung dieses synaptischen Managements in die Unternehmensstrategie. Ausgehend von der strategischen Ausrichtung des Unternehmens muss zunächst bestimmt (und kontinuierlich neubestimmt bzw. nachjustiert) werden, was die relevante Systemumwelt des Unternehmen ist, d. h. welche Elemente dieser Systemumwelt auf welche Weise in den Fokus der Vernetzungsaktivitäten des Unternehmens gerückt werden müssen.

Diese Definitionsarbeit ist nicht trivial. Es gibt viele Beispiele von Unternehmen, die in existenzielle Krisen gestürzt wurden, weil sie bestimmte Elemente ihrer Systemumwelt nicht oder nicht zureichend perzipiert, reflektiert und in ihre Unternehmensstrategie integriert haben (siehe z. B.: Pascale et al. 2002, S. 78 ff.).[8]

Diese strategische Erdung des synaptischen Managements ist eine fortlaufende Aufgabe. Sie muss permanent auf der Agenda der Unternehmensführung stehen. Sie geschieht im Kern dadurch, dass folgende Fragen beantwortet werden:

- Welche Elemente in der Systemumwelt des Unternehmens sind heute und in der näheren Zukunft für die strategische Weiterentwicklung und für die operative Geschäftspraxis des Unternehmens relevant?
- Wie kann die Relevanz dieser Elemente näher charakterisiert werden? Zum Beispiel im Blick auf die Relevanzprioritäten: erfolgskritisch, nicht erfolgskritisch, bedingt erfolgskritisch etc.; oder im Hinblick auf die Relevanzdimensionen: relevant für nur einen Unternehmensbereich oder für alle Bereiche, relevant nur für die Unternehmensstrategie oder nur für eine operative Unternehmensaktivität etc.; oder im Rekurs auf die Relevanzbedingungen: relevant nur dann, wenn bestimmte Entwicklungen eintreten; relevant nur in Abhängigkeit von anderen Relevanzen; relevant nur zu bestimmten Zeitpunkten u. v. a. m.
- Für welche Geschäftsbereiche des Unternehmens sind welche Elemente in der Systemumwelt auf welche Weise und zu welchen Zeitpunkten relevant?

---

[8] Siehe das Beispiel einer existenziellen Krise, in die das Unternehmen Monsanto geriet, weil es bestimmte Umweltkonstellationen nicht zureichend wahrgenommen und ernst genommen hatte.

- Welche Instrumente des Vernetzungsmanagements (siehe dazu Näheres unten) müssen für welche relevanten Elemente von wem auf welche Weise und zu welchem Zeitpunkt eingesetzt werden?
- Welche Maßnahmen müssen getroffen werden, damit die Vernetzungsintensität und die Vernetzungsproduktivität optimiert werden (zu beiden Begriffen siehe Näheres unten)?
- Welche Aufgaben des Managements dieser Instrumente sind von wem wann wahrzunehmen (z. B. Aufgaben der Qualitätskontrolle, des Monitorings, des Controllings, der stetigen Optimierung etc.)?
- Wie müssen die Vernetzungsaktivitäten angelegt werden, damit sie möglichst effektiv und effizient sind? Wie können/müssen Maßnahmen der Umweltvernetzung konzipiert werden, damit ihre Kosten in einem optimalen Verhältnis zu ihrem Nutzen stehen? Wie kann ein Business Case für die Umweltvernetzung des Unternehmens aufgestellt und nachgehalten werden?

Bei dieser Arbeit an der strategischen Erdung der Umweltvernetzung muss die Systemumwelt des Unternehmens in ihrer vollen Komplexität in den Blick genommen werden. Eine Reduktion dieser Komplexität und damit eine Fokussierung des Vernetzungsmanagements des Unternehmens auf bestimmte Phänomene seiner Umwelt kann Ergebnis der strategischen Fundierung dieses Typs synaptischen Managements sein, darf aber nicht am Ausgangspunkt der strategischen Reflexion stehen.

Ich gehe davon aus, dass diese Strategiearbeit in der Systemumwelt des Unternehmens folgende Cluster von Elementen in den Blick nehmen muss:[9]

- **das Kunden-Cluster**: Bedarfe und Bedürfnisse, Interessen und Probleme relevanter Kunden-Cluster (d. h. solcher Kunden-Gruppen bzw. Kunden-Segmente, die für das Unternehmen von Bedeutung sind), Evolution und Veränderungsdynamik dieser Bedarfe, Bedürfnisse, Interessen und Probleme relevanter Kunden-Cluster, Muster lösungsunabhängiger und lösungsabhängiger Kundenprobleme, Positionierung relevanter Kunden-Cluster zu den Lösungsangeboten des Unternehmens und zu den Lösungsangeboten von Wettbewerbern, Entwicklungsdynamik dieser Positionierung, Veränderungsdynamik und Evolutionstendenzen in den Lebens-, Verhaltens-, Denk- und Wahrnehmungsweisen relevanter Privatkunden-Cluster bzw. in den Geschäftsstrategien und Geschäftsmodellen, strategischen und operativen Positionen und Dispositionen relevanter Geschäftskunden-Cluster;
- **das mikroökonomische Cluster**: Konstellationen in den relevanten Märkten, Evolutionen im Wettbewerbsumfeld, Konstellationen und Evolutionen bei Geschäftspartnern (Lieferanten, Dienstleistern, Kooperationspartnern etc.), Konstellationen und Entwick-

---

[9] Ich nehme hier Bezug auf das Umweltkonzept, das von H. Ulrich entwickelt wurde; siehe dazu: Ulrich 1978. Ich erweitere dieses Konzept um einige Umweltkomponenten, die aus meiner Sicht für das synaptische Umweltmanagement unverzichtbar sind.

lungen im unternehmensspezifischen Arbeitsmarkt, Konstellationen auf der Seite der Arbeitnehmer; Konstellationen bei Finanzpartnern (Banken, Versicherungen, Leasing-geber), Evolutionen bei relevanten Dritten (z. B. bei Unternehmen, die heute noch keine Wettbewerber sind, aber morgen Wettbewerber werden könnten);

- **das wissenschaftlich-technische Cluster**: unternehmensrelevante technische Innovationen und wissenschaftliche Entwicklungen; wissenschaftlich-technische Trends und Tendenzen, die auf künftige, für das Unternehmen relevante Innovationen hindeuten bzw. hindeuten können;
- **das makroökonomische Cluster**: Evolutionen in relevanten Volkswirtschaften hinsichtlich relevanter Indikatoren (Wachstum, Inflation, Arbeitslosigkeit, Export-Import-Relationen etc.), Entwicklung von Preisen, Währungen und Arbeitsmärkten, Kaufkraft und Konjunkturen, Strukturproblemen und Strukturkrisen u. a.;
- **das gesellschaftlich-politische Cluster**: politische Rahmenbedingungen, Evolutionen im politischen System, Regulierungs-Konstellationen, Staatsinterventionismus in Wirtschaftsprozesse, öffentliche und veröffentlichte Meinung, sozio-demographische Entwicklungen, Evolution der Sozialstruktur, ökologische Rahmenbedingungen, Auseinandersetzungen der Sozialpartner u. a.;
- **das Cluster der immateriellen Strukturen und Prozesse**: Evolution von Milieus und Lebensstilen, Bedürfnissen und Interessen, ethischen Werten und Konventionen, Rechtsnormen und Rechtsdeutungen, psychologischen Dispositionen und Bewusstseinsformen, Haltungen und Kulturen, Typen der Kommunikation und Interaktion;
- **das Cluster der „Intangibles"**: Zufälle; Evolutionstendenzen, deren Relevanz für das Unternehmen nicht ausdeutbar ist; Evolutionen mit ungewissem Ausgang; Innovationen, die sich abzeichnen bzw. ereignen könnten; Risiken, die absehbar sind und sich zugleich der exakten Taxation entziehen; Chancen, die sich unter bestimmten, nicht vorhersehbaren Umständen bieten könnten und deren Nicht-Wahrnehmung geschäftsschädigend wäre.

Die strategische Einbettung des Vernetzungsmanagements muss dann einmünden in eine Soll-Ist-Analyse. Ausgehend von einer Evaluation der bestehenden Strukturen und Praxen der Vernetzung des Unternehmens mit seiner Umwelt muss, auf der Basis der strategischen Erdung der Umweltvernetzung, eine Gap-Analyse erfolgen und dann festgelegt werden, welche Vernetzung mit Elementen der Systemumwelt neu geschaffen bzw. modifiziert werden sollte.

Die Gap-Analyse muss retrospektiv und prospektiv erfolgen, muss also die Erfordernisse der Umweltvernetzung, die aus der bestehenden Unternehmensstrategie und Umweltkonstellation abgeleitet werden müssen, ebenso umgreifen wie die Erfordernisse der Umweltvernetzung, die mit einer vermuteten oder geplanten Weiterentwicklung und Dynamisierung des Unternehmens und seiner Umwelt verbunden sind.

Im Kern geht es beim systematischen und strategisch geerdeten Management von Umweltvernetzung darum, ein Unternehmen umweltsensitiv zu machen: Im Wettbewerb mit anderen Unternehmen reicht es heute nicht aus, wenn ein Unternehmen Wandlungsprozesse seiner Umwelt im Nachhinein wahrnimmt und reaktiv abbildet. Vielmehr muss das Unternehmen darauf abzielen, diese Wandlungsprozesse in seiner Systemumwelt möglichst frühzeitig zu antizipieren, sie möglichst umfassend, in all ihrer Komplexität und Dynamik, zu erkennen und zu evaluieren, sie möglichst frühzeitig in seine eigene Unternehmensstrategie zu integrieren und sie entweder durch eigene vorausschauende Dispositionen selbst herbeizuführen bzw. zu konditionieren oder sie, nachdem sie erkannt wurden, proaktiv im Unternehmensinteresse zu beeinflussen.

Übersetzt man diese Aufgabe in die Sprache der Evolutionstheorie, so zielt Umweltvernetzung darauf ab, die Variationen in der Systemumwelt des Unternehmens durch intensive und produktive Vernetzung möglichst aller Unternehmensakteure möglichst umfassend abzubilden und sie dann, durch strategisch geerdete Selektion, in eine umweltadäquate Varietät der unternehmensinternen Zustände, Elemente und Interaktionen zu transformieren.

Der US-amerikanische Komplexitätstheoretiker Bill McKelvey bezeichnet dies als die „gestreute Intelligenz" einer Organisation (McKelvey 2004).

Bei der Statusaufnahme zur Ist-Situation der Umweltvernetzung des Unternehmens („Vernetzungs-Audit") und bei der Definition der Maßnahmen zur Optimierung des Status-quo der Umweltvernetzung müssen die im Folgenden aufgeführten sieben Faktoren und Stellhebel berücksichtigt werden.

6.1.1 Umweltvernetzung durch Partizipation: Kultur der Extrovertierung

Eine Umweltvernetzung, die alle für das Unternehmen relevanten Facetten der Systemumwelt umfasst, kann nur dann gelingen, wenn sie von allen Mitarbeitern des Unternehmens getragen und geteilt wird. Sie muss deshalb als ein partizipatives Projekt angelegt werden.

Die synaptische Verknüpfung des Unternehmens mit seiner relevanten Systemumwelt kann weder an Dritte ausgelagert noch als Spezialkompetenz an eine bestimmte Gruppe von Mitarbeitern delegiert werden. Ihr Erfolg steht und fällt damit, dass es gelingt, alle Mitarbeiter des Unternehmens dazu zu motivieren, sich synaptisch mit den ihnen zugänglichen Elementen der Systemumwelt zu verbinden, diese Verbindung auf Dauer zu stellen und stetig zu optimieren.[10]

Dies erfordert eine Unternehmenskultur der Extrovertierung. Damit ist eine Unternehmenskultur gemeint,

- in der die Vernetzung mit der Unternehmensumwelt für jeden Mitarbeiter zum Kern seines Arbeitsalltags und seines Selbstverständnisses gehört,

---

[10] In diesem Punkt trifft sich der Ansatz des synaptischen Managements mit dem Ansatz des partizipativen Change Managements in der US-amerikanischen Komplexitätstheorie: siehe oben Kap. 3.4.

- in der jeder Mitarbeiter eine klar umrissene Aufgabe der synaptischen Vernetzung mit seiner Umwelt hat,
- in der jeder Mitarbeiter über die erforderlichen Incentives, Qualifikationen und Ressourcen verfügt, um diese Aufgabe wahrnehmen zu können.

Extrovertierung meint damit auch mehr als Kundenorientierung. Extrovertierung meint einen bestimmten Habitus, eine bestimmte Haltung. Es ist dies die Haltung eines Mitarbeiters, der es als Kern seiner Arbeitsidentität begreift, sich stetig seiner Umwelt auszusetzen und deren Dynamik zu notieren, zu reflektieren und in den eigenen Arbeitsalltag zu integrieren. Es ist dies auch eine Haltung, die das Risiko in Kauf nimmt bzw. die Chance eröffnet, dass durch diese permanente Umweltvernetzung Reservate, Gemeinschaften und Konsonanzen beständig bedroht, unterminiert und in Frage gestellt werden.

Extrovertierung meint auch mehr als ein bestimmtes Aufgabentableau. Extrovertierung meint eine Unternehmenskultur, in der jeder Mitarbeiter die Vernetzung mit seiner Umwelt nicht als Accessoire, als schmückendes Beiwerk, sondern als den Kern seiner Tätigkeit begreift. Eine Kultur, in der der „Innendienst" ohne „Außendienst" keine Akzeptanz findet und keinen Wert hat.[11]

Der extrovertierte Mitarbeiter setzt sich dadurch, dass er die vitale, stetig dynamisierte Vernetzung mit der Unternehmensumwelt als Kern seiner Mitarbeiter-Identität begreift, vielfältigen Risiken aus: dem Risiko, durch Erkenntnisse aus der Außenwelt seine bisherigen Konsonanzen zu irritieren oder zu erschüttern, dem Risiko, Volten von Wettbewerbern oder Bewegungen von Kunden zu erkennen, die das eigene Geschäftsmodell gefährden, dem Risiko, draußen Erkenntnisse zu machen, die, wenn sie ins Internum des Unternehmens integriert werden, Veränderungen induzieren müssen. Es sind allesamt Risiken, die dazu gereichen, die Syndrome der Abschottung zu erschüttern.

Die Kultur der Extrovertierung muss, damit sie ein Unternehmen nachhaltig dynamisieren kann, alle Unternehmensbereiche durchdringen. Und sie muss das Denken und Handeln aller Unternehmensakteure prägen. So dass es im Kern ein außengeleitetes Denken und Handeln wird: Ein Denken und Handeln, das seinen Ausgang nimmt von einer umfassenden Wahrnehmung, Analyse und Evaluation der Bewegungen in der Unternehmensumwelt, und das stets in der Zielperspektive geschieht, die Interessen der externen Stakeholder in der Systemumwelt des Unternehmens besser zu bedienen als dies die Wettbewerber tun.

In dieser Unternehmenskultur der Extrovertierung ist die permanente Umweltvernetzung, die stetige Arbeit daran, Netzwerke mit der Unternehmensumwelt zu bauen und weiterzubilden, keine Spezialaufgabe von besonderen Personen und Geschäftsbereichen (z. B. dem Vertrieb), sondern die Aufgabe tendenziell aller Mitarbeiter und Geschäftsbereiche.

---

[11] Siehe dazu das geflügelte Wort vom „Siemens-Achter"; ein Ruderboot, in dem sieben Insassen ausschließlich nach innen hin wirken, d. h. die Schlagzahl angeben, und nur ein einziger Insasse nach außen hin wirkt, also die Ruderblätter ins Wasser taucht und rudert.

Dies korreliert mit der unternehmensstrategischen Räson dieser Kultur der Extrovertierung. Diese besteht darin, alles Denken und Handeln im Unternehmen nicht primär von unternehmensinternen Interessen, Strukturen und Befindlichkeiten abzuleiten (z. B. aus dem Interesse daran, einem Geschäftsbereich innerhalb des Unternehmens mehr Gewicht zu verleihen, bestimmte Produkte noch besser zu verkaufen, bestimmte Strukturen und Prozesse im Unternehmen zu festigen oder zu wandeln etc.), sondern aus der Erkenntnis und Bewertung unternehmensexterner Interessen, Evolutionstendenzen und Dynamiken.

Diese unternehmensstrategische Räson der Extrovertierung korreliert mit einer dezidierten Fokussierung auf Ziele, die externe Dritte verfolgen: Das extrovertierte Unternehmen wird nicht in erster Linie von unternehmensinternen Zielen her gesteuert (Wie können der Umsatz und der Gewinn maximiert werden? Wie kann der Umsatz und der Gewinn, der mit dem Verkauf bestimmter Produkte und Services des Unternehmens generiert wird, maximiert werden? Wie kann die Position von Wettbewerbern in bestimmten Märkten und bei bestimmten Kunden erschüttert werden? etc.). Vielmehr erfolgt die Steuerung des extrovertierten Unternehmens primär auf der Grundlage externer Ziele, d. h. auf der Grundlage der Ziele, die die externen Stakeholder des Unternehmens (Kunden, Kunden der Kunden, Partner, Aufseher etc.) haben.

Das bedeutet im Kern, z. B. bezogen auf die Kunden des Unternehmens: Das extrovertierte Unternehmen leitet alle unternehmensinternen Dispositionen nicht von der Frage ab: Wie kann das Unternehmen seine Produkte und Dienstleistungen möglichst vielen Kunden mit möglichst hohen Umsätzen und Erträgen verkaufen? Sondern von den Fragen: Wie kann das Unternehmen den Nutzen, den es heute und künftig für seine Kunden stiftet, in möglichst großem Umfang und möglichst nachhaltig mehren und sich dabei von seinen Wettbewerbern abheben? Wie kann das Unternehmen seine künftigen Ertragspotenziale dauerhaft und nachhaltig dadurch absichern und steigern, dass es den Wert absichert und steigert, den es für seine Kunden generiert?

Das extrovertierte Unternehmen agiert hier nach der Maxime, die J. Bruce Harreld, Senior Vice President der Corporate Strategy von IBM, im Jahr 2005 ausgab, um Optionen der Geschäftsentwicklung bei IBM zu evaluieren. Harreld nannte dies die „Strategy 101". Sie bestand darin, jede Option zur Weiterentwicklung des Geschäfts von IBM auf der Grundlage von folgenden drei Fragen zu überprüfen: „What's the ‚pain point' for the customer? Who are we going to come up against in the marketplace? How can we deliver more value to our customers than our competitors?" (Garvin und Levesque 2005, S. 11).

Das extrovertierte Unternehmen wird also nicht aus dem Internum, sondern aus dem Externum bewegt. Es denkt und handelt vom Kunden her. Es fragt nicht, wie es seinen Status-quo in möglichst hohe Umsätze und Gewinnmargen ummünzen kann, sondern, wie es seinen Status-quo so modulieren kann, dass der Wert, den es für seine Kunden schafft, möglichst optimiert wird.

Das synaptische Management eines extrovertierten Unternehmens korrespondiert in diesem Sinne mit der „Dialektik des Erfolgs", die wie folgt umrissen werden kann: Wer sich auf seinen eigenen Erfolg fokussiert, wird ihn verfehlen. Wer sich auf den Erfolg anderer fokussiert, wird den eigenen Erfolg mehren.

Khalsa und Illig haben diese Dialektik des Erfolgs in folgende Worte gekleidet: „When we lose sight of helping our clients succeed and instead focus on our own success, clients perceive the difference negatively… The more important it is to meet your numbers, the more important it is to stop concentrating on your numbers and start concentrating on the clients' numbers. We are more successful when we concentrate on the success of others rather than on our own." (Khalsa und Illig 2008, S. 12)

Diese Unternehmenssteuerung aus dem Externum heraus kann nur dann gelingen, wenn sie von tendenziell allen Mitarbeitern gelebt wird. Das geschieht dann,

- wenn die Mitarbeiter in der Unternehmensumwelt vital vernetzt sind und stetig am Ausbau und an der Qualifizierung dieser externen Vernetzung arbeiten;
- wenn die Mitarbeiter mit ihrer Unternehmensumwelt rezeptiv kommunizieren, d. h. nicht nur als Sender, sondern auch und gerade als Empfänger, nicht nur im Modus des Mitteilenden, sondern primär im Modus des Zuhörenden; d. h. wenn sie nicht in erster Linie darauf abstellen, verstanden zu werden, sondern zu verstehen: „Seek first to understand – than to be understood." (Khalsa und Illig 2008, S. 24).
- wenn die Mitarbeiter stetig daran arbeiten, ein „seismographisches Sensorium" auszubilden, um die unternehmensrelevanten Signale, die die Unternehmensumwelt aussendet, rezipieren, bewerten und in das Unternehmensinternum einspeisen zu können, – und das auch und gerade dann, wenn diese Signale der Umwelt nicht zu den Konsonanzen passen, die im Unternehmen vorherrschend sind.

Die Arbeit des synaptischen Managements daran, eine Unternehmenskultur der Extrovertierung, der Außenorientierung zu schaffen, ist damit eine permanente Aufgabe der Bildung und Fortbildung eines unternehmensinternen Milieus, in dem extrovertiertes Denken und Handeln gefordert und gefördert wird.

Diese Kultur der Extrovertierung ist das notwendige Pendant eines strategischen Managements, das bei der Führung des Unternehmens in erster Linie darauf abstellt, die Potenziale des Unternehmens zur nachhaltigen, heutigen und künftigen Schaffung und Mehrung von Kundennutzen, der das Unternehmen vom Wettbewerb differenziert, auf- und auszubauen. Wenn strategisches Management so begriffen wird, ist eine Kultur der Extrovertierung eine zentrale Ressource für die Unternehmensführung.

Wird hingegen die strategische Führung eines Unternehmens ausschließlich auf die operativen Daten des Finanz- und Rechnungswesens (Umsätze, Kosten, Gewinne, Cash Flows etc.) gestützt, dann resultiert aus dieser Optik notwendig eine Kultur der Introvertierung. Eine solche Kultur programmiert strategische Fehlsteuerungen:

> Operative Zahlen können … nur operative Maßnahmen rechtfertigen. Und strategische Maßnahmen können nur durch strategische Argumente und Informationen begründet werden … Die ausschließliche Orientierung an operativen Daten und Zahlen führt fast immer zu Maßnahmen, die strategisch schädlich sind. (Malik 2013a, S. 66)

6.1.2 Umweltvernetzung durch Management von Vernetzungsintensität

In der Evolutionstheorie ist die Herstellung einer ausreichenden Zahl von Variationen Voraussetzung für die Selektion der erfolgversprechenden Variationen, und diese Selektion wiederum die Voraussetzung dafür, dass sich ein Organismus an seine Umwelt erfolgreich anpassen kann.

In diesem Sinne ist mit Management von Vernetzungsintensität gemeint, dass synaptisches Management eine ausreichende Zahl von Variationen herstellen muss. Management von Vernetzungsproduktivität (siehe das nächste Unterkapitel) stellt dagegen darauf ab, aus dieser Vielzahl von Variationen solche herauszuselektieren, die die Anpassung und die Anpassungsfähigkeit des sozialen Systems Unternehmen optimieren.

Wenn es nun gilt, die Unternehmenskultur der Extrovertierung durch Maßnahmen des synaptischen Managements zu fördern und zu fordern, kann dabei eine Vielzahl von Maßnahmen zum Einsatz kommen. Einige seien hier beispielhaft aufgeführt:

- Die Vernetzungsintensität ist messbar.[12] Sie kann und muss gemessen, nachgehalten und auf dieser Grundlage evaluiert, d. h. in ihrer Effizienz und Effektivität bewertet werden. Dabei hat die Vernetzungsintensität eine quantitative und eine qualitative Dimension: Sie stellt auf die Vielzahl und die zeitliche Häufigkeit von Vernetzungen ab, die ein Mitarbeiter mit seiner Umwelt hat. Und sie bezieht sich auf die qualitative Vielfalt der Vernetzungen ebenso wie auf die Bedeutung des Vernetzungstransfers (siehe dazu Kap. 6.1.3) für die Unternehmensentwicklung.
- Dabei kann mit einer Vernetzung Unterschiedliches gemeint sein. Eine Vernetzung kann darin bestehen, dass ein Mitarbeiter mit Dritten außerhalb des Unternehmens (Bestandskunden, Neukunden, Potenzialkunden, relevanten Dritten etc.) in Beziehung steht und aus dieser Beziehung unternehmensrelevante Erkenntnisse erzielt. Sie kann darin bestehen, dass ein Mitarbeiter in der Systemumwelt relevante Erkenntnisse oder Erfahrungen über bestimmte unternehmensrelevante Umweltkonstellationen gewinnt. Sie kann aber auch beinhalten, dass ein Mitarbeiter aus Streifzügen in der Außenwelt Erkenntnisse über die Positionierung seines Unternehmens in der Systemumwelt ableitet.
- Die Vernetzungsintensität sollte zum Gegenstand einer Unternehmensführung durch Zielvorgaben gemacht werden. In einer Zielkaskade kann die Vernetzungsintensität jedem einzelnen Unternehmensbereich und jedem einzelnen Mitarbeiter vorgegeben werden. So kann z. B. für jeden Vertriebsmitarbeiter ein spezifisches Zielspektrum fixiert werden, in dem detailliert die Ziele der qualitativen und quantitativen Vernetzung mit der relevanten Umwelt, die der Mitarbeiter in einem bestimmten Zeitraum errei-

---

[12] Das IT-Unternehmen Atos hat z. B. im Jahr 2013 einen globalen Review dazu durchgeführt, mit welchem Kunden die Atos-Mitarbeiter wann und wie lange kommuniziert haben. Dieser Review wurde dann für Maßnahmen zur Optimierung des Vertriebs genutzt.

chen sollte, fest- und nachgehalten werden. Diese Zielvorgabe der Umweltvernetzung sollte mit bestimmten Incentives und Sanktionen gekoppelt werden.

- Die systematische und breitflächige Vernetzung des Unternehmens mit seiner Systemumwelt muss auch durch die Bereitstellung und die stetige Optimierung von Vernetzungsressourcen stimuliert und erleichtert werden. Es gibt eine Vielzahl an Vernetzungsressourcen, die ein Unternehmen seinen Mitarbeitern zur Verfügung stellen kann: dazu gehören Trainings-Maßnahmen zum Management von Extrovertierung und Vernetzungsintensität ebenso wie Vernetzungs-Events (Veranstaltungen des Unternehmens mit der Außenwelt oder Partizipation des Unternehmens an Veranstaltungen Dritter), Knowledge-Management-Instrumente ebenso wie Access-Ressourcen (Ebnung von Zugängen zu bestimmten Elementen der Außenwelt) und nicht zuletzt die Ressourcen Geld und Zeit (finanzielle Mittel und Zeit-Budgets für die Erschließung der Umwelt).

Synaptisches Management von Vernetzungsintensität ist nicht trivial. Denn es stellt auch und gerade darauf ab, das Unternehmen proaktiv mit Umweltphänomenen zu konfrontieren, für die das Unternehmen noch kein eingeübtes Verhaltensrepertoire und keine konventionalisierten Deutungs-Schemata hat.

Es gilt hier, das Unternehmen gezielt dem Neuartigen, Überraschenden, Unkonventionellen, Unerwarteten, Unbekannten, Anomalen auszusetzen. Denn gerade die Konfrontation des Unternehmens und seiner Akteure mit den Facetten der unternehmensrelevanten Umwelt, die ungewöhnlich und unerkundet sind, setzt im Unternehmen Lern- und Adaptionsprozesse frei. Es ist genau diese Konfrontation, die die Syndrome der Abschottung beweglich und adaptiv macht.

Deshalb ist es eine Kernaufgabe des synaptischen Managements von Vernetzungsintensität, in der unternehmensrelevanten Umwelt nicht nur das Bekannte, sondern gerade auch das Fremde für das Unternehmen zu erschließen. Synaptisches Management muss in dieser Perspektive proaktiv nach Bewegungen in der unternehmensrelevanten Umwelt Ausschau halten, die die bestehende Strategie und Marktpositionierung des Unternehmens in Frage stellen, hinterfragen und konterkarieren. Sie darf das Unternehmen nicht nur mit den Umweltphänomenen vernetzen, die das Geschäftsmodell des Unternehmens bestätigen, sondern muss das Unternehmen auch und gerade den Umweltfacetten aussetzen, die dieses Modell erschüttern.

Dazu ist erforderlich, dass synaptisches Management gezielt darangeht, für die Unternehmensakteure „Gelegenheiten zu zufälligen kreativen Begegnungen" zu schaffen (Hamel 2008, S. 253)[13]. Es gilt, die Umweltvernetzung des Unternehmens dadurch zu befördern, dass die Wahrscheinlichkeit für ungeplante, unvorhergesehene und unkonventionelle Interaktionen erhöht wird.

---

[13] Hamel führt eine Vielzahl von Strategien dafür an, wie Unternehmen für ihre Mitarbeiter gezielt solche Gelegenheiten für ungeplante Begegnungen schaffen können.

Ein Beispiel für eine solche gezielte Schaffung von potenziell irritierenden Begegnungen und potenziell befremdenden Vernetzungen ist das koreanische Unternehmen Samsung. Samsung erkannte, dass es dann, wenn das Unternehmen ein weltweit führendes Designunternehmen werden will, nicht ausreicht, die Designer des Unternehmens zwischen Seoul und Pusan anzusiedeln, dort nämlich, wo sie ausschließlich bekannte, erkundete Milieus vorfinden. Deshalb richtete Samsung eigene Designzentren in ausländischen Zentren bizarrer urbaner Vitalität ein. Es platzierte diese Designzentren in den trendigen Vierteln von London, Los Angeles, San Francisco, Tokio und Shanghai. Und es schickte seine Designer zusätzlich zu mehrwöchigen Aufenthalten z. B. nach Frankfurt/Main, Florenz, Athen und Peking. Auf diese Weise schaffte Samsung für seine Designer eine Vielzahl von Chancen für zufällige, ungeplante Begegnungen und für die Erfahrung von innovativen, irritierenden Umwelten (siehe dazu: Hamel 2008, S. 251).

6.1.3   Umweltvernetzung durch Management von Vernetzungsproduktivität

Produktiv für das Unternehmen kann Umweltvernetzung und Vernetzungsintensität nur dann sein, wenn die Erkenntnisse und Erfahrungen, Beziehungen und Interaktionen, die durch Umweltvernetzung realisiert werden, nutzbar gemacht werden können für eine Dynamisierung des Unternehmens, die die Synthetisierung des Unternehmens mit seiner Systemumwelt erleichtert und befördert. Management von Vernetzungsproduktivität stellt also darauf ab, Unternehmensevolution durch optimale Selektion zu befördern.

Die Vernetzungsproduktivität hängt von der Güte des Vernetzungstransfers ab, d. h. davon, in welchem Maße es gelingt, Erkenntnisse, die „draußen" gewonnen wurden, „drinnen" für die Unternehmensentwicklung zu nutzen. Es gilt, die Dynamik der Außenwelt so in das Unternehmen zu transferieren, dass sie eine Dynamisierung des Unternehmens bewirkt, die die Marktposition des Unternehmens optimiert.

Gelingt dieser Transfer, dann geschieht eine effiziente und effektive Bewegung des Unternehmens in Richtung einer „Ideallinie der Dynamisierung". Diese Bewegung bringt es in der Regel mit sich, dass Reservate, Gemeinschaften, Konsonanzen und Korridore unter Spannung gesetzt werden.

Auch Vernetzungsproduktivität kann und muss gemessen werden. Diese Messung geschieht ex post auf der Grundlage einer Antwort auf folgende beiden Fragen: Welches Ereignis bzw. welche Erkenntnis, die auf Umweltvernetzung basiert, hat innerhalb des Unternehmens welche Entwicklung bewirkt? Und: Welchen Impact hatte diese Unternehmensentwicklung auf die Positionierung des Unternehmens am Markt und auf den nachhaltigen Geschäftserfolg des Unternehmens?

Das synaptische Management von Unternehmen kennt eine Vielzahl von Maßnahmen, mit denen die Vernetzungsproduktivität stimuliert und optimiert werden kann.

Es sind dies allesamt unternehmensinterne Maßnahmen, d. h. interne Strukturen, Prozesse und Ereignisse, die jenen Transfer ermöglichen, erleichtern, stimulieren und befördern. Zu diesen Maßnahmen gehören z. B.

- unternehmensinterne Kommunikationsmedien für die kontinuierliche interne Kommunikation und Interaktion über die Umwelt und über Umweltanforderungen;
- Auslegung des Knowledge Managements innerhalb des Unternehmens auf die kontinuierliche Erhebung und Auswertung der Erfahrungen und Erkenntnisse, die die Mitarbeiter in der Umwelt gewonnen haben (mit diversen Instrumenten der Prognose, der Szenarien-Evaluation etc.);
- regelmäßige „Auszeiten", d. h. bereichsspezifische Strategie-Workshops, in denen Erfahrungen und Erkenntnisse, die die Mitarbeiter in der Außenwelt gewonnen haben, für die Weiterentwicklung des Unternehmens fruchtbar gemacht werden;
- Schaffung von „Freiräumen"; Freiräume sind Zeiten, in denen die Mitarbeiter von ihren alltäglichen Arbeitspflichten entbunden werden und die Gelegenheit bekommen, frei zu entscheiden, an welchem Projekt sie arbeiten wollen; es sind dies Zeiten der „Kür" abseits der Agenden der „Pflicht"; die Mitarbeiter können sich in dieser „20-Prozent-Zeit"[14] frei mit anderen assoziieren, mit dem Ziel, in diesen „Frei-Zeiten" und „Frei-Räumen" ihre Außenwelt-Erfahrungen zu erörtern, zu resümieren und in konkrete Vorschläge für die Wandlung des Unternehmens einfließen zu lassen, in Vorschläge, die dann dem Management des Unternehmens präsentiert werden;
- „Vernetzungs-Agenten" bzw. „Vernetzungs-Multiplikatoren", d. h. Personen und Stabsstellen, die die Funktion haben, den Dialog mit den Mitarbeitern über die Erfordernisse der Dynamisierung des Unternehmens und über den Transfer von Umweltvernetzung in unternehmensinterne Evolution zu stimulieren und zu vitalisieren;
- unternehmensinterne Events, die mit dem Ziel durchgeführt werden, Gruppen von Mitarbeitern mit anderen Gruppen in einen kontrastiven, kontroversen Dialog zu bringen, mit dem Abschottungstendenzen hinterfragt und Lösungen für Dynamisierungsprobleme erörtert werden; für diese Events gibt es eine Vielzahl von praxiserprobten Methoden und Modellen: vom Townhall-Meeting über den Fishbowl-Workshop bis hin zu Bereichs-Audits und problemorientierten Workshops (siehe dazu z. B.: Pascale et al. 2002, S. 83 ff., 167 ff., 203 f.; zum Konzept der problemorientierten Workshops siehe Malik 2009, S. 207 ff.).

---

[14] Google hat diesen Freiraum „20-Prozent-Zeit" genannt, im Blick darauf, dass Google-Mitarbeiter die Möglichkeit bekamen, einen Tag in der Woche, also 20 % ihrer Arbeitszeit, an Aufgaben zu arbeiten, die sie frei wählen konnten und die nicht Teil ihres üblichen Pflichtprogramms waren. Bei 3M betrug diese Freiraum-Zeit 15 % der Arbeitszeit der Mitarbeiter. Bechtel verlangt von seinen Produktmanagern, dass sie 20 % ihrer Zeit für die Arbeit an technischen Innovationen einsetzen. Im US-amerikanischen Unternehmen Gore („Gore-Tex") steht jedem Mitarbeiter ein halber Tag pro Woche zu, um einer beliebigen Arbeit nachzugehen, die der Mitarbeiter für das Unternehmen tun will; bei Gore wird dieser Freiraum „Hobby-Time" genannt.

IT-gestützte Systeme des Managements von Wissen und Daten (Data Mining, Big Data, Knowledge Management Systeme, Business Intelligence Tools etc.) können Maßnahmen zum Management von Vernetzungsproduktivität nicht ersetzen, sondern allenfalls grundieren. Denn im Kern besteht das Management von Vernetzungsproduktivität nicht darin, Daten und Informationspartikel zu sammeln und systematisch zu kategorisieren, sondern darin, eine „Kaskade kognitiv-emotiver Handlungsorientierung" zu absolvieren.

Damit ist gemeint: Die Recherche und Rezeption bestimmter Daten und Informationspartikel über die Systemumwelt des Unternehmens und über das Unternehmen selbst muss in einem ersten Schritt einmünden in die Bildung von Wissen über diese Systemumwelt und über die Positionierung des Unternehmens in dieser Umwelt. Dieses Wissen muss dann in einem zweiten Schritt zum Verstehen von Umweltkonstellationen und zu einem Verständnis der Position des Unternehmens in dieser Umwelt hinaufgebildet werden. Dieses Verstehen muss dann in einem weiteren Schritt korreliert werden mit subjektiven Dispositionen und emotionalen Wertungen und auf dieser Grundlage dann zu einer Bewertung der Handlungskonsequenzen führen, die aus diesem Verstehen gezogen werden können/müssen. Das Ergebnis dieser Kaskade ist dann eine durch Verstehen grundierte Handlungsorientierung.

Diese Kaskade kann nicht automatisiert erfolgen. Sie kann nicht im Rekurs auf IT-Systeme durchlaufen werden. Die IT kann immer nur Material für den Durchgang durch diese Kaskade liefern, diesen Durchgang selbst aber nicht ersetzen.

Denn diese Kaskade wird nicht dadurch absolviert, dass eine objektive Sachlogik vollzogen wird. Genau so wenig wie Unternehmensentscheidungen einer reinen Sachlogik folgen. Diese Kaskade und diese Entscheidungen bilden sich vielmehr stets daraus, dass die Logik der Sache (als Ergebnis von empirisch fundierter Analyse) mit subjektiven Deutungen und emotionalen Wertungen korreliert wird.

Unternehmensentscheidungen sind niemals logisch und eindeutig aus einer objektivwahren Analyse ableitbar. Sie können niemals von jenem Element subjektiv-emotionaler Wertung „gereinigt" werden. Deshalb ist es im Zeitalter wachsender Umweltvolatilität und Umweltkomplexität von großer Bedeutung, dass sie nicht in Arkansphären getroffen werden und in abgeschotteten Reservaten.

Die Kaskade kognitiv-emotiver Handlungsorientierung, die jeder Unternehmensentscheidung zugrunde liegen muss, kann deshalb in einem dynamisierten Unternehmen nur interaktiv, durch Dialog, durch Läuterung von Meinung und Gegenmeinung in einem institutionalisierten Kommunikationsprozess absolviert werden.

Die Ideallinie der Unternehmensevolution, die aus Erkenntnissen der Umweltvernetzung extrahiert werden kann, ergibt sich nicht als automatischer Output eines IT-Systems, dem als Input jene Erkenntnisse infiltriert wurden. Sondern immer nur aus einem organisierten und institutionalisierten Kommunikationsprozess, der auf einem Forum ausgetragen wird, auf dem die Regeln eines offenen, transparenten, herrschaftsfreien und egalitären Dialogs gelten (siehe dazu Kap. 6.3.7).

Diesen Kommunikationsprozess zu organisieren und kontinuierlich vital zu halten, ist eine Kernaufgabe des Managements von Vernetzungsproduktivität in Unternehmen.

Eine weitere Aufgabe des synaptischen Managements von Vernetzungsproduktivität besteht darin, die Umweltvernetzung, die im Unternehmen besteht, stetig zu dynamisieren. Damit ist gemeint: Der bestehende Status der Umweltvernetzung muss im Unternehmen stetig analysiert und evaluiert, in Bewegung gehalten und auf Veränderung hin angelegt werden. Diese Dynamisierung von Umweltvernetzung ist nicht nur deshalb von Bedeutung, weil die Umwelt sich selbst dynamisch und volatil verändert, ergo die Umweltvernetzung des Unternehmens diese Umweltdynamik reflektieren muss. Darüber hinaus ist die Dynamisierung von Umweltvernetzung ein wesentliches Instrument zur Aufhebung von Reservaten, Gemeinschaften, Konsonanzen und Korridoren.

Denn diese Syndrome der Abschottung entstehen und verfestigen sich auch und gerade dort, wo Unternehmensakteure auf konventionalisierte Weise mit Akteuren der Systemumwelt kommunizieren und kooperieren.

Ein Unternehmensakteur, der mit bestimmten Institutionen und Personen der Umwelt interagiert (ein CFO mit Banken, ein Vertriebsmitarbeiter mit Kunden, ein Einkäufer mit Lieferanten etc.) kann diese Interaktion dazu nutzen, das Unternehmen von bestimmten Evolutionen, Erkenntnissen und Wandlungen abzuschotten. Er kann gemeinsam mit den Akteuren seiner Umwelt Reservate bauen, Gemeinschaften konstituieren, Konsonanzen schaffen und Korridore zementieren. Auf diese Weise kann Umweltvernetzung für die gezielte und interessierte Entdynamisierung des Unternehmens instrumentalisiert werden. Sie kann damit tendenziell geschäftsschädigend wirken.

Synaptisches Management muss deshalb die Umweltvernetzung des Unternehmens stetig dynamisieren. Sie kann diese Dynamisierung der Umweltvernetzung im Wesentlichen durch vier Maßnahmen bewirken:

- Zum einen durch eine fortlaufende **Supervision der Umweltvernetzung**: durch eine Analyse und Evaluation des bestehenden Status der Umweltvernetzung im Unternehmen, die darauf abstellt, die Qualität und Produktivität der Umweltvernetzung transparent zu machen und die dann, darauf aufbauend, offen legt, welche Risiken für die Entstehung und Verfestigung von Abschottungssyndromen aus diesem Ist-Zustand der Umweltvernetzung resultieren. Diese Supervision muss von Dritten durchgeführt werden, d. h. von Personen und Institutionen, die in das zu supervisionierende Ensemble der Umweltvernetzung selbst nicht eingebunden sind.
- Zum anderen durch eine **Rotation der Umweltvernetzung**: durch die fortlaufende Umbildung, Neukomposition, Auflösung und Erweiterung bestehender Strukturen der Umweltvernetzung. Diese Rotation umfasst die Personen, die eine bestehende Umweltvernetzung haben, die Regeln und Konventionen, nach denen diese Umweltvernetzung abläuft und die unternehmensinternen Strukturen und Systeme, die diesen Typus von Umweltvernetzung abbilden. Rotation der Umweltvernetzung meint damit im Kern Temporalisierung der Umweltvernetzung (siehe dazu auch das Kap. 6.4, das sich mit dem Management von Temporalisierung befasst).
- Drittens durch eine **Binnenvernetzung der Umweltvernetzung**: durch unternehmensinterne Vorkehrungen, die dafür sorgen, dass jede Umweltvernetzung des Unterneh-

mens im Binnenraum des Unternehmens wiederum vernetzt wird. Damit ist gemeint, dass ein Unternehmensakteur, der zu einer bestimmten Institution bzw. Person der Unternehmensumwelt eine Beziehung hat, diese Beziehung nicht exklusiv gestalten, d. h. von anderen Unternehmensakteuren und anderen Unternehmensbereichen abschotten kann, sondern gehalten ist, diese Beziehung für andere im Unternehmen zu öffnen, mit anderen zu teilen und damit dem Urteil und der Einwirkung anderer auszusetzen (siehe dazu auch das Kap. 6.2, das sich mit dem Management von Binnenvernetzung befasst). Diese Binnenvernetzung kann durch heterarchische Organisationsstrukturen befördert werden (siehe dazu Kap. 6.5).

- Und viertens durch eine **Relativierung der Umweltvernetzung**: durch die Ausbildung und Umsetzung eines Konzepts, nach dem jeder Typus der Umweltvernetzung relativ ist. Mit „relativ" ist hier gemeint: Jeder bestehende Typ der Umweltvernetzung stellt nur einen von vielen möglichen Vernetzungstypen dar, eine Vernetzungsoption in einem Universum von vielen denkbaren Vernetzungsoptionen. Keiner im Unternehmen weiß, ob diese bestehende Vernetzungsoption diejenige ist, die für das Unternehmen in der aktuellen Situation optimal ist. Deshalb muss stets die Möglichkeit einkalkuliert werden, dass andere Vernetzungsoptionen günstiger und erfolgversprechender sind. Weil das so ist, muss der bestehende Typus der Vernetzung stets relativiert werden: Er muss daraufhin befragt und hinterfragt werden, welche alternativen Vernetzungstypen es gibt und wie der bestehende Typus im Blick auf diese Alternativen verändert und aufgehoben werden kann (siehe dazu auch das Kap. 6.3, das sich mit dem Management von Kontingenz befasst).

Aus dem Gesagten ergibt sich, dass das synaptische Management selbst wieder synaptisch aufgefasst werden muss: Das Management der Umweltvernetzung kann nur dann optimiert werden, wenn es synaptisch mit den anderen Instrumenten-Clustern der Binnenvernetzung, der Kontingenz, der Temporalisierung und der Heterarchie verschränkt wird.

6.1.4 Synaptisches Umweltmanagement durch Umweltvernetzung

All diese Maßnahmen zur Steigerung der Intensität und Produktivität der Umweltvernetzung sind Maßnahmen zur Perpetuierung von Innovationsmanagement und Dynamisierung im Unternehmen.

Indem das Unternehmen alle internen und externen Ressourcen, die ihm zur Verfügung stehen, nutzt und ausschöpft, um seine Umweltvernetzung zu verbessern, kann das Unternehmen nicht nur dem Wandlungsdilemma der Komplexität entgegenwirken, sondern auch Reservate, Gemeinschaften, Korridore und Konsonanzen durch Vernetzung dynamisieren.

Umweltvernetzung ist für das Unternehmen also kein Selbstzweck, sondern ist darauf ausgerichtet, das Unternehmen intern so zu dynamisieren, dass es einen „Prozess der antizipierenden adaptiven Evolution" (Malik 2013a, S. 114) durchlaufen kann. Ziel dieses Prozesses ist es, die kurz-, mittel- und langfristige Lebens-, Konkurrenz- und Adaptionsfähigkeit des Unternehmens sicherzustellen und damit zu gewährleisten, dass das Unternehmen proaktiv und prospektiv Lösungen für gegenwärtige und künftige Kundenprobleme und Kundenbedürfnisse bereithält, die den nachhaltigen Markterfolg absichern. Dynamisierung des Unternehmens durch Umweltvernetzung stellt also darauf ab, das Unternehmen in die Lage zu versetzen, sich auf eine Weise selbst zu organisieren und selbst zu regulieren, dass es externe Bewegungen in den Ausbau der unternehmensinternen Erfolgspotenziale ummünzt.

Aber dies ist nur die eine Seite der Medaille. Umweltvernetzung ist eine wesentliche Voraussetzung für die Unternehmens-Dynamisierung. Sie reicht aber weiter. Indem Umweltvernetzung das Unternehmen dynamisiert, schafft sie Potenziale für eine gezielte Beeinflussung von Umweltkonstellationen durch das Unternehmen, d. h. für ein synaptisches Umweltmanagement.

Denn das Verhältnis von Umwelt und Unternehmen kann nicht zureichend im Mechanismus von Reiz und Reaktion verstanden werden. Indem das Unternehmen durch Umweltvernetzung die Evolution seiner Umwelt umfassend erfasst, kann es sich selbst so dynamisieren und fortentwickeln, dass es Potenziale und Ressourcen ausbildet, um auf jene Evolution im Unternehmensinteresse Einfluss auszuüben. Ich nenne diese Einflussnahme synaptisches Umweltmanagement.

Synaptisch ist dieses Umweltmanagement dann, wenn es verkoppelt ist mit einer intensiven und produktiven Umweltvernetzung und wenn es aus einer permanenten Dynamisierung des Unternehmens resultiert, die wiederum eine Funktion jener Umweltvernetzung ist.

Das bedeutet auch: Synaptisches Umweltmanagement geht immer einher mit einer systematischen Bearbeitung und „Therapierung" von Reservaten, Gemeinschaften, Konsonanzen und Korridoren. Wie diese Bearbeitung und „Therapierung" konkret geschehen kann, wird im Kap. 6.1.7 am Beispiel des synaptischen Kundenmanagements exemplifiziert.

Synaptisches Umweltmanagement stellt auf die gezielte Beeinflussung von Evolutionen in der unternehmensrelevanten Umwelt im Interesse des Unternehmens ab. Die Ingredienzien dieses synaptischen Umweltmanagements können wie folgt charakterisiert werden:

- **Synaptisches Umweltmanagement auf der Grundlage von Umwelt-Audits**: Im Ergebnis einer partizipativen und extrovertierten, intensiven und produktiven Umweltvernetzung (im Sinne des oben Gesagten) müssen im Unternehmen kontinuierlich Audits über unternehmensrelevante Facetten der Umwelt verfasst werden. Diese vernetzungsbasierten Umwelt-Audits sind regelmäßig im Lichte neuer Erkenntnisse, die aus der Umweltvernetzung resultieren, zu erneuern, zu erweitern bzw. zu modifizieren. Die Arbeit an der Erstellung dieser Umwelt-Audits ist also zum einen eine permanente Aufgabe des synaptischen Umweltmanagements. Sie muss auf Dauer gestellt sein. Mit ihr werden nie Schlusspunkte, sondern immer nur Doppelpunkte gesetzt.

Zum anderen ist dies eine ubiquitäre Aufgabe aller Unternehmenseinheiten und aller Unternehmensmitarbeiter. Im extrovertierten Unternehmen ist dies nicht die Aufgabe von Spezialisten, die auserkoren sind, sich mit der Umwelt zu befassen. Vielmehr zeichnet sich das extrovertierte Unternehmen gerade dadurch aus, dass alle Mitarbeiter und alle Einheiten des Unternehmens permanent in den Prozess der Generierung und Weiterentwicklung von Umwelt-Audits einbezogen sind. Und dass das Rating, das die Mitarbeiter im Unternehmen erfahren, auch und gerade davon abhängt, welchen Beitrag sie zur Umweltvernetzung und zum vernetzungsbasierten Umwelt-Auditing erbringen. Umwelt-Audits haben immer eine zeitliche Bedeutungsdimension: Sie müssen, um das Unternehmen optimal dynamisieren und das synaptische Umweltmanagement optimal unterstützen zu können, eine seismographische Qualität haben: d. h. sie müssen durch Früherkennung von Trends und Tendenzen in der Unternehmensumwelt in der Lage sein, das Unternehmen möglichst früh auf relevante Umweltbewegungen aufmerksam zu machen.

Umwelt-Audits müssen auf die gesamte unternehmensrelevante Umwelt bezogen werden. In dieser unternehmensrelevanten Umwelt sind insbesondere die Stakeholder von Bedeutung: „Unter Stakeholder sind Individuen oder Gruppen zu verstehen, die die Zielerreichung eines Unternehmens beeinflussen können oder die im Zuge der Zielerreichung durch das Unternehmen beeinflusst werden."[15] Stakeholder-Audits müssen sich auf primäre und sekundäre Stakeholder beziehen: Primäre Stakeholder sind Individuen oder Gruppen, die zur Transaktionsumwelt (transactional environment) des Unternehmens gehören, zum Unternehmen also in einer geschäftlichen Beziehung stehen (Kunden, Zulieferer, Partner, Finanzhäuser, Investoren, Anteilseigner etc.). Sekundäre Stakeholder sind Individuen und Gruppen, die zum Unternehmen in einer wechselseitigen Einflussbeziehung stehen, ohne mit dem Unternehmen direkt geschäftlich verbunden zu sein (contextual environment), z. B. Individuen und Gruppen aus dem Bereich von Analysten, Aufsichts- und Regulierungsinstitutionen, Medien, politischen Institutionen, Verbänden, Gerichten, NGO's etc. (vgl. hierzu näher: Köppl 2003, S. 45 ff.).

- **Synaptisches Umweltmanagement durch Identifikation und Priorisierung von Issues**: Auf der Grundlage dieser Audits hat das synaptische Umweltmanagement die Aufgabe, im Unternehmen einen permanenten, partizipativen Kommunikationsprozess über zwei Fragen zu organisieren: Welche Relevanz, Auswirkung und Konsequenz haben bestimmte Beobachtungen und Erkenntnisse über Umweltbewegungen für die aktuellen Aktivitäten und für die künftige strategische Positionierung des Unternehmens? Welche Relevanz, Auswirkung und Konsequenz haben aktuelle Aktivitäten und hat die strategische Positionierung des Unternehmens für bestimmte beobachtete und analysierte Umweltbewegungen?

---

[15] Diese Definition stammt von James E. Post. Ich zitiere sie nach: Köppl 2003, S. 46 f.

Dieser partizipative Kommunikationsprozess muss also darin einmünden, dass aus den Umwelt-Audits kontinuierlich Issues herausgefiltert werden. Issues sind solche Momente, Ereignisse, Bewegungen, Evolutionen und Konstellationen in der unternehmensexternen Umwelt, die für die aktuelle und/oder künftige Marktstellung des Unternehmens relevant sind. Issues indizieren damit einen Handlungsbedarf zum einen für die Dynamisierung und weitere Evolution des Unternehmens und zum anderen für die Einflussnahme des Unternehmens auf seine Umwelt. Dabei können Issues Chancen und Risiken, Opportunitäten und Strategieoptionen, Erfolgspotenziale und Krisenphänomene indizieren.

Synaptisches Issue-Management hat danach zwei Aufgaben: Zum einen muss synaptisches Management darauf hinwirken, dass die Umweltvernetzung und die Umwelt-Auditierung des Unternehmens gezielt auf Issues hin fokussiert wird, – im Sinne einer detektivischen Exploration von Umweltbewegungen, die für das Monitoring, das Scanning, die Identifikation und die Priorisierung eines Issues von Bedeutung sind. Zum anderen muss synaptisches Management jenen partizipativen Kommunikationsprozess im Unternehmen so konditionieren, dass er auf die Frage fokussiert wird, welcher Issue im Unternehmen durch welche operativen bzw. strategischen Weichenstellungen aufgegriffen und bearbeitet werden muss.[16]

- **Synaptisches Umweltmanagement durch Intervention**: Auf der Grundlage der Umweltvernetzung, der Umwelt-Auditierung und der Analyse und Evaluation von Umwelt-Issues operiert synaptisches Umweltmanagement mit einem Arsenal an Instrumenten und Methoden für eine fokussierte Intervention in unternehmensrelevante Umweltkonstellationen. Diese Intervention geschieht mit dem Ziel, Elemente der Umwelt so zu konditionieren bzw. zu beeinflussen, dass sich diese Umwelt-Elemente zum Vorteil des Unternehmens aufstellen und bewegen.

Das Arsenal dieser Instrumente und Methoden der Umwelt-Intervention ist vielfältig und vielfach beschrieben worden. Im Kontext des synaptischen Managements erfährt dieses Arsenal aber eine neue operative und strategische Einfärbung. Denn synaptisches Management stellt darauf ab, dass dieses Arsenal immer nur im Kontext und auf der Grundlage einer umfassenden und ubiquitären, partizipativen und extrovertierten, intensiven und produktiven Umweltvernetzung eingesetzt wird. Alle Elemente dieses Arsenals können und müssen deshalb im Paradigma des synaptischen Managements neu komponiert und konzipiert werden.

---

[16] Ich gebrauche hier den Begriff des Issues in einem systemtheoretischen Sinn als Ensemble aller Umweltkonstellationen, die für das soziale System Unternehmen von Bedeutung sind. In einem engeren Sinne wird dieser Begriff z. B. in den Bereichen von Unternehmenskommunikation und Public Affairs gebraucht. Dort stellt dieser Begriff auf Umweltphänomene ab, die für die Unternehmenskommunikation bzw. für das Public-Affairs-Management Handlungsbedarfe indizieren. Siehe zu letzterem: Köppl 2003; Langen 2001.

Im Folgenden sollen nur einige beispielhafte Schlaglichter auf dieses Arsenal geworfen werden:

– Schaffung von Affinität bei Kunden für eine bestimmte, vom Unternehmen angebotene Lösung für ein lösungsunabhängiges Kundenproblem durch Marketing und Werbung;
– Aufbau von nachhaltigen Beziehungen zu Kunden und Steigerung des Unternehmenserfolgs bei Kunden durch Customer Relationship Management;
– Reputations- und Issue-Management mit den Werkzeugen der Unternehmenskommunikation und des Public-Relations-Managements;
– Beeinflussung der Beziehung des Unternehmens zu seinen sekundären Stakeholdern durch die Instrumente des Public Affairs Managements[17];
– Konditionierung der Positionierung des Unternehmens in seiner gesellschaftlich-ökologischen Umwelt durch die Methoden des Corporate-Social-Responsibility-Managements.

6.1.5 Umweltvernetzung durch Management von Vernetzungspartnerschaften

Ein probates Mittel zur Optimierung von Vernetzungsintensität und Vernetzungsproduktivität ist auch die Institutionalisierung von Vernetzungspartnerschaften. Damit ist gemeint, dass Unternehmen gezielt darangehen, mit dem Ziel der Optimierung ihrer Umweltvernetzung entweder neue Partnerschaften mit Dritten einzugehen oder bestehende Partnerschaften mit Dritten auf dieses Ziel hin zu adjustieren.

Für die Zusammenarbeit mit dem Unternehmen können diese Partner auf unterschiedliche Weise incentiviert und motiviert werden (finanziell, durch Partizipation an Unternehmenserkenntnissen, durch Einbindung in Unternehmensevents, durch Preise, die das Unternehmen auslobt etc.).

Da diese Partner in der Regel nicht in die Syndrome des Unternehmens (Reservate, Korridore, Gemeinschaften, Konsonanzen) eingebunden sind, stellt synaptisches Management darauf ab, solche Partnerschaften gezielt dazu zu nutzen, um die unternehmensinternen Syndrome der Abschottung extern hinterfragen und unterminieren zu lassen.

In der Logik des synaptischen Managements sind Vernetzungspartnerschaften deshalb nur dann von Bedeutung, wenn sie dem Unternehmen nicht äußerlich bleiben, sondern in das Unternehmensinternum eingreifen. Damit ist gemeint: Vernetzungspartnerschaften im Paradigma des synaptischen Managements sind Partnerschaften, die ein Unternehmen eingeht, um interne Prozesse und Strukturen, Systeme und Technologien, Produkte und Dienstleistungen, Strategien und Geschäftsmodelle, Denkweisen und Methoden im Aus-

---

[17] Siehe die weite Definition von Köppl: „Public Affairs ist verantwortlich für die Analyse, Interpretation und aktive Steuerung des Unternehmensumfeldes mit dem Ziel, dieses Umfeld im Interesse der Unternehmensziele zu beeinflussen." (Köppl 2003, S. 17); Köppl fokussiert sich im Folgenden aber auf das „nicht-kommerzielle Umfeld" (S. 23), d. h. auf die „sekundären Stakeholder" (S. 47).

tausch oder in Kooperation mit Partnern zu evaluieren, zu hinterfragen, weiterzubilden und zu reformieren.

In diesem Verständnis ist eine Zusammenarbeit des Unternehmens mit externen Vertriebspartnern dann keine Vernetzungspartnerschaft, wenn diese Partner allein die Aufgabe haben, definierte Produkte auf definierte Weise an definierte Kunden zu verkaufen. Sie ist aber durchaus dann eine Vernetzungspartnerschaft, wenn diese Partner aufgrund ihrer Kenntnis der Kundenumwelt in unternehmensinterne Prozesse der Rekonfiguration und der Weiterentwicklung bestehender Produkte, Leistungen, Marktangangskonzepte und Kundenmanagement-Strategien eingebunden werden.

Solche Vernetzungspartnerschaften können vielfältige Formen annehmen. Einige seien hier kurz skizziert:

- Integration einer Internet-Community in das Innovationsmanagement des Unternehmens: Aufbau einer Community von „virtuellen Partnern" des Unternehmens im Internet; diese Partner können zum Beispiel sein: Kunden des Unternehmens; Anhänger der Unternehmensprodukte; Experten, die ein Interesse daran haben, an der Weiterentwicklung von bestimmten Produkten oder Services des Unternehmens mitzuwirken; interessierte Dritte etc.
  Ein Beispiel: Der Vernetzung von Unternehmen mit ihrer relevanten Umwelt über Open-Innovation-Plattformen im Internet kommt eine zunehmende Bedeutung zu. Über solche Plattformen kann die Intelligenz und die Kreativität von Kunden für die Weiterentwicklung der Produkte, Services und Geschäftsmodelle von Unternehmen mobilisiert werden. Aktuelle Studien zeigen, dass in Großbritannien der Anteil der nutzerinduzierten Innovationen an den gesamtwirtschaftlichen Innovationen im Jahr 2012 deutlich höher war als der Anteil der durch klassische unternehmensinterne Forschungsabteilungen geschaffenen Innovationen. Online-Plattformen wie „Quirky" und „Nine Sigma" und die Online-Innovations-Initiative der Bank of America zeigen das Potenzial für diese nutzergenerierten Innovationen. So wird über „Quirky" durchschnittlich alle vier Tage ein neues vermarktbares Produkt entwickelt.[18] Durch Integration der Nutzer in die Produktentwicklung kann eine „interaktive Wertschöpfung" (vgl. Reichwald und Piller 2009) erfolgen. Eine solche stetige Vernetzung der Unternehmen mit Kunden, die virtuell in die unternehmensinterne Produktentwicklung eingebunden sind, kann ein deutlich effizienteres und effektiveres Innovationsmanagement gewährleisten als es mit den klassischen Mitteln der Marktforschung (in einer erratisch-volatilen Umwelt) möglich ist. Unternehmen nutzen auf diese Weise die Intelligenz und die Kreativität eines internetbasierten Ökosystems, die Peter A. Gloor „Schwarmkreativität" genannt hat (Gloor 2006).
  Dieser Typus der Umweltvernetzung ist in den vergangenen Jahren auch als „Wikinomics", „Enterprise 2.0" und „Crowdsourcing" bezeichnet worden. C. Papsdorf bezeich-

---

[18] Vgl. den Vortrag von Prof. Dr. F. T. Piller, RWTH Aachen, auf der Veranstaltung „Effizienter Staat" am 15. Mai 2013.

net Crowdsourcing als „die Strategie des Auslagerns einer üblicherweise von Erwerbstä-
tigen entgeltlich erbrachten Leistung durch eine Organisation oder Privatperson mittels
eines offenen Aufrufes an eine Masse von unbekannten Akteuren, bei dem der Crowd-
sourcer und/oder die Crowdsourcees frei verwertbare und direkte wirtschaftliche Vor-
teile erlangen" (Papsdorf 2009).

- Aufbau institutionalisierter Kooperationsbeziehungen zwischen dem Unternehmen
  und Institutionen bzw. Personen der Wissenschaft (Forschungsinstitute, Universitäten,
  Labs etc.);
- Beteiligung des Unternehmens an anderen Firmen mit dem Ziel, durch diese Beteiligung die Umweltvernetzung und damit das Innovationsmanagement des Unternehmens zu verbessern (z. B. durch Gründung eines Venture-Capital-Fonds des Unternehmens für die Beteiligung an Start-up-Unternehmen bzw. an jungen Unternehmen bzw.
  für die Förderung von Unternehmensausgründungen aus Forschungseinrichtungen
  etc.);
- Aufbau einer institutionalisierten Plattform für den Dialog und für die Zusammenarbeit zwischen dem Unternehmen und Kunden (z. B. in Form von User-Groups[19]); dies
  kann z. B. in der Form geschehen, dass das Unternehmen für diese Plattform bestimmte
  Kunden bzw. Kundengruppen gezielt auswählt und incentiviert;
- Integration von Dritten in die fachliche Arbeit einzelner Unternehmensbereiche; solche „Dritten" müssen in der Lage sein, die Vernetzungsintensität des Unternehmensbereichs zu erhöhen; das kann z. B. dadurch geschehen, dass die Dritten (z. B. emeritierte
  ehemalige Manager, Politiker, Wissenschaftler etc.) aus benachbarten Geschäftsfeldern
  kommen oder aus Sphären, die unternehmensfern, aber gleichwohl unternehmensrelevant sind (z. B. Politik);
- systematische Nutzung von bestehenden Beziehungen des Unternehmens zu Geschäftspartnern für die Erweiterung und Vertiefung der Vernetzung des Unternehmens mit
  seiner relevanten Umwelt bzw. für die Stimulierung von Unternehmenswachstum (z. B.
  durch Institutionalisierung einer Kommunikation mit dem jeweiligen Geschäftspartner
  über dessen Erfahrungen/Erkenntnisse in dessen relevanter Umwelt).

Ein Beispiel: Viele Unternehmen wählen, um ihr Wachstum zu stimulieren, neben
den beiden klassischen Wegen (organisches Wachstum mit eigenen Ressourcen und
anorganisches Wachstum durch Akquisition von anderen Unternehmen) einen dritten Weg: den des Wachstums mit den Ressourcen Dritter („growing with outside res-
sources", „outgrowing"). Sie vernetzen sich mit Partnern, übertragen eine Reihe von
Funktionen für ihr Unternehmenswachstum auf die Partner, nutzen damit die Vernet-
zungs-Kapazitäten der Partner, leihen sich für ihr eigenes Wachstum die Ressourcen
der Partner, optimieren auf diese Weise für sich selbst die Ertragspotenziale, die mit
dieser Wachstumsstrategie verbunden sind, reduzieren dadurch zugleich für sich das
Risiko eines Scheiterns dieser Wachstumsstrategie, z. B. das Risiko, im Falle des Scheiterns der Wachstumspläne eigene Ressourcen mit erheblichen Folgekosten abbauen zu

---

[19] Wie es zum Beispiel SAP seit vielen Jahren mit Erfolg praktiziert.

müssen. Sie variabilisieren und flexibilisieren damit das Wachstumsrisiko (vgl. dazu: Fink und Wamser 2006)[20].

Beispielhafte Typen der Umweltvernetzung von beispielhaften Unternehmen
Das Beispiel Google: Durch die Offenlegung des Source Codes des Google-Betriebssystems Android hat Google tausende von Entwicklern in allen Teilen der Welt befähigt und motiviert, an der Weiterentwicklung dieses Betriebssystems mitzuwirken und Applikationen für Androide-Smartphones zu programmieren. Diese Integration einer weltweiten Community von Entwicklern in die von Google geschaffene Systemwelt war einer der wesentlichen Gründe für den Siegeszug, den Androide im globalen Mobilfunkmarkt genommen hat.

Das Beispiel Facebook: Auch Facebook hat sein Wachstum zu einem nicht unerheblichen Teil der Strategie zu verdanken, seine Plattform für externe Entwickler zu öffnen. Durch diese 2007 eingeführte Form der Umweltvernetzung hat es Facebook vermocht, schon im Jahr 2010 ca. 550.000 Anwendungen auf seiner Website zu versammeln und dadurch seine Value Proposition für die Facebook-Nutzer kontinuierlich anzureichern.

Diverse Beispiele für die Nutzung der „Schwarm-Kreativität" zur Unternehmensentwicklung: IBM unterstützt eine Vielzahl von Open-Source-Projekten und interagiert in diesen Projekten mit der Entwickler-Community im Netz. Lego stellt im Netz Software zur Verfügung, mit der die Entwickler-Community neue Lego-Produkte entwickeln kann; so haben die Netz-Entwickler z. B. die Weiterentwicklung des Mindstorm-Roboters von Lego entworfen. Unternehmen wie Boeing, Novartis und Dupont schreiben auf der Website von Innocentive wissenschaftliche Probleme aus und prämieren Lösungen, die die Netz-Community erarbeitet. Amazon stellt der Netz-Community auf der Internet-Plattform „Mechanical Turk" bestimmte Probleme und honoriert Lösungen, die die Community entwirft. Facebook öffnete seine Plattform für die Entwickler-Community, die Tausende von Anwendungen programmierte (z. B. die Entwickler des Spieleherstellers Zynga).

Verknüpfung mit Think Tanks: Es gibt weltweit einige tausend Denkfabriken, in denen Wissenschaftler verschiedener Fachrichtungen Entwicklungstrends und Evolutionstendenzen analysieren und Zukunftsprojektionen evaluieren. Viele Unternehmen nutzen eine enge Verknüpfung ihrer F&E-Abteilungen und strategischen Unternehmensplanung mit solchen Denkfabriken für die Validierung ihres „Zukunftsmanagements". So nutzt die BASF die Verflechtung von unternehmensinterner Geschäftsentwicklung mit dem Know-how von diversen Think Tanks für eine strategische Frühaufklärung. Das Mannheimer Zentrum für Europäische Wirtschaftsforschung (ZEW) hat für Heidelberger Druck eine Software entwickelt, die das Unternehmen Heidelberger Druck für die Beschaffung von Produkten einsetzt. Die Deutsche Bahn und T-Systems kooperieren mit dem Innovationszentrum für Mobilität und gesellschaftlichen Wandel in Berlin im Blick auf Handlungsoptionen für neue Geschäftsperspektiven.

Das Beispiel Villeroy & Boch: Villeroy & Boch nutzt systematisch die Verknüpfung mit anderen Unternehmen für die Weiterentwicklung der eigenen Produktpalette. So entstand aus einem Kooperationsprojekt von Villeroy & Boch mit dem Elektronikhersteller Loewe ein Lautsprechergehäuse aus Keramik. In einem weiteren Kooperationsprojekt mit Melitta wurden aus umfangreichen Kundenbefragungen neue Ideen für Produkte im Bereich Essen und Trinken gewonnen. In einem Gemeinschaftsprojekt mit dem Design- und Entwicklungsunternehmen Ziba wurden neue Produkte für das intelligente Bad entwickelt. In Kooperation mit Swarovski entstand ein neues Lichtsystem von Villeroy & Boch für ein neuartiges Hotelbad.

---

[20] Siehe dazu auch die Arbeiten zum Typus des virtuellen Unternehmens; einen Überblick geben dazu: Warner und Witzel 2004.

Hilti oder die Kunst, von Kunden zu lernen: Die in Liechtenstein ansässige Hilti AG nutzt systematisch die Verknüpfung mit ihren Kunden für die Weiterentwicklung der eigenen Produkte. So bindet Hilti regelmäßig eine Vielzahl von erfahrenen Installateuren industrieller Rohrleitungssysteme in Projekte zur Bewertung der Hilti-Bohrer ein, um dann auf dieser Grundlage einer engen und kontinuierlichen Vernetzung mit diesen Nutzern das eigene Produktportfolio weiterzuentwickeln und neue Geschäftsfelder für neue Produkte aufzuschließen.

Das Beispiel Cisco: Cisco bindet seine wichtigsten Kunden regelmäßig in den eigenen strategischen Planungsprozess ein. Für die Produktentwicklung stützt sich Cisco auf internetbasierte Netzwerke mit Kunden und Zulieferern. Die unternehmensinterne Produktentwicklung geschieht bei Cisco in enger Konkordanz mit den Ideen und Anregungen, Forderungen und Vorgaben, die die Netzwerkpartner unterbreiten. Auch setzt Cisco Risikokapital in Milliardenhöhe ein, um sich an kleine Firmen der Hightech-Industrie zu beteiligen und dadurch Zugang zur Innovationskraft dieser kleinen „Schnellboote der Technologieevolution" zu bekommen.

Das Beispiel Bosch: Bosch betreibt seit Jahrzehnten systematisches Innovationsmanagement in einem Netzwerk von Partnerschaften. Das Unternehmen hebelt mit diesen Partnerschaften die unternehmensinterne Innovationskraft. Beispiele für diese Partnerschaften sind das Joint Venture von Bosch und ZF im Bereich der Fahrzeuglenkungs-Systeme, die Partnerschaft zwischen Bosch und den japanischen Unternehmen Nabco, Jidosha KiKi und Nippon ABS bei der Entwicklung von Anti-Blockier-Systemen, die Partnerschaft mit Daimler bei Fahrzeug-Navigationssystemen u. a.

Das Beispiel HCLT: Das indische IT-Unternehmen HCLT schuf zur Forcierung der Umweltvernetzung ein „Value Portal" zur umfassenden Vernetzung von Kunden und HCLT-Mitarbeitern. CEO Nayar beschreibt dieses Value Portal wie folgt: „Employees could generate and register new value-creating ideas, then share them with customers, who would evaluate and rate the ideas on various specific criteria. … Within a short time after we implemented the value portal, more than a hundred customers had joined in. Meanwhile, HCLT employees had generated thousands of ideas with the potential of saving hundreds of millions of dollars for our customers." (Nayar 2010, S. 157).

Das Beispiel Sun Microsystems: Auch Sun Microsystems betreibt regelmäßig Innovationsmanagement und Produktentwicklung in einer Assoziation mit Kunden und Zulieferern, Partnerunternehmen und Wissenschaftlern. So hat Sun die eigene Produktentwicklung bei Computerboards und Servern in einer engen Verknüpfung mit den Forschungs- und Entwicklungsabteilungen der Unternehmen Zytec, Seagate und Solectron durchgeführt. Wesentliche Produktinnovationen hat Sun aus dieser engen Vernetzung mit seiner Umwelt herausdestilliert, z. B. die Entwicklung eines Produktionskonzepts für alphanumerische Tastaturen, die mit Symbolen einer Vielzahl von Sprachen bedruckt werden können; dieses Konzept wurde in einem Gemeinschaftsprojekt von einem Zulieferer entwickelt.

Das Beispiel Dell: Dell führte ein Projekt „Ideastorm" ein. Dieses Projekt bestand aus Foren im Internet, auf denen Kunden und Geschäftspartner Vorschläge für neue Produkte, Produktmerkmale und Dienstleistungen von Dell einbringen konnten.

Das Beispiel Aral: Ende der 90er Jahre führte die Aral AG zur Stimulierung von Umweltvernetzung und Extrovertierung ein Praxisprogramm für Führungskräfte durch. Jede der rund 350 Führungskräfte der Aral AG hatte die Aufgabe, mehrere Tage lang auf einer Tankstelle zu arbeiten und dabei „an der Kundenfront" Erfahrungen über die Umwelt zu machen, in der Aral agiert. Im Ergebnis dieses Praxisprogramms wurden mehr als 1000 Verbesserungsvorschläge an die Zentrale herangetragen. Das Praxisprogramm wurde daraufhin vom Aral-Management auf alle Mitarbeiter des Unternehmens ausgedehnt.

„Coopetition" (Verschmelzung von cooperation und competition) in der Pharmaindustrie: Die Zusammenarbeit von Boehringer Ingelheim und Eli Lilly bei Diabetes-Medikamenten und Insulin-Präparaten; die Kooperation zwischen Bayer und Johnson & Johnson im Vertrieb des Schlaganfallmittels Xarelto; die Nutzung der Vertriebskraft von Pfizer durch Merck, um das Multiple-Sklerose-Mittel Rebif in Nordamerika zu vertreiben.

Das japanische Keiretsu-Modell: Dieses Modell stellt darauf ab, dass Industrieunternehmen ihre Zulieferer umfassend in die Planung, Forschung, Entwicklung und Herstellung von Produkten einbeziehen. Die Zusammenarbeit zwischen Industrieunternehmen und Zulieferern nach dem Keiretsu-Modell umfasst auch den Austausch von Personal, die Einrichtung gemeinsamer Arbeitsgruppen, die Durchführung gemeinsamer Weiterbildungsmaßnahmen und auch die Beteiligung von Industrieunternehmen an einzelnen Zulieferern. In jüngster Zeit hat Toyota dieses Keiretsu-Modell weiterentwickelt (siehe dazu: Aoki und Lennerfors 2013, S. 63 ff.).

6.1.6   Umweltvernetzung durch Management von Ökosystemen

Ein probates Mittel zur Stimulierung von Umweltvernetzung ist die **Einbettung des Unternehmens oder von Teilen des Unternehmens in unternehmensrelevante Ökosysteme**. Solche Ökosysteme bestehen aus einer Vielzahl von Subsystemen, die in räumlicher Nachbarschaft angesiedelt sind, ähnliche oder benachbarte Geschäftsfelder bestellen und die aufgrund ihrer räumlichen und geschäftlichen Nähe vielfältige informelle oder formelle Beziehungen und Interaktionen ausbilden.

Ein unternehmensrelevantes Ökosystem kann z. B. daraus bestehen, dass an einem bestimmten Ort Forschungseinrichtungen, Universitäten, Unternehmen, deren Lieferanten und Finanziers in enger räumlicher Nachbarschaft arbeiten und deshalb, weil sie auf eine bestimmte Wirtschaftsbranche bzw. auf ein bestimmtes Produkt- und/oder Dienstleistungs-Cluster fokussiert sind, in dieser Nachbarschaft eine Vielzahl von Kontakten, Geschäftsbeziehungen, informellen und/oder formellen Kommunikationsgelegenheiten und Kooperationsprojekten aufbauen.

Solche Ökosysteme haben sich in den vergangenen Jahren in vielen Branchen und Sub-Branchen gebildet. Sie reichen vom Silicon Valley in Kalifornien über das Cluster Biotechnologie Bayern bis hin zu den Internet-Start-up-hubs in East London und Berlin.

Eine Assoziation mit einem unternehmensrelevanten Ökosystem kann für die Intensität und die Produktivität der Umweltvernetzung, die ein Unternehmen hat, von entscheidender Bedeutung sein. Ergo gehört es zum Repertoire des synaptischen Managements zu evaluieren, ob ein Unternehmen alle Chancen zur proaktiven Integration in bestehende unternehmensrelevante Ökosysteme oder zur proaktiven Schaffung eines neuen unternehmensrelevanten Ökosystems erkundet und ausgeschöpft hat.

Synaptisches Management hat die Aufgabe, die Einbettung des Unternehmens in bestehende oder neu zu kreierende unternehmensrelevante Ökosysteme systematisch sicherzustellen und stetig zu optimieren.

Dabei können drei verschiedene Typen von Ökosystemen unterschieden werden, die allesamt für die Dynamisierung eines Unternehmens von Bedeutung sind:

- unternehmensspezifische Ökosysteme: Das sind Ökosysteme, die ein Unternehmen für sich selbst errichtet. So kann ein Unternehmen seine Forschungs- und Entwicklungsbereiche organisatorisch und räumlich mit bestimmten externen Forschungseinrichtungen assoziieren. Oder es kann einen Produktionsbetrieb gezielt so auslegen und lokalisieren, dass in seiner Nähe eine Vielzahl von Lieferanten, Dienstleistern und Vermarktungspartnern angesiedelt werden.

- unternehmensübergreifende branchenspezifische Ökosysteme: Das sind Ökosysteme, die eine Vielzahl von Unternehmen einer bestimmten Branche umfassen und diese Unternehmen mit Dritten (Forschungseinrichtungen, Universitäten etc.) assoziieren. Ein Beispiel für solche Ökosysteme sind staatlich organisierte und geförderte Industrie-Cluster (z. B. die diversen Biotechnologie-Cluster in Deutschland) oder durch Emergenz und Selbstorganisation entstandene Branchen-Cluster (z. B. das Internet-Cluster in East London).

- unternehmens- und branchenübergreifende Ökosysteme: Diese interdisziplinären Ökosysteme umfassen eine Vielzahl von Unternehmen und unternehmensrelevante Dritte aus mehreren Branchen. Es sind dies Branchen, an deren Nahtstellen neue branchenübergreifende Produkte und Produkt-Cluster entstehen bzw. entstehen können. Durch Assoziation von verschiedenen branchenspezifischen Kompetenzen können in diesen interdisziplinären Ökosystemen neue Ideen für neue Produkte generiert werden, für Produkte, die nur in diesem interdisziplinären Treibhausklima des disziplinübergreifenden Ökosystems zur Reife kommen können. Beispiele für solche branchenübergreifenden Produkt-Cluster ist z. B. das Feld der Elektromobilität, auf dem nur durch Assoziation von verschiedenen Branchen marktfähige Produkte entstehen können.

Das Beispiel Procter & Gamble

Um die Jahrtausendwende herum war Procter & Gamble in einer schweren Innovationskrise. Der Gewinn brach ein, der Aktienkurs stürzte ab. Das Unternehmen entschloss sich daraufhin, seine Umweltvernetzung umfassend zu optimieren.

Procter & Gamble setzte ein Projekt mit Namen „Connect and Develop" auf. Ziel dieses Projektes war es, durch umfassende Vernetzung interner Ressourcen mit der Außenwelt neue Ideen und vermarktungsfähige Produkte zu generieren. Vorbild war dabei das Konzept der offenen Innovationsplattform in der Open-Source-Community Linux.

Im Rahmen von „Connect and Develop" wurden Procter & Gamble-Mitarbeiter mit Universitäten vernetzt, auf Messen geschickt und in einen systematischen Dialog mit Verbrauchern geführt. Offene Expertenforen wurden als Innovationsnetzwerke im Internet errichtet (z. B. „Your Encore"). Testplattformen für neue Produktideen wurden im Internet gebaut. Die Produktentwickler von P&G wurden eng mit benachbarten externen Forschungseinrichtungen assoziiert, z. B. operiert das P&G-interne Forschungsinstitut Beckett Ridge Innovation Research Centre ständig mit externen Forschungseinrichtungen und externen Testpersonen. Die F&E-Arbeit von Procter & Gamble wurde umfassend mit dem internetbasierten Forschungs-Netzwerk NineSigma verknüpft. P&G generierte über dieses Netzwerk in wenigen Jahren mehr als 10.000 Ideen, 500 dieser Ideen führten zu konkreten technischen Verbesserungen, etwa 100 zu neuen Produkten. Ferner wurde das P&G-spezifische Ökosystem am Standort Cincinnati, das Zulieferer, Werbeagenturen, Designfirmen, Marktforschungseinrichtungen, Universitätsinstitute und Beratungsfirmen umfasst, gezielt weiter ausgebaut, z. B. durch

Vernetzung von P&G mit dem College of Design, Architecture, Art and Planning der Universität of Cincinnati. Darüber hinaus wurde P&G im Kontext von „Conncet and Develop" mit innovativen Start-up-Unternehmen vernetzt. Auch wurde ein Netzwerk aufgebaut, in dem Ruheständler von verschiedenen Unternehmen für die Produktentwicklung bei P&G gewonnen wurden.

Mit all diesen Maßnahmen hat es P&G in einem Zeitraum von fünf Jahren erreicht, dass 50 % der neuen Ideen, Technologien und Produkte, die P&G nutzen konnte, von außen gekommen sind.

Im Jahr 2006 beschrieb der damalige Technikvorstand von P&G, Gil Cloyd, dieses Projekt wie folgt: „Mit unserem neuen Innovationsprozess versuchen wir jetzt vor allem wieder einen holistischen Ansatz. Von Beginn an sollen alle einbezogen werden, also Forscher, Designer, Marketingexperten, die Marktforscher. Mein Ziel ist zudem, mindestens 50 % unserer Entwicklungen in einer virtuellen Welt zu testen. Das spart Jahre an Entwicklungszeit und Hunderte von Millionen Dollar. Im Unternehmen müssen wir dafür eine besondere Umgebung schaffen, eine Atmosphäre mit einer gesunden Spannung zwischen allen Beteiligten… Uns war klar, wir können nicht alle Dinge, die wir brauchen, selbst erfinden. Wir schätzen, da draußen sind rund 1,5 Mio. Wissenschaftler und Ingenieure, die uns helfen könnten und die nicht bei der Konkurrenz arbeiten." (zitiert nach: Wirtschaftswoche, Nr. 43 vom 23. 10. 2006, S. 98)

6.1.7 Kundenmanagement als synaptisches Umweltmanagement

Das operative und strategische Management der Beziehungen des Unternehmens zu seinen Kunden erfährt im Paradigma des synaptischen Managements einige spezifische Ausprägungen. Synaptisches Kundenmanagement ist deshalb eine Weiterentwicklung und Neu-Modulation der klassischen Arsenale des Customer Relationship Managements bzw. des Account Managements und Key Account Managements.

Synaptisches Kundenmanagement hat **zwei Dimensionen**.

Die eine Dimension kennzeichnet die Aufgabe, durch umfassende, permanent dynamisierte Umweltvernetzung die Kunden immer besser zu verstehen und damit immer besser bedienen zu können. Hier ist synaptisches Kundenmanagement gehalten, auf der gesamten Klaviatur der Umweltvernetzung zu spielen. Diese Klaviatur hat verschiedene „Tastaturen":

- Synaptisches Kundenmanagement beginnt damit, eine Kultur der Extrovertierung und die ubiquitäre Vernetzung der Mitarbeiter mit relevanten Umweltsegmenten zu fordern und zu fördern,
- erstreckt sich auf die permanente seismographische Aufnahme der Interessen, Bedürfnisse, Befindlichkeiten, Positionen und Dispositionen auf Kundenseite, der Bewegungen im Kunden- und Wettbewerbsfeld, der kundenrelevanten Umwelttrends, Issues und Umweltevolutionen,

- mündet dann in den systematischen Transfer dieser Kunden-Aufnahme in die strategi-sche Weiterentwicklung des Unternehmens,
- reicht weiter über die gezielte Ausnutzung von Binnenvernetzung (siehe Kap. 6.2) für die Dynamisierung der Umweltvernetzung,
- beinhaltet die systematische Einbeziehung von aktuellen und potenziellen Kunden in die Unternehmensentwicklung (in die Produktentwicklung, die Verbesserung des Qua-litätsmanagements, die Optimierung des Service etc.),
- operiert mit einer permanenten Rückkopplung mit der Welt der aktuellen und poten-ziellen Kunden (durch Einholen von Kundenfeedback, Kundenanregungen, Kunden-beschwerden) und mit der systematischen Einbindung dieser Rückkopplungen in die unternehmensinterne Arbeit an kontinuierlicher Verbesserung
- und umfasst dabei die umfassende Nutzung von Social Media für die Exploration des Kunden und für die Interaktion mit dem Kunden.

Letzteres wird für die Unternehmen im 21. Jahrhundert zu einer Aufgabe von wachsen-der Bedeutung. So stellte IBM in einer Studie aus dem Jahr 2012 fest, die auf Gesprächen mit mehr als 1700 Chief Executive Officers (CEOs) in 64 Ländern basiert: „Derzeit sind Social Media noch die am wenigsten genutzte Methode der Interaktion mit Kunden. Die CEOs glauben jedoch, dass sich Social Media innerhalb von fünf Jahren zu einer der bei-den wichtigsten Methoden für die Interaktion mit Kunden entwickeln wird." (IBM 2012, S. 35).

Die andere Dimension des synaptischen Kundenmanagements markiert die Aufgabe, das Kundenmanagement systematisch durch Aufhebung von Reservaten, Gemeinschaf-ten, Konsonanzen und Korridoren zu optimieren.

Diese zweite Dimension ist mit der erstgenannten eng verschränkt. Sie bildet einen lo-gischen „Layer", der mit dem ersteren verbunden ist, gleichwohl aber eine eigengewichtige Logik hat. Es ist dies die Logik der Aufhebung der Syndrome der Abschottung durch syn-aptisches Customer Relationship Management.

Diese Logik hat, entsprechend den vier Syndromen der Abschottung, vier Facetten:

a. Synaptisches Kundenmanagement durch Aufhebung von Reservaten
Kundenmanagement kann auf vielfältige Weise durch Aufbau und Ausbau von Reservaten geschehen. So konstituiert jeder Vertrag, den ein Unternehmen mit einem Kunden hat, ein Ensemble von Rechten und Pflichten, Ansprüchen und Obligationen, das für den Auf-bau von Macht- und Einflussdomänen, ergo von Reservaten, genutzt werden kann. Auch bringt jedes Kundenmanagement vielfältige Chancen zum Aufbau von Kontaktdomänen und Wissensdomänen mit sich (z. B. exklusive Kontakte von Unternehmensmitarbeitern zu bestimmten Kunden/Kundenmitarbeitern, exklusives Wissen einzelner Vertriebsleute über Vorgänge und Sachverhalte bei bestimmten Kunden). Das sind allesamt Chancen zur Errichtung bzw. zur Verfestigung von Reservaten.

Synaptisches Kundenmanagement, das auf die Aufhebung von Reservaten abzielt, operiert demgegenüber mit einer Vielzahl von Instrumenten und Haltungen, die allesamt auf eine Ent-Abschottung und Dynamisierung des Kundenbeziehungsmanagements abzielen:

* Synaptisches Kundenmanagement behandelt den Bestandskunden so, als sei er noch kein Bestandskunde, als müsse das Unternehmen permanent darum werben, dass er ein Bestandskunde wird. Entsprechend stellt sich synaptisches Kundenmanagement ständig die Aufgabe, über einen bestehenden Kundenvertrag und über eine konventionalisierte Vertragsinterpretation hinauszudenken. Für den synaptischen Kundenmanager ist der Vertrag kein Fixum, sondern ein Medium, das stets neu auszudeuten und neu auszugestalten ist. Er ist stets darum besorgt, innerhalb des bestehenden Vertrages neue Räume für eine noch bessere Bedienung der Kundeninteressen zu entdecken und zu öffnen. Er arbeitet kontinuierlich daran, jenseits der Paragraphen des Vertrags neue Mittel und Wege, Möglichkeiten und Anlässe zur noch besseren Bedienung der Kundeninteressen zu erschließen. Für ihn ist die vertraglich kodifizierte Kundenbeziehung eine Plattform, auf der es gilt, stetig über den Rahmen des vertraglich Kodifizierten hinauszudenken und hinauszuwirken.
* Synaptisches Kundenmanagement operiert ferner mit einem Habitus der „unbedingten Offenheit": Offenheit gegenüber Kollegen, mit denen Kundenkontakte geteilt werden; Offenheit im Hinblick auf das Wissen über den Kunden, das für alle im Unternehmen offen zugänglich sein muss; Offenheit gegenüber neuen Entwicklungen beim Kunden und in der kundenrelevanten Umwelt, die es auch und gerade dann aufzugreifen gilt, wenn sie quer stehen zu den Positionen und Interessen des Kundenmanagers bzw. des Unternehmens.

b. Synaptisches Kundenmanagement durch Aufhebung von Gemeinschaften
Gemeinschaften können beim Kundenmanagement sowohl innerhalb des Unternehmens entstehen, bei all denen, die mit dem Kundenmanagement befasst sind, als auch unternehmensübergreifend, im Zusammenwirken von Unternehmensmitarbeitern und Mitarbeitern auf Kundenseite.

Synaptisches Kundenmanagement wirkt in vielfältiger Weise auf die Aufhebung solcher Gemeinschaften hin:

* durch kontinuierliche unternehmensinterne Dynamisierung: Rotation in der Gruppe der Unternehmensmitarbeiter, die einen bestimmten Kunden bedienen; regelmäßiges unternehmensinternes Auditing der Arbeit dieser Gruppe; externe Auditierung dieses unternehmensinternen Kundenmanagements u. a.;
* durch Diversifikation der Kundenkommunikation: stetige Neusortierung der Kontaktpartner auf Kundenseite (nicht nur mit denen reden, mit denen man immer redet, sondern auch mit anderen); Ausweitung der Kundenkommunikation auch auf solche Kundenmitarbeiter, die mit dem aktuellen Projekt des Unternehmens beim Kunden nicht

direkt befasst sind (Mitarbeiter in anderen Abteilungen und Geschäftsbereichen des Kunden, Mitarbeiter auf anderen Hierarchieebenen etc.);

- durch systematische Ausweitung der Kundenkommunikation über das Unternehmen des Kunden hinaus: Kommunikation mit den Kunden des Kunden; mit Dritten, die eine Beziehung zum Kunden haben (Lieferanten, sonstige Geschäftspartner des Kunden, Wettbewerber, ehemalige Kundenmitarbeiter etc.); mit Dritten, die den Kunden analysieren und evaluieren (Finanzpartner des Kunden, Analysten, Wissenschaftler etc.); mit der Umwelt, die für den Kunden relevant ist; mit dem Ökosystem, in das der Kunde eingebettet ist, u. a.

c. Synaptisches Kundenmanagement durch Aufhebung von Konsonanzen

Konsonanzen im Kontext des Kundenmanagements sind die innerhalb des Unternehmens fest zementierten, zur Gewissheit geronnenen Meinungen über den Kunden, über die Meinungen des Kunden und über die Beziehung des Unternehmens zum Kunden. Es sind die im Unternehmen geltenden kundenbezogenen Selbstbilder. Diese Konsonanzen halten fest, wie das Unternehmen den Kunden sieht, wie es seine Beziehungen zum Kunden einschätzt, wie das Unternehmen die Haltung des Kunden zum Unternehmen deutet und wie das Unternehmen die Positionen des Kunden zu dessen Geschäft und Umwelt und zu den Wettbewerbern des Unternehmens wahrnimmt.

Synaptisches Kundenmanagement stellt darauf ab, diese Konsonanzen immer wieder aufs Neue zu hinterfragen und zu reflektieren. Es geht von der Prämisse aus, dass sich diese Konsonanzen nicht von selbst verstehen, sondern im Gegenteil strukturell anfällig sind für Irrtümer, Verzerrungen, Fehldeutungen und Fehlwahrnehmungen.

Synaptisches Management dieser Konsonanzen operiert u. a. mit folgenden „Korrekturprogrammen":

- mit einer permanenten Konfrontation dieser Konsonanzen mit den Positionen des Kunden (die durch interne oder externe Audits ermittelt werden; dabei erhellen Kundenzufriedenheitsanalysen nur die Vordergrundkulisse; hinzu kommen müssen weitere Evaluationen, die auch die Hintergründe ausleuchten: die Haltung des Kunden zu den Stärken und Schwächen des Unternehmens, zu den Wettbewerbern des Unternehmens, zu seinen eigenen „Pain Points" etc.);
- mit einem stetigen Abgleich dieser Konsonanzen mit Analysen, Meinungen, Haltungen und Positionen Dritter; diese Dritten können sein: Geschäftspartner des Kunden, Kunden des Kunden, Wettbewerber des Kunden, Wettbewerber des Unternehmens, Wissenschaftler, Berater, Analysten etc.;
- mit einer regelmäßigen Auditierung dieser Konsonanzen auf der Grundlage des faktischen Status und der tatsächlichen Evolution der Beziehung des Unternehmens zum Kunden; Ziel dieser Auditierung ist die „Brechung" der Konsonanzen an der Wirklichkeit (z. B. im Blick auf einen Kunden, der sich mit den Leistungen des Unternehmens zufrieden zeigt, aber zugleich den Share of Wallet des Wettbewerbers stetig vergrößert);

- mit einer kritischen Reflexion dieser Konsonanzen im Unternehmen selbst, z. B. durch systematische Organisation einer unternehmensinternen Kultur der dialogischen Auseinandersetzung mit der Validität jener Konsonanzen (siehe dazu das Kap. 6.3.7).

d. Synaptisches Kundenmanagement durch Aufhebung von Korridoren

Korridore indizieren den Status quo einer Kundenbeziehung und eines Tableaus von Instrumenten des Kundenmanagements. Sie markieren die Grenzen, innerhalb derer sich das Kundenverständnis und das Kundenmanagement im Unternehmen bewegt.

Synaptisches Kundenmanagement stellt diese Grenzen permanent in Frage. Es befasst sich mit der Frage, wie es gelingen kann, die Kundenbeziehung neu zu interpretieren und neu zu gestalten. Dabei geht synaptisches Kundenmanagement von einer einfachen Prämisse aus. Sie lautet:

▶   Lasst uns annehmen, unser Verständnis vom Kunden sei unzutreffend oder defizitär. Lasst uns annehmen, unsere Produkte und Leistungen seien für den Kunden nicht mehr attraktiv genug oder suboptimal. Lasst uns annehmen, unser internes Kundenmanagement habe gravierende Defizite. Lasst uns auch annehmen, unsere Wettbewerber stünden kurz davor, unsere Kundenbeziehung zu unterminieren und uns beim Kunden abzulösen. Und lasst uns dann überlegen, was wir tun können, um sicherzustellen, dass sich diese Annahmen heute oder morgen als falsch erweisen.

Synaptisches Kundenmanagement bedeutet, systematisch den Korridor in Frage zu stellen, innerhalb dessen sich das kundenbezogene Denken und Handeln im Unternehmen bewegt. Dies kann mit einer Vielzahl von Ansätzen, Instrumenten und Methoden geschehen. Eine sei hier exemplarisch beschrieben: die **Methode der Abstraktion**.

Diese Methode der Abstraktion funktioniert wie folgt: Alles Konkrete, alle Konkretion hat ein zugrunde liegendes Muster, ein zugrunde liegendes Pattern. Alles auf der Oberfläche Erscheinende ist ein Phänomen einer grundlegenden Tiefenstruktur. Alle Vordergrund-Strukturen sind Erscheinungsformen einer Hintergrund-Struktur. Es kann nur dann gelingen, das Konkrete, das oberflächlich Evidente und die Vordergrund-Strukturen zu optimieren, wenn das zugrunde liegende Muster, die Tiefen- und Hintergrund-Struktur präzise erfasst wird. Letzteres erfordert eine Abstraktionsleistung, eine Ablösung vom je Konkreten, um hindurchzudringen zu jener Tiefenstruktur, die die Oberfläche grundiert. Die gedankliche Bewegung, die das hinter den Erscheinungsformen liegende Muster aufdeckt, will ich hier die Methode der Abstraktion nennen.

Ein Beispiel für diese Methode der Abstraktion ist die Analyse des hintergründigen, tiefenstrukturellen, jeder konkreten Lösung zugrunde liegenden Kundenproblems. Es gibt für diese Methode in der Managementliteratur eine Reihe von Ansätzen. Ich denke hier z. B. an die Methode des „Move Off the Solution" bei Khalsa und Illig (2008)[21] oder an

---

[21] „Top professionals have the ability to ‚move off the solution'. They withhold offering a solution until they have intelligently explored the problems to be solved and/or the results to be achieved." (S. 15)

den Topos des „lösungsinvarianten Kundenproblems" bei Malik (siehe dazu: Malik 2009, S. 47 ff., 2013, S. 155 ff.).[22]

Eine Analyse des Kundenproblems nach der Methode der Abstraktion kann wie folgt durchgeführt werden:

Zunächst wird für diese Analyse von den Produkten, Leistungen und Lösungen abstrahiert, die das Unternehmen für den Kunden bereitstellt. Das Unternehmen tritt also bei dieser Analyse aus dem Korridor heraus, der für das Management dieses Kunden errichtet wurde. Auf der Basis dieser Abstraktion wird dann analysiert, welches zugrunde liegende produkt- und lösungsunabhängige Problem bzw. welches produkt- und lösungsinvariante Interesse und Bedürfnis der Kunde hat.

Diese Analyse muss selbst wieder dynamisiert werden. Das heißt, die Analyse dieser Tiefenstruktur des Kundeninteresses muss darauf abstellen, dass diese Tiefenstruktur selbst wieder evolutionär entstanden ist und sich evolutionär wandelt. Die Analyse stellt also auf Patterns von Kundeninteressen ab, die produkt- und lösungsunabhängig existieren, die aber keine überzeitlichen Konstanten sind, sondern sich mit der Evolution von Gesellschaft, Wirtschaft und Technik selbst wieder wandeln.

Die Analyse geht dann weiter und differenziert zwischen verschiedenen Ebenen des Kundeninteresses bzw. des Kundenproblems:

- der Ebene der historisch invarianten Kundeninteressen (z. B. dem Interesse an Orientierung im Zeitkontinuum),
- der Ebene der gesellschaftlich-historischen Ausprägungsformen dieser Interessen (z. B. der Ausprägungsform, sich im Zeitkontinuum durch Uhren orientieren zu können)
- und der Ebene der durch bestimmte technische und wirtschaftliche Entwicklungen induzierten Derivate dieser Interessen bzw. dieser Ausprägungsformen (z. B. das Derivat, sich durch Tragen bestimmter Uhren eines bestimmten Status und einer bestimmten Persönlichkeits-Aura zu versichern).

Auf der Basis dieser abstrahierenden Analyse kann dann das Unternehmen, durch Heraustreten aus dem angestammten Korridor, die Fragen stellen, ob die Produkte und Lösungen, die das Unternehmen bietet, noch kundenadäquat sind bzw. in Zukunft noch kundenadäquat sein werden, welchem Substitutionsrisiko diese Produkte und Lösungen unterliegen

---

[22] Malik geht davon aus, nur auf der Basis eines lösungsunabhängigen Verständnisses für das Kundenproblem könnten invariante Problemmuster entdeckt werden. Und nur dann, wenn man diese Muster erkennt, könne man ein Substitutionsrisiko angemessen antizipieren und erkennen, also das Risiko, dass die eigene Lösung von der Lösung eines Wettbewerbers abgelöst wird. „Was aber ist das Problem, das das Produkt löst? Der strategische Grundsatz lautet hier: Der Kunde kauft niemals ein Produkt, sondern das, was das Produkt für ihn tut – er kauft eine Lösung für ein Problem, er kauft Nutzen." (Malik 2013a, S. 156) „Am Anfang der Strategie steht das Kundenproblem. Seine Orientierungskraft entfaltet dieser Begriff dann, wenn er auf eine ganz bestimmte, für viele ungewöhnliche Weise verstanden wird: nämlich in seiner lösungsinvarianten Form, also Problem pur, unabhängig von seinen heutigen und bisherigen Lösungen." (Malik 2013a, S. 155)

und welche Evolutionen das Unternehmen vollziehen muss, um auch künftig dem Kunden den Nutzen bringen zu können, den der Kunde nachfragt.

> **Beispiel**
>
> Beispiel Apple: Ein Großteil des Erfolgs, den Apple in den letzten Jahren hatte, ist darauf zurückzuführen, dass Apple durch abstrahierende Analyse des Kundeninteresses eine zentrale Erkenntnis hatte und diese dann konsequent in die eigene Produktentwicklung integriert hat, – die Erkenntnis nämlich, dass Kunden beim Kauf von Consumer Electronics nicht nur an bestimmten Funktionen, an „kalter Funktionalität", interessiert sind, sondern auch und gerade daran, durch Nutzung von Geräten der Konsumelektronik ihre sinnlichen Bedürfnisse befriedigen zu können, also Geräte zu kaufen, die ästhetisch sind.

Durch diese Methode der Abstraktion kann ein Kundenmanager eines Unternehmens auch ermitteln, ob der Kunde **korridorferne, gleichwohl potenziell korridorrelevante Interessen und Probleme** hat. Ich will diese Interessen und Probleme des Kunden „**sekundäre Kundenbedürfnisse**" nennen.

Sekundäre Kundenbedürfnisse sind solche Kundeninteressen und -probleme, die für den Kunden eine hohe, akute Bedeutung haben, die nicht im Geschäftsfokus des Unternehmens unseres Kundenmanagers liegen, für deren Adressierung und Lösung der Kundenmanager aber dann, wenn er sich innovativ, d. h. korridorübergreifend, gegenüber dem Kunden aufstellt, einen Beitrag leisten kann.

Der Kundenmanager findet also im Portfolio der Produkte und Leistungen seines Unternehmens keine passfähig auf diese sekundären Kundenbedürfnisse hin zugeschnittene Lösung. Diese Bedürfnisse reichen über das Standard-Geschäfts-Repertoire, das das Unternehmen bietet, hinaus. Gleichwohl prüft der Kundenmanager, indem er außerhalb seines Korridors tritt, ob er Mittel und Wege finden kann, um den Kunden dabei zu unterstützen, jenes sekundäre Bedürfnis zu befriedigen. Findet der Kundenmanager solche Mittel und Wege, und sei es solche, die mit den Geschäften seines Unternehmens und mit seinem Korridor nur wenig oder nur mittelbar zu tun haben, und leistet er damit einen Beitrag dafür, dass der Kunde dieses sein sekundäres Bedürfnis befriedigen kann, so profiliert sich der Kundenmanager bei diesem Kunden als innovativer Problemlöser und festigt damit die Kundenbeziehung.

Der Kundenmanager bewirkt also in diesem Fall dadurch, dass er aus seinem angestammten Korridor heraustritt, eine innovative Weiterentwicklung und Anreicherung dieses Korridors. Er überrascht den Kunden damit, dass er in der Lage ist, einen „Surplus-Mehrwert" für den Kunden zu schaffen, den der Kunde bei diesem Kundenmanager und bei diesem Unternehmen nicht erwarten konnte.

Solche Surplus-Mehrwerte können z. B. darin bestehen,

- dass der Kundenmanager persönliche Anliegen des Kunden aufgreift („Kann mein Sohn bei Ihnen ein Praktikum machen?"),
- dass er dem Kunden „Vertrauensleistungen" bietet, die für den Kunden Risiken und Unsicherheit reduzieren,
- dass er „adjacent problems" des Kunden, die der Beziehung des Kunden zum Unternehmen vor- bzw. nachgelagert sind, durch Einbeziehung von Dritten (Partnern des Unternehmens, die diese „adjacent problems" lösen können) adressiert,
- dass er als „add-on" zu einer Lieferung des Unternehmens Beiträge dafür erbringt, dass der Kunde seine eigenen Prozesse effizienter und effektiver managen kann,
- dass er den Kunden durch synaptische Beratung dabei unterstützt, sich besser mit der für den Kunden relevanten Umwelt zu vernetzen,
- dass er dem Kunden abseits der bestehenden Geschäftsbeziehung Wissen anbietet, das den Kunden in die Lage versetzt, sein Geschäft besser zu managen (indem er z. B. proaktiv Studien über die Kunden des Kunden durchführt etc.).[23]

Elemente dieses „Kundenmanagements durch Surplus-Mehrwert" finden sich im Konzept des Solution Selling:

> Grundprinzip des Solution Selling ist die Abkehr von der Präsentation der eigenen Leistungsfähigkeit hin zur zielgerichteten Erhebung von Kundennutzen und Kundenanforderungen, die durch das zu verkaufende Produkt erfüllt werden können. … Grundlage des Solution Selling ist … eine konsequente Auseinandersetzung mit den Businessthemen der Kunden und das Verständnis von deren ‚pain' (Leidensdruck). Danach erfolgt die Formulierung eines quantifizierbaren ‚added values' (Mehrwertes) für den Kunden. Schlussendlich wird durch Solution Selling die Erfüllung einer Vision einer Solution (Problemlösung) des Kunden ermöglicht. (Zupancic et al. 2005, S. 103 ff.)

Das Konzept des „Kundenmanagements durch Surplus-Mehrwert" geht aber über diesen Ansatz des Solution Selling deshalb weit hinaus, weil jenes Konzept darauf abstellt, den Kunden auch dort zu unterstützen, wo das Unternehmen keine standardisierten Lösungen bereithält. Es geht beim Surplus-Mehrwert eben gerade um Kundennutzen, die durch das zu verkaufende Produkt nicht oder nicht zureichend erfüllt werden können. Kundenmanagement durch Surplus-Mehrwert stellt damit nicht nur auf Kundenmehrwert ab, der innerhalb des Korridors erzeugt werden kann, sondern auch und gerade auf solchen, der ein Hinaustreten aus dem Korridor erfordert.

---

[23] Einige Hinweise auf eine solche „Surplus-Mehrwert-Strategie" finden sich bei: Belz et al. 2008, S. 109 f. und bei Zupancic et al. 2005, S. 101 ff.

6.2 Management von Binnenvernetzung und synaptisches Binnenmanagement

Ein weiteres wesentliches Grundprinzip und Maßnahmen-Cluster im Kontext des synaptischen Managements ist das Management von Binnenvernetzung. Dies ist das notwendige Pendant zum Management von Umweltvernetzung. Denn der Transfer von Umweltvernetzung kann nur dann gelingen, kann nur dann zu einer Dynamisierung des Unternehmens führen, wenn er mit einer vitalen und stetig vitalisierten Binnenvernetzung einhergeht.

Das Management von Binnenvernetzung ist eines der notwendigen Instrumente zur systematischen Bearbeitung von Reservaten, Gemeinschaften, Konsonanzen und Korridoren im Unternehmen. Diese Bearbeitung schafft das unternehmensinterne Milieu, das erforderlich ist, damit der Transfer von Umweltvernetzung erfolgreich sein kann.

Für das synaptische Management von Binnenvernetzung gelten cum grano salis auch die beiden Prämissen, die oben für das Management von Umweltvernetzung zugrunde gelegt wurden. Sie lauten hier:

Prämisse der Binnen-Komplexität jeglicher Management-Aktivität
- Alles Managementhandeln im Binnenraum des Unternehmens betrifft Teile des Unternehmens, die auf komplexe Weise miteinander und mit dem Unternehmensganzen vernetzt sind, oder das Unternehmensganze, das auf komplexe Weise mit seinen Teilen vernetzt ist.
- Deshalb muss alles Denken und Handeln des Managements stets im Hinblick darauf erfolgen, auf welche Weise einzelne Teile des Unternehmens miteinander und mit dem Unternehmensganzen vernetzt sind.
- Entsprechend müssen Aktionen des Managements stets im Hinblick darauf konzipiert und umgesetzt werden, welche unternehmensinternen Bedingungen für diese Aktionen vorliegen, wie diese Aktionen durch aktuelle und künftige unternehmensinterne Vernetzungen konditioniert und beeinflusst sind, welche Auswirkungen diese Aktionen aufgrund dieser Vernetzung unternehmensintern (auf einzelne Subsysteme, Gruppen von Subsystemen etc.) haben und welche Wechselwirkungen zwischen diesen Aktionen und den Teilen des Unternehmens bestehen.

Prämisse der Binnen-Agnostik jeglicher Management-Aktivität
- Für jegliches Handeln des Managements gilt auch im Binnenraum des Unternehmens das Wandlungsdilemma der Komplexität. Es manifestiert sich in dem Real-Widerspruch: Manager müssen bei all ihrem Tun in Kenntnis der unternehmensinternen Komplexität handeln. Manager müssen bei all ihrem Tun konzedieren, dass sie die unternehmensinterne Komplexität nicht zureichend kennen.
- Alle Aktionen des Managements müssen immer im Rekurs darauf erfolgen, dass diese Aktivitäten unternehmensinterne Auswirkungen haben und Wechselwirkungen mit unternehmensinternen Konstellationen zeitigen können, die nicht vorhersehbar und nicht planbar sind bzw. die nicht erwartet wurden und die nicht erwünscht sind.

Synaptisches Management geht davon aus, dass diese beiden Prämissen nicht dadurch zureichend „bearbeitet" werden können, dass zu ihrer Bearbeitung Instrumente der mechanischen Unternehmensführung in Stellung gebracht werden (z. B. Analysen von Stabsstellen oder von externen Dritten über unternehmensinterne Verflechtungen und Vernetzungen, Anweisungen an einzelne Unternehmensteile, im Einklang mit bestimmten Aktionen des Managements zu funktionieren etc.).

Vielmehr operiert das synaptische Management zur „Behandlung" dieser Prämissen mit dem Instrument der evolutionären Binnenvernetzung.

Beispiel

Ein Beispiel für unvorhergesehene Binnenwirkungen aus der Unternehmenspraxis: Das Management eines Unternehmens beschließt, die Instrumente des Unternehmens zur Incentivierung und Führung der Mitarbeiter anzupassen. Konkret sollen bei allen Mitarbeitern ab einer bestimmten Gehaltsstufe die variablen Gehaltsbestandteile im Vergleich zu den fixen Gehaltsbestandteilen stärker gewichtet werden. Auch soll für die strikte Bindung dieser variablen Gehaltsbestandteile an die individuelle Performance des einzelnen Mitarbeiters ein detailliertes MBO-System implementiert werden (mit einem umfangreichen Katalog an quantitativen Zielen, die stetig gemessen und nachgehalten werden und an deren Erreichung das variable Gehalt des Mitarbeiters geknüpft wird). Auf diese Weise will das Management im Unternehmen alle Leistungsreserven der Mitarbeiter effektiv mobilisieren. Durch diese Maßnahme werden aber vielfältige, nicht vorhergesehene Folgewirkungen induziert: Teams lösen sich auf, weil die einzelnen Team-Mitglieder ihre individuelle Performance und nicht die der Gruppe zur Richtschnur ihres Handelns machen, eine Kultur des konkurrenzorientierten Gegeneinander macht sich breit und überlagert Formen der partnerschaftliche Kooperation, einzelne Mitarbeiter bilden und befestigen Reservate der Selbstoptimierung, daneben bilden sich „Freundeskreise" und „Seilschaften" von einzelnen Mitarbeitern, mit denen diese Gemeinschafts-Mitglieder das Ziel verfolgen, sich kollektiv optimal gegenüber dem Management zu positionieren. Im Ergebnis all dieser Folgewirkungen sinkt die Produktivität im Unternehmen signifikant ab.

Gemeinsam mit dem Management von Umweltvernetzung schafft das Management von Binnenvernetzung die Voraussetzungen dafür, ein Unternehmen in die Lage zu versetzen, die Wandlungsdilemmata der Komplexität und der Konfliktresistenz zu bewältigen.

Diese Wandlungsdilemmata kann ein Unternehmen nur dadurch nachhaltig auflösen, dass es umfassend und ubiquitär alle verfügbaren internen und externen Ressourcen für ein effizientes und effektives, intensives und produktives Management von Umwelt- und Binnenvernetzung einsetzt.

Ein Unternehmenssystem, das auf umfassende Umwelt- und Binnenvernetzung setzt und das dabei ein Milieu schafft, in dem sich die evolutionäre Selbstorganisation der Elemente des Systems entfalten kann, ist in der Lage, erheblich mehr Informationen zu verarbeiten als ein zentral gesteuertes, von Top-down-Befehlen einer zentralen Instanz dirigiertes System. Es verfügt über eine „wesentlich höhere Komplexitätsbewältigungskraft" (Malik 2009, S. 258).

Das Paradigma der Binnenvernetzung geht davon aus, dass das soziale System Unternehmen aus einer Vielzahl von Subsystemen besteht, die wiederum füreinander Systemumwelten darstellen. Die jeweiligen Subsysteme im Unternehmen finden also auch und gerade im Binnenraum des Unternehmens systemrelevante Umwelten vor, mit denen sie sich auf möglichst intensive und produktive Weise vernetzen müssen. Binnenvernetzung ist damit im Kern immer auch ein Modus der Umweltvernetzung.

Jeder Mitarbeiter ist in diesem systemtheoretischen Verständnis des Unternehmens ein eigenes Subsystem, jede Arbeitsgruppe, jede Organisationseinheit, jedes Projekt, jeder Geschäftsbereich.

In dem Maße, wie die externe Umwelt des Unternehmens komplexer, unberechenbarer und volatiler wird, muss das Unternehmen auf diese Umweltkonstellation durch interne Systemdifferenzierung reagieren (siehe hierzu: Luhmann 1984, S. 66 f.). Das Unternehmen muss also, als inneres Pendant zur äußeren Umweltkomplexität, durch Ausbildung einer Vielzahl von internen Subsystemen seine interne Komplexität steigern. Damit schafft das Unternehmen für seine internen Subsysteme den Zwang zur Selektion von Relationen zwischen den Elementen der Subsysteme und den Elementen der unternehmensinternen und der unternehmensexternen Umwelt dieser Subsysteme. Dieser Selektionszwang schafft Risiko und Kontingenz, d. h. einen Möglichkeitsüberschuss, den das jeweilige Subsystem handlungsorientierend deuten muss.

Das Management der Binnenvernetzung stellt genau darauf ab, die internen Subsysteme im Unternehmen zu befähigen, diesen Selektionszwang möglichst effektiv und effizient zu exekutieren und damit Risiko zu mindern und Kontingenz zu kanalisieren.

Management von Binnenvernetzung meint damit: Vitalisierung und In-Beziehung-Setzen von Unternehmensakteuren, Unternehmenseinheiten und von Unternehmensstrukturen über Grenzen und Barrieren hinweg. Grenzen und Barrieren sind im Unternehmen nicht nur die Konstitutionsprinzipien von Reservaten, Gemeinschaften, Konsonanzen und Korridoren, sondern auch Funktionsprinzipien der formalen Unternehmensorganisation. Sie zu affirmieren und zu negieren, zu fixieren und zu verflüssigen, bildet den Kern der Aufgabe des Managements von Binnenvernetzung. Es ist auch hier die Aufgabe, einen Widerspruch auszugestalten und auszuhalten.

Das Management von Binnenvernetzung muss deshalb als duales Management verstanden werden. Das bedeutet: Das synaptische Binnenvernetzungs-Management legt über die formale Organisation des Unternehmens mit ihrer hierarchischen Aufbauorganisation und zweckrationalen Prozessorganisation (die durch mechanisches Management geschaffen wird) eine zweite Form der unternehmensinternen Koordination, eine „Overlay-Struktur" in Form eines neuronalen Netzes.

Dieses **neuronale Netz**, bestehend aus Neuronen und Synapsen, funktioniert nach anderen Prinzipien als die formale Organisation: Es verknüpft im Unternehmen jeden mit jedem, ermöglicht Kommunikation und Koordination zwischen allen Akteuren, ist offen und permissiv für die ungefilterte, unbeschränkte Interaktion zwischen allen. Es verschaltet alle Akteure im Unternehmen horizontal, gleichgeordnet und parallel. Da es in diesem neuronalen Netz keine Verknüpfungsbarrieren und Zugangshindernisse gibt, ist die Koordination aller Akteure über dieses neuronale Overlay-Netz zu jeder Zeit und an jedem Ort einfach, schnell und unaufwändig möglich. Es gibt keine Zentralstelle, die die synaptischen Verknüpfungen in diesem neuronalen Netz überwacht und konditioniert. Vielmehr erfolgt die Koordination der Akteure in diesem neuronalen Netz durch die Akteure selbst. Sie koordinieren sich flexibel und fluktuierend über ihre fachlichen Beiträge, nicht über ihre Stellung in der formalen Unternehmensorganisation. Dabei nutzen sie zufällige Verschaltungen, zirkuläre Rückkopplungen und unerwartete Ereignisse für Lernprozesse, die ihre wechselseitige Koordination verbessern. Sie kooperieren und kommunizieren in diesem neuronalen Netz fließend und in steter Bewegung. Die Nervenverbindungen, die diese Kommunikation ermöglichen, werden ständig neu gebildet und neu verschaltet. Sie haben keine bestimmt Dauer, sondern sind chronisch temporär.

Dieses neuronale Netz transferiert die Organisationsprinzipien des Internets in den Binnenraum des Unternehmens.

►   Synaptisches Binnenvernetzungs-Management stellt darauf ab, die formale Aufbau- und Ablaufstruktur des Unternehmens mit jener Overlay-Struktur eines neuronalen Netzes zu verschränken.

Es ist die Kunst des synaptischen Managements, diese gegensätzlichen Strukturen miteinander in Einklang zu bringen. Synaptisches Management der Binnenvernetzung muss darauf abstellen, einerseits die Stabilität der formalen Organisation zu gewährleisten und andererseits die Dynamik der Koordination durch neuronale Netze zu vitalisieren. Und es muss synaptische Verknüpfungen zwischen beiden Organisationsstrukturen herstellen, Verschaltungen zwischen der formalen und der neuronalen Struktur. Synaptisches Binnenvernetzungs-Management ist in dem Maße erfolgreich, wie es „Neurotransmitter" freisetzt, die diese Verschaltungen bewirken.

Dies kann synaptisches Binnenvernetzungs-Management aber nur dann leisten, wenn es dabei auch auf alle anderen vier Maßnahmen-Cluster des synaptischen Managements zurückgreifen kann.

Es zeigt sich hier ein grundsätzliches Problem der sprachlichen Darstellung der fünf Maßnahmen-Cluster des synaptischen Managements: Sie müssen in diesem Buch nacheinander, seriell, dargestellt werden, können aber immer nur in ihrer Gesamtheit, in ihrem ganzheitlichen Zusammenwirken funktionieren.

Für das Management der Binnenvernetzung gilt ebenfalls, was oben schon über das Management der Umweltvernetzung gesagt wurde: Binnenvernetzung und Ansätze zum Management von Binnenvernetzung gibt es in jedem Unternehmen. Was aber in der Regel nicht existiert, ist ein systematisches, strategisch grundiertes und kontinuierlich gemessenes, nachgehaltenes, kontrolliertes, evaluiertes und auf Optimierung hin angelegtes Management von Binnenvernetzung, verstanden als Kernaufgabe der Unternehmensführung.

Es ist dies auch der Kern des Managements von Binnenvernetzung im Kontext des synaptischen Managements: Nicht die einzelnen Module der Binnenvernetzung machen dieses Management-Paradigma aus, sondern das gesamte Ensemble dieser Module, systematisch konzipiert und exekutiert im Horizont eines holistischen Vernetzungsmanagements, eines Managements, das auf eine möglichst effiziente und effektive, intensive und produktive Dynamisierung von Unternehmen durch Aufhebung von Abschottungstendenzen setzt.

Deshalb kommt es bei diesem Paradigma auch nicht darauf an, möglichst viele einzelne Maßnahmen aufzulisten, sondern sie systematisch einzubetten und zu integrieren in einen ganzheitlichen Ansatz des synaptischen Unternehmensmanagements.

In diesem Kontext wollen wir im Folgenden einige wesentliche Aktionsfelder und Maßnahmen des Managements von Binnenvernetzung aufführen, eingedenk dessen, dass sich die Bedeutung dieser einzelnen Aktivitäten für die Unternehmensführung nur aus ihrer Einbettung in das Paradigma des synaptischen Managements erschließt.

6.2.1   Management von Holismus

Mit Management von Holismus ist gemeint, dass alle Mikrostrukturen im Unternehmen (alle Mitarbeiter, Geschäftsbereiche, Sub-Bereiche etc.) stetig darauf ausgerichtet werden, ihre Aktionen und Reflexionen in ganzheitlicher Perspektive anzulegen. Sie müssen sich als Teile eines Ganzen begreifen und deshalb all ihre Aktivitäten vom Ganzen her angehen. Bei allen strategischen Überlegungen im Mikrobereich der Teilsysteme, bei allen Planungen und Handlungen, die diese Teilsysteme durchführen, muss stets der Kontext des Gesamtunternehmens und die Funktion der Teilsysteme innerhalb des Gesamtsystems zugrunde gelegt werden.

Das synaptische Management macht diese Verschränkung von Teil und Ganzem, diese holistische Einbettung jeder mikrostrukturellen Reflexion und Aktion, zur Maxime des eigenen Handelns. Und es schafft Rahmenbedingungen dafür, dass auch alle Teilsysteme im Unternehmen nach dieser Maxime handeln. Ziel ist es, eine Unternehmenskultur zu schaffen, in der diese holistische Orientierung von allen Unternehmensakteuren als Teil ihrer Identität angesehen und gelebt wird.

Holistische Orientierung bedeutet auch, dass die Teile fortwährend aktiviert werden, um Beiträge zur Weiterentwicklung des Unternehmensganzen zu leisten. Dies kann nur dann gelingen, wenn diese Teile im Modus der Binnenvernetzung immer wieder neu und permanent beweglich miteinander verschränkt werden. Danah Zohar erhellt diesen Sachverhalt, indem sie auf das „Von-Foerster-Theorem" verweist:

> Je starrer die Elemente eines Systems miteinander verknüpft sind, desto weniger Einfluß haben sie auf das System als Ganzes. Je starrer die Verbindungen sind, desto ausgeprägter ist die ‚Entfremdung' eines jeden Elements vom Ganzen. (Zohar 2000, S. 96)

Das Paradigma des Managements von Holismus ist damit gegen jeden Separatismus und Sezessionismus von Unternehmenseinheiten und Teilsystemen gerichtet. Es geht davon aus, dass jeder Separatismus in der Bewegung und Entwicklung von Teilsystemen das Unternehmensganze existenziell gefährden kann. Weil jeder Separatismus ein Modus der Abschottung ist.

Management von Holismus benötigt ein Milieu der Transparenz. Sollen die Mitarbeiter in der Lage sein, ihren Beitrag für das Gesamtunternehmen beurteilen und damit optimieren zu können, brauchen sie Zugang zu Informationen über das Gesamtunternehmen. Das Management von Holismus hat deshalb die Aufgabe, Informationssilos entgegenzuwirken und ein neuronales Informationsnetz im Unternehmen auszubreiten.

Management von Holismus hat viele Facetten. Es beginnt bei der strategischen Ausrichtung der einzelnen Teilsysteme, die stetig mit der Strategie des Gesamtsystems synthetisiert werden muss, nimmt seine Fortsetzung bei den Zielen, die für die einzelnen Teilsysteme gelten und die organisch mit den Zielen des Gesamtunternehmens verflochten sein müssen, und umfasst ferner die Einbindung jeder einzelnen Aktivität der Teilsysteme in die Funktionslogik des Gesamtsystems.

Dabei muss das Management von Holismus immer auch den Abschottungstendenzen begegnen, die es auf der Ebene unternehmensinterner Reservate und Gemeinschaften, Konsonanzen und Korridore gibt.

Dies setzt zum einen voraus, dass im Unternehmen eine Strategie zur systematischen Ortung und Erkundung der unternehmensinternen Reservate und Gemeinschaften, Konsonanzen und Korridore erarbeitet und umgesetzt wird. Und es impliziert zum anderen, dass holistisches Management gezielt an diesen Abschottungsstrukturen ansetzt und sie mit den Anforderungen der ganzheitlichen Unternehmensführung konfrontiert.

6.2.2 Management durch Partizipation

Management von Holismus muss immer auch damit einhergehen, dass im Unternehmen ein Milieu der Partizipation geschaffen wird. Denn die Unternehmensakteure können sich nur als Teile eines Ganzen begreifen, wenn das Unternehmen sie auch so begreift.

Die Schaffung eines Unternehmens-Milieus der Partizipation ist ein Kernelement des synaptischen Managements und des Managements von Binnenvernetzung.

Sie ist auch und gerade ein essentielles Mittel zur Bewältigung von Komplexität im Unternehmen. Ohne ein Milieu der Partizipation können Unternehmen die Komplexität, der sie im 21. Jahrhundert ausgesetzt sind, nicht zureichend rezipieren und managen. Dies ist eine Grunderkenntnis der Komplexitätstheorie (siehe dazu z. B. Malik 2008, S. 195 ff.).

Denn ein Unternehmen, in dem es dieses Milieu der Partizipation nicht gibt, muss top-down, von einer Befehlsinstanz aus, geführt werden, einer Instanz, die ihre Anweisungen aufgrund ihrer eigenen Erkenntnisse und Erfahrungen erteilt. Diese Instanz kann eine Person oder eine Personengruppe (Vorstand, Geschäftsführung etc.) sein. Sie kann auch in Gestalt einer zentralen Befehlsinstanz (Top-Management) und einer Reihe von Sub-

Befehlsinstanzen (Leiter von Geschäftsbereichen etc.) organisiert sein. In einem solchen Befehlssystem kann aber die Komplexitätsbewältigungs-Kapazität des Gesamtsystems niemals größer sein als die Komplexitätsbewältigungs-Kapazität der Befehlsinstanz. Die Komplexität des Systems Unternehmen ist hier immer durch die Komplexität der Entscheidungsinstanz limitiert.

Diese Limitierung ist für ein Unternehmen nur dann unproblematisch, wenn entweder das Unternehmen nicht komplex ist (Kleinstunternehmen) oder wenn die Umwelt des Unternehmens nur eine geringe Komplexität aufweist. Beide Voraussetzungen sind aber für mittlere und große Unternehmen im 21. Jahrhundert, wie oben dargelegt (Kap. 2), nicht gegeben. Für diese Unternehmen gilt: Werden sie im 21. Jahrhundert nach den Maximen eines nicht-partizipativen Befehlssystems geführt, dann weisen sie eine chronisch unzureichende Kapazität zur Bewältigung der Komplexität ihrer Umwelt auf. Sie bewegen sich dann immer hart am Rande der Existenzgefährdung. Ihre Fähigkeiten zur flexiblen Bewältigung von Umweltirritationen sind dann strukturell dezimiert und defizitär.

Unternehmen im 21. Jahrhundert brauchen deshalb, um fähig zur Komplexitätsbewältigung, Adaption und Evolution bleiben zu können, zwingend ein Milieu der Partizipation.

In einem solchen Milieu ist es möglich, für die Rezeption von und die Reaktion auf Umweltkomplexität das gesamte Wissen, die gesamte Erfahrung und die gesamten Fertigkeiten aller Unternehmensmitarbeiter zu mobilisieren. Das Milieu der Partizipation befähigt die Unternehmensakteure dazu, auf der Grundlage ihrer Kompetenzen, Erkenntnisse und Wahrnehmungen im Wege der Selbstorganisation und Selbstregulierung proaktiv und adaptiv auf Umweltbewegungen einzugehen.

Dieses Milieu ermöglicht damit die Reproduktion der Umweltkomplexität im Unternehmen selbst. Nur diese Reproduktion befähigt das soziale System Unternehmen, mit seiner Umweltkomplexität fertig zu werden. Denn für die Kontrolle und Bewältigung von umfangreicher Umweltkomplexität benötigt das Unternehmen ein ebenfalls umfangreiches Repertoire an Verhaltens- und Denkvarianten. Dieses umfangreiche Repertoire kann in einem Befehlssystem nicht ausgebildet werden. Es bedarf dazu zwingend eines partizipativen Systems.[24]

In einem Milieu der Partizipation werden Verantwortung und Entscheidungsgewalt delegiert, finden die Mitarbeiter Freiräume für selbstbestimmtes Denken und Handeln, ist ein Regel-Rahmen gesetzt, innerhalb dessen die endogenen Kräfte des Systems zur Selbstorganisation und Selbstoptimierung, zur Adaption und Evolution stimuliert werden können.

---

[24] Siehe dazu die Gesetzmäßigkeit, die der britische Kybernetiker Ross Ashby formuliert hat, die Gesetzmäßigkeit der „requisite variety". Sie besagt, dass Komplexität nur durch Komplexität bewältigt werden kann. Oder, wie es Malik ausgedrückt hat: „Nur Varietät kann Varietät absorbieren." (Malik 2008, S. 173)

Ein Unternehmen schafft ein Milieu der Partizipation, indem es diesen regulativen Rahmen setzt. Die allgemeinen Regeln, die diesen regulativen Rahmen ausmachen, können wie folgt skizziert werden:

- Die Entscheidungsgewalt und Entscheidungsverantwortung wird im Unternehmen grundsätzlich dort allokiert, wo die Kompetenz ist, und nicht dort, wo die Befehlsspitze ist. Die Entscheidung folgt dem Sachverstand und nicht der Sachverstand der Entscheidung. Karl Weick und Kathleen Sutcliffe haben nachdrücklich aufgezeigt, welche Fehlentwicklungen programmiert werden, wenn diese Regel der „subtilen Auflösung der Hierarchie zugunsten der fachlichen Kompetenz" nicht befolgt wird (Weick und Sutcliffe 2010, S. 78 ff.).
- Verantwortung muss mit Entscheidungsbefugnis korrespondieren. Das gilt auch für den Grad der Verantwortung und den Grad der Entscheidungsbefugnis.
- Entscheidungen, die das Aufgabenfeld eines bestimmten Kreises von Mitarbeitern betreffen, werden dann, wenn sie nicht von diesen Mitarbeitern selbst getroffen werden, nur in Abstimmung mit diesen Mitarbeitern getroffen. Das bedeutet: Der Sachverstand und die Erfahrungen dieser Mitarbeiter wird in den Entscheidungsprozess einbezogen. Bevor eine übergeordnete Instanz die Entscheidung trifft, werden Rückkopplungen mit diesen Mitarbeitern vorgenommen. Weicht die Entscheidung von der Position der Mitarbeiter ab, wird die Entscheidung gegenüber den Mitarbeitern eingehend begründet.
- Trifft ein bestimmter Geschäftsbereich des Unternehmens Überlegungen, Planungen oder Vorbereitungen für bestimmte Aktionen, die das Aufgabenfeld von Mitarbeitern außerhalb dieses Geschäftsbereichs berühren, so erhalten diese Mitarbeiter die Möglichkeit, an diesen Überlegungen, Planungen oder Vorbereitungen mitzuwirken.
- Trifft ein bestimmter Geschäftsbereich des Unternehmens Überlegungen, Planungen oder Vorbereitungen für bestimmte Aktionen, so werden alle Mitarbeiter, die von diesen Aktionen betroffen sind, in den Prozess der Ideenfindung, Planung oder Vorbereitung einbezogen. Das bedeutet: Die Mitarbeiter werden informiert; sie erhalten die Chance, sich in den Prozess mit Ideen und Anregungen einzubringen; das vorläufige Prozessergebnis wird ihnen zur Kommentierung vorgelegt; das Prozessergebnis wird ihnen gegenüber eingehend erläutert.
- Unabhängig von den formellen und informellen Organisationsstrukturen des Unternehmens haben alle Mitarbeiter die Chance, sich in allen Angelegenheiten des Unternehmens, zu denen sie Ideen, Anregungen und Vorschläge einbringen wollen, gegenüber den zuständigen Unternehmenseinheiten zu äußern. Sie haben diese Chance auch dann, wenn sie nicht zuständig sind.
Im synaptischen Unternehmen, das ein Milieu der Partizipation ausbildet, findet deshalb eine systematische Entkopplung zwischen Entscheider-Hierarchie und Kommunikations-Milieu statt (siehe dazu die Darstellung der Peer-Kultur bei Pixar im Kap. 6.2.5).

6.2.3   Management von Grenzüberschreitung, Heterogenität und Diversität

Binnenvernetzung kann ferner dadurch intensiviert werden, dass Strukturen im Unternehmen implantiert werden, die eine barrieren- und grenzüberschreitende Kommunikation und Kooperation ermöglichen und erleichtern, erzwingen und prämieren. Barrieren- und grenzüberschreitend meint: Kommunikation und Kooperation über formale Organisationsgrenzen, Zuständigkeits- und Fachbereichsdomänen hinweg, quer zur Ablauf- und Aufbauorganisation, informell und ohne Verbotsschilder, übergreifend über Hierarchien und räumliche Distanzen.

Eine solche systematische und kontinuierliche Kommunikation und Kooperation im Unternehmen über etablierte Grenzzäune, Domänen, Barrieren, Zuständigkeiten und Machtbefugnisse hinweg kann mit einer Vielzahl von Maßnahmen befördert und eingefordert werden. Einige seien hier genannt:

- systematische Verschränkung von Top-down- und Bottom-up-Aktionen zur Vorbereitung von unternehmensrelevanten Maßnahmen und Entscheidungen;
- Schaffung von Heterogenität durch Etablierung von Projekten, in denen Mitarbeiter aus unterschiedlichen Geschäftsbereichen, auf verschiedenen Hierarchiestufen, mit unterschiedlichen Zuständigkeiten, Qualifikationen, Funktionen, Erfahrungshintergründen und Kulturprägungen systematisch zusammenarbeiten;
- Stimulierung dieser Heterogenität und Diversität, indem in solche Projekte Personen aus der Unternehmensumwelt einbezogen werden (z. B. aus dem Partnernetzwerk des Unternehmens, von Kunden, von externen Beratern etc.), die ihre externe Sicht in die Arbeit der Projektgruppe einbringen;
- Potenzierung von Heterogenität durch weitere Maßnahmen: Förderung von Minderheiten im Unternehmen, Frauenförderung, Neueinstellung von Personen mit Erfahrung in anderen Kulturen und Branchen, Förderung von Meinungs-Heterogenität und Meinungs-Kontrast durch verschiedene Formen von Dialogforen (siehe dazu Kap. 6.3.7) u. a.;
- Förderung von Job-Rotation im Unternehmen; zum einen als dauerhaften Wechsel der Funktion im Unternehmen, zum anderen als zeitlich befristeten Wechsel;
- Aufbau von technischen Kommunikationssystemen und von zeitlichen und räumlichen Kommunikationsgelegenheiten im Unternehmen für die systematische grenz- und barrierenübergreifende Kommunikation;
- Etablierung von Zielsystemen, Freiräumen und Prämiensystemen im Unternehmen zur Einforderung und Beförderung von Maßnahmen der barrieren- und grenzüberschreitenden Kommunikation und Kooperation, die von den Mitarbeitern selbst, aufgrund ihrer Eigeninitiative, erfunden und umgesetzt werden.

Bei der Stimulierung von interdisziplinärer, bereichs- und grenzüberschreitender Kommunikation und Kooperation kann ein Unternehmen zwei unterschiedliche Ziele miteinander kombinieren: zum einen das Ziel, diese grenzüberschreitende Interaktion gezielt in bestimmte Arbeitsprojekte und Kooperationsprozesse einzubinden; zum anderen das Ziel, Räume und Anlässe zu schaffen, in denen außerhalb von konkreten Arbeitsprojekten und Arbeitsprozessen, ungeplant und unbeabsichtigt, zufällig und emergent Formen grenzüberschreitender Interaktion nahegelegt und gefördert werden (siehe z. B. dazu das Konzept von Steve Jobs bei Pixar, Räume und Anlässe für „inadvertent encounters" bzw. für „chance encounters" zu schaffen; vgl. die Darstellung dieses Konzepts am Ende des Kap. 6.2.5).

Der Automobilhersteller Volvo hat beide Ziele bei der Bildung seiner „Quantenzirkel" integriert. Dies waren interdisziplinäre Teams von Entwicklern mit fluktuierender Zusammensetzung, die beweglich miteinander verknüpft und lose organisiert waren und fortwährend Subteams bildeten, die wiederum in einer Netzwerkkommunikation mit den anderen Teams und Subteams verschränkt waren. Die Ingenieure konnten flexibel zwischen den Teams und Subteams changieren. Damit diese elastische Binnenvernetzung reibungslos möglich war, wurden sogar die Schreibtische der Ingenieure auf Räder gestellt (vgl. Zohar 2000, S. 130).

6.2.4   Management von barrieren- und grenzüberschreitendem Wissenstransfer und Lernen

In diesen Kontext gehört auch das Management von barrieren- und grenzüberschreitendem Wissenstransfer und Lernen.

Ich habe oben dargelegt, dass es zu den wesentlichen Funktionsprinzipien von Reservaten gehört, dass die Reservatsbesitzer Wissen horten, persönliche Wissensdomänen bauen und diese mit vielfältigen Maßnahmen von Dritten abschotten. Gegen diese Monopolisierung von Wissensbeständen, gegen diese Schaffung reservierter Sphären von Geheimwissen und abgeschotteten Lernräumen setzt das Management von Binnenvernetzung das Prinzip der unternehmensinternen Öffnung und Vernetzung aller Wissensbestände und Lernchancen.

Dieses Prinzip kann mit einer Vielzahl von Maßnahmen verfochten und implementiert werden. Dazu gehören z. B.

- Knowledge-Management-Maßnahmen, die dem Ziel dienen, reservatsinterne Wissensdomänen aufzuspüren und aufzudecken,
- unternehmensinterne IT-Systeme, die das Teilen von Wissen und Informationen erleichtern bzw. ermöglichen,
- unternehmensinterne Kommunikationssysteme und Kommunikationsgelegenheiten, die eine Plattform für den kontinuierlichen Austausch von Wissen schaffen[25],

---

[25] Siehe hierzu z. B. das „Global Knowledge Transfer Network" von Buckman Laboratories International.

- Incentives und Belohnungen für besondere Leistungen beim Wissenstransfer und bei grenzüberschreitendem Lernen.[26]

Für all diese Maßnahmen zur Stimulierung von Binnenvernetzung gilt ebenso wie für die Maßnahmen zur Intensivierung von Umweltvernetzung, dass sie nicht zureichend greifen können, wenn sie nur auf dem Prinzip von Belohnung und Bestrafung basieren. Ihre Wirksamkeit hängt vielmehr auch und gerade davon ab, dass sie auf der intrinsischen Motivation der Mitarbeiter beruhen.[27]

Diese intrinsische Motivation kann ein Unternehmen nur wecken, wenn es Kulturen, Freiräume und Ressourcen dafür schafft, dass Mitarbeiter in eigener Verantwortung, aus eigener Initiative heraus und aufgrund eigener Einschätzung der Sinnhaftigkeit dieses Tuns darangehen, externe und interne Vernetzungen zu suchen und zu schaffen.

Die neuere Motivationsforschung hat eine Vielzahl von empirischen Nachweisen dazu erbracht, dass nicht-routinisierte, nicht-standardisierte und nicht-repetitive Tätigkeiten durch Verhängung von Belohnungen und Bestrafungen nicht optimiert werden können, ja dass Belohnungen und Bestrafungen bei diesem Typus von Tätigkeiten eher zu Minder- als zu Mehrleistungen führen.

Synaptisches Handeln im Sinne einer intensiven und produktiven Umwelt- und Binnenvernetzung ist aber im Kern kein routinisierbares, mechanisches Handeln. Es erfordert deshalb eine intrinsische Motivation bei den Unternehmensakteuren, die dieses synaptische Handeln durch eigene Initiative ausprägen sollen.

Damit diese intrinsische Motivation entstehen und Bestand haben kann, benötigen die Unternehmensakteure im Binnenraum des Unternehmens ein kulturelles Milieu, das Selbstverantwortung, unternehmerisches Risk-Taking und autonome Selbstbestimmung und Selbstorganisation bei der Findung von Wegen zur Zielerreichung ermöglicht und stimuliert.

Die neuere Motivationsforschung hat eine Vielzahl von Wegen aufgezeigt, wie diese intrinsisch motivierte Vernetzungsaktivität von Mitarbeitern außerhalb der Raster von Belohnungen und Bestrafungen befördert werden kann: z. B. durch Schaffung von Zonen für selbstbestimmte Arbeit; durch Kreieren von Arbeitsräumen und Arbeitszeiten, in denen statt der Pflicht die Kür absolviert werden kann („20 Prozent-Zeiten"); durch Schaffung eines Milieus, das autotelische Erfahrungen befördert (nach griechisch autos, selbst, und telos, Ziel: Erfahrungen, bei denen in der Tätigkeit selbst die Belohnung liegt); durch Schaffung der Voraussetzungen dafür, dass die Mitarbeiter ihre Tätigkeit als sinnerfüllt begreifen können (siehe Pink 2010, S. 105 ff.).

---

[26] Siehe hierzu beispielhaft den Award, den HP im Rahmen des Projektes „Not invented here" für Unternehmensbereiche ausgesetzt hatte, die für ihr eigenes Geschäft Ideen fruchtbar gemacht hatten, die in anderen Unternehmensbereichen entwickelt worden waren.

[27] Siehe dazu den Überblick über die aktuelle Motivationsforschung bei Pink 2010; Pinnow 2011, S. 146 ff.

6.2.5   Management einer Kultur des Miteinander

Im Kern bedeutet Management von Binnenvernetzung damit immer auch: Management einer Kultur des Miteinander. Einer Kultur, in der Mitarbeiter des Unternehmens über Status-, Kompetenz-, Geschäftsbereichs- und Organisationsgrenzen hinaus offen und ohne Reglement zusammenarbeiten. Eine Kultur, in der die umfassende Binnenvernetzung, die barrierenfreie Kooperation und Kommunikation, das partnerschaftliche Miteinander und Füreinander von allen Mitarbeitern als konstitutiver Teil ihrer eigenen professionellen Identität begriffen wird. Eine Kultur, in der die unbedingte Offenheit für Kommunikation und Kooperation zum Interesse und Bedürfnis eines jeden geworden ist. Eine Kultur, in der das partnerschaftliche Miteinander als eine Win-Win-Konstellation begriffen wird, die jedem einzelnen zum Vorteil gereicht. Eine Kultur, in der die Moralität des Miteinander, des Vertrauens, der wechselseitigen Solidarität und Hilfsbereitschaft als ein notwendiges Element der Unternehmens-Räson, der Optimierung der Geschäftslage des Unternehmens angesehen wird. Eine Kultur, in der das Ego nur im Wir zu sich selbst kommen kann.

Nun ist die Schaffung und nachhaltige Aufrechterhaltung einer solchen Kultur des Miteinander alles andere als ein triviales Unterfangen. Denn diese Kultur steht quer zu einem anderen Phänomen, das für jedes Unternehmen in einer marktwirtschaftlichen Umwelt prägend ist: zum Phänomen der Konkurrenz der einzelnen Unternehmensakteure um Anteile an den Unternehmensressourcen Geld, Status, Einfluss und Macht.

Allen Unternehmensakteuren ist im Unternehmen damit eine „widersprüchliche Verhaltenskonditionierung" (Prodoehl 1983, S. 90) auferlegt: Als Kooperationspartner sind die Akteure gehalten, eine Kultur des Miteinander zu pflegen. Als Konkurrenten ist es ihr objektives Interesse, eine Kultur des Gegeneinander zu perpetuieren. Diese Kultur des Gegeneinander ist immer auch eine Kultur der Abschottung.

Als wechselseitig aufeinander angewiesene Kooperationspartner sind die Akteure daran interessiert, dass die anderen eine optimale Leistung erbringen. Im Kooperationskalkül ist der Erfolg des anderen auch mein Erfolg. Anders im Konkurrenzkalkül: Hier ist der Erfolg des anderen mein Misserfolg. Je besser der andere arbeitet, je mehr der andere im Unternehmen geschätzt wird, desto größer ist das Risiko für mich, dass der andere im unternehmensinternen Konkurrenzkampf um knappe Ressourcen (Beförderungsstellen, Gehaltserhöhungen, materielle und immaterielle Gratifikationen etc.) gegen mich obsiegt.

Die Unternehmensakteure „leben notwendig im Schnittpunkt gegensätzlicher, sich gegenseitig ausschließender Handlungsbedingungen und Anforderungsprofile" (Prodoehl 1983, S. 71). Sie müssen, damit Kooperation gelingen kann, fortwährend ihre Interessen, Realitätsdeutungen und Motivation wechselseitig harmonisieren und verschränken. Zugleich müssen sie, damit sie als Konkurrenten wettbewerbsfähig sind, diese Perspektivenverschränkung im Kalkül der egozentrischen Selbstoptimierung negieren.

Diese widersprüchliche Verhaltenskonditionierung prägt das Verhalten aller Akteure im System Unternehmen. Die Akteure folgen aufgrund ihres objektiven Interesses der Logik

- des Miteinander und des Gegeneinander,
- der kooperativen Öffnung gegenüber den anderen und der konkurrenzhaften Abschottung von den anderen,
- des Wir-Kalküls, in dem die eigenen Interessen und die Interessen der anderen harmonisch verschränkt sind, und des Ich-Kalküls, in dem die eigenen Interessen konträr zu den Interessen der anderen stehen,
- einer Moral des Vertrauens, das Kooperationspartner für die Optimierung ihrer Zusammenarbeit zwingend benötigen, und einer Moral des Misstrauens, das Konkurrenten für die Optimierung ihrer Wettbewerbsstellung kultivieren müssen.

In diesem System widersprüchlicher Verhaltenskonditionierung muss sich auch das synaptische Management einer Kultur des Miteinander bewegen. Dieses Management kann nur dann erfolgreich sein, wenn es von der Faktizität jener Widersprüchlichkeit ausgeht.

Damit muss das synaptische Management immer konzedieren, dass Rituale der Abschottung keine „vermeidbaren Ausnahmen" im Unternehmensalltag sind, sondern dass sie konstitutive Merkmale des Systems Unternehmen darstellen. Denn Abschottung ist ein Denk- und Verhaltenssyndrom, das jeder Unternehmensakteur in seiner Rolle als Konkurrent notwendig ausbilden und kultivieren muss. Dieses Syndrom ist ebenso wenig abdingbar wie die Konkurrenz der Einzelnen im Unternehmensalltag abdingbar ist.

Für das Management von Binnenvernetzung bedeutet dies, dass es stets in diesem Spannungsfeld von konkurrenzbedingter Abschottung und kooperationsbedingter Vernetzung agieren muss. Das Management von Binnenvernetzung, das eine Kultur des Miteinander befördern will, kann diese Spannung nicht auflösen, sondern sie allenfalls so gestalten, dass Momente, die Vernetzung stimulieren, bewusst gestärkt, und Momente, die Abschottung stimulieren, gezielt geschwächt werden.

Dieser Management-Ansatz stellt also darauf ab, in einem Spannungsfeld, in dem ständig zwei gegensätzliche Kräfte wirken, die eine Kraft auf Kosten der anderen zu kultivieren.

Diese Kultivierung des Miteinander, verstanden als ein Kernelement des synaptischen Managements von Binnenvernetzung, kann durch eine Vielzahl von Maßnahmen erfolgen. Einige seien hier kurz skizziert:

- Die Unternehmensführung kann für alle Unternehmensakteure ein Zielsystem, ein System des „Management by Objectives (MbO)", fixieren, das eine Gratifikation des Wir-Kalküls und eine Sanktionierung des Ich-Kalküls beinhaltet. So kann z. B. ein MbO-System eingeführt werden, das vorsieht, dass für jeden Mitarbeiter „Miteinander-Ziele" gelten, z. B. das Ziel, bestimmte Aktivitäten nur gemeinsam mit anderen zu verfolgen; das Ziel, andere Mitarbeiter an eigenen Kontakten, Kompetenzen und Erkenntnissen partizipieren zu lassen; das Ziel, mit der eigenen Arbeit bestimmte positive Effekte auch für andere zu bewirken. Zu diesen „Miteinander-Zielen" gehören auch Ziele, die ein einzelner Mitarbeiter für sich selbst nur dann erreichen kann, wenn es anderen Mitarbeitern gelingt, ihre jeweiligen Ziele zu erreichen.

- Die Unternehmensführung kann die Einhaltung dieser Miteinander-Ziele durch bestimmte Maßnahmen kontinuierlich evaluieren und kontrollieren (z. B. durch das Instrument des 360-Grad-Feedbacks, bei dem jeder Unternehmensakteur das Verhalten von anderen unter dem Gesichtspunkt bewertet, in welchem Umfang der andere die Miteinander-Ziele beachtet hat).
- Ferner kann die Unternehmensführung die Incentives, die sie für die einzelnen Mitarbeiter vorsieht (Beförderungen, Grundgehalt, Bonus, immaterielle Gratifikationen etc.), auch und gerade davon abhängig machen, in welchem Umfang die Mitarbeiter in ihrem Unternehmensalltag nachweislich die Miteinander-Ziele verfolgt haben.
- Auch kann die Unternehmensführung regelmäßig im Unternehmen Audits durchführen lassen, mit denen analysiert und evaluiert wird, welche Elemente im System Unternehmen (Mitarbeiter, Gruppen, Organisationseinheiten, Geschäftsbereiche etc.) in welchem Umfang, mit welchen Aktivitäten und mit welchen Erfolgen zur Kultur des Miteinander beigetragen haben. Die Ergebnisse dieser Audits können veröffentlicht und bei der regelmäßigen Mitarbeiter-Beurteilung zugrunde gelegt werden.
- Ein weiteres Instrument zur Beförderung einer Kultur des Miteinander ist die Vereinbarung kollektiver Ziele und kollektiver Gratifikationen. Bei der Vereinbarung kollektiver Ziele legt die Unternehmensführung gemeinsam mit den einzelnen Unternehmensakteuren Ziele fest, die nicht auf den individuellen Beitrag des Einzelnen, sondern auf das kollektive Ergebnis einer Organisationseinheit abstellen, in der der Einzelne arbeitet (z. B. einer Projektgruppe, eines Ad-hoc-Teams, eines Geschäftsbereichs etc.). Bei der Vereinbarung kollektiver Gratifikationen wird bestimmt, dass die Gratifikation, die ein einzelnes Mitglied einer bestimmten Arbeitsgruppe oder Unternehmenseinheit bekommt, nicht von seiner individuellen Leistung abhängt, sondern ausschließlich (oder zum überwiegenden Teil) von der Leistung der Gruppe oder Einheit.

Ferner kann die Kultur des Miteinander auch und gerade durch **Sinnstiftung** befestigt werden.

Sinnstiftung ist ein wesentliches, unverzichtbares Instrument für das synaptische Management einer Kultur des Miteinander. Ich verstehe unter Sinnstiftung eine Führung und strategische Ausrichtung des Unternehmens nicht nach operativen Kennziffern (Cash Flow, Return on Investment, Umsatz, Gewinn, Marktanteile etc.), sondern nach dem Nutzen, den das Unternehmen für seine Umwelt erzeugt.[28] Sinn wird im Unternehmen dann gestiftet, wenn das Unternehmen seine Identität daraus bezieht, dass es für seine Kunden, für seine ökologisch-soziale Umwelt und für seine Geschäftspartner (Lieferanten, Koope-

---

[28] Ich erweitere hier die Definition des Unternehmenszwecks, die in weiten Teilen der Managementliteratur verbreitet ist. So sieht Peter F. Drucker den Zweck des Unternehmens darin, zufriedene Kunden zu schaffen. Und Malik geht davon aus, Zweck des Unternehmens sei „die Transformation von Ressourcen in Nutzen für Kunden." (Malik 2013a, S. 100)

rationspartner, Finanziers etc.) einen qualitativ ausweisbaren und quantitativ messbaren Nutzen erzielt, einen Nutzen, der nachhaltig und auf Mehrung hin angelegt ist.

Ein Unternehmen stiftet immer dann für seine internen Stakeholder Sinn, wenn es für seine externen Stakeholder Nutzen stiftet. Es schafft für seine Mitarbeiter ein Milieu, in dem Arbeit sinnvoll erscheint und die Zugehörigkeit zum Unternehmen sinnerfüllend ist, wenn es nachweisbar und messbar Nutzen für seine Umwelt generiert.

Dieses Milieu und diese Sinnstiftung ist ein wesentlicher Faktor zur Beförderung und Befestigung einer Kultur des Miteinander im Unternehmen. Denn ein Mitarbeiter, der in seiner Arbeit und im Geschäft seines Unternehmens diesen Sinn erkennt, nachhaltigen Nutzen für die Unternehmensumwelt zu stiften, hat die Chance, sich als Teil eines sinnvollen Ganzen zu sehen, als Mitglied eines Unternehmens-Teams, das für andere und damit auch für sich selbst Nutzen und Sinn stiftet. Er kann in dieser Nutzen- und Sinnstiftung das einigende Band sehen, das alle Unternehmensmitarbeiter über alle Unterschiede der Funktion, des Status und des Rangs hinweg miteinander verbindet und damit eine Kultur des Miteinander schafft.

Diese Definition von Sinn als nachhaltige Schaffung von Nutzen für die Unternehmensumwelt ist auch der Kern dessen, was gemeinhin Wertesystem eines Unternehmens genannt wird. Ein Wertesystem, das jene Kultur des Miteinander befördern will, muss stets in dieser Sinndefinition gründen. Das Wertesystem, die Vision, die Mission und die strategische Ausrichtung eines Unternehmens können nur dann die intrinsische Motivation der Mitarbeiter, ihre Identifikation mit dem Unternehmen und ihr partnerschaftliches Miteinander befördern, wenn dies alles auf jener Sinndefinition beruht.

Diese synaptische Sinndefinition ist immer auch qualitativ konturiert. Sie kann nie vollständig in Ziffern aufgehen. Das unterscheidet diese synaptische Sinndefinition von jener anderen, die auf operative Kennziffern abstellt. Die operativ-zahlenbasierte Sinndefinition macht die Vision, Mission, Strategie und Sinnhaftigkeit des Unternehmens an operativen Größen wie Umsatz, Gewinn, Cash Flow, Marktanteil etc. fest. Es sind dies alles quantitative, teilbare Größen, die exakt auf bestimmte Teile des Unternehmens (Mitarbeiter, Geschäftsbereiche etc.) heruntergebrochen werden können. Weil diese Größen einzelnen Subsystemen des Unternehmens zugerechnet werden können, taugen sie dazu, eine Kultur der Segregation zu befördern und eine Kultur des Miteinander zu untergraben.

Diese Kultur des Miteinander steht in jedem Unternehmen im Kontrast zur Kultur des Gegeneinander, die es immer auch gibt und geben muss. Diese Kultur des Gegeneinander ist eine notwendige Folge des unternehmensinternen Wettbewerbs um knappe Ressourcen (materielle und immaterielle Gratifikationen, Investitionsmittel, Beförderungsstellen, Macht, Einfluss etc.). Sie ist zwingend mit dem Konkurrenzprinzip verbunden. Deshalb ist sie eine in jedem Unternehmen prägende und bestandsnotwendige Kultur. Sie reflektiert den Sachverhalt, dass es in jedem Unternehmen einen internen Markt gibt, auf dem die Unternehmensmitarbeiter einen Konkurrenzkampf ausfechten um materielle Belohnungen, Ansehen, Einfluss, Status, Macht, Budgets etc.

Synaptisches Management geht davon aus, dass es für die Dynamisierung und damit für die künftige Erfolgsfähigkeit des Unternehmens von entscheidender Bedeutung ist, welche dieser beiden Kulturen im Unternehmen dominiert.

Synaptisches Management gestaltet ein Milieu, in dem die Kultur des Miteinander eine Hegemonie über die Kultur des Gegeneinander erlangt. Dies ist im Paradigma des synaptischen Managements deshalb erforderlich, weil eine Hegemonie der Kultur des Gegeneinander immer einhergehen muss mit einer systematischen Zementierung der Syndrome der Abschottung. Hegemonie der Kultur des Gegeneinander bedeutet, dass ein Unternehmen durch Zuspitzung interner Konkurrenz dafür sorgt, dass einzelne Mitarbeiter und einzelne Unternehmensbereiche gegen andere Mitarbeiter und Bereiche eine Strategie der individuellen Selbstoptimierung verfolgen. Diese Hegemonie der Kultur des Gegeneinander muss immer auch Mechanismen freisetzen, mit denen Reservate befestigt, Gemeinschaften gegen Nicht-Mitglieder abgeschottet, Konsonanzen kultiviert und Korridore gegen ein Einwirken der internen Wettbewerber abgedichtet werden. Sie stabilisiert damit notwendig interne Silos, Seilschaften und Sezessionen.

Synaptisches Management stellt nicht darauf ab, diese Kultur des Gegeneinander zu liquidieren, sondern sie dadurch aufzuheben, dass sie eingebettet wird in eine dominierende, hegemoniale Kultur des Miteinander.

Damit kehrt sich synaptisches Management auch von jenem traditionellen Management-Diktum des 20. Jahrhunderts ab, nach dem die Schwerfälligkeit und Behäbigkeit der Unternehmensmitarbeiter nur durch Zuspitzung interner Konkurrenz überwunden werden könne. Dieser traditionellen Management-Auffassung liegt ein Menschenbild zugrunde, das für die Dynamisierung von Unternehmen im 21. Jahrhundert ungeeignet ist. Das Bild eines Menschen, der seine eigene Produktivität nur durch Zwang und Druck, Befehl und Gehorsam, Belohnung und Bestrafung, Aussicht auf Sieg über einen unterlegenen Konkurrenten und Angst vor einer Niederlage gegen einen stärkeren Wettbewerber ausbilden und ausreizen kann.

Synaptisches Management stellt dieses Menschenbild ins Archiv des 20. Jahrhunderts. Es geht im Kontrast zu diesem Menschenbild davon aus, dass es möglich und notwendig ist, Menschen im 21. Jahrhundert dadurch intrinsisch zu motivieren, dass sie Wertschätzung erlangen als Teil eines Unternehmensganzen, das sinnvolle Leistungen zum Nutzen der Unternehmensumwelt vollbringt.

Exkurs: Beispiele für Binnenvernetzung in beispielhaften Unternehmen

Binnenvernetzung bei Pixar

Eines der wichtigsten Elemente der „Peer Culture" bei Pixar ist eine permanente Vitalisierung von interdisziplinärer Binnenvernetzung: „Getting people in different disciplines to treat one another as peers is just as important as getting people within disciplines to do so."

Eine der Maßnahmen, mit denen Binnenvernetzung bei Pixar stimuliert wird, ist die Regel: „Everyone must have the freedom to communicate with anyone… Members of any department should be able to approach anyone in another department to solve problems without having to go through ‚proper' channels."

Eine andere Maßnahme ist die Pixar Universität: „We try to break down the walls between disciplines in other ways, as well. One is a collection of in-house courses we offer, which we call Pixar University…that give people from different disciplines the opportunity to mix and appreciate what everyone does."

Eine weitere Maßnahme zur Beförderung von Binnenvernetzung bei Pixar ist eine räumliche: „Our building, which is Steve Job's brainchild, is another way we try to get people from different departments to interact. Most buildings are designed for some functional purpose, but ours is structured to maximize **inadvertent encounters**. At its center is a large atrium, which contains the cafeteria, meeting rooms, bathrooms, and mailboxes. As a result, everyone has strong reasons to go there repeatedly during the course of the workday. It's hard to describe just how valuable the resulting **chance encounters** are." (alle Zitate in: Catmull 2008, S. 70 f.; eigene Hervorhebungen, HGP).

Binnenvernetzung beim indischen IT-Unternehmen HCL Technologies (HCLT)

Der CEO von HCLT, Vineet Nayar, veränderte den Planungsprozess im Unternehmen grundlegend. Hatte Nayar in früheren Zeiten die Geschäftspläne von mehreren hundert Geschäftseinheiten begutachten müssen, so implementierte er im Jahr 2009 ein völlig neues Planungsverfahren, genannt „MyBlueprint". Danach mussten dreihundert HCLT-Manager die Geschäftspläne ihrer jeweiligen Business Units ins Intranet des Unternehmens einstellen. 8000 Mitarbeiter von HCLT wurden aufgefordert, diese Geschäftspläne zu bewerten. Nayar schreibt dazu: „This, we hoped, would transform the planning process into a peer-to-peer review rather than a top-down judgment." Das Projekt führte zu einer einzigartigen Binnenvernetzung im gesamten Unternehmen: Mitarbeiter aus unterschiedlichen Geschäftseinheiten und Regionen kommunizierten auf diese Weise miteinander, lernten voneinander und bauten Netzwerke der Kooperation und Kommunikation auf. Nayar resümiert diese Wirkungen wie folgt: „The amount of knowledge sharing outside the walls of the formal hierarchy was extraordinary. Managers made new connections with one another across all kinds of boundaries." (Nayar 2010, S. 157 ff.)

Binnenvernetzung durch informelle Kommunikation:

Um informelle Kommunikation und Binnenvernetzung zu befördern, haben Unternehmen eine Vielzahl von Instrumenten und Methoden eingesetzt.

Bei HP herrscht das Prinzip des MBWA (Management by Wandering Around); bei IBM wird eine „Unternehmenspolitik der offenen Tür" kultiviert; 3M hat eine Vielzahl von Clubs eingerichtet, in denen sich Mitarbeiter aus unterschiedlichen Fachbereichen begegnen können, auf dem Campus-Gelände der 3M-Zentrale in St. Paul gibt es eine Kultur spontaner, offener Forums-Gespräche; Symantec setzt Social-Media-Tools ein, um die Vernetzung und die Kommunikation zwischen den Mitarbeitern zu fördern; Intel schafft vielfältige räumliche und zeitliche Anlässe für informelle Gespräche zwischen Mitarbeitern unterschiedlicher Fakultäten; die Direktorin des Internationalen Währungsfonds, Christine Lagarde, verwendet einen erheblichen Teil ihrer Zeit dafür, Führungskräfte aus unterschiedlichen Abteilungen zu vernetzen; der ehemalige ABB-Chef Jürgen Dormann etablierte ein internes Kommunikationssystem, in dem jeder Mitarbeiter auf die Freitagsbriefe des CEO Rückmeldungen geben und diese Rückmeldungen innerhalb der Unternehmenscommunity zur Diskussion stellen konnte;

Institutionalisierung der Binnenvernetzung:

Infineon gründete „Experten-Communities", in denen Experten aus unterschiedlichen Geschäftsbereichen und auf unterschiedlichen Hierarchiestufen zusammenkamen, um Geschäftsinnovationen zu konzipieren und zu evaluieren. Diese Experten-Communities wurden regelmäßig auf etablierten Foren („Tech-Days") mit Mitarbeitern aus anderen Unternehmensbereichen (Vertrieb, Marketing, Produktmanagement, Top-Management etc.) und mit externen Dritten konfrontiert. Auf diesen Foren wurden gezielt die unterschiedlichen Perspektiven, von denen aus die einzelnen Teilnehmer die jeweilige Geschäftsinnovation betrachteten, kontrastierend gegenübergestellt und im Dialog erörtert.

Villeroy & Boch gründete im Jahr 2000 eine Vielzahl von Innovationskreisen. Dort hatten Mitarbeiter aus allen Hierarchiestufen und Fachgebieten die Chance, neue Ideen für Projekte zur Unternehmensentwicklung zu erörtern und zur Reife zu bringen.

Das Münsteraner Unternehmen Agravis Raiffeisen richtete Fokus-Teams ein, die aus Mitarbeitern aus allen Geschäftsbereichen und Hierarchiestufen bestanden; deren Aufgabe war es, Projekte zur Veränderung des Unternehmens und zur Weiterentwicklung der Geschäftsstrategie auszuarbeiten.

Die Aral Deutschland institutionalisierte die Binnenvernetzung dadurch, dass sie allen Führungskräften auferlegte, einige Tage pro Jahr in anderen Geschäftsbereichen (auch und gerade in Tankstellen) zu arbeiten und daraus Ideen für die Verbesserung des Unternehmens abzuleiten; auch richtete Aral Zukunftswerkstätten ein, in denen Mitarbeiter aus allen Geschäftsbereichen Projekte zur Unternehmensentwicklung konzipierten.

Nokia organisierte die Forschungs- und Entwicklungsabteilung, die vorher eine separate, vom Rest des Unternehmens abgesonderte Einheit war, so um, dass die Nokia-Ingenieure täglich mit den Anforderungen des Produktionsbereichs, den Interessen und Kompetenzen der Zulieferer und den Aktionen/Positionen der Endkunden konfrontiert wurden.

Chrysler hat Technology Clubs eingerichtet, in denen Mitarbeiter aus verschiedenen Fachbereichen an Innovationsprojekten arbeiten; diese Technology Clubs „wirken als Katalysator für die Weitergabe und Verteilung von Informationen zwischen den verschiedenen Bereichen des Unternehmens" (Jonash und Sommerlatte 2000, S. 109).

Alcoa hat unternehmensintern eine Vielzahl von Netzwerken institutionalisiert, z. B. die „Like Technologies Teams", die standort- und fachübergreifend an innovativen Technologien arbeiten oder das „Barrennetzwerk", das standort- und werkübergreifend über allen Verfahrensschritte der Barrenproduktion hinweg Teams und Prozesse, Know-how und praktische Erfahrungen vernetzt.

BP hat vielfältige Wissens-, Kompetenz- und Technologienetzwerke installiert, so z. B. die „Performance Improvement Teams", in denen Mitarbeiter aus unterschiedlichen Abteilungen, Geschäftsbereichen und Standorten an neuen Strategien für das Wissens- und Qualitätsmanagement, für die Leistungsoptimierung und das Geschäftswachstum arbeiten; über das „Peer Assist Program" vernetzt BP alle Mitarbeiter im Intranet des Unternehmens, um ein unternehmensweites offenes Forum für die Lösung von Problemen und für die Evaluation von Verbesserungen zu schaffen.

Incentives für Binnenvernetzung:

Das variable Honorar der Führungskräfte bei 3M ist zu einem Teil davon abhängig, welche Leistungen die jeweilige Führungskraft für die Weiterentwicklung anderer Unternehmensbereiche erbracht hat. BP macht Beförderungen u. a. davon abhängig, dass die jeweilige Führungskraft an Projekten der Binnenvernetzung mitgearbeitet hat (z. B. am Peer Assist Program).

6.3   Management von Kontingenz

Ein weiteres Maßnahmen-Cluster im Funktionskreis des synaptischen Managements kann als „Management von Kontingenz" bezeichnet werden.

Dieses Paradigma knüpft an die systemtheoretische Feststellung an, dass es keine „wahre" Unternehmensstrategie und keine Unternehmensführung geben kann, die ex kathedra das für das Unternehmen Richtige erkennt und tut. In einer Systemumwelt unbedingter Unberechenbarkeit und Volatilität, wachsender Komplexität und Wandlungsbeschleunigung kann die „Ideallinie" der Unternehmensentwicklung immer nur tastend, durch Versuch und Irrtum, durch stetige Rückkopplungen, durch beständiges Lernen und Umlernen, durch Interaktion und risikogeneigte Selektion angestrebt werden.

Das Management von Kontingenz ist vor diesem Hintergrund das notwendige Pendant zum Management von Umwelt- und Binnenvernetzung, – auch und gerade im Sinne der Evolutions- und Komplexitätstheorie des Unternehmens.

Evolution funktioniert im Modus der Ausbildung einer Vielzahl von Verhaltensoptionen (Variationen) und der Selektion adaptiv optimaler Optionen.

Entsprechend kann das Management von Umwelt- und Binnenvernetzung als der Modus angesehen werden, mit dem Unternehmen die Variationen produzieren, die sie für ein optimales Funktionieren in einem Milieu der zunehmenden Komplexität benötigen.

Das Management von Kontingenz besorgt dann die erforderlichen Selektionsleistungen. Dabei operiert das Management von Kontingenz mit all jenen Instrumenten, die auch für die Evolution natürlicher Systeme von Bedeutung sind: dem Instrument der Selbstoptimierung durch permanente Rückkopplungen, dem Instrument des Versuch-Irrtum-Prozesses, dem Instrument der Irrtum-korrigierenden Feedbacks etc. (siehe hierzu: Beer 1995, S. 51 ff.; Malik 2008, S. 240 ff., 349 ff.).

In dieser unsteten Wirtschaftswelt des 21. Jahrhunderts muss die Auffassung, es gebe Unternehmensführer, die das Richtige tun, weil sie die Wahrheit über die Ideallinie der Unternehmensevolution ermittelt haben, als heroische Illusion dekuvriert werden. Als eine Illusion, die schon manches Unternehmen, dessen CEOs ihr nachhingen, an den Rand des Abgrunds geführt hat.[29]

---

[29] Die Beispiele für diese „Unternehmensdestruktion durch heroische Illusion" sind vielfältig. Erinnert sei hier nur an die heroischen Selbstinszenierungen des ehemaligen CEO von Lehman Brothers, Richard S. Fuld.

Diese Illusion liegt allen Ansätzen für eine mechanistische Unternehmensführung zugrunde, die, wie ich gezeigt habe, für die Umweltbedingungen des 21. Jahrhunderts dysfunktional ist.

Diese illusionäre Konzeption von Unternehmensführung geht von folgenden Grundsätzen aus: Es gilt, die Lage des Unternehmens und seine Umwelt richtig zu analysieren. Auf der Basis dieser richtigen Ist-Analyse werden die künftigen Entwicklungen der Unternehmensumwelt eindeutig und richtig prognostiziert. Ausgehend von dieser wahren Ist-Analyse und wahren Prognose wird dann objektiv und eindeutig der Soll-Zustand definiert, der vom Unternehmen erreicht werden muss. Aus dieser wahren Erkenntnis des Soll-Zustandes werden dann die Maßnahmen extrahiert, die ergriffen werden müssen, um das Unternehmen in diesen objektiv-wahren, alternativlosen Soll-Zustand zu überführen. Diese Maßnahmen werden dann von der Unternehmensführung top-down umgesetzt. Die Unternehmensführung hat danach im Kern die Aufgabe, objektive Parameter (Ziele im Blick auf den Soll-Zustand, KPI's abgeleitet von diesen Zielen, Maßnahmen abgeleitet von den Zielen und den KPI's, Strukturen und Prozesse abgeleitet von den Maßnahmen, Normen und Regeln abgeleitet von den Strukturen und Prozessen etc.) durch klare Vorgaben, Anweisungen, Belohnungen und Bestrafungen zu exekutieren.

Synaptisches Management geht im Kontrast zu dieser heroischen Illusion davon aus, dass es im Kontinuum der Unsicherheit keine Feste der Sicherheit gibt, sondern dass die Navigation eines Unternehmens in diesem Kontinuum nur im Management von Kontingenz bestehen kann.

Mit Kontingenz ist hier gemeint, dass alles Unternehmenshandeln auf einer Selektion von bestimmten Handlungsvarianten aus einem Universum an möglichen Varianten beruht, und dass diese Selektion deshalb, weil sie im Unsicheren und auf der Basis chronisch defizitärer Informationen erfolgen muss, nie alternativlos, immer mit Risiken behaftet ist und dass sie stets eine Vielzahl von Handlungsoptionen, die auch möglich und möglicherweise erfolgversprechend(er) sind, außer Acht lassen muss.

Kontingenz bedeutet, dass das soziale System Unternehmen immer in dem Bewusstsein gesteuert werden muss, dass es auch anders geht und dass es jenen „Möglichkeitsüberschuss" (Luhmann 1984, S. 66) gibt. Kontingenz bedeutet auch, dass es eine Illusion ist anzunehmen, man könne Risiken durch umfassende Analyse, Taxation und Berechnung so weit minimieren, dass aus diesem Risikomanagement eine alternativlose Ideallinie der Unternehmensevolution herausdestilliert werden kann.

Kontingenz meint damit auch, dass ein Unternehmen immer in dem Bewusstsein navigiert werden muss, dass der Kurs evolutionär oder disruptiv geändert werden kann und geändert werden muss. Der Unternehmensnavigator muss deshalb immer in der Lage sein, seine angenommene Weitsichtigkeit der Kurzsichtigkeit zu überführen, ergo seine Kursbestimmung kurzfristig zu korrigieren und „auf Sicht zu fahren".

Der Unternehmensführer, der auf das Management von Kontingenz setzt, agiert deshalb grundlegend anders als der Manager, der als Sozialingenieur eines Unternehmensmechanismus auf jene heroische Illusion setzt.

Letzterer geht davon aus, er könne durch exakte Analyse das, was für das Unternehmen richtig ist, ermitteln und dann im Sinne von Peter Drucker „das Richtige tun" (vgl. Drucker 1954). Er diagnostiziert die Lage und die Umwelt des Unternehmens umfassend und richtig, stellt mit differenzierten Methoden (Szenario-Analysen etc.) Prognosen über die Zukunft an, destilliert daraus richtige Annahmen über künftige Entwicklungen, definiert danach die richtige Unternehmensstrategie, leitet daraus einen alternativlosen Entwicklungsplan ab, definiert die Maßnahmen zur Umsetzung des Plans (die „Lösungen"), ordnet diesen Maßnahmen im Sinne linearer, klar vorhersehbarer Kausalität bestimmte Wirkungen zu, verordnet top-down die Durchführung dieser Maßnahmen und kontrolliert dann diesen Prozess der Maßnahmendurchführung und der Erzielung der maßnahmeninduzierten Wirkungen.

Demgegenüber besteht der Manager der Kontingenz darauf, dass alles, was er erkannt hat, vorläufig und möglicherweise suboptimal ist.

Er geht davon aus, dass die Pläne, die er heute auf der Grundlage seiner aktuellen Erkenntnisse macht, nicht in Granit, sondern nur in fließendes Gewässer eingraviert werden können.

Er weiß, dass alle Vorhersagen und Prognosen, die er über die Zukunft machen kann, vage sind.

Er ist sich deshalb dessen bewusst, dass er sich mit seinen Managementaktionen stets in einem Raum „unaufhebbarer Vagheit"[30] bewegt.

Er kalkuliert damit, dass die Handlungen, die er favorisiert, im Lichte späterer Erkenntnisse korrigiert werden müssen.

Er sieht sich als Denkender und Handelnder in einem Raum, angefüllt mit vielen Optionen, in dem die Selektion einer bestimmten Option niemals mit der Sicherheit erfolgen kann, dies sei die richtige.

Sieht sich dieser Unternehmenslenker als Navigator eines Schiffes, dann handelt er nie in der Manier eines Kapitäns, der die Richtung präzise kennt, mit dieser Kenntnis dann das Tempo und den Kurs des Schiffes exakt festlegt und dann beruhigt, im Bewusstsein, dass das Schiff richtig fährt, von Deck geht. Der Navigator der Kontingenz bleibt stets an Deck, in dem Bewusstsein, dass der Kurs und das Tempo, das er zum jetzigen Zeitpunkt gewählt hat, kurze Zeit später adjustiert oder sogar abrupt korrigiert werden muss. Er weiß, dass sein Schiff dann, wenn er sich beruhig in die Kajüte zurückzieht, in Gefahr steht, mit einem Eisberg zu kollidieren.

Management von Kontingenz bedeutet damit, ein Unternehmen als eine unfertige Baustelle einzurichten, als ein vorläufiges Konstrukt und als ein chronisch unabgeschlossenes Experiment.

---

[30] Ich beziehe mich mit dieser Formulierung auf Harold Garfinkel, den Begründer der ethnomethodologischen Schule der US-amerikanischen Soziologie. Die Bedeutung dieser Schule für meinen Ansatz des synaptischen Managements werde ich im folgenden Kap. 6.3.1 darlegen. Siehe zum Begriff der „unaufhebbaren Vagheit" Garfinkel 1973, S. 204.

Management von Kontingenz manifestiert sich im operativen Tun darin, dass im Unternehmen vielfältige Räume und Freiräume geschaffen werden, in denen Improvisationen, Versuche, situative Adjustierungen und Trial-and-error-Projekte erlaubt und erwünscht sind, gefordert und gefördert werden.

In diesem Unternehmen, das vom Kontingenz-Management geprägt ist, werden dezentrale Einheiten und Projektstrukturen ausgebildet, in denen sich Unternehmertum entfalten kann. „Unternehmertum" meint hier: Felder, auf denen das Probieren und Verwerfen, das Erneuern und Erfinden mit kontrollierter Risikobereitschaft möglich und erwünscht ist. Es sind dies Felder, auf denen der, der scheitert, nicht entmutigt und stillgestellt wird, sondern ermutigt wird, Gelerntes aufzunehmen und dann mit der Arbeit an der Erneuerung des Unternehmens fortzufahren.

Zu der Arbeit auf diesen Feldern gehört danach eine besondere Kultur des Scheiterns. Eine Kultur, die das Scheitern als einen notwendigen Katalysator für Lernerfahrung und damit für Fortschritt begreift, – im Sinne des Goetheschen Diktums: „Stolpern fördert." Und eine besondere Kultur der Beständigkeit und Beharrlichkeit in der Begehung und Bearbeitung unerkundeter Landschaften.

Kontingenz-Management geht davon aus, dass es für ein Unternehmen viele Wege von A nach B gibt. Und dass die Kontur des Punktes B erst dann bestimmt werden kann, wenn man sich schon auf den Weg begeben hat. Und dass sich der Weg vice versa erst von dieser Kontur aus näher bestimmen lässt.

Danah Zohar hat diese Essenz des Kontingenz-Managements im Rekurs auf die Quantenphysik wie folgt beschrieben:

> Will ein Quantenkörper von A nach B gelangen, folgt er nicht nur einem Weg. Im Gegenteil, er hat eine unendliche Vielzahl möglicher Wege vor sich liegen, die virtuelle Übergänge genannt werden. Jeder Weg stellt den möglicherweise besten Weg von A nach B dar, einen ‚Fühler in die Zukunft'. Es ist sogar so, daß in der Quantenrealität B noch gar nicht exakt definiert ist. B ist immer Teil eines zukünftigen Szenariums, das noch entstehen wird. So führen von A unendlich viele mögliche Wege in Richtung eines ungewissen, unbestimmten B. Im gegenseitigen Wechselspiel (Dialog) definieren sie dann die Zukunft. Auf diese Weise kann das ganze System schöpferisch auf die eigene ungewisse Zukunft reagieren. Irgendwann schließlich entsteht B, und einer der zahllosen möglichen Wege von A nach B wird der ‚richtige Weg' sein. … Wenn ein Unternehmen sich von vornherein auf den ‚einen besten Weg' von A nach B fixiert, widmet es alle Ressourcen und Energien einer Strategie, die möglicherweise nicht einmal die beste, sondern vielleicht sogar falsch ist. Wenn B von vornherein präzise als Ziel definiert wird, kann das Unternehmen auch nie mehr als B erreichen. Quantensysteme sind gerade deshalb so schöpferisch, weil sie mit der Unbestimmtheit der Mittel wie auch der Ziele spielen. (Zohar 2000, S. 107)

Management von Kontingenz bedeutet in diesem Kontext auch Ausbildung einer besonderen Kultur des Dialogs. Es ist dies ein konstitutives Element dieses Paradigmas des Managements von Kontingenz. Es besteht essentiell darin, dass im Unternehmen ein kulturelles Klima geschaffen wird, in dem bestehende Überzeugungen und Meinungen beständig herausgefordert und hinterfragt werden.[31] Es ist ein Klima, in dem unternehmensinterne Konsonanzen stetig mit Widerspruch und Dissens konfrontiert werden. In diesem Klima der Konfrontation besteht die Chance, dass sich diese Konsonanzen auflösen und dynamisieren. Ihr Potenzial, Abschottungen zu bewirken, wird in diesem Klima stetig aufgehoben.

Das Management von Kontingenz begreift die Unsicherheit, in der sich Unternehmenssteuerung heute bewegen muss, nicht als Last, sondern als Chance. Als eine Chance dafür, ein Unternehmen in eine kontinuierliche Oszillation um eine imaginäre Ideallinie der Unternehmensevolution herum zu versetzen. Und als eine Chance dafür, ein Unternehmen in einem komplexen Optionenraum tastend und suchend in einer stetigen Bewegung zu halten, in der die Wahrscheinlichkeit dafür, eine günstige Option zu finden und zu ergreifen, eben wegen dieser stetigen Bewegtheit chronisch hoch gehalten wird.

Das Management von Kontingenz geht dezidiert nicht davon aus, dass es Sinn macht und gelingen kann, ein Unternehmen in einer Umwelt der Unsicherheit dadurch zu managen, dass Unsicherheit durch vielfältige Instrumente und Methoden in Sicherheit verwandelt und dadurch eliminiert wird. Management von Kontingenz geschieht stets auf der Grundlage der Überzeugung, dass dieser Versuch, Unsicherheit zu eliminieren, gleichbedeutend ist mit dem Versuch, ein Unternehmen durch permanente Selbstillusionierung zu führen.

Das Management von Kontingenz ist auch und gerade ein Management von Unsicherheit und Unvorhersehbarkeit. Dies geschieht dadurch, dass der Manager der Kontingenz ein Unternehmen mit allem Rüstzeug ausstattet, das erforderlich ist, um das Unternehmen in die Lage zu versetzen, auf unvorhergesehene und unvorhersehbare Erschütterungen in seiner Umwelt elastisch, zeitgerecht, flexibel und resilient zu reagieren.

Der Kontingenz-Manager rechnet stets damit, dass solche „Black-Swan-Ereignisse" eintreten können (siehe dazu: Taleb 2007). Er stellt das Unternehmen permanent darauf ein, solche unvorhergesehenen Wandlungen bzw. Eruptionen aufzufangen und in die eigene Marktaufstellung zu integrieren. Dadurch transformiert er Unsicherheit aus einem Faktor, der das Unternehmen bedroht, in einen Faktor, der das Unternehmen marktkonform wandelt. Unsicherheit ist für den Manager der Kontingenz das Ferment, das die umweltgerechte und marktoptimale Evolution des Unternehmens befördert.

---

[31] Ein Beispiel für einen Unternehmenslenker, der diese Kultur des Dissenses gepflegt hat, ist Andrew Grove von Intel. Grove sagte zu dem, was geschehen muss, damit Unternehmen substanzielle Veränderungen vollziehen, Folgendes: „Ein solcher Prozess umfasst in der Regel zwei Phasen. Zuerst müssen Sie experimentieren und Chaos zulassen. Das ist deshalb wichtig, weil Sie auf die ersten Anzeichen von Schwierigkeiten hin höchstwahrscheinlich nicht sofort über die richtige Antwort stolpern. Vielmehr müssen Sie die Geschäftseinheiten strampeln lassen, während die Dissonanz im Unternehmen wächst. Allmählich treten Sie in die zweite Phase ein, die ich als das Tal des Todes bezeichne. Es ist keine erfreuliche Angelegenheit, wenn man sich von langjährigen Gepflogenheiten und Mitarbeitern trennen, wenn man zerreißen muss, was zusammengehört." (zitiert nach: Pascale et al. 2002, S. 68 f.)

Der Manager der Kontingenz bindet gleichsam synaptisch die wandlungsfähigen, elastischen Unternehmensstrukturen an die unsicheren, wandlungsgeneigten Umweltstrukturen und erzeugt aus dieser synaptischen Verknüpfung des Unsteten und Fließenden eine Unternehmensevolution, die stetig in einen Einklang mit der Evolution der Umwelt gebracht werden kann.

Management von Kontingenz ist auch noch in einem weiteren Sinn synaptisches Management. Denn Kontingenz-Management stellt im Kern darauf ab, die gegensätzlichen Pole von Stabilität und Instabilität, Beharrung und Anpassung synergetisch zu verbinden. Diese Arbeit an der Verbindung des Gegensätzlichen ist im Kern das, was synaptisches Management ausmacht und was es ermöglicht, Unternehmen zu dynamisieren.

Für das Management von Kontingenz stehen vielfältige Instrumente und Methoden, Konzepte und Paradigmen zur Verfügung. Sie sind in den folgenden Kapiteln skizziert.

6.3.1 Management als Konstruktion

Management von Kontingenz kann nur dann gelingen, wenn die Unternehmensführung eingedenk dessen handelt, dass sie sich in einem Raum bewegt, dessen Koordinaten nie endgültig und nie exakt bestimmt werden können. Sie muss immer mit der Möglichkeit kalkulieren, dass dieser Raum andere Bestimmungsfaktoren und andere Koordinaten hat als ursprünglich angenommen. Und dass sich diese Faktoren und Koordinaten abrupt ändern. Die Unternehmensführung muss ferner stets die Möglichkeit einkalkulieren, dass der strategische Evolutionsweg, den sie für die Bewegung des Unternehmens in diesem Raum festgelegt hat, suboptimal ist und korrigiert werden muss. Oder dass dieser Weg einer von mehreren möglichen und gleich aussichtsreichen Wegen ist.

Management von Kontingenz muss deshalb im Kern als Konstruktionsleistung begriffen werden. Dies ist eine weitreichende und folgenreiche Feststellung. Denn sie impliziert, dass jede Management-Leistung von einer bestimmten Haltung („Mindset") ausgehen muss, die dem traditionellen Verständnis des mechanistischen Managements diametral widerspricht.

Um zu erläutern, was ich unter „Management als Konstruktion" verstehe, will ich einige grundsätzliche Überlegungen zum theoretischen Bezugsrahmen, in dem ich mich bewege, vorausschicken.[32]

Jeder Unternehmensmanager agiert in einem bestimmten Handlungs- und Denksystem, das ihm für alle seine Aktionen ein Ensemble von Vorgaben verordnet. Dies sind materielle und ideelle Vorgaben. So hat er in seinem täglichen Handeln und Denken von bestimmten Positionen und Einstellungen auszugehen, die im Unternehmen gelten (Unternehmensmission und -vision, unternehmensinterne Festlegungen zum relevanten

---

[32] Ich knüpfe mit diesen Überlegungen an die Positionen der ethnomethodologischen Schule der US-amerikanischen Soziologie ebenso an wie an Grundlegungen der Wissenssoziologie von Berger und Luckmann; siehe dazu: Garfinkel 1967, 1973, S. 189 ff.; Berger und Luckmann 1969.

Markt, zum Produktportfolio, zum Marktangang, zum Kundenmanagement etc.). Er hat sein Tun an bestimmten Zielen, KPI's und Strategien zu orientieren, die im Unternehmen verabredet wurden. Er muss seinen Aktionen bestimmte Werte, Normen, Regeln, vertragliche Vereinbarungen und Konventionen zugrunde legen. Auch muss er sich in einem bestimmten Set von Strukturen und Prozessen bewegen, die im Unternehmen fixiert sind. Ferner muss er bei seinen Handlungen auf bestimmte Muster, Methoden, Instrumente und Modelle referieren, die als handlungsleitend vorgegeben bzw. anerkannt sind (z. B. Methoden des Benchmarking, des Key Account Managements, der Business Case Evaluation etc.).

Ich will alle diese Vorgaben im Folgenden als „**objektive Parameter**" bezeichnen.

Im Blick auf diese objektiven Parameter markiert nun das synaptische Management von Kontingenz, das synaptische Management als Konstruktion, einen Kontrapunkt gegen das traditionelle, mechanistische Verständnis von Unternehmensmanagement.

Mechanistisches Management geht im Kern davon aus, dass es die Aufgabe des Managers ist, diese objektiven Parameter möglichst effizient und effektiv zu vollziehen und zu exekutieren. Danach ist der Manager Vollzugsagent dieser objektiven Parameter. Er hat das, was ihm vorgegeben ist, umzusetzen. Er bewegt sich in einem Gehege von Vorgaben, in einem festgefügten Koordinatensystem, in dem die objektiv vorgegebenen Koordinaten jeden Schritt, den er tut, konditionieren. Er ist der behaviouristische Akteur, der reflexhaft auf bestimmte Reize mit bestimmten Reaktionen pariert.

Synaptisches Management geht über diesen Management-Ansatz weit hinaus. Der Kontrapunkt, den synaptisches Management hier gegen das mechanistische Management setzt, lässt sich wie folgt pointieren:

Synaptisches Management von Kontingenz bedeutet nicht, objektive Parameter zu exekutieren, sondern sie zu konstruieren. Der synaptisch Managende erbringt damit im Kern keine Vollzugsleistung, sondern eine Konstruktionsleistung.

Synaptisches Management geht davon aus, dass jenes mechanistische Verständnis von Management ein statisches Verständnis ist, ein statisches Management programmiert und damit das Management eines statischen Unternehmens impliziert. Der Manager, der es im Zeitalter wachsender Umweltvolatilität als seine Kernaufgabe ansieht, objektive Parameter zu vollziehen bzw. sein Handeln von objektiven Parametern leiten zu lassen, programmiert eine systematische Entdynamisierung des Unternehmens. Er gefährdet damit die Zukunfts- und Wettbewerbsfähigkeit des Unternehmens.

Konkret: Wenn der Manager seine Aufgabe darin sieht, Strukturen und Prozesse zu implementieren und diese dann bei all seinen Handlungen zu vollziehen, Ziele und Strategien zu verordnen und dann konsequent zu verfolgen, bestimmte Regeln und Normen zu setzen und dann strikt zu befolgen, bestimmte Positionen und Einstellungen im Unternehmen durchzusetzen und dann all seinem Handeln und Denken als festfixierte Maxime zugrunde zu legen, bestimmte Methoden, Instrumente, Muster und Modelle im Unternehmen einzuführen und dann für alles Handeln und Denken zur Richtschnur zu machen, dann verfehlt er den Kern dessen, was für die Dynamisierung des transformationalen Unternehmens erforderlich ist.

Er verfehlt dann seine Aufgabe, die Wirklichkeit, in der er sich bewegt, zu konstruieren. Was bedeutet nun Management als Konstruktion? Worin besteht die Konstruktionsleistung des synaptisch Managenden?

Management als Konstruktion bedeutet Transfer jener objektiven Parameter in eine subjektive Konstruktion von Wirklichkeit. Diese Transferleistung ist im Kern die Konstruktionsleistung des synaptischen Managements von Kontingenz.

Der synaptische Manager hat konkret die Aufgabe, die objektiven Parameter, die für sein Denken und Handeln relevant sind (d. h. Ziele und Strategien, Positionen und Einstellungen, Methoden und Muster, Strukturen und Prozesse, Normen und Regeln, Werte und Konventionen, Verträge und Vereinbarungen), durch **permanente Adaption** immer wieder neu zu erfinden, neu zu interpretieren und auszudeuten, flexibel auszugestalten, elastisch zu adjustieren und zu transformieren, d. h. zu **konstruieren**. Und er muss diese Arbeit der Adaption und der Konstruktion in seinem Unternehmen, bei allen Unternehmensmitarbeitern, zur Richtschnur ihres Denkens und Handelns machen.

„Adaption" bedeutet, dass der Unternehmensakteur gehalten ist, die objektiven Parameter in seinem täglichen Denken und Handeln an folgenden **sieben Faktoren** zu „brechen" und sie dadurch zu konstruieren:

1. an der jeweils aktuellen **Situation**, in der er agiert (aktuelles „Ambiente" und konkrete Rahmenbedingungen der Interaktionssituation, in der sich der Akteur befindet);
2. an dem **Umwelt-Kontext**, in dem er handelt (d. h. an den Umwelt-Beziehungen, in denen er selbst, sein Unternehmen und seine Interaktionspartner stehen);
3. an der **Individualität der Unternehmen**, mit denen er in Beziehungen steht (Kunden, Geschäftspartner etc.); diese Individualität gilt es, permanent neu zu erkunden und zu erforschen, d. h. die jeweils singuläre Marktposition, interne Konstellation und Interessenlage des jeweiligen Unternehmens;
4. an der **Subjektivität der Interaktionspartner**, mit denen er umgeht; und die deshalb nicht als menschliche Abstrakta standardgemäß zu behandeln, sondern als singuläre Persönlichkeiten aufzufassen und zu adressieren sind; das impliziert auch die Bereitschaft und Fähigkeit, Situationen und Kontexte „mit den Augen des jeweils anderen" zu sehen; und das Erfordernis, die Emotionalität der Interaktions- und Kooperationspartner zur Kenntnis und ernst zu nehmen (z. B. mit der Frage: Fühlt sich der Kunden von uns wertgeschätzt?);
5. an seiner **eigenen Subjektivität** (Interessen, Stimmungen, Emotionen, Befindlichkeiten etc.), die es jeweils aktuell, im Blick auf die konkret anstehenden Aufgaben, zu reflektieren gilt; das setzt ein „kontinuierliches Streben nach Selbstschulung und Selbstführung" voraus (Senge 2011, S. 155)[33];
6. an der **Potenzialität** der jeweiligen Aufgabe und Situation; jede Aufgabe und Situation hat eine Dimension der Tatsächlichkeit (z. B. die aktuellen Erwartungen eines Kunden an ein Gespräch) und eine Dimension der Potenzialität (z. B. Interessen und Bedürf-

---

[33] Senge nennt dies „Personal Mastery".

nisse, die für den Kunden sonst noch wichtig sind, bei denen er aber nicht erwartet, dass sie in dem Gespräch relevant sind); der Akteur, der konstruiert, bezieht in sein Denken und Handeln beide Dimensionen ein (er adressiert also nicht nur die tatsächlichen Erwartungen des Kunden, sondern auch die über diese Erwartungen hinausgehenden Interessen des Kunden); siehe dazu auch das in Kap. 6.1.7 dargestellte Konzept der „sekundären Kundenbedürfnisse";[34]

7. an **Zufällen**, d. h. unvorhersehbare und unvorhergesehene Ereignisse; der Akteur, der in einer volatilen und erratischen Umwelt handelt, muss ständig mit dem Eintritt solcher Ereignisse rechnen und auf sie vorbereitet sein.

Diese Konstruktionsleistung des synaptischen Managers hat eine ideelle und eine materielle Komponente.

Es ist eine **ideelle Konstruktionsleistung**, weil und insofern der synaptische Manager gehalten ist, all jene objektiven Parameter permanent situationsangemessen, kontextspezifisch, kundenindividuell, subjektivitätsbezogen, potenzialorientiert und subjektiv für sich selbst zu interpretieren und zu deuten. Das Verständnis, das der Manager mit jenen objektiven Parametern verbindet, ist also nicht einfach objektiv vorgegeben, sondern ergibt sich aus der Adaption jener objektiven Parameter an die jeweilige Situation, den jeweiligen Kontext und die jeweiligen Subjektivitäten. Dieses Verständnis ist also nicht einfach vorhanden. Vielmehr ist es immer wieder neu zu erschaffen.

Und es ist eine **materielle Konstruktionsleistung**, weil und insofern der synaptische Manager ständig darangehen muss, jene objektiven Parameter durch die beschriebene adaptive Transferleistung im Blick auf die Situation, den Kontext, die Potentialität und die involvierten Subjektivitäten bzw. Individualitäten materiell zu verändern.

Die adaptive Transferleistung, die der synaptische Manager der Kontingenz vollbringt, besteht gerade in dieser Leistung der ideellen und materiellen Konstruktion.

Der synaptische Manager ist also kein determiniert Handelnder, sondern ein konstruktiv Handelnder. Er begreift sich als ein Akteur, der die Wirklichkeit, in der er sich bewegt, selbst konstruiert. Als ein aktiver und proaktiver Gestalter und Deuter der objektiven Parameter. Er sieht diese objektiven Parameter als ein Material, das es im Unternehmensalltag jeweils situations-, kontext-, umwelt-, individualitäts-, potenzialitäts- und subjektivitätsspezifisch aufzufassen und zu modulieren gilt.

Mit dieser Leistung der Konstruktion transferiert der synaptische Manager all sein Denken und Handeln in eine markante „Zone der Widersprüchlichkeit". Denn er ist permanent gehalten, die objektiven Parameter, die für ihn als Standards und Routinen daherkommen, durch seine adaptive Konstruktionsleistung zu singularisieren und zu entroutinisieren. Denn indem der synaptisch Handelnde jene objektiven Parameter immer wieder durch Adaption an Situation, Kontext, Unternehmens-Individualität, Potenzialität und Subjektivität neu interpretiert und moduliert, konstruiert er ein jeweils einzigartiges Verständnis und eine jeweils singuläre Verfasstheit jener objektiven Parameter.

---

[34] Vgl. zu diesem Thema „Tatsächlichkeit versus Potentialität" auch: Zohar 2000, S. 116 ff.

Es ist diese Singularisierung und Ent-Routinisierung, die auch die unternehmensinternen Reservate, Gemeinschaften, Konsonanzen und Korridore in Bewegung bringt und dynamisiert.

Zugleich ist der synaptische Manager aber auch gehalten, diese Singularisierung und Ent-Routinisierung wieder aufzuheben, indem er sein singuläres Verständnis und seine singuläre Modulation jener objektiven Parameter wieder zu einem objektiven Parameter für künftiges Denken und Handeln erhebt. Wohl wissend, dass sich jeder Manager immer in einem Raum bewegen muss, der von objektiven Parametern vorgeprägt ist.

Der synaptische Manager muss also permanent in jener Bewegung sein, die das Objektive subjektiviert und das Subjektive wieder objektiviert. Er muss die Leistung vollbringen, das objektiv Vorgegebene singulär zu adaptieren und diese singuläre Adaption wieder zu einer objektiven Vorgabe zu erheben.

Er muss dabei auch die Tatsächlichkeit mit der Potenzialität in Einklang bringen. Denn er weiß, dass die Identität seines Unternehmens nicht nur aus seinen Produkten, Leistungen, Vermögenswerten, Kenntnissen, Patenten und Technologien besteht (also aus seinen tatsächlichen Assets), sondern auch aus einem Portfolio an Fähigkeiten und Potenzialen, die für die Kreation neuer Produkte, Produktmerkmale und Leistungen (also für die potenzielle Erzeugung neuer Assets) mobilisiert werden können.

Dieses Verständnis von Management als Konstruktion hat weitreichende praktische Konsequenzen. Folgendes Beispiel sei dazu angeführt:

- Gestaltet man Kundenmanagement nach diesem Verständnis des Managements als Konstruktion, dann bedeutet dies, dass die Arbeit der Vertriebsarbeiter (und auch der Delivery-Mitarbeiter) **eben nicht** darin aufgeht, einen Kunden-Vertrag nach seinem Wortlaut zu vollziehen, eine vorgegebene Methodik des Account Managements umzusetzen, bestimmte objektive Parameter, die für den Vertrieb bzw. für das Projektmanagement gelten (Umsatzziele, Share-of-Wallet-Ziele, Kundenzufriedenheits-Ziele etc.) zu exekutieren, bestimmte Produkte und Leistungen, die das Unternehmen anbietet, möglichst effektiv und effizient zu verkaufen, bestimmte Vertriebsstrukturen und -prozesse, die im Unternehmen gelten, zu realisieren.
- Vielmehr bedeutet **konstruktives Kundenmanagement**, dass jeder Vertriebs- und Deliverymitarbeiter, der Kundenkontakt hat, bereit und in der Lage ist, all jene objektiven Parameter ständig neu zu konstruieren. Er muss dazu die jeweilige aktuelle Situation, in der er agiert, immer wieder neu zu erfassen suchen, er muss die Individualität des Kunden-Unternehmens, dessen einzigartige Positionierung am Markt, seismographisch aufnehmen, er muss den unternehmensinternen und externen Kontext, in dem er sich bewegt, immer wieder aufs Neue ausleuchten, er muss die Subjektivität der Personen, die für ihn relevant sind (Kunden, Kunden der Kunden, Lieferanten, unternehmensinterne Kooperationspartner etc.), immer wieder aktuell ausforschen und entdecken (die Bedürfnisse, Befindlichkeiten, Interessen, Emotionen, Hidden Agendas, psychologische Situation dieser Personen etc.) und dabei die Dimension der Tatsächlichkeit um die Dimension der Potenzialität anreichern. Auf dieser Grundlage muss der Mitarbeiter

die objektiven Parameter, die für seine Arbeit gelten, immer wieder neu ausdeuten und modulieren, ergo konstruieren.

- Wenn ein Mitarbeiter danach z. B. feststellt, dass er den Vertrag, den das Unternehmen mit dem Kunden hat, neu deuten bzw. modifizieren muss, dann hat er diesen Vertrag nicht einfach zu vollziehen, sondern muss ihn (ideell und/oder materiell) neu konstruieren. Wenn ein Vertriebsmitarbeiter durch seine Adaptionsarbeit herausbekommt, dass das Rüstzeug, das ihm das Unternehmen für seine Vertriebsarbeit mitgibt (Ziele, Produkte, Account-Management-Methoden etc.), für die jeweils aktuelle Situation, den jeweils relevanten Kontext und die jeweils maßgebliche Subjektivität des Gegenüber nicht passt, muss er dieses Rüstzeug anpassen. Wenn ein Delivery-Mitarbeiter im Ergebnis seiner Konstruktionsleistung erkennt, dass die Methodik des Projektmanagements, die in seinem Unternehmen vorgegeben ist, in einer bestimmten Situation/Umweltkonstellation nicht den Kunden- bzw. Unternehmensinteressen entspricht, muss er sie adjustieren. Wenn er feststellt, dass die Ressourcen, die ihm sein Unternehmen für die Bearbeitung eines Kundenprojektes mitgegeben hat, nicht ausreichen, muss er darauf hinwirken, dies zu ändern (entweder durch Veränderung der Ressourcen oder durch Veränderung des Projektdesigns). Wenn er ermittelt, dass der Kunde etwas braucht bzw. etwas brauchen könnte, das der Kunde selbst bisher nicht gesehen hat oder das er dem Mitarbeiter nicht mitgeteilt hat, muss er dieses Potenzial in der Interaktion mit dem Kunden einbeziehen.
- Der konstruktiv an der Kundenschnittstelle handelnde Mitarbeiter ist also nicht dazu da, Produkte nach einem bestimmten Schema abzuverkaufen bzw. ein Kundenprojekt nach bestimmten vertraglichen Vorgaben oder methodischen Maximen umzusetzen. Er hat vielmehr eine weiter reichende Aufgabe. Er ist gehalten, sich seismographisch in die jeweilige Situation, Umweltkonstellation und Kundenbefindlichkeit hineinzuversetzen, sein Verständnis dieser Lage immer wieder neu auszubilden und auf dieser Grundlage sein Kundenmanagement stetig neu zu konstruieren. Er muss Kundenmanagement als Konstruktionsleistung begreifen.

Wenn es nun im Paradigma des synaptischen Managements gilt, jene objektiven Parameter nicht einfach zu vollziehen, sondern adaptiv zu konstruieren, dann hat dies für die objektiven Parameter eine signifikante Konsequenz: Sie müssen dann stets so gestaltet werden, dass sie adaptionsfähig sind.

Werden die objektiven Parameter in einem Unternehmen in Granit gemeißelt, so dass sie jedem Versuch, sie zu adaptieren und zu adjustieren, massiven Widerstand entgegensetzen, wird synaptisches Konstruktions-Management in diesem Unternehmen be- bzw. verhindert. Objektive Parameter, die auf Veränderungsresistenz hin angelegt sind, sperren sich gegen den Versuch, sie situations-, kontext- und subjektspezifisch zu konstruieren. Derart in Granit eingravierte objektive Parameter behindern alle synaptischen Konstruktionsbemühungen um die Dynamisierung des Unternehmens. Sie legen um das Unternehmen einen statischen Kordon, der das Unternehmen von den Fluktuationen der Umwelt abschottet.

Synaptisches Konstruktions-Management kann deshalb nur dann gelingen, wenn die objektiven Parameter, die im Unternehmen gelten, selbst wieder auf Veränderung und Adaption hin ausgelegt sind. Synaptisches Management muss also bei der Konstruktion der objektiven Parameter darauf hinwirken, dass sie mit einer inhärenten Beweglichkeit und Adaptionsoffenheit ausgestattet werden.

Es ist dies die zweite Konstruktionsaufgabe des synaptischen Managements. Synaptisches Management muss jene objektiven Parameter im Unternehmen so konstruieren, dass ihnen die Fähigkeit zur flexiblen und adaptiven Wandlung inhärent ist. Die Adaptionsoffenheit und die elastische Adaptionsfähigkeit muss ihnen im Akt der Konstruktion eingraviert werden.

Dies bedeutet, dass synaptisches Management jene objektiven Parameter so konstruieren muss, dass ihnen eine **kalkulierte Vagheit** eignet.

Ich entlehne diesen Begriff der kalkulierten Vagheit der ethnomethodologischen Schule der US-amerikanischen Soziologie. Dort wurde dieser Begriff für ein Handeln von Individuen eingeführt, das nicht klar und eindeutig von Regeln, Normen, Rollenanforderungen, Motiven, Bedürfnissen, Reizen und Einstellungen determiniert ist, sondern von den Individuen immer wieder neu aufgrund ihrer subjektiven, situationsspezifischen Deutung dieser Regeln, Normen, Rollenanforderungen, Motive, Bedürfnisse, Reize und Einstellungen selbst konstruiert wird (siehe beispielhaft: Garfinkel 1967, 1973, S. 189 ff.). Nach dem Verständnis der Ethnomethodologie handeln Individuen nicht einfach nach objektiven Gegebenheiten, sondern nach ihrer subjektiven, situationsspezifischen Interpretation dieser Gegebenheiten.

Synaptische Unternehmensführung ist im Milieu der Kontingenz stets gehalten, mit Vorgaben und objektiven Parametern zu operieren, die Raum lassen für subjektive, situationsspezifische und kontextabhängige Deutungen und Konkretisationen.

Sie muss diese Vorgaben, diese objektiven Parameter deshalb mit einer kalkulierten Vagheit ausstatten. Kalkulierte Vagheit bedeutet in diesem Kontext: Der Rahmen, den die Unternehmensführung für die Unternehmensakteure setzt (in Gestalt von Strategien, Zielen, Regeln, Strukturen, Prozessen, Systemen etc.), muss so ausgestaltet werden, dass er den Unternehmensakteuren die Möglichkeit eröffnet, diesen Rahmen durch subjektive Interpretation und situationsspezifische, kontextadäquate Modifikation für sich selbst immer wieder neu zu konstruieren. Es muss ein Rahmen sein, der auf Flexibilität und Elastizität angelegt ist, darauf, von den Mitarbeitern des Unternehmens je nach den situativen und kontextuellen Gegebenheiten flexibel und elastisch ausgedeutet und angepasst zu werden.

Es ist dies ein essentielles Element synaptischen Managements. Das synaptische Management operiert mit kalkulierter Vagheit, um allen Unternehmensakteuren einen Raum zu geben, in dem sie die Chance haben, objektive Parameter durch subjektive Interpretation und Konstruktion an situative Gegebenheiten, individuelle Konstellationen und volatile Umwelt-Evolutionen anzupassen.

Management mit kalkulierter Vagheit zielt deshalb immer darauf ab, das System Unternehmen und seine Akteure zur situations- und evolutionsadäquaten Dynamisierung, zur adaptiven Anpassung und zur elastischen Wandlung zu befähigen. Es bewirkt auch und gerade eine Dynamisierung von Reservaten, Gemeinschaften, Konsonanzen und Korridoren. Denn indem diese Syndrome der Abschottung in jenen Raum kalkulierter Vagheit hineingezogen werden, wird ihre eherne Unverbrüchlichkeit unterminiert.

Management mit kalkulierter Vagheit bedeutet konkret Folgendes:

- Regeln setzen einen beweglichen Rahmen für gewünschtes Denken und Verhalten, legen aber nicht detailliert, punktgenau und festzementiert das gewünschte Denken und Verhalten für jede denkbare Situation fest. Diese Rahmen-Regeln ermöglichen es den Unternehmensakteuren, ihr jeweiliges situatives Handeln durch Selbstorganisation und Emergenz immer wieder aufs Neue zu konstruieren.
- Regeln setzen einen Rahmen, der die Grenzen des gewünschten Denkens und Verhaltens absteckt. Dieser Rahmen muss aber immer so weit ausgelegt werden, dass sich innerhalb des Rahmens Formen nicht-geregelten Denkens und Verhaltens ausbilden können, die das Potenzial haben, den Rahmen auszuweiten bzw. zu sprengen. Dem Regel-Rahmen ist also eine kalkulierte Abweichungstoleranz inhärent.
- Ziele werden innerhalb einer Bandbreite festgelegt, die subjektiv und situationsspezifisch ausgefüllt werden muss. Ziele werden also als Ziel-Korridor ausgestaltet.
- Ziele sind auf flexible Adjustierbarkeit hin angelegt. Die Wände des Korridors, in dem sich die Ziele bewegen, können situations- und kontextspezifisch adjustiert werden.
- Strukturen und Prozesse werden so fixiert, dass sie offen sind für kalkulierte Optimierungen.
- Formalität wird im Unternehmen so ausgelegt, dass sie stets einen Raum für Informalität eröffnet.
- Planung wird so angelegt, dass sie stets Raum lässt für ungeplante Improvisation.
- Grenzen müssen im synaptischen Unternehmen sowohl fest als auch fließend gestaltet werden; d. h. sie sind verbindlich und müssen von den Unternehmensakteuren eingehalten werden; zugleich müssen sie kontinuierlich daraufhin überprüft werden können, ob sie neu justiert, hinausgeschoben und überschritten werden müssen.
- Das synaptische Unternehmen muss eine Statik aufweisen, die auf Verflüssigung hin angelegt ist. Und es muss das Potenzial haben, Ergebnisse von beweglichen Konstruktionen als verbindliche Strukturen zu fixieren.
- Im synaptischen Unternehmen gilt eine Ordnung, die von den Unternehmensakteuren je nach dem Kontext und der Situation, in dem sie arbeiten, selbst konstruiert und interpretiert werden muss.

Verzichtet ein Unternehmen darauf, die objektiven Parameter in der geschilderten Weise beweglich und flexibel zu gestalten, dann bindet sich dieses Unternehmen in ein fixes Korsett ein, das Anpassungsfähigkeit be- bzw. verhindert und damit die Existenz des Unternehmens in einer volatilen Umwelt gefährdet. Henry Mintzberg hat diese fixe Bindung des Unternehmens an vorkonfigurierte Parameter den „Irrtum der Vorherbestimmung" genannt (Mintzberg 1995). Das so vorkonfigurierte Unternehmen entzieht sich selbst die Ressourcen für adaptiven Wandel.

Karl Weick hat in seinen sozialpsychologischen und organisationstheoretischen Grundsatzwerken die Bedeutung dieser kalkulierten Vagheit für die Dynamisierung und für die Anpassungsfähigkeit von Organisationen vielfach belegt (vgl. Weick 1995; Weick und Sutcliffe 2010). Er hat gezeigt, wie Organisationen, die „eng gekoppelt" sind, gegenüber Organisationen, die „lose gekoppelt" sind, erheblich weniger adaptions-, anpassungs- und wandlungsfähig sind.

Eng gekoppelte Organisationen sind nach Weick solche, in denen die Elemente eines sozialen Systems starr und fix aneinander gekoppelt sind. Solche Organisationen funktionieren nach Regeln, die den Elementen des Systems keinen Spielraum für Selbstorganisation einräumen, sie fixieren eine Ordnung, die unabhängig von Situationen, Umweltbewegungen und Zufällen vorgegeben ist.

In einer eng gekoppelten Organisation hat ein Unternehmensakteur in jeder Situation exakt so zu handeln, wie es ihm von den detaillierten Regeln, die im Unternehmen herrschen, vorgegeben ist.

Lose gekoppelte Organisationen erlauben den Elementen eines sozialen Systems hingegen, so Weick, innerhalb bestimmter Regeln und Ordnungsprinzipien, Wertesysteme und Normen, die mit kalkulierter Vagheit formuliert wurden, ein flexibles Changieren und ein flexibel-adaptives Floaten. Die nur lose gekoppelten Elemente (Mitarbeiter, Unternehmenseinheiten, Arbeitsgruppen etc.) agieren innerhalb eines Handlungsrahmens, der ihnen flexible Anpassung ebenso erleichtert wie tastende Improvisation und risikobewusstes Experimentieren.

Weick führt eine Vielzahl von Beispielen für Organisationen an, die eng gekoppelt sind, d. h. in denen „Menschen ihre Flexibilität angesichts umfassender Regeln und Verfahren verlieren" (Weick und Sutcliffe 2010, S. 71), und von Organisationen, die mit loser Kopplung operieren, d. h. die deshalb adaptionsfähig und funktionsfähig sind, weil sie mit objektiven Parametern operieren, die kalkuliert vage und flexibel beweglich sind. Eines dieser Beispiele für lose Kopplung sei hier zitiert:

Weick beschreibt das Management auf einem Flugzeugträger (einer „High Reliability Organization"), auf dem die Aktivitäten sich nicht vollständig planen lassen, weil sie von volatilen, nicht exakt vorhersehbaren Umständen abhängig sind (Windrichtung, Windstärke, Seegang, Sicht, Landezeiten zurückkehrender Flugzeuge etc.). In dieser dynamischen Umgebung ist es

nicht möglich, alles vorauszuahnen und für jede Eventualität eine Regel aufzustellen. Ehemals starre Regeln, die vorschrieben, wie man jeden Arbeitsgang durchzuführen hatte, sind durch flexiblere Methoden außerhalb der Kommandostruktur ersetzt worden. Obwohl zum Beispiel die Befehle des Kommandanten normalerweise Vorrang haben, können Offiziere der unteren Dienstgrade andere Prioritäten setzen, wenn sie überzeugt sind, dass die Ausführung eines Befehls die Sicherheit der Crew gefährden würde. Ein solches Beispiel zeigt, dass es sogar in technisch hochentwickelten, gefährlichen und unvorhersehbaren Umwelten möglich ist, eine spezielle Problemlösung für den akuten Fall zu fördern und Sicherheitssysteme einzuführen, die psychologische Faktoren berücksichtigen. (Weick und Sutcliffe 2010, S. 43)

High Reliability Organizations funktionieren, so Weick, auf der Basis der Annahme, „dass Pläne und Konzepte ein Ausdruck von rationalen, aber kontextfreien Absichtserklärungen sind, die nur mit Hilfe einer kontextsensiblen, erfahrungsgestützten Rationalität umgesetzt werden können" (Weick und Sutcliffe 2010, S. 68). Es ist dies eine Rationalität, die Routinen nur zulässt, wenn sie ständig an veränderte Bedingungen angepasst werden können, und die ein vorhandenes Handlungsrepertoire nur vorgibt, wenn es situationsspezifisch durch adaptive Improvisation immer wieder neu kombiniert und adjustiert werden kann.

> Im Atomkraftwerk Diablo Canyon beispielsweise zeigt sich das Streben nach Flexibilität in einer Betriebskultur, die bei allen Mitarbeitern die Überzeugung fördert, dass formelle Verfahren fehlbar sind. (Weick und Sutcliffe 2010, S. 77)

Im Einklang mit diesen Befunden von Karl Weick haben Hollnagel, Woods und Leveson ermittelt, dass soziale Systeme nur in dem Maße erfolgreich sein können, in dem sie zulassen, dass formelle Strukturen und Prozesse durch informelle Strukturen und Prozesse adjustiert werden:

> Many studies of how complex systems succeeded and sometimes failed found that the formal descriptions of work embodied in policies, regulations, procedures, and automation were incomplete as models of expertise and success. (Hollnagel et al. 2013, S. 4 f.)

Danah Zohar beschreibt ein Beispiel für die Optimierung der Formalität durch Informalität. Ein Anthropologe bat einige Ingenieure der Xerox Corporation darum,

> ihm ihre Reparaturhandbücher zu zeigen. Zunächst legten sie ihm die makellosen Exemplare vor, in denen die offiziellen Abläufe für die Installation und Reparatur von Geräten beschrieben waren. Aber nachdem sie mehr Vertrauen zu ihm gefaßt hatten, zeigten sie ihm ihre ‚echten' Reparaturhandbücher – diejenigen, die sie im Außendienst tatsächlich benutzten. Sie waren voller Eselsohren, Anmerkungen, Abkürzungen und Beschreibungen unorthodoxer Methoden, die sie durch Versuch und Irrtum in ihrem Arbeitsalltag gelernt hatten. Mit diesen Informationen sparten die Ingenieure sehr viel Zeit und Geld und gewannen außerdem eine gewisse Befriedigung darüber, daß sie das System schlagen konnten. (Zohar 2000, S. 77 f.)

Das synaptische Management mit kalkulierter Vagheit kann nur dort gelingen, wo **Vertrauen** besteht. Denn die Vagheit öffnet Gestaltungsräume für jeden Mitarbeiter, die missbraucht werden können. Solcher Missbrauch kann nur in einem Unternehmensmilieu gedeihen, in dem habituelles Misstrauen vorherrscht. In einem solchen Milieu des habituellen Misstrauens muss die Unternehmensführung Vagheit durch Dezisionismus ersetzen. Sie muss dort die Gestaltungsräume für die Unternehmensakteure mit punktgenauen Vorschriften zunageln und die Mitarbeiter mit klaren Befehlen und Belohnungen/Bestrafungen an der kurzen Leine führen. Dabei wird sie aber zugleich jedes Potenzial zur Dynamisierung des Unternehmens einäschern.

Synaptisches Management muss deshalb im Unternehmen ein Klima schaffen, in dem Vertrauen wachsen und gedeihen kann. Vertrauen ist ein unerlässliches Momentum für die

Dynamisierung von Unternehmen und für die Sicherung der Lebens- und Wettbewerbs-fähigkeit von Unternehmen in der volatilen, komplexen Umwelt des 21. Jahrhunderts.

Das synaptische Management eines Unternehmensmilieus, in dem Vertrauen gedei-hen kann, ist wiederum das Management eines Widerspruchs (siehe dazu Luhmann 1973, S. 33, der pointiert festhält: „Vertrauen beruht auf Täuschung.“). Denn einerseits ist es in der Konkurrenzökonomie eine Überlebensbedingung, gegenüber den Volten der Wettbe-werber ein habituelles Misstrauen zu kultivieren. Da in der Konkurrenzökonomie poten-ziell jeder andere ein Wettbewerber sein oder werden kann, ist es überlebenswichtig, die-ses habituelle Misstrauen gegenüber jedem anderen zu hegen. Andererseits ist habituelles Vertrauen eine notwendige Voraussetzung für das Gelingen von Kooperation innerhalb eines Unternehmens und zwischen dem Unternehmen und seiner Umwelt. Und es ist eine konstitutive Bedingung für das Gelingen von Management als Konstruktion.

Meint doch Vertrauen im Kern, dass verschiedene Akteure darauf setzen, dass ihre wechselseitigen Verhaltenserwartungen und Handlungsverpflichtungen heute und in der Zukunft komplementär und kompatibel sind bzw. komplementär und kompatibel kon-struiert werden können.

Angemessen handelt und denkt danach in der Konkurrenzökonomie der, der Vertrauen und Misstrauen gleichermaßen kultiviert.

Wie es dem synaptischen Management gelingen kann, in dieser widersprüchlichen Konstellation ein Unternehmensmilieu zu schaffen, das Vertrauen gedeihen lässt, haben wir oben im Kap. 6.2.5 gezeigt.

Es gibt viele Beispiele dafür, wie Unternehmen mit kalkulierter Vagheit managen und dabei einen Raum schaffen für Konstruktionsleistungen. Und wie sie dabei Vertrauen vo-raussetzen, ausbilden und kultivieren.

Toyota z. B. setzt bei der Erneuerung seines Keiretsu-Modells einer langfristigen Zu-sammenarbeit mit Zulieferern dezidiert auf kalkulierte Vagheit. So werden selbst die Ver-träge, die Toyota mit seinen Zulieferern schließt, grundsätzlich „nicht eindeutig formu-liert. Sie bestehen aus allgemeinen Aussagen und unverbindlichen Zielen. … Japanische Unternehmen gehen davon aus, dass genaue Vorgaben die Partner dazu bringen, nur das zu tun, wozu sie verpflichtet sind – und keinesfalls mehr. Toyota zählt daher darauf, dass seine Zulieferer dank der unkonkreten Vertragsformulierung über das Übliche hinaus-gehen.“ Dabei setzt Toyota auf langfristige und verbindliche Beziehungen zu seinen Ge-schäftspartnern, „die auf Vertrauen und gutem Willen“ gegründet sind (Aoki und Len-nerfors 2013, S. 64). Dieses Managen mit kalkulierter Vagheit, mit dezidiert unkonkreten Vereinbarungen, mit Vertrauen und gutem Willen schafft in den Beziehungen zwischen Toyota und den Zulieferern des Unternehmens vielfältige Räume und Chancen für ad-aptive Konstruktionsleistungen. So gibt Toyota z. B. den Zulieferern in der Regel keine Innovationsziele fest auf und verordnet ihnen keine fixierten Problemlösungen. Vielmehr tauscht sich Toyota mit seinen Zulieferern regelmäßig über Praxiserfahrungen aus, bezieht die Zulieferer schon in der Planungsphase in die Produktentwicklung ein und lässt in der Kooperation mit den Zulieferern Raum für adaptive Konstruktion: „Gemeinsam erarbeiten die Partner Lösungen für Probleme, indem sie einen Versuch-und –Irrtum-Ansatz verfolgen." (Aoki und Lennerfors 2013, S. 66)

6.3.2 Management durch Verfremdung

Synaptisches Management bedeutet im Kern, ein Unternehmen dadurch zu dynamisieren, dass Stabilität und Instabilität, Beharrungs- und Anpassungsfähigkeit in einen Einklang gebracht werden. Dies geschieht im Paradigma des Kontingenz-Managements auch und gerade dadurch, dass ein Unternehmensmilieu geschaffen wird, in dem Verfremdung gedeihen kann.

Mit Verfremdung ist gemeint, dass ein Unternehmen zwei gegensätzliche Operationen miteinander verbindet: die Operationen des Kreditierens und des Diskreditierens (siehe zu diesen Begriffen: Weick 1995, S. 306 ff.). Karl Weick hat dies so zusammengefasst: „Organisationen, die ihre früheren Erfahrungen sowohl glauben als auch bezweifeln, behalten größere Flexibilität und Anpassungsfähigkeit." (Weick 1995, S. 17).

Kreditieren (nach lateinisch credere, glauben) bedeutet, dass sich ein Unternehmen immer gründen muss auf bestimmte gemeinsam geteilte Überzeugungen, Erfahrungen, Traditionen, Werte und Haltungen. Dieses gemeinsame Fundament von Einstellungen und Gewissheiten ist notwendig dafür, dass ein Unternehmen Stabilität ausbildet. Der Organisationssoziologe Hari Tsoukas hat dargelegt, dass in jeder Unternehmensorganisation „typische Verhaltensformen in typischen Situationen mit typischen Akteuren verbunden sind... Eine Organisationsaktivität bietet den Akteuren eine Reihe von vorgegebenen Denkkategorien und eine Typologie von Handlungsoptionen... Organisation erfordert also Verallgemeinerungen; die Subsumierung von heterogenen Besonderheiten unter allgemeine Kategorien." (zitiert nach Weick und Sutcliffe 2010, S. 57). Damit ein Unternehmen Stabilität ausbilden kann, müssen diese allgemeinen Kategorien von allen Unternehmensakteuren gelernt und geteilt, ergo kreditiert werden.

Wenn die Organisation aber bei dieser stabilen Kreditierung stehenbleibt, programmiert sie in ihrer volatilen Umwelt des 21. Jahrhunderts ihren Ruin. Sie muss, um bei aller Stabilität zugleich permanent wandlungsfähig zu sein, jene allgemeinen Kategorien zugleich diskreditieren.

Diskreditieren bedeutet, dass ein Unternehmen stetig ein Binnenmilieu schaffen muss, in dem Zweifel prämiert und Selbstverständliches in Frage gestellt wird. Ein Unternehmen, in dem ein solches „Milieu der Verfremdung" aufrechterhalten wird, wiegt sich nie in der Sicherheit, dass das Altbekannte konstant bleiben wird, dass die Erfahrungen und Erkenntnisse der Vergangenheit zur Bewältigung der Zukunft ausreichen werden und dass die Erwartungen, die im Unternehmen in Plänen und Routinen abgebildet sind, auch tatsächlich eintreffen werden.

In diesem Milieu der Verfremdung werden die bestehenden Erwartungen des Unternehmens laufend überprüft und hinterfragt, werden jene allgemeinen Kategorien stets im Hinblick auf situative und kontextuale Besonderheiten adjustiert und werden Störungen,

Fehler, Abweichungen und Diskrepanzen mit einer spezifischen „Achtsamkeit" seismographisch aufgespürt und offengelegt. Weick definiert diese „Achtsamkeit" als „„ausgeprägtes Bewusstsein für Differenzierungsdetails', also für kleine Besonderheiten, die feine Unterschiede und Abweichungen erkennen lassen" (Weick und Sutcliffe 2010, S. 34).

Ein Unternehmen, das dieses Milieu der Verfremdung kultiviert, stellt fortlaufend Vertrautes in Frage, konfrontiert die Normalität mit Anomalien und vermeidet es, Unbekanntes auf Bekanntes zu reduzieren und Unvorhergesehenes dem Vorhersehbaren zu subsumieren. Es schafft eine Umgebung, in der Skepsis gedeihen kann und Zweifel belohnt wird.

Karl Weick hat dargelegt, dass Organisationen, die hochriskante Aufgaben bewältigen müssen (in Atomkraftwerken, auf Flugzeugträgern etc.), nur dann funktionieren können, wenn sie stetig mit dem Unerwarteten rechnen und deshalb das Erwartete beständig in Frage stellen. Diese Organisationen „hegen gewohnheitsmäßig den Verdacht, dass ihre Erwartungen unvollständig sind und dass sie einer korrekten Wahrnehmung näher kommen können, wenn sie gerade solche Erwartungen anzweifeln, die sich am häufigsten erfüllt haben." (Weick und Sutcliffe, S. 29)

Synaptisches Management durch Verfremdung kann mit unterschiedlichen Instrumenten und Maßnahmen erfolgen. Einige seien hier skizziert:

- **die Haltung der Ambivalenz**: Ein Unternehmensakteur agiert mit einer Haltung der Ambivalenz, wenn er sich in jeder Situation, in der er gefordert ist, so verhält, als sei diese Situation zugleich altbekannt und völlig neu. Indem er die Situation als altbekannt deutet, kann er zur Bewältigung dieser Situation gelernte und bewährte Deutungs- und Handlungsmuster einsetzen (Kreditieren). Indem er zugleich diese gleiche Situation als völlig neu und einzigartig interpretiert (Diskreditieren), versetzt er sich in die Lage, anpassungs- und wandlungsfähig mit unvorhergesehenen Entwicklungen und unüblichen Konstellationen umzugehen, die in dieser Situation eintreten können.

  Mit dieser Haltung der Ambivalenz versichert sich der Akteur also einerseits der Stabilität der im Unternehmen gelernten Denk- und Handlungsrepertoires. Und andererseits erhält er sich die Elastizität für flexible Reaktionen auf unerwartete neue Ereignisse. Er kultiviert mit dieser ambivalenten Haltung also zugleich Vertrauen und Misstrauen gegenüber den Routinen, die im Unternehmen vorgegeben sind.

  Karl Weick beschreibt diese Haltung der Ambivalenz so: „Wenn die Dinge klar sind, sollten Sie zweifeln; wenn Zweifel vorliegt, sollten Sie die Dinge behandeln, als ob sie klar wären. Das ist die volle und symmetrische Bedeutung des Diskreditierens." (Weick 1995, S. 316)

- **die Methode der kontradiktorischen Prüfungen**: Kontradiktorische Prüfungen (Weick und Sutcliffe 2010, S. 67) sind systematische Analysen und Evaluationen, die von der Annahme ausgehen, dass Pläne des Unternehmens scheitern und Erwartungen des Unternehmens nicht eintreten werden. Kontradiktorische Prüfungen gehen stets davon aus, dass das Gegenteil des Erwarteten geschehen wird. Sie stellen bestehende Pläne und Strategien des Unternehmens unter der Annahme „Was wäre, wenn?" auf den Prüfstand. Kontradiktorische Prüfungen bilden für alle Zukunftsprojektionen im

Unternehmen einen Härtetest: Sie lassen nur solche Pläne und Strategien zu, die für den Fall, dass Unerwartetes eintreten wird, ein Reservoir an Handlungsoptionen bereitstellen. Kontradiktorische Prüfungen härten die Pläne und Strategien des Unternehmens, weil sie verlangen, dass diese Pläne und Strategien elastisch für die flexible, adaptive Anpassung an Unerwartetes ausgelegt werden. Sie zielen darauf ab, dass Pläne und Strategien so adjustiert werden, dass sie nicht nur funktionieren, wenn die Erwartungen eintreten, auf denen sie gründen, sondern auch dann, wenn diese Erwartungen nicht eintreten.

- **die Kultur der Achtsamkeit**: Karl Weick definiert Kultur der Achtsamkeit („Mindfulness") als ein Unternehmensmilieu, in dem eine habituelle Konzentration auf Ereignisse erfolgt, die vom Erwarteten abweichen, und in dem das Denken und Handeln der Unternehmensakteure darauf ausgerichtet ist, Abweichungen vom Geplanten aufzuspüren, Fehler und Diskrepanzen frühzeitig zu registrieren und unvorhergesehene Veränderungen aufzugreifen. Es ist eine Kultur der unbedingten Offenheit gegenüber Erwartungsabweichungen. Und es ist eine Kultur des adaptiven Lernens, bei dem das Unerwartete zum Anlass für zügige Anpassungen der Erwartungen, Aktionen, Pläne und Strategien des Unternehmens genommen wird (Weick und Sutcliffe 2010, S. 34 ff.).

Weitere Maßnahmen, die für das Management von Verfremdung relevant sind, werden in den folgenden Kapiteln näher beleuchtet (siehe Management durch Dialog, Management durch Temporalisierung, Management durch Heterarchie).

6.3.3 Management im Optionenraum

Management im Optionenraum bedeutet, Entscheidungen zur künftigen Unternehmensentwicklung so vorzubereiten, dass sie aus einem Raum von verschiedenen vorgetesteten Optionen heraus erfolgen können.

Synaptisches Management besteht, wie oben ausgeführt, darauf, dass durch Umwelt- und Binnenvernetzung umfassende Informationen und Kenntnisse gewonnen werden und dass diese Kognitionen für eine stetige Bewertung der optimalen Unternehmensausrichtung genutzt werden. Synaptisches Management setzt diese Informationen, Erkenntnisse und Bewertungen aber nicht ein, um dem Unternehmen eine daraus abgeleitete, ein für alle Mal „richtige" Entwicklungsrichtung zu verordnen. Vielmehr verwendet synaptisches Management dieses Wissen und diese Positionen dazu, einen Raum für unterschiedliche Handlungsoptionen zu bauen, in dem diese Optionen vorgetestet, empirisch erprobt und damit umsetzungsfähig vorbereitet werden können.

Dieses Management mit Optionen, im Optionenraum, besteht also im Kern darin, dass das Unternehmen eine Vielzahl von Versuchen startet, um im Trial-and-Error-Verfahren, durch empirische Überprüfung der Markt- und Umweltkonformität dieser Versuche, Schritt für Schritt diejenigen Optionen herauszufiltern, die für das Unternehmen optimal sind. Diese Optionen werden dann bei Entscheidungen zur weiteren Unternehmensentwicklung zugrunde gelegt.

Das synaptisch geführte Unternehmen hält auf diese Weise ständig einen Raum von Optionen vor. Es ist dies die Existenzform der strategischen Unternehmensentwicklung im synaptisch geführten Unternehmen.

Synaptisches Management basiert durch dieses Handeln im Optionenraum auf der komplexitätstheoretischen Erkenntnis, dass in komplexen Systemen der „Versuch-Irrtums-Prozess … die einzige Möglichkeit darstellt, Unwissenheit zu beseitigen, d. h. also Informationen zu gewinnen." (Malik 2008, S. 240)

Entsprechend ist synaptisches Management darauf gerichtet, alle Entscheidungsprozesse im Unternehmen so auszugestalten, dass ein Raum von Optionen besteht, in dem die Unternehmensakteure durch Versuch und Irrtum, Testen und Experimentieren, Entwerfen und Verwerfen, Probieren und Lernen die für das Unternehmen optimalen Selektionen vollziehen.

Das synaptisch geführte Unternehmen kultiviert deshalb ein Milieu der Offenheit für Experimente, für Expeditionen in unerkundete Landschaften und für das Lernen aus Fehlern und Irrwegen. Es fördert die Bereitschaft zum kontrollierten Risk-Taking. Danah Zohar schreibt dazu: „Quantensysteme folgen vielen Wegen von A nach B, und die adaptive Evolution erfolgt durch multiple Mutation. … Die Natur entwickelt sich durch Fehler weiter. Die wenigsten Mutationen setzen sich durch." (Zohar 2000, S. 197, 199)

Stafford Beer bringt dieses Prinzip der „Error-Exploitation" wie folgt auf den Punkt:

> Error, controlled to a reasonable level, is not the absolute enemy we have been taught to think it. On the contrary, it is a precondition of survival. … In the firm, error is anathema. This is not to say it is avoided – of course not. But it is treated with hostility, not as having a value of its own. … All the managerial emphasis is bestowed on error-correction rather than error-exploitation. In turn, errors themselves are reiterated as being essentially bad. Thus it follows that when change is really understood … to be necessary, people resist the need, because to attempt change is automatically to increase the error rate for a time, while the mutations are under test. (Beer 1995, S. 62)

Das synaptisch gemanagte Unternehmen konturiert auf der Grundlage der durch Binnen- und Umweltvernetzung gewonnenen Erkenntnisse und Bewertungen bestimmte Optionen, d. h. bestimmte mögliche Entscheidungen und Weichenstellungen über die künftige Entwicklung und Wandlung des Unternehmens.

Dieses Konturieren der Optionen geschieht dadurch, dass diese Optionen mit begrenztem Aufwand, niedrigen Kosten und geringem Risiko am Markt getestet werden (z. B. in Form von Early-Adopter-Markterkundungen, Pilotprojekten, Bau von Prototypen und Tests zu deren Akzeptanz etc.). Um die Erfolgsträchtigkeit bestimmter Optionen möglichst kostengünstig und schnell ermitteln zu können, operieren synaptisch gemanagte Unternehmen mit einer Vielzahl von Instrumenten (z. B. mit Storyboards, Simulations-Verfahren, Rollenspielen, Markttests im Frühstadium einer Options-Evolution etc.).

Auf der Grundlage dieser Versuche, dieser Trial-and-Error-Evaluationen, werden dann einige Optionen ausgeschieden, die den Markttest nicht bestanden. Andere werden im Optionenraum belassen, weiter getestet, durch die Testergebnisse modifiziert, einer erneuten empirischen Validierung ausgesetzt, mit Umweltvolatilitäten konfrontiert, entsprechend adjustiert, revidiert und so fort. Auf diese Weise wird der Optionenraum durch stetige Iterationen, Lernkurven und Rückkopplungen permanent weiterentwickelt und „veredelt".

Synaptisches Management sorgt dafür, dass das Unternehmen im Laufe dieser empirischen Versuche stetig lernt, permanent den Optionenraum entsprechend den Lehren, die aus den Praxistests zu ziehen sind, umbaut und neu ausstattet. Synaptisches Management nimmt in Kauf, dass im Laufe dieser Tests eine Reihe von Optionen aus dem Raum entfernt werden müssen. Dies ist, von der Warte des synaptischen Managements aus gesehen, der Preis, der dafür gezahlt werden muss, dass exakte Vorhersagen über die Marktgängigkeit bestimmter Optionen nicht möglich sind. Synaptisches Management legt deshalb auch Wert darauf, dass der Optionenraum ständig mit mehreren Optionen ausgestattet ist.

Synaptisch geführte Unternehmen haben also neben ihrem Produkt- und Dienstleistungsportfolio immer ein Portfolio an Optionen. Sie allokieren ihre Investitionsmittel gezielt in beide Typen von Portfolien. Sie diversifizieren das Optionen-Portfolio stetig auch dadurch, dass sie eine Vielzahl von Sponsoren für die unternehmensinterne Finanzierung von Optionen fördern.

Diejenigen Optionen, die diesem mehrstufigen empirischen Belastungstest standgehalten haben, werden dann zugrunde gelegt, um weitreichende Entscheidungen über die Unternehmensentwicklung zu treffen. Entscheidungen, mit denen umfangreiche Ressourcen gebunden werden und umfangreiche Investitionen verbunden sind. Synaptisches Management besteht darauf, dass die so vorbereiteten und validierten Entscheidungen dann systematisch, strategisch geerdet und mit der Disziplin einer geordneten Unternehmensmechanik exekutiert werden.

Zugleich sorgt synaptisches Management aber immer auch dafür, dass der Optionenraum bestehen bleibt. Das heißt, auch dann, wenn das Unternehmen nach empirischer Validierung eine bestimmte Option für die weitere Unternehmensentwicklung herausselektiert hat, berücksichtigt synaptisches Management, dass diese Selektion durch unvorhergesehene Ereignisse erschüttert werden kann. Synaptisches Management baut einer solchen zufälligen Erschütterung vor, indem es den Optionenraum kontinuierlich aufrechterhält. Damit schafft synaptisches Management für das Unternehmen einen Fundus von mehreren, empirisch vorgetesteten, alternativen Optionen, der dann, wenn eine solche Erschütterung eingetreten ist, für alternative Entscheidungen zur Unternehmensentwicklung aktiviert und nutzbar gemacht werden kann.

Management im Optionenraum bedeutet deshalb nicht, ein Unternehmen mit einer Vielzahl von unterschiedlichen Handlungsoptionen, die allesamt unternehmensrelevant bleiben, zu defokussieren und zu desorientieren.

Vielmehr geht das Management im Optionenraum von drei Grundsätzen aus:

- Zum einen von dem Grundsatz, dass eine weitreichende Entscheidung über die künftige Unternehmensentwicklung stets auf der Grundlage eines umfangreichen empirischen Tests mehrerer Optionen erfolgen muss.
- Zum anderen von dem Prinzip, dass nach dem Absolvieren dieser Tests eine auf empirischen Auswertungen und Lehren basierende Entscheidung (über Investitionen,
  Geschäftsentwicklungen, Akquisitionen etc.) getroffen werden muss, die dann diszipliniert zu exekutieren ist.
- Zum dritten von der Überzeugung, dass das Unternehmen auch nach dieser Weichen-
  stellung zum Erhalt seiner Beweglichkeit und Wandlungsoffenheit jenen Optionenraum weiter aufrechterhalten und vitalisieren muss, – damit es für den Fall der Fälle,
  wenn die Dinge anders laufen als geplant und vorhergesehen, für eine elastische Neu-
  Ausrichtung gerüstet ist.

Es gibt eine Vielzahl von Beispielen von Unternehmen, die erfolgreich waren, weil sie an
diesen Grundsätzen festgehalten haben, und von Unternehmen, die gestrandet sind, weil
sie diese Grundsätze nicht beachtet haben (siehe zum Beispiel: Collins und Hansen 2012,
S. 103 ff.).

Management im Optionenraum beinhaltet stets das Offenhalten von Optionen im
Kerngeschäft **und auf benachbarten Geschäftsfeldern**, d. h. auf Geschäftsfeldern, die
benachbart zu den Kerngeschäftsfeldern des Unternehmens liegen („adjacent business
opportunities"). Und es inkludiert die stetige Evaluation von **disruptiven Geschäftsoptio-
nen**, d. h. von Geschäftsmodellen, Produkten und Leistungen, die weitab vom etablierten
Kerngeschäft des Unternehmens liegen.

> Hätte Apple sich rein als Computerhersteller definiert und nicht als Unternehmen, das digi-
> tale Dienste mit Weltklasse-Design und benutzerfreundlichen Geräten verbindet, dann hätte
> es nie die Musikbranche neu erfunden oder das Mobilfunkgeschäft radikal umgekrempelt.
> (Hamel 2013, S. 146 f.)

6.3.4 Management mit Reserven

Das Management von Kontingenz geht davon aus, dass bei der Geschäftstätigkeit und bei
der Weiterentwicklung des Unternehmens das Risiko massiver, nicht vorhergesehener
Einflüsse aus der Systemumwelt und zufälliger, nicht vorhersehbarer Ereignisse nie aus-
geschlossen werden kann. Weil das so ist, operiert das Management von Kontingenz stets
mit Reserven.[35]

---

[35] Siehe auch zu diesem Vorhalten von Reserven Collins und Hansen, die als Beispiel für dieses
Management von Reserven das Verhalten von Roald Amundsen bei seiner Südpolexpedition im Jahr
1911 anführen. Amundsen kalkulierte im Gegensatz zum Konkurrenten Robert Falcon Scott Zufälle
ein und baute mit Reserven diesen Zufällen vor; vgl. dazu: Collins und Hansen 2012, S. 32 ff.

Reserven sind Vorkehrungen, die das Management trifft, um beim Eintreten solcher nicht-antizipierbarer externer Ereignisse (die ich im Folgenden als „Zufälle" bezeichnen werde) auf Ressourcen zurückgreifen zu können, mit denen der schädliche Einfluss dieser Zufälle auf das Unternehmen gemildert und abgedämpft werden kann. Das Management der Kontingenz bildet diese Reserven, weil es mit dem Eintreten von Zufällen rechnet und sich deshalb gegen diese Zufälle präventiv wappnet.

Reserven sind deshalb Vorsorgemaßnahmen und Präventions-Puffer, die das Management für den Notfall des Eintritts von Unvorhergesehenem aufbaut und vorhält. Diese Reserven können auf vielfältige Weise ausgestaltet werden:

- Es können finanzielle Reserven sein, die ein Unternehmen gegen unvorhersehbare Erschütterungen absichern. So belegen neuere empirische Studien, dass Unternehmen, die sich besonders erfolgreich am Markt positionieren konnten, in der Regel eine weit höhere Liquiditätsquote ausweisen als ihre weniger erfolgreichen Wettbewerber (vgl. Collins und Hansen 2012, S. 150 ff.).
- Es können Notfallpläne sein, die für den Fall des Eintritts eines Notfalls/Zufalls Ressourcen und Prozesse festlegen und vorhalten. Bei diesen Notfallplänen kalkuliert das Unternehmen damit, dass sich die Umweltkonstellationen unerwartet, plötzlich und massiv wandeln können. Um auf diese Wandlung vorbereitet und vorgerüstet zu sein, nimmt das Unternehmen die Kosten in Kauf, die für das Vorhalten von Notfall-Ressourcen entstehen, weil es weiß, dass die Kosten, die es tragen müsste, wenn es unvorbereitet mit einer solchen Erschütterung konfrontiert würde, ungleich höher sind.
- Es können Sicherheitsmargen sein, die für bestimmte Geschäfte und bestimmte Unternehmensentwicklungen einkalkuliert werden.
- Es können Vorsichtsmaßnahmen sein, mit denen ein Unternehmen in guten Zeiten so geführt wird, dass es auch schlechte Zeiten durchstehen kann. Ein Beispiel ist ein Kostenmanagement, das in Zeiten guter Geschäftsentwicklung implementiert wird, und bei dem kontrafaktisch davon ausgegangen wird, die Zeiten seien schlecht.
- Es können aber auch Maßnahmen zur Risiko-Variabilisierung durch Nutzung der Ressourcen von Partnern für bestimmte Wachstumsschritte sein (z. B. Maßnahmen zur befristeten Ausleihe von Produktions-, Vertriebs- und Administrations-Ressourcen eines Partners für das Vordringen eines Unternehmens in neue Märkte).[36]

Eine weitere Maßnahme zum Management von und mit Reserven besteht darin, in bestehende Unternehmensstrukturen, -systeme und -prozesse Toleranzen einzubauen. Damit ist gemeint: Strukturen, Systeme und Prozesse im Unternehmen werden so ausgelegt,

---

[36] „Entwickeln sich die neuen Märkte nicht so wie erhofft, lassen sich die geliehenen Ressourcen flexibel skalieren – bis hin zur völligen Aufgabe des Geschäfts. Das Risiko, die erforderlichen Ressourcen in einem Ausmaß vorzuhalten, das auch dann noch genügt, wenn sich die Märkte wie erhofft oder gar besser entwickeln, liegt – zumindest in gewissen Grenzen – beim Partner." (Fink und Wamser 2006, S. 6)

dass sie nicht starr fixiert sind, sondern in bestimmten Toleranzen floaten können. Sie haben eine „eingebaute Flexibilität". Sie sind auf eine bestimmte „Schwankungsbreite" hin konditioniert.

So kann ein Unternehmen z. B. Preis- und Konditionensysteme mit Toleranzen ausstatten, kann seine Produktionskapazitäten auf bestimmte Marktschwankungen hin ausrichten, kann seine IT-Applikationen upgrade-fähig und wandlungsaffin auslegen, kann seine Personalstruktur durch Einbeziehungen von nicht-festangestellten Mitarbeitern (Freelancer, Werkvertrags-Mitarbeiter, Leiharbeiter etc.) systematisch variabilisieren oder seine Prozess-Standards innerhalb einer bestimmten Flexibilitäts-Marge beweglich halten.

Nun verursacht dieser Einbau von Toleranzen Kosten. Deshalb ist in der Regel eine starre, in festen Regeln einbetonierte, stabil fixierte Auslegung von Strukturen, Systemen und Prozessen kostengünstiger als jener Einbau von Toleranzen. In der Optik einer mechanischen Unternehmenssteuerung wird dieser Einbau von Toleranzen deshalb häufig als überflüssig, als suboptimal, als Ressourcenverschwendung angesehen. Die mechanische Unternehmenssteuerung wird diese Toleranzen dann als Rationalisierungspotenzial diagnostizieren und entsprechend darangehen, diese Toleranzen mit dem Ziel der Kostenreduktion zu eliminieren. Damit eliminiert die mechanische Unternehmenssteuerung aber zugleich die Fähigkeit des Unternehmens, auf Unvorhergesehenes elastisch und resilient zu reagieren. „Die Konsequenzen sind an der Insolvenzstatistik ablesbar." (Malik 2009, S. 109)

Ein weiteres Instrument für das Management von Reserven ist die Schaffung von Redundanzen. Damit ist Folgendes gemeint: Bestimmte erfolgskritische Ressourcen eines Unternehmens werden so ausgelegt, dass sie in „Normalsituationen" eine nicht-erforderliche, ergo überflüssige Kapazität haben und dass sie in „Ausnahmesituationen", in denen bestimmte Teile dieser Ressourcen ausfallen, eine ausreichende Kapazität für die Aufrechterhaltung des Geschäftsbetriebs aufweisen.

Dieses Management mit Redundanzen ist im technischen Bereich üblich und verbreitet: Kein Flugzeug würde heute abheben, ohne dass die sicherheitsrelevanten technischen Systeme im Flugzeug mehrfach ausgelegt wurden. Krankenhäuser werden in der Regel mit zwei voneinander unabhängigen Stromversorgungen für versorgungskritische Apparate ausgestattet. Rechenzentren werden in Unternehmen regelmäßig mit einem Backup, d. h. einem zweiten Reserve-Rechenzentrum, errichtet.

Für die synaptische Unternehmensführung ist das Management von und mit Redundanzen ein unverzichtbares Element des Kontingenz-Managements. Im Unternehmen kann z. B. dadurch mit Redundanzen operiert werden, dass bestimmte Funktionen und Verantwortlichkeiten mehrfach besetzt werden – mit dem Ziel sicherzustellen, dass eine bestimmte Funktion dann, wenn der primäre Funktionsträger ausfällt, durch Aktivierung des sekundären Funktionsträgers weiterhin wahrgenommen werden kann.

Management von Reserven kann aber auch durch Strategien erfolgen, mit denen Unternehmen gezielt in guten Zeiten ihr Wachstum begrenzen, also sich aus strategischem Kalkül Wachstumsbeschränkungen auferlegen, um dann in Zeiten kritischer Geschäftsentwicklung bzw. beim Eintreten von Zufällen resilient und erschütterungsresistent zu sein.

Diese Strategien zielen darauf ab, ein Unternehmen nie ans Leistungsmaximum heran-
zuführen, weil dies einen Zustand der Erschöpfung programmieren würde, in dem das
Unternehmen nicht mehr zureichend resilient und konfliktfähig auf externe Zufälle reagieren könnte. Das Management von Reserven definiert für das Unternehmen vielmehr
ein bestimmtes Leistungsoptimum, das mittelfristig einzuhalten ist. Dieses Leistungsoptimum ist signifikant niedriger angesetzt als das Leistungsmaximum, um Reserven für Zufälle bereit zu haben.

Dieses leistungsoptimierte Unternehmen verfügt stets über Ressourcen und Kapazitäten, um in kritischen Situationen Leistungsreserven mobilisieren zu können oder um bei
unvorhergesehenen Ereignissen in der Lage zu sein, Maßnahmen der Adaption, des Um-
und Gegensteuerns oder der beschleunigten Evolution einzuleiten.

Collins und Hansen nennen dies die Strategie des 20-Meilen-Marsches: „Wenn man
die eigenen Mittel restlos ausschöpft, sich vollkommen verausgabt und dann zum falschen
Zeitpunkt durch eine Erschütterung von außen getroffen wird, kann man in ernsthafte
Bedrängnis geraten. Hält man sich an den 20-Meilen-Marsch, lässt sich das Risiko verrin-
gern, durch ein bedeutendes, unvorhergesehenes Ereignis aus der Bahn geworfen zu werden. … In einem von Unvorhersehbarkeit geprägten Umfeld voll ungeheurer Bedrohungen und Gelegenheiten kann man es sich nicht leisten, sich unvorhersehbaren Ereignissen
einfach auszuliefern" (Collins und Hansen 2012, S. 93 f.).[37]

Das synaptische Management trifft diese Vorsichtsmaßnahmen und hält diese Reserven vor, weil es stetig einen Habitus der prinzipiellen Besorgnis kultiviert.

Es ist dies ein charakteristischer Habitus für das synaptische Management. Synaptisches Management zieht permanent die Möglichkeit in Betracht, dass sich die Dinge anders entwickeln können als man es vorhergesehen hat. In diesem Management-Paradigma
herrscht ständige Besorgnis, dass sich Bedrohungen verdichten, kritische Veränderungen
vollziehen und Worst-Case-Szenarien bewahrheiten könnten.

Der synaptisch Managende rechnet nie damit, dass er die Dinge auf Dauer im Griff hat
und dass sein Unternehmen berechenbar wetterfest für alle Eventualitäten der Umwelt
gewappnet ist. Er arbeitet vielmehr stets in dem Bewusstsein, dass er stetig auf unvorhersehbare Erschütterungen und unerwartete Wendungen gefasst sein muss.

Für ihn bedeutet das: Er muss ständig zwei konträre Eigenschaften kultivieren: diejenige, einmal getroffene Entscheidungen systematisch, beharrlich, diszipliniert und kontrolliert umzusetzen; und diejenige, einmal getroffene Entscheidungen dann, wenn es die
Umstände erfordern, rigoros zu revidieren.

---

[37] Mit diesem Konzept des 20-Meilen-Marsches meinen Collins/Hansen eine Managementstrate-
gie, die einen Performance-Rahmen für das Unternehmen setzt, der über einen langfristigen Zeitraum konsequent eingehalten werden muss. Dieser Performance-Rahmen legt dem Unternehmen
„zweierlei Zwänge" auf: „in schwierigen Zeiten hohe Leistungen abzurufen, und sich in guten Zeiten
zu beschränken." (Collins und Hansen 2012, S. 100)

In diesem Widerspruch, in diesem widersprüchlichen Anforderungstableau muss sich der synaptisch Managende bewegen. Es markiert die Essenz der Anforderungen, die an ihn gestellt sind, dass er diesen Widerspruch aushalten und aufheben muss.

Aus der beschriebenen prinzipiellen Besorgnis heraus kultiviert das synaptische Management das Vorhalten von Reserven.[38] Manager, die nach diesem Paradigma des synaptischen Managements handeln, sind „der Überzeugung, dass sich die Bedingungen – mit absoluter 100-prozentiger Sicherheit – gegen sie wenden könnten, und zwar ohne Vorwarnung zu einem nicht vorhersehbaren Zeitpunkt, in einer extrem ungünstigen Situation. Und darauf wollen sie lieber vorbereitet sein" (Collins und Hansen 2012, S. 52)[39].

6.3.5 Management mit Rückkopplungen

Der Manager der Kontingenz weiß, dass seine Erkenntnis eines Sachverhalts unzutreffend, seine Wahrnehmung eines Ereignisses verzerrt und sein Urteil über eine Lage unscharf sein kann. Er stellt deshalb sein gesamtes Denken und Handeln darauf ab, die eigene Sicht der Dinge dadurch zu relativieren und zu läutern, dass sie synaptisch mit den Auffassungen relevanter Anderer konfrontiert wird. Diese systematische und permanente Konfrontation eigener Denkweisen, Wahrnehmungen, Handlungsmuster und Urteile mit den Denkweisen, Wahrnehmungen, Handlungsmustern und Urteilen relevanter Interaktionspartner nenne ich Rückkopplung.

Synaptisches Management besteht nicht einfach darin, einmal im Jahr ein 360-Grad-Feedback im Unternehmen zu organisieren und hin und wieder Kunden danach zu befragen, ob sie zufrieden mit den Leistungen des Unternehmen sind. Ein solcher Ansatz griffe zu kurz.

Synaptisches Management von Rückkopplungen geht viel weiter. Es bedeutet im Kern: Schaffung einer Unternehmenskultur, in der Rückkopplungen zum alltäglichen Bestandteil jeder Aktion und Interaktion gehören, in der alle Aktionen und Interaktionen durch stetige Rückkopplungen hinterfragt und geläutert werden.

In einem synaptisch geführten Unternehmen wird jedes Denken und Handeln darauf ausgelegt, durch ständige Rückkopplungen hinterfragt, korrigiert und optimiert zu werden. Rückkopplungen markieren im synaptischen Management also nicht ein Instrumentarium an Methoden, die außerhalb des alltäglichen Geschäftsbetriebs zu bestimmten Zeiten aktiviert werden, sondern sie, die Rückkopplungen, sind integrale Momente dieses alltäglichen Geschäftsbetriebs.

---

[38] Collins und Hansen nennen diese produktive Besorgnis „produktive Paranoia". Sie führen dazu z. B. den Hang von Bill Gates zur Besorgnis an, indem sie ihn mit den Worten zitieren: „Ich ziehe regelmäßig in Betracht, dass etwas schiefgehen könnte." (Collins und Hansen 2012, S. 50)

[39] Die Prämisse, von der Collins und Hansen in ihrer Studie ausgehen, lautet: Wir leben in „einer turbulenten Welt, die geprägt ist von massiv wirkenden, schnelllebigen Kräften, die wir weder vorhersehen noch kontrollieren können" (Collins und Hansen 2012, S. 158).

Dies reflektiert den Sachverhalt, dass evolutionäre Systeme stets durch permanente Rückkopplungen lernen, anpassungsfähig bleiben und sich anpassen.

Stafford Beer definiert Feedbacks entsprechend als „the return of part of a system's output to its input, which is thereby changed." (Beer 1995, S. 402)

Peter Senge beschreibt das systemische Feedbackkonzept wie folgt: „Beim Systemdenken ist das Feedback ein Axiom, nach dem jeder Einfluss sowohl Ursache als auch Wirkung ist. Nichts wird jemals nur in eine Richtung beeinflusst." (Senge 2011, S. 94; siehe dazu auch: Richardson 1990)

In einem Unternehmen, in dem diese synaptische Kultur der permanenten Rückkopplung besteht, wird jeder Mitarbeiter ständig damit konfrontiert, die Welt mit den Augen der anderen zu sehen und auf dieser Grundlage seine eigene Sicht der Dinge zu überprüfen.

Es ist dies eine Kultur der habituellen Optimierung durch Selbstrelativierung.

Dieses synaptische Management von Rückkopplungen kann u. a. mit folgenden Instrumenten operieren:

- systematisches Einholen von Feedbacks der Teilnehmer an einer Interaktion über diese Interaktion (es geschieht sehr häufig, dass Gesprächsteilnehmer ein Gespräch unterschiedlich wahrnehmen und deuten; diese unterschiedlichen Wahrnehmungen und Deutungen werden nicht selten in Unternehmen „unter den Teppich gekehrt"; diese Tabuisierung fördert Syndrome der Selbstillusionierung);
- systematisches Einholen von Rückkopplungen der Mitarbeiter zu Aktionen und Positionen des Managements (nach einer Mitarbeiterveranstaltung, in der der CEO seine Mitarbeiter auf einen Kurs der Restrukturierung eingeschworen hatte, berichtete mir der CEO, die Veranstaltung sei ein voller Erfolg gewesen, alle seine Führungskräfte würden voll hinter seinem Kurs stehen etc.; meine Gespräche mit mehreren Dutzend Veranstaltungsteilnehmern ergaben dann, dass die Führungskräfte diesen Kurs als aussichtslos einschätzten und dem CEO eine desaströse Performance bescheinigten);
- regelmäßiges Einholen von unternehmensinternen Feedbacks und von unternehmensexternen Fremdbildern durch externe Dritte; externe Dritte haben in der Rückkopplungskultur dann eine besondere Bedeutung, wenn sie nicht in unternehmensinterne Reservate, Gemeinschaften, Konsonanzen und Korridore eingebunden sind; solche externe Dritte, die nicht selbst in den unternehmensinternen Syndromen der Abschottung befangen sind, haben eher die Chance, unbefangen und illusionslos Rückkopplungen aufzunehmen, als Unternehmensakteure bzw. Interaktionsteilnehmer, die in der Regel bestimmte Interessen an einer bestimmten Deutung einer Aktion oder Interaktion verfolgen.

Rückkopplungen sind also systematisch eingeholte Meinungen Dritter über das Denken und Tun der Unternehmensakteure. Es sind unternehmensinterne Feedbacks von einzelnen Akteuren über Elemente im System Unternehmen. Es sind auch Fremdbilder, Bilder, die Dritte über das Unternehmen und über Unternehmensakteure haben. Ihre Konfrontation mit den Selbstbildern, den Selbsteinschätzungen eines Unternehmensakteurs, können Potenziale zur Reflexion und Relativierung von Reservaten, Gemeinschaften, Konsonanzen und Korridoren erschließen und damit Dynamisierungstendenzen im Unternehmen freisetzen.

Rückkopplungen können intern eingeholt werden (durch Bottom-up-Feedbacks, private coaching, 360-Grad-Feedbacks, eine intranetbasierte Plattform für Diskurs und Dialog etc.). Sie können anonymisiert erfolgen oder offen artikuliert und ausgetragen werden.

Sie können auch systematisch und regelmäßig in der Systemumwelt des Unternehmens ermittelt werden. Mit diesen Fremdbildaufnahmen nimmt das Unternehmen die Art und Weise auf, wie umweltrelevante Dritte (bestehende Kunden, potenzielle Kunden, Lieferanten, Geschäftspartner, externe Experten etc.) die Position des Unternehmens (bzw. einzelner Elemente des Unternehmens) im Markt beurteilen.

Synaptisches Kundenmanagement durch Rückkopplung und Fremdbildaufnahme

Eine Fremdbildaufnahme in der Kundenwelt des Unternehmens kann nur dann authentisch sein, wenn sie mit verschiedenen Instrumenten durchgeführt wird und wenn sie gezielt darauf abstellt, unternehmensübergreifende Syndrome der Abschottung aufzuheben.

So hat eine einfache Befragung eines Kunden durch ein Unternehmen dazu, ob der Kunde mit den Leistungen des Unternehmens zufrieden ist, in der Regel nur einen marginalen Erkenntniswert. Sie kann sogar zu gravierenden Fehlinformationen und Irrtümern führen.

Solche „Rückkopplungsfehler" können z. B. dann geschehen, wenn die Mitarbeiter des Unternehmens, die Kundenkontakt haben, nur diejenigen Kundenvertreter befragen, die für die Unternehmensmitarbeiter berechenbar sind (z. B weil sie der gleichen Gemeinschaft angehören, in ein gemeinsames Reservat eingebunden sind oder den gleichen Konsonanzen nachhängen); sie hören dann nur das vom Kunden, was sie hören wollen.

Rückkopplungsfehler sind ferner dann wahrscheinlich, wenn ein Unternehmen durch seine Kundenbefragung nur die Vordergrundkulisse, nicht aber den Hintergrund ausleuchten kann (z. B. wenn Kundenvertreter ein Interesse daran haben, auf diese Befragung nicht authentisch zu antworten); die Mitarbeiter des Unternehmens hören dann nur das vom Kunden, was der Kunde ihnen vortäuschen will.

Weiter können Rückkopplungsfehler bei Kundenbefragungen vorkommen, wenn ein Unternehmen mit seiner Kundenbefragung kein komplettes, sondern nur ein fragmentiertes Fremdbild erzeugen kann (z. B. dann, wenn der Kunde authentisch mitteilt, er sei zufrieden, aber verschweigt, dass er die Geschäftsbeziehung in Bälde beenden wird, weil er das Angebot eines Wettbewerbers deutlich höher wertschätzt); das Unternehmen sieht dann vom Kunden nur eine Facette, die kein konsistentes Bild ergibt.

Um diese Rückkopplungsfehler zu vermeiden, muss das Einholen von Kundenfeedback mit differenzierten Instrumenten erfolgen:

Zum einen muss Rückkopplung beim Kunden dadurch eingeholt werden, dass die wesentliche Frage (Wie beurteilt der Kunde die Qualität und die Preiswürdigkeit der Leistungen des Unternehmens?) unterschiedlichen Kundenvertretern vorgelegt wird, d. h. auch solchen Kundenvertretern, die nicht durch gemeinsame Reservate, Gemeinschaften, Konsonanzen und Korridore mit dem Unternehmen verbunden sind.

Zum anderen muss diese Rückkopplung immer auch von unternehmensexternen Dritten durchgeführt werden. Denn ein Kunde wird einem Unternehmensvertreter z. B. nur in Ausnahmesituationen eine authentische Antwort auf die – für jedes Kundenfeedback unverzichtbare – Frage geben: Wie beurteilen Sie den Nutzen, den das Unternehmen für Sie stiftet, im Vergleich zum Nutzen, den relevante Wettbewerber des Unternehmens für Sie stiften/stiften können? Ein authentisches Feedback des Kunden auf diese zentrale Frage nach dem relativen Kundennutzen (dem Nutzen, den das Unternehmen für den Kunden relativ zu den Wettbewerbern stiftet) wird in der Regel nur dann eingeholt werden können, wenn es von unternehmensexternen Dritten abgefragt wird, die eine Vertrauensstellung beim Kunden haben.

Zum Dritten gehört zu einem authentischen Kundenfeedback auch eine umfassende Evaluation des Verhaltens des Kunden in seiner Umwelt. Das Einholen von Kundenfeedback muss deshalb immer auch einhergehen mit einer Analyse der Art und Weise, wie wesentliche Akteure in der kundenrelevanten Umwelt (die Kunden des Kunden, die Geschäftspartner des Kunden etc.) den Kunden einschätzen und wie diese Umwelt-Akteure den Nutzen einschätzen, den das Unternehmen für den Kunden schafft. Einholen von Kundenfeedback bedeutet also immer auch Einholen von Feedback aus der für den Kunden relevanten Umwelt. Diese kundenbezogene Umweltaufnahme ist aus verschiedenen Gründen erforderlich: Die Umweltakteure haben vielfach eine Sicht auf den Kunden, die von der Kundensicht abweicht; diese Abweichung ist in der Regel für das Unternehmen, das den Kunden verstehen will, von großer Bedeutung. Hinzu kommt, dass sich das Verhalten und die Position des Kunden häufig nicht daraus ergibt, was der Kunde in einer Befragung mitteilt, sondern daraus, wie sich der Kunde faktisch in seiner relevanten Umwelt verhält.

Das betrifft z. B. auch die für jedes Kundenfeedback wichtige Frage: Wie kann das Unternehmen den Nutzen, den es heute für den Kunden stiftet, künftig vergrößern und optimieren? Ein Unternehmen, das sich bei dieser Frage nur auf das verlässt, was der Kunde in einer Befragung mitteilt, übersieht dabei, dass der Kunde häufig entweder keine klare Einschätzung zu dieser Frage hat oder, wenn er sie hat, keine Veranlassung hat, diese Einschätzung dem Unternehmen authentisch zu übermitteln. Auch in diesem Fall kann das Unternehmen in der Regel nur durch eine „Kunden-Umweltanalyse" einen Weg zur authentischen Beantwortung dieser Frage bahnen.

Es liegen vielfältige psychologische Studien vor, die bestätigen, dass authentisches und situationsgerechtes Feedback für den Lernerfolg in Gruppen, für die Motivation der Gruppenmitglieder und für die Leistungsfähigkeit eines Teams von großer Bedeutung ist (vgl. dazu: Jenewein und Heidbrink 2008, S. 130 ff.).

Rückkopplungen und Fremdbildaufnahmen sind unverzichtbare Handlungsfelder für das synaptische Management. Denn Rückkopplungen und Fremdbildaufnahmen haben das Potenzial, die Abschottungs-Syndrome, die es im Unternehmen gibt, zu hinterfragen, zu relativieren, zu dekuvrieren und damit aufzuheben. Die Syndrome der Abschottung funktionieren in der Regel so, dass sie die Konfrontation eines Unternehmensakteurs mit abweichenden Wahrnehmungen, Denkweisen und Meinungen be- bzw. verhindern. Rückkopplungen und Fremdbildaufnahmen unterlaufen und konterkarieren diese Abwehr, die allen Syndromen der Abschottung eigen ist, und stellen damit die Konsistenz der Abschottungsrituale in Frage.

Das können Rückkopplungen und Fremdbildaufnahmen aber nur dann leisten,

- wenn im Unternehmen Regeln des synaptischen Managements implementiert werden, die dafür sorgen, dass Rückkopplungen zum alltäglichen Repertoire der Mitarbeiter werden (z. B. dadurch, dass in jede Interaktion Rückkopplungs-Schleifen eingebaut werden),
- wenn sie im Unternehmen systematisch durchgeführt und organisch in den Prozess der Unternehmensentwicklung und der Strategieevolution eingebunden werden,

- wenn sie regelmäßig mit den Selbstbildern, die die Unternehmensakteure haben, konfrontiert werden,
- wenn sie nicht folgenlos bleiben, d. h. wenn sie strukturiert, regelbasiert und kontrolliert für die Veränderung und Dynamisierung des Unternehmens nutzbar gemacht werden,
- wenn diese Wirkung, die Rückkopplungen und Fremdbildaufnahmen im Unternehmen haben, regelmäßig evaluiert, bewertet und nachgehalten wird,
- wenn sichergestellt wird, dass weder die Durchführung von Rückkopplungen und Fremdbildaufnahmen noch ihre Umsetzung in unternehmensinterne Dynamisierungen von Akteuren gesteuert wird, die an der Wirkungs- und Folgenlosigkeit dieser Rückkopplungen und Fremdbildaufnahmen ein Interesse haben (z. B. deshalb, weil sie Reservatsbesitzer sind und gewärtigen müssen, dass ihr Reservat durch die Umsetzung einer Fremdbildaufnahme unterminiert wird).

Vor diesem Hintergrund ist es eine Kernaufgabe des synaptischen Managements, Rückkopplungen und Fremdbildaufnahmen systematisch in die fortlaufenden Arbeiten zur Dynamisierung des Unternehmens einzubetten.

Es geht darum, im Unternehmen eine Feedback-Kultur zu schaffen, in der es zum Berufsalltag aller Mitarbeiter gehört, ihre Arbeit in Kenntnis dessen zu tun, wie andere diese Arbeit sehen. Drei Beispiele für Unternehmen, die eine solche Feedback-Kultur pflegen, seien hier angeführt:

Beispiel

Im US-amerikanischen Filmstudio Pixar gehört die Feedback-Kultur zum Unternehmensalltag. Dort bestehen vielfältige Praktiken zur täglichen Organisation von Feedback „from peer to peer": z. B. die „daily reviews" oder „dailies", in denen Mitarbeiter aus unterschiedlichen Unternehmensbereichen Feedback zu den Arbeitsergebnissen und Arbeitsplänen einzelner Gruppen geben.

Bei Google gibt es die Institution des „Peer-Feedbacks". Dafür hat Google das Intranet-System „MOMA" („Message Oriented Middleware Application") geschaffen. „Im MOMA gibt es für hunderte interner Projekte des Unternehmens eine eigene Webseite. Teams können dadurch leichter ihre Fortschritte kommunizieren, sich Feedback einholen und um Hilfe bitten." (Hamel 2008, S. 170)

Das Modeunternehmen Zara experimentiert ständig mit neuen Modestilen und Kleidungssortimenten, stellt in stetiger Rückkopplung mit seinen ca. 1400 Zulieferern häufig neue Produkte in kleinen Serien her, bringt sie in ausgewählte Läden ein und holt von dort das Kunden-Feedback und das Feedback der Ladenbetreiber ein, um dann auf dieser Grundlage seine Sortimentsplanung sukzessive zu optimieren.

6.3.6   Management mit Experimentierräumen

Evolutionäre Anpassung ist nicht das Produkt eines bedeutenden Plans, sondern unablässiger Experimente. (Hamel 2008, S. 165)

Die Gegenwart gibt immer weniger Hinweise auf die Zukunft. Deshalb hängt der Erfolg im Wettbewerb weniger von der Planung für das, was als Nächstes kommen **wird**, sondern eher von laufenden Experimenten mit dem ab, was als Nächstes kommen **könnte**. (Hamel 2008, S. 223)

Synaptische Unternehmen richten Experimentierräume ein, in denen besondere Handlungsbedingungen bestehen. In diesen Räumen wird abweichendes Denken und Handeln gefördert und gefordert. Diese Räume können auch als Arbeitsfelder für Projektteams ausgeflaggt werden, die eine Zeit lang in diesen Räumen an bestimmten Aufgaben arbeiten.

Experimentierräume sind Räume innerhalb des Unternehmens, in denen bestimmte, im Unternehmen bestehende Organisationsstrukturen, Hierarchien, Regeln, Konventionen, Werte, Positionen und Konsense partiell und temporär oder gänzlich und dauerhaft außer Kraft gesetzt sind. Innerhalb dieser Räume haben die Akteure die Chance, eigene Wege zu gehen, Neues auszuprobieren, unbekanntes Terrain zu erschließen, quer zu denken und zu handeln. Sie dürfen sich hier im Unsicheren bewegen, Instabilität und Irregularität schaffen, Unordnung und Unbestimmtheit aushalten. Sie haben hier die Aufgabe, in einem vage konturierten Feld zu improvisieren, zu experimentieren und zu spekulieren.

Experimentierräume schaffen Potenziale und Ressourcen für Exkursionen. Exkursionen bieten eine spielerisch-spekulative Möglichkeit, für eine bestimmte, begrenzte Zeit die Ausnahme zur Regel zu machen und Kontrastwelten zu bauen, in denen wesentliche Strukturen der eigentlichen Welt zumindest temporär außer Kraft gesetzt sind (siehe dazu: Prodoehl 1983, S. 202 ff.).

Die synaptische Unternehmensführung hat beim „Management mit Experimentierräumen" eine mehrdimensionale Aufgabe. Sie muss einerseits ausreichende Ressourcen für die Arbeit in diesen Experimentierräumen bereitstellen. Andererseits muss sie Mitarbeiter intrinsisch motivieren, diese Räume zu betreten und dort eine Zeit lang zu verweilen. Zum Dritten muss die Unternehmensführung dafür sorgen, dass diese Experimentierräume zu den „normalen" Unternehmenseinheiten hin durchlässig und vernetzt sind.

Der Nutzen, den diese Experimentierräume für das Unternehmen haben, hängt von der Raffinesse der Binnenvernetzung dieser Räume ab. Wirken sie abgeschottet vom übrigen Unternehmen, als Reservate oder Gemeinschaftszonen, dann wird ihr Dynamisierungspotenzial blockiert. Sie müssen deshalb, obwohl sie gesonderte Unternehmensbereiche mit eigenen Regularien sind, organisch in die Arbeit des Gesamtunternehmens eingebettet und eingeflochten werden.

Es gibt eine Vielzahl von Varianten zur Ausgestaltung von Experimentierräumen:

- Experimentierräume können systematisch als „Horizont-3-Unternehmensbereiche" errichtet werden, d. h. als Geschäftsbereiche, deren Aufgabe in der Expedition auf Neuland und in der Exploration neuer Geschäftsfelder und Produkte besteht (siehe dazu den Exkurs am Ende dieses Unterkapitels); ein Beispiel für diese „Horizont-3-Unternehmensbereiche" sind die „Emerging Business Opportunities" bei IBM (siehe dazu den Exkurs am Ende des folgenden Kap. 6.3.7).
- Ferner können Experimentierräume in Form des „Internal Corporate Venturing" angelegt werden. Dies sind Unternehmensbereiche, die als interne Startups ausgestaltet sind. Es sind Unternehmen im Unternehmen, deren Aufgabe darin besteht, neue Geschäftsfelder bzw. Produkte zu erkunden und zu erschließen, deren Strukturen, Prozesse und Kultur in bewusstem Kontrast zum Mutterunternehmen analog zu kleinen, jungen Startup-Unternehmen ausgebildet werden und die auf spezifische Weise auf die Ressourcen des Mutterunternehmens zurückgreifen können. Der Kerngedanke des „Internal Corporate Venturing" besteht also darin, neue Geschäftsbereiche zu schaffen „by combining the agility of a small startup with the corporate resources of the large firm" (Dodd 2004). Ein Beispiel für dieses „Internal Corporate Venturing" ist das Unternehmen, das innerhalb des GM-Konzerns das Produkt „Saturn" entwickelt und vermarktet hat.
- Experimentierräume können aber auch als Zeit-Räume ausgelegt werden. Das sind Zeiten, in denen die Mitarbeiter eines Unternehmens abseits ihres Arbeitsalltags und ihrer Arbeitspflichten eigenverantwortlich an Projekten zur Beförderung der Unternehmensentwicklung arbeiten können. Ein Beispiel für diese Zeit-Experimentierräume sind die 20-Prozent-Zeiten bei Google (siehe dazu auch die Darstellung dieser Zeit-Freiräume im Kap. 6.1).

Exkurs: The Three Horizons and the Alchemy of Growth

In ihrem Buch „The Alchemy of Growth" haben M. Baghai, S. Coley und D. White ein Modell entwickelt, das das Portfolio der Geschäftsbereiche eines Unternehmens in „drei Horizonte" („three horizons") aufgliedert (Baghai et al. 1999). Horizont 1 meint Geschäftsbereiche, die reif und stabil, seit langem am Markt etabliert, mit geringem Risiko und geringer Unsicherheit fortführbar und berechenbar profitabel sind. Horizont 2 stellt auf Geschäftsbereiche ab, die in einer fortgeschrittenen Entwicklungsphase sind, die ein getestetes Geschäftsmodell haben, auf eine präzise bestimmte Marktopportunität und auf eine definierte Kundenbasis abzielen, die aber noch nicht am Markt etabliert sind und deshalb noch keine bzw. nur eine geringe Profitabilität aufweisen. Horizont 3 charakterisiert Geschäftsbereiche, die in einer frühen Entwicklungsphase sind, mit denen das Unternehmen Neuland betritt und einen neuen Markt zu gestalten versucht, die noch im Stadium der Strategiefindung, der Markttests, des Experimentierens und der Business-Modell-Erprobung sind, und bei denen Unsicherheit und Ambiguität in Kauf genommen und Risikobereitschaft vorausgesetzt werden muss.

Baghai, Coley und White gehen davon aus, dass für jeden dieser drei Horizonte im Unternehmen unterschiedliche Organisationsstrukturen und Managementsysteme implementiert werden müssen. Horizont 1 verlangt Mitarbeiter, die tiefe funktionale und sektorale Expertise haben und auf disziplinierte Planerfüllung geeicht sind, die von einer berechenbaren, präzise planbaren und risikoarmen Zukunft ausgehen, verlangt ferner eine hierarchische Organisationsstruktur mit klassischen

Management-Werkzeugen (Performance-Messung auf der Basis traditioneller Indikatoren wie Umsatz, Gewinn, Market Share, Share of Wallet, Produktivität/Effizienz, Kostenmanagement an Hand von Benchmarks etc.) und etablierten Systemen von Belohnung und Bestrafung („clear penalties for underperformance", „„no excuses' management style"). Horizont 2 impliziert im Unterschied zu Horizont 1 bei den Unternehmensakteuren ein höheres Level von unternehmerischer Selbstverantwortung, einen höheren Grad individueller Selbstbestimmung, eine ausgeprägtere Fähigkeit zum Risk-taking, zum Wandel und zur kreativen Weiterentwicklung bestehender Produkte/Ideen/Strukturen und eine Orientierung an quantitativen Leistungs-Indikatoren, die auf signifikantes Geschäftswachstum abzielen („high revenue growth, market share gains, new customer acquisitions, capital investment efficiency, expected net present value"). Horizont 3 stellt hingegen auf eine Mischung von klassischer hierarchischer Organisation und Projektorganisation ab, auf eine Kultur des Experimentierens und des Trial-and-error, der Exploration verschiedener Optionen und der Erfindung von Opportunitäten, verlangt Unternehmensakteure, die mit Unklarheit, Nicht-Wissen und Ambiguität operieren können, hohe Unsicherheit, hohe Fehlerquoten und hohes Risiko in Kauf nehmen, die visionär und innovativ sind, die einen Freiheitsraum für Experimente und Explorationen haben und brauchen, und deren Leistung an Hand von primär qualitativen (gleichwohl messbaren) Indikatoren beurteilt wird, die auf projektbezogene Milestones abheben (wie z. B. „option valuation, rate of conversion from idea to business launch, number of initiatives, marketplace acceptance, external perception, ecosystem development").

Bei den Versuchen, dieses Konzept der drei Horizonte in die Tat umzusetzen, konnten immer wieder die gleichen Brüche und Probleme beobachtet werden (siehe dazu exemplarisch: Garvin und Levesque 2005): erhebliche Friktionen, Aversionen und Reibungen zwischen diesen verschiedenen Kulturen, Managementsystemen und Organisationsprinzipien innerhalb des gleichen Unternehmens, Schnittstellen- und Transitionsbarrieren beim Übergang von Horizont 3 zu Horizont 2 und Horizont 1.

Das synaptische Management weist einen Weg zur Minderung dieser Brüche und Friktionen: Denn das Paradigma des synaptischen Managements geht eben nicht davon aus, dass es innerhalb eines Unternehmens bestimmte Zonen der Sicherheit, langfristigen Berechenbarkeit und Risikoaversität geben kann. Es bestreitet auch, dass es Sinn macht, innerhalb eines Unternehmens bestimmte Zonen der Unsicherheit, des Experimentierens und der Risikogeneigtheit als „Sphären sui generis" aus dem Unternehmen auszugliedern und zu verselbständigen. Vielmehr stellt das synaptische Management darauf ab, dass die Kultur der Horizont-3-Geschäftsbereiche auch und gerade in die Horizont-1- und in die Horizont-2-Geschäftsbereiche implantiert werden muss. Die Horizont-3-Kultur hat viele Ähnlichkeiten mit der oben beschriebenen Kultur des Kontingenz-Managements und der Heterarchie. Synaptisches Management beharrt darauf, dass diese Kultur in alle Unternehmensbereiche integriert und implementiert werden muss, auch und gerade in die scheinbar sicheren Horizont-1-Bereiche, gleichsam als eine „Overlay-Folie", die über alle Geschäftsfelder eines Unternehmens aufgespannt werden muss, mit dem Ziel, das gesamte Unternehmen (und nicht nur die Horizont-3-Sonderbereiche) zu dynamisieren.

6.3.7 Management einer Kultur des Dialogs

Es ist eine zentrale Aufgabe des Managements von Kontingenz, innerhalb des Unternehmens eine Dialogkultur zu etablieren, die ein ideelles Spannungsfeld und Spannungsniveau im Unternehmen aufbaut und aufrechterhält. Eine Spannung, in der Wort und Widerwort, Meinungsfreude und Meinungskontrast, Konfirmation und Diskonfirmation prägend sind.

Die zentrale Bedeutung einer Dialogkultur in synaptisch geführten Unternehmen erschließt sich aus drei Überlegungen:

- Der Ausweg aus dem Irrgarten der Konsonanzen ist nicht dadurch zu finden, dass Headhunter einen allwissenden, umfassend kompetenten Manager suchen. Sie werden einen solchen Manager nicht finden, weil sie ihn nur innerhalb jenes Irrgartens suchen können. Der Ausweg aus diesem Irrgarten kann allein in der systematischen Vitalisierung der kollektiven Intelligenz bestehen, die es innerhalb und außerhalb eines Unternehmens gibt. Die Methode für diese Vitalisierung ist der Dialog.
- In einer zunehmend komplexen, erratischen und volatilen Umwelt können Entscheidungen in Unternehmen nicht dadurch getroffen werden, dass man sich darum bemüht, eine feste Plattform richtigen Wissens, sicherer Prognosen und wahrer Urteile zu finden. Ein solches Bemühen ähnelt dem Versuch eines Unternehmensführers, sich im Neuland von einer Luftspiegelung leiten zu lassen, von der er nicht weiß, ob sie eine Fata Morgana oder ein Realitätsabbild ist. Unternehmensentscheidungen können im 21. Jahrhundert nicht mehr auf unumstößliche Wahrheiten gestützt, sondern müssen auf einen Prozess der intersubjektiven Verständigung gegründet werden. Das Modell für diesen Prozess ist der Dialog.
- Unternehmensentscheidungen sind der Endpunkt und der Anfang einer bestimmten kognitiv-emotiven Kaskade: Die nimmt ihren Ausgang von Daten und Fakten, die einzelne Elemente eines Ganzen betreffen, setzt sich fort in der Ausbildung von Wissen, d. h. von Erkenntnissen über die Beziehungen, in denen diese Elemente zueinander stehen, führt dann zu Werturteilen, d. h. zu Aussagen über die Qualität dieser Beziehungen, mündet dann in prognostische Meinungen, d. h. in Vorhersagen über die künftige Entwicklung dieser Beziehungen, und führt dann zu einer Entscheidung, mit der das Unternehmen gewünschte Beziehungs-Entwicklungen herbeizuführen versucht. Diese Kaskade kann in der komplexen Unternehmensumwelt des 21. Jahrhunderts weder automatisch durchlaufen (z. B. durch Einsatz von IT-Systemen) noch mit mathematischer Exaktheit absolviert werden. Die Qualität des Durchlaufs durch diese Kaskade hängt vielmehr von der Qualität der Kommunikationsprozesse ab, die auf jeder Stufe der Kaskade stattfinden. Der Qualitäts-Benchmark für diese Prozesse ist der Dialog.

Ich knüpfe bei meiner Darstellung der Dialogkultur als eines wesentlichen Mediums für das synaptische Kontingenz-Management an einer Reihe von Vorarbeiten an: an der Theorie des Dialogs, die der Quantentheoretiker David Bohm erarbeitet hat (vgl. Bohm und Peat 1987), an dem Konzept einer Unternehmensführung durch Dialog, das an der MIT Sloan School of Management u. a. von Peter Senge entwickelt wurde (siehe Senge 2011, S. 254 ff.), und an der Methode einer Erneuerung von Unternehmen durch Dialog, die von der Quantenphysikerin Danah Zohar beschrieben wurde (siehe Zohar 2000, S. 211 ff.). Ferner lege ich Arbeiten der soziologischen Systemtheorie zugrunde, z. B. die Theorie des kommunikativen Handelns von Jürgen Habermas (siehe Habermas 1981).

Ich will diese Ansätze dadurch weiterführen, dass ich sie auf das Konzept eines dualen Managements beziehe, das ich zu Beginn des Kap. 6 dargelegt habe. Dazu will ich zwischen zwei Formen der Unternehmenskommunikation, dem Diskurs und dem Dialog, differenzieren.

Der Diskurs ist der Modus der Kommunikation im Paradigma der mechanischen, zweckrationalen Unternehmensführung. Der Dialog ist der Modus der Kommunikation im Paradigma der synaptischen Unternehmensführung.

Ich habe zu Beginn des Kap. 6 dargestellt, dass das mechanische, zweckrationale Management nur dann nachhaltig effektiv und effizient sein kann, wenn es eingebettet wird in das Milieu, das durch synaptisches Management geschaffen wird. Analog kann zu den beiden Kommunikationsformen gesagt werden: Die Kommunikationsform des Diskurses taugt in einem Unternehmen nur dann dazu, Entscheidungsprozesse zu optimieren, wenn sie eingebettet ist in eine Kultur des Dialogs.

Diskurs und Dialog sind gegensätzliche Kommunikationsformen. Sie müssen im synaptisch geführten Unternehmen miteinander verschränkt werden. Das geschieht dadurch, dass synaptisches Management im Unternehmen eine **hegemoniale Kommunikationskultur** schafft, die Kultur des Dialogs. Eingebettet in diese hegemoniale Dialogkultur werden dann für bestimmte Anlässe und zu bestimmten Zwecken Diskurse veranstaltet.

Was sind nun die Charakteristika dieser beiden Kommunikationsformen?

Die Kommunikationsform des Diskurses. Diskurse dienen dazu, bestimmte Probleme zu lösen, bestimmte Ziele zu erreichen und bestimmte Entscheidungen zu treffen. Ziel des Diskurses innerhalb einer Gruppe ist es, auf der Basis von Daten, Fakten, Analysen und Prognosen in einem bestimmten Zeitraum eine Entscheidung über eine bestimmte Handlungskonsequenz herbeizuführen. Diese Entscheidung kann auf einer Einigung innerhalb der Gruppe oder auf einer Entscheidung des Gruppenleiters beruhen.

Dem Diskurs liegt in der Regel ein Handlungsdruck zugrunde. Ein bestimmtes Problem muss gelöst, eine bestimmte Entscheidung muss getroffen werden. Der Diskurs ist also keine Kommunikationsform für Experimente, Tests und Sondierungen, sondern für die Festlegung von Maßnahmen.

Im Diskurs werden die Argumente, Meinungen und Statements der Diskursteilnehmer ausgetauscht und gegeneinander abgewogen. Die Diskursteilnehmer gehen in den Diskurs mit einer klar fixierten Position hinein, von deren Richtigkeit sie überzeugt sind. Sie vertreten im Diskurs ihre Position. Sie tun das mit dem Ziel, ihre Position gegen die Positionen anderer Diskursteilnehmer durchzusetzen. Diese Durchsetzung kann entweder dadurch erfolgen, dass andere Diskursteilnehmer von dieser Position überzeugt werden, oder dadurch, dass der Leiter des Diskurses bzw. die hierarchiehöchsten Diskursteilnehmer am Ende des Diskurses eine Entscheidung über die obsiegende Position treffen.

Im Diskurs geht es also um Gewinnen und Verlieren, um Selbstbehauptung und Opposition gegen Andersdenkende, um Angriff (auf gegnerische Positionen) und Verteidigung (der eigenen Position), um eine Konkurrenz zwischen Wettbewerbern auf einem Meinungsmarkt. Es geht darum, recht zu haben und recht zu bekommen, andere ins Unrecht zu setzen, und die eigene Position zur Richtschnur des Handelns der Gruppe zu machen. Die Diskursteilnehmer stellen sich im Diskurs gegeneinander auf, als Wettkämpfer, deren Ziel es nicht ist, vom jeweils anderen zu lernen, sondern den anderen dadurch zu überflügeln, dass man ihn entweder argumentativ überzeugt oder autoritativ besiegt.

Häufig bestehen Diskurse aus einer Aufeinanderfolge von Plädoyers, ähnlich den Vorträgen von Staatsanwälten und Verteidigern in einem gerichtlichen Strafprozess. Ein Plädoyer dient dazu, einen Standpunkt zu demonstrieren und zu deklarieren, mit dem Ziel, ihn zu dekretieren.

Der Diskurs ist eine hierarchische Kommunikationsform. Denn entweder schafft der Diskurs eine Hierarchie, indem im Ergebnis des Diskurses einer die Superiorität gewinnt und ein anderer in die Inferiorität hinabsinkt. Oder der Diskurs bestätigt eine bestehende Hierarchie, indem er dem Ranghöchsten bzw. den Ranghöchsten die Möglichkeit gibt, im Ergebnis eines Austauschs von Standpunkten eine Entscheidung für einen der Standpunkte zu treffen. Er ist ein Forum für die Demonstration und für die Konstitution von Macht.

Die Kommunikationsform des Dialogs. Der Dialog stellt eine grundlegend andere Kommunikationsform dar. Er ist die Kommunikationsform in jenem Unternehmensmilieu, das durch synaptisches Management erzeugt wird. Die Kommunikationsform des Dialogs kann mit den folgenden sechs Merkmalen charakterisiert werden:

1. *Der Dialog ist eine horizontale Kommunikationsform unter Gleichen, in der die wechselseitige Koordination nicht über Macht, sondern über Einfluss erfolgt.*
Im Dialog streifen die Dialogpartner ihre sozialen Rangabzeichen, Statusattribute, Machtbefugnisse, Rollen und Funktionen ab. Sie treten sich hier nicht als Funktionsträger in einer hierarchischen Aufbauorganisation gegenüber, sondern als Gleichgestellte in einem Kommunikationsforum, in dem sie alle gleiche Rechte und Pflichten haben. Es gibt auf diesem Forum keine Privilegierung und Diskriminierung von Dialogpartnern, von Redebeiträgen und von Meinungen. Jeder, der am Dialog teilnimmt, hat hier gleiche Kommunikationschancen. Die Meinung eines jeden Dialogteilnehmers wird gleich geachtet. Entsprechend gilt für den Dialog die Regel, dass sich alle Dialogteilnehmer mit Wertschätzung begegnen müssen und dass entsprechend eine Diskriminierung und eine Herabwürdigung einzelner Dialogteilnehmer und Dialogbeiträge nicht zulässig sind. „Beim Dialog … geht es um Respekt. Es geht um meinen Respekt vor der Meinung und den Motiven des anderen, vor seinen Gefühlen und seinem Beitrag. … Es geht um meine Dankbarkeit dafür, daß der andere die Dinge anders als ich sieht, meine Anerkennung seiner Persönlichkeit, seiner anderen Geschichte, seiner anderen Erfahrung, seiner Fähigkeit, andere damit zu bereichern." (Zohar 2000, S. 216)

Der Dialog als eine „umfassende horizontale Kommunikation" (Hamel 2008, S. 171)[40] setzt Transparenz und offenen, freien Zugang aller Dialogteilnehmer zu allen dialogrelevanten Informationen voraus.

---

[40] Hamel stellt u. a. die Dialogkultur bei Google dar; siehe dazu: Hamel 2008, S. 158 ff. Er spricht in diesem Zusammenhang von einer „demokratischen Gesprächskultur" (S. 160) und von einer „Demokratie der Ideen" (S. 271).

Die Koordination der Dialogteilnehmer erfolgt auf drei verschiedenen Wegen: zum einen über die Regeln des Dialogs; diese Regeln werden aus den hier beschriebenen sechs Merkmalen des Dialogs extrahiert; zum anderen über einen Moderator, der auf die Einhaltung der Regeln achtet; Peter Senge nennt ihn einen „helfenden Begleiter …, der den Dialog ‚zusammenhält‘" (Senge 2011, S. 268); und zum dritten über Einfluss (siehe dazu Kap. 3.2); Dialogteilnehmer üben auf andere Einfluss aus, indem sie durch ihre Kompetenz und Persönlichkeit überzeugend wirken.[41]

2. *Der Dialog ist eine Kommunikationsform, die nicht auf Entscheidungen, sondern auf Erkenntnisgewinn und auf konsensuale Verständigung abzielt.*
Der Dialog ist der Kommunikationsmodus der Erkundung. Er dient dazu, kollektives Lernen im Team zu stimulieren. Auf dem Forum des Dialogs geht es darum, zu sondieren, zu fragen und zu hinterfragen, zu erproben und zu erforschen. Das setzt voraus, dass jeder Dialogteilnehmer bereit ist, den eigenen Standpunkt „einzuklammern", d. h. ihn zurückzustellen, zurückzunehmen, zur Diskussion und zur Disposition zu stellen und sich zu öffnen für die Beiträge der anderen.

Das wiederum erfordert die Bereitschaft zum extrovertierten Zuhören; es ist dies ein Zuhören, das nicht mit der Intention geschieht, den Beitrag des anderen für die Bestätigung bzw. Absicherung der eigenen Position zu instrumentalisieren oder ihn bewertend zu taxieren (= introvertiertes Zuhören), sondern mit der Bereitschaft, den Beitrag des anderen zu rezipieren, um neue Erkenntnisse und Einsichten zu gewinnen und die eigene Position zu relativieren.

Dem Dialog liegt dabei das Verständnis zugrunde, dass die Dialogteilnehmer für sich selbst durch einen offenen, unreglementierten Austausch von Positionen und Informationen eine neue, kollektive Verstehensdimension erschließen können, die ihnen dann, wenn sie nicht in einen Dialog träten, verschlossen bliebe. Jeder einzelne Dialogteilnehmer geht davon aus, dass sein individueller Verstehenshorizont grundsätzlich limitiert ist, dass er als Einzelner, auf sich bezogen und in sich gekehrt, nicht in der Lage ist, diesen Verstehenshorizont substanziell zu erweitern, und dass er das Kommunikationsforum des Dialogs benötigt, um für sich selbst jene neue, kollektive Verstehensdimension offenlegen zu können. Der Dialogteilnehmer geht in den Dialog in dem Bewusstsein hinein, dass kollektives Lernen weiter führt als individuelles Lernen, dass er das Dialogforum braucht, um sich reflexiv auf die eigenen Ansichten beziehen zu können.

Entsprechend stellt der Dialogteilnehmer nicht darauf ab, die eigene Sicht der Dinge im Dialog durchzusetzen, sondern sie den Ansichten der anderen auszusetzen – um sich damit in die Lage zu versetzen, die eigene Sicht der Dinge mit den Augen der anderen zu sehen. Er ermutigt die anderen, seine eigenen Ansichten zu hinterfragen, geht proaktiv den

---

[41] Habermas schreibt dazu im Rekurs auf das Einfluss-Konzept von Talcott Parsons: „Einflußreiche Instanzen treffen bei ihrer Klientel auf die Bereitschaft, sich belehren zu lassen. Die Äußerungen des Einflußreichen sind nicht durch ein Amt autorisiert, aber sie wirken dank der Überzeugungskraft, die Konsens herbeiführt, autoritativ." (Habermas 1981, Bd. 2, S. 408)

Ansichten der anderen nach und greift abweichende Ansichten anderer in der Erwartung auf, dass diese Ansichten für ihn selbst neue Erkenntnisse erschließen können.

Ziel eines Dialogs ist es deshalb nicht, zu gewinnen. Der Dialog ist keine „Win-Lose-Veranstaltung". Vielmehr gilt für den Dialog, dass die Dialogteilnehmer nur gemeinsam Erfolg haben können. Dieser gemeinsame Erfolg kann entweder in kollektivem Erkenntnisgewinn oder in einer einvernehmlichen Verständigung bestehen. In beiden Fällen ist der Erfolg, den ein einzelner Dialogteilnehmer im Dialog hat, eine Funktion des Erfolgs, den jeder andere Dialogteilnehmer hat. Insofern ähnelt das Paradigma des Dialogs dem Konzept des kommunikativen Handelns, das Habermas entworfen hat:

> Hingegen spreche ich von kommunikativen Handlungen, wenn die Handlungspläne der beteiligten Aktoren nicht über egozentrische Erfolgskalküle, sondern über Akte der Verständigung koordiniert werden. Im kommunikativen Handeln sind die Beteiligten nicht primär am eigenen Erfolg orientiert; sie verfolgen ihre individuellen Ziele unter der Bedingung, daß sie ihre Handlungspläne auf der Grundlage gemeinsamer Situationsdefinitionen aufeinander abstimmen können. Insofern ist das Aushandeln von Situationsdefinitionen ein wesentlicher Bestandteil der für kommunikatives Handeln erforderlichen Interpretationsleistungen. (Habermas 1981, Bd. 1, S. 385)

3. *Der Dialog stellt nicht darauf ab, Positionen zu behaupten, sondern darauf, sie zu hinterfragen. Er dient nicht dazu, Konsonanzen zu demonstrieren, sondern sie zu relativieren.*
Der Dialog dient auch und gerade dazu, die eigenen Konsonanzen, „mentalen Modelle" (vgl. Senge 2011, S. 193 ff.) und Basisannahmen zu erforschen, offenzulegen, zur Diskussion und zur Disposition zu stellen. Auf diese Weise werden diese Denkmuster einer kollektiven und individuellen Reflexion zugänglich gemacht.

Die Teilnehmer am Dialog erklären sich durch ihre Teilnahme am Dialog dazu bereit, die Tiefenstrukturen ihrer Haltungen und Positionen an die Oberfläche zu bringen. Sie sind bereit, die Prämissen und Basisannahmen, die ihren Denkmustern und Positionen zugrunde liegen, im Dialog offenzulegen. Sie sind offen dafür, im Dialog mit den anderen das Ensemble von Realitätsdeutungen, Wahrnehmungsmustern, Einstellungen, Grundsätzen, Urteilen und Annahmen in Frage zu stellen, das ihren Handlungen zugrunde liegt. Und sie sind bereit und in der Lage, die mentalen Modelle der anderen im Dialog zu hinterfragen.

Die Dialogteilnehmer tun das, weil sie davon ausgehen, dass alle mentalen Modelle, die ihr Handeln leiten, strukturell unvollständig und defizitär sind; dass diese Modelle deshalb permanent auf den Prüfstand gestellt werden müssen; dass ihre Überzeugungen auf Annahmen beruhen, die hinterfragbar und hinterfragungsbedürftig sind; und dass eine Fortentwicklung der mentalen Modelle nur im Prozess des Dialogs stattfinden kann.

Im Dialog geht es deshalb nicht nur um einen Austausch von wechselseitigen Interpretationen von konkreten Sachverhalten („Wir haben den Kunden XY an unseren Wettbewerber YZ verloren, weil der preiswerter angeboten hat als wir."). Sondern auch und gerade darum, die abstrakten Denkmuster, die jenen konkreten Interpretationen zugrunde liegen, aufzudecken und auszutauschen („Auf welchen Kenntnissen und Annahmen beruhen unsere Aussagen über das Verhalten des Kunden XY? Auf welchen Annahmen beruhen diese Annahmen?").

Der Dialog umfasst damit immer auch die Metaebene der Reflexion. Das heißt, der Dialog muss offen sein und geöffnet werden für die Reflexion über die Reflexion, für das kollektive Nachdenken über die Prämissen, Werturteile und Basisannahmen, die das alltägliche Denken im Unternehmen grundieren und präformieren. Er macht dann nicht nur zum Thema, was ein Dialogteilnehmer über ein bestimmtes Thema denkt, sondern auch, von welchen Denk- und Wertungsmustern dieses Denken ausgeht.

Auf dem Forum des Dialogs werden Selbstverständlichkeiten, althergebrachte Haltungen, festzementierte Gewissheiten und Urteile, die zum Unternehmens-Kanon gehören, in das kristalline Licht der kollektiven Reflexion getaucht. Ihre absolute Geltung wird relativiert, indem ihre Validität zum Gegenstand einer dialogischen Reflexion gemacht wird.

Deshalb gilt in jedem Dialog die Regel: „**Priorität für Polarität und Diversität**". Das bedeutet: Auf dem Forum des Dialogs ist es erwünscht,

- Meinungen einzubringen, die geltende Überzeugungen in Frage stellen,
- Kritik zu äußern an Strukturen und Denkmustern, die im Unternehmen gültig sind,
- an Sachverhalten oder Urteilen zu zweifeln, die scheinbar über alle Zweifel erhaben sind,
- Positionen, die im Dialog vorgebracht werden, der kritischen Reflexion durch die Dialogteilnehmer auszusetzen,
- Meinungsverschiedenheit und Meinungsstreit zu fördern und zu kultivieren,
- Perspektivenvielfalt zu ermöglichen und dabei einzukalkulieren, dass neben dem Entweder-oder-Denken auch das Denken in Kategorien des Sowohl-als-auch zulässig und sachgerecht ist,
- den Gedanken zuzulassen, dass Ambivalenzen und Multivalenzen, Unschärfen und Vieldeutigkeiten nicht Ausdruck für kognitive Defizite sein müssen, sondern Widerspiegelungen von realen Sachverhalten im sozialen System Unternehmen und in der Unternehmensumwelt sein können,
- die Dinge anders zu sehen und neu zu betrachten, indem man innerhalb eines Dialograums einen Sonderraum schafft oder innerhalb einer Dialog-Sitzung eine Sonder-Sitzung durchführt; in diesem Sonderraum oder in dieser Sondersitzung wird der Dialog mit folgender Maßgabe fortgeführt: Es wird die Annahme zugrunde gelegt, die konsensual geteilten Überzeugungen der Dialogpartner würden sich im Licht künftiger Entwicklungen als falsch erweisen. In diesem Licht werden diese Überzeugungen dann im Dialog einer Revision unterzogen.

4. *Der Dialog erschließt die Metaebene der Kommunikation.*
Das Kommunikationsforum des Dialogs hat dann das Potenzial, ein Unternehmen zu dynamisieren, wenn es so ausgelegt wird, dass es auch die Metaebene der Kommunikation erschließt.

Der Dialog beinhaltet die Metaebene der Kommunikation, wenn er auch die Art und Weise, wie die einzelnen Dialogteilnehmer kommunizieren, thematisiert („Warum sind Sie über diese Ansicht verärgert?"), d. h. wenn er nicht nur die Sachebene der Kommunikation, sondern auch die Beziehungsebene, nicht nur die kognitive, sondern auch die emotive Seite, nicht nur die Ebene der kontextunabhängigen Bedeutungsdimension von Aussagen, sondern auch die Ebene des kontextabhängigen Bedeutungsgehalts von Redebeiträgen inkludiert.

Auf dem Forum des Dialogs begegnen sich Menschen, die Interessen und Bedürfnisse haben, zueinander in bestimmten Beziehungen stehen und die auf individuell spezifische Weise an den Themen des Dialogs interessiert und emotional beteiligt sind. Im Dialog werden diese subjektiven Prädispositionen der Dialogteilnehmer einbezogen, thematisiert und zum Gegenstand der intersubjektiven Reflexion gemacht.

5. *Der Dialog öffnet das konkretistische Denken für das Systemdenken.*
Im Dialog können Konsonanzen und mentale Modelle dann offengelegt und hinterfragt werden, wenn zugleich das konkretistische Denken zum Systemdenken hin fortgebildet wird.

Das konkretistische Denken erfasst Einzelphänomene, Teile eines Ganzen. Es führt Ereignisse auf Ereignisse zurück, Verhaltensweisen von Personen auf Eigenschaften bzw. Verhaltensweisen von Personen, Daten auf Fakten, bestimmte Wirkungen auf bestimmte Ursachen. Es erklärt Oberflächenphänomene mit Oberflächenphänomenen, Einzelphänomene mit Einzelphänomenen.

Dieses konkretistische Denken ist in Unternehmen weit verbreitet. Es ist das Denken des Rechnungswesens, des Controllings und des mechanischen Ad-hoc-Managements.

Das Forum des Dialogs eröffnet die Chance, dieses konkretistische Denken zum systemischen Denken hin zu erweitern. Dieses Dialogforum schafft einen Raum der kollektiven Reflexion, in dem diese Bewusstseinserweiterung stattfinden kann:

• Dort kann das konkretistische Denken in linearen Ursache-Wirkungs-Relationen mit der systemischen Erkenntnis komplexer Wechselbeziehungen und Rückkopplungseffekte assoziiert werden; es ist dies die Erkenntnis der Kybernetik, dass jeder Einfluss sowohl Ursache als auch Wirkung ist.
• In diesem Raum wird offengelegt, dass jedes Denken und Wahrnehmen die Realität nicht nur abbildet, sondern auch konstruiert.
• Dort werden die Einzelphänomene im Blick auf ihre Beziehungen zum Systemganzen gedeutet; bei dieser systemischen Deutung geht man davon aus, dass die Funktionsweise eines Details nur durch Analyse seiner Funktion für das Systemganze verstanden werden kann.
• Dort werden Verhaltensweisen auf Verhältnisse, Oberflächen-Ereignisse auf Tiefen-Strukturen, Fakten auf Faktoren und Details auf Muster zurückgeführt – entsprechend der „Methode der Abstraktion", die ich im Kap. 6.1 vorgestellt habe.

- In diesem Raum der systemischen Reflexion durch Dialog wird auch erkannt, dass die Dynamik jedes Wachstumsprozesses nur dann zureichend verstanden (und gemanagt) werden kann, wenn die ökologischen Grenzen offengelegt werden, die jeden Wachstumsprozess grundieren und begrenzen.

6. *Der Dialog entfaltet sich in einer Enklave, die zur Unternehmensrealität hin geöffnet wird.* Dialoge brauchen einen Raum, der zwei Eigenschaften haben muss: Er muss den Charakter einer Enklave haben, einer Sondersphäre und Eigenwelt, die von der Alltagswelt des Unternehmens separiert ist. Und er muss Wände haben, die zur Alltagswelt des Unternehmens hin offen und durchlässig sind (nicht nur semipermeabel, sondern „omnipermeabel"). Damit hat der Dialograum Ähnlichkeiten mit dem Experimentierraum.

Der Dialograum muss aus mehreren Gründen eine Enklave sein. Zum einen deshalb, weil es das Konstitutionsprinzip dieses Raumes ist, dass die Funktionen, die die Dialogteilnehmer im hierarchischen System des Unternehmens innehaben, im Dialograum zeitweilig außer Kraft gesetzt werden. Zum anderen deshalb, weil in diesem Raum der Versuch unternommen wird, bestimmte Strukturmerkmale der Unternehmenswelt (Konkurrenz, Interessengegensätze, Konformitätsdruck etc.) temporär aufzuheben. Zum dritten deshalb, weil der Dialograum immer auch ein Experimentierfeld sein muss: ein Labor, ein Raum für Übung und Training, für Testen und Erproben, für das Entwerfen und Verwerfen neuer Ideen, für die Simulation bestimmter Denk- und Handlungsoptionen abseits des Drucks des Tagesgeschäfts. Der Dialograum ist aus diesem Grund auch ein wesentliches Aktionsfeld für das Management im Optionenraum.

Die Enklave des Dialogforums kann in vielfältiger Weise mit dem Alltag assoziiert werden. So kann sie z. B. als eine Auszeit angelegt werden, die sich ein Team nimmt, um regelmäßig (täglich, wöchentlich, monatlich etc.) außerhalb der Zeittaktung und der Orte des Arbeitsalltags über die Arbeit zu reflektieren.

Es gibt viele Möglichkeiten, die Enklave des Dialogs zugleich aus dem Arbeitsalltag auszukoppeln und mit dem Arbeitsalltag zu verkoppeln. Synaptisches Management legt diese Dialog-Enklave so an, dass sie beides, die Auskopplung und die Verkopplung, ermöglicht.

Die Konstruktion eines Dialograums als Enklave ist strukturell konflikthaft. Denn es ist in der Praxis nur bedingt und nur mit Friktionen möglich, die Strukturen der Unternehmenswelt (Hierarchie, Konkurrenz etc.) aus dem Dialograum auszublenden. Es ist die Aufgabe des synaptischen Managements, diese strukturelle Konflikthaftigkeit offenzulegen und zu managen. Sie darf nicht zugedeckt und dethematisiert, sondern muss durch Schaffung von Transparenz permanent zum Gegenstand der synaptischen Managementarbeit gemacht werden.[42]

---

[42] Zohar nennt eine solche Enklave „geschützter Raum": „Wenn sich die Teilnehmer offen und ehrlich äußern sollen, müssen sie sich sicher fühlen." (Zohar 2000, S. 219); Senge spricht in diesem Kontext von Experimentieren in einer „virtuellen Welt" und in einem „Lernlabor" (Senge 2011, S. 282 f.). Hamel verweist darauf, dass z. B. Google bestimmte virtuelle und reale Sphären schafft, in denen sich Dialoge entwickeln können (Intranet-Foren, Treffen im Googleplex-Café etc.; vgl. Hamel 2008, S. 169 f.).

Wie bereits oben dargestellt, zielt das synaptische Management darauf ab, die Dialogkultur zur hegemonialen Kommunikationskultur im Unternehmen zu machen – so dass der Dialog das führende Kommunikationssystem wird, in das Formen des Diskurses eingebettet werden, und nicht umgekehrt der mechanische Diskurs den synaptischen Dialog dominiert.

Dies kann nur dann gelingen, wenn synaptisches Management eine Vielzahl von Anlässen, fördernden Rahmenbedingungen, virtuellen und realen Räumen für Dialoge im Unternehmen schafft.

Ist es doch das Ziel dieser Dialogkultur, alle Mitarbeiter des Unternehmens so zu vitalisieren, dass sie im Unternehmen als Knoten in einem Netzwerk synaptischer Verbindungen wirken und damit proaktiv an der Dynamisierung des Unternehmens mitwirken können. Schaffung einer Dialogkultur bedeutet damit Implementation eines partizipativen Dynamisierungsmanagements.

Dialog-Enklaven können vielfältige Ausprägungsformen haben:

- Sie können in Brainstorming-Sitzungen oder Review-Meetings bestehen, die Teams im Unternehmen regelmäßig (täglich, wöchentlich, monatlich etc.) durchführen. Es sind dies Auszeiten, die ein Team organisch in die eigene Zeitplanung einweben kann. Auf diese Weise können Dialoge zu einem konstitutiven Bestandteil des Alltags der Teamarbeit werden. Sie werden integraler Teil des Arbeitsprozesses. Einen bestimmten Typus solcher Dialog-Auszeiten stellen z. B. die „After Action Reviews" dar (vgl. Senge 2011, S. 338 f.).
- Sie können nach dem Modell der mehrtägigen Gruppen-Dialogsitzung ausgestaltet werden (siehe dazu exemplarisch: Senge 2011, S. 283ff; Zohar 2000, S. 219 ff.), die in der Regel als Klausurtagung abseits des Unternehmensalltags stattfindet (Offsite-Meeting).
- Sie können mit Hilfe von Intranet-Dialogplattformen stimuliert werden (siehe z. B. die offenen Dialog-Plattformen Misc-List, MOMA und Snippets bei Google; vgl. Hamel 2008, S. 170).
- Sie können darin bestehen, dass die Unternehmensführung regelmäßig Dialogforen für bestimmte Gruppen von Mitarbeitern schafft (siehe z. B das Institut der wöchentlichen Dialog-Treffen im Googleplex-Café; vgl. Hamel 2008, S. 170) oder darin, dass im Unternehmen physische Räume geschaffen werden, die einen Dialog zwischen Mitarbeitern aus verschiedenen Geschäftsbereichen „nahelegen".

Es ist ein wesentlicher Gradmesser für die Vitalität von unternehmensinterner Dynamisierung, in welchem Umfang alle Mitarbeiter des Unternehmens in diese Dialogkultur eingebunden sind und mit welcher Intensität und Produktivität die Mitarbeiter sich in den Foren dieses innerbetrieblichen Dialogs einbringen. Es gehört zu den Kernaufgaben des synaptischen Managements, diese Dialogkultur immer wieder neu zu vitalisieren. Das erfordert ein systematisches, strategisch grundiertes Herangehen an die Aufgabe der beständigen Pflege der unternehmensinternen Dialogkultur. Das Management des Unter nehmens muss sich selbst daran messen lassen, in welchem Umfang ihm diese Vitalisierung gelingt.

Ein wichtiges Instrument zur Vitalisierung der Dialogkultur ist auch die Integration von Meinungen, Ideen, Analysen und Statements externer Dritter in den unternehmensinternen Dialog. Die regelmäßige Integration externer Beiträge in den internen Dialog kann ein wesentliches Momentum für die fortwährende Dynamisierung des Dialogs im Unternehmen sein.

Die Unternehmensführung hat die Aufgabe, diese Integration mit vielfältigen Ressourcen und Instrumenten möglichst intensiv und produktiv zu gestalten. Sie kann dies z. B. dadurch tun,

- dass sie regelmäßig in die Foren der unternehmensinternen Dialogkultur externe Mittler, Moderatoren und Meinungsträger einbezieht,
- dass sie gezielt in diese Foren „dissenting votes" externer Dritter einstreut oder Dritte gezielt damit beauftragt, als „advocatus diaboli" im internen Dialog zu agieren,
- dass sie Partnerschaften mit Dritten aufbaut, die für einen regelmäßigen Fluss externer Positionen und Ideen in das Internum des Unternehmens sorgen (z. B. Partnerschaften mit Forschungseinrichtungen, mit nichtkommerziellen Institutionen etc.),
- dass sie externe Berater dazu einsetzt, als „Sauerteig" zu wirken, der interne Prozesse zur Gärung bringt.

Management von Dialogkultur ist gerade deshalb im Paradigma der synaptischen Unternehmensführung eine unverzichtbare Aufgabe, weil das Syndrom der Konsonanz immer wieder für systematische kognitive Fehlleistungen und Verzerrungen sorgt. Karl Weick hat darauf bei seiner Untersuchung von anpassungsfähigen Organisationen hingewiesen:

Karl Weick legt dar, er habe

> die Mitglieder von sich anpassenden Organisationen durchweg als Leute beschrieben, die sich widersetzen, disputieren, widersprechen, mißtrauen, zweifeln, sich scheinheilig verhalten, improvisieren, kontern, argwöhnisch sind, sich unterscheiden, herausfordern, schwanken, in Frage stellen, Pannen verursachen, mißbilligen und bloßstellen. All diese Handlungen verwirklichen Ambivalenz als optimalen Kompromiß bei der Bearbeitung der unvereinbaren Forderungen nach Stabilität und nach Flexibilität. (Weick 1995, S. 327)

Es gibt eine Vielzahl von weiteren Instrumenten und Methoden, mit denen ein Unternehmen die Dialogkultur vitalisieren kann (siehe hierzu auch den Exkurs zur Peer Culture bei Pixar am Ende von Kap. 6. 5). Eine dieser Methoden sei hier noch erwähnt:

Der US-amerikanische Psychologe Gary Klein hat im Blick darauf, dass sich in sozialen Gruppen häufig Phänomene kollektiver Verirrung ereignen (siehe dazu unsere Beschreibung des Syndroms der Konsonanz), eine Methode entwickelt, die er als „Prämortem-Methode" bezeichnet:

> Die Vorgehensweise ist einfach: Wenn die Organisation kurz davorsteht, eine wichtige Entscheidung zu treffen, aber noch keinen förmlichen Beschluss gefasst hat, schlägt Klein vor, eine Gruppe von Personen, die bestens mit der Entscheidung vertraut sind, zu einer kurzen Sitzung zusammenzurufen. Die Sitzung beginnt mit einer kurzen Ansprache: ‚Stellen Sie sich vor, wir befinden uns ein Jahr in der Zukunft. Wir haben den Plan in seiner jetzigen Fassung umgesetzt. Das Ergebnis war eine Katastrophe. Nehmen Sie sich bitte fünf bis zehn Minuten Zeit, um eine kurze Geschichte dieser Katastrophe zu schreiben.' (Kahneman 2012, S. 327)

Exkurs: Die „Emerging Business Opportunities" bei IBM (Garvin und Levesque 2005)
Im Jahr 2000 kam ein internes Strategieteam bei IBM zu dem Ergebnis, dass das Unternehmen viele neue Geschäftsopportunitäten verpasst hatte und dass neue Start-ups innerhalb von IBM in der Regel scheiterten. Das Unternehmen stellte fest, dass IBM aus mehreren Gründen für die Entwicklung innovativer neuer Geschäftsfelder schlecht aufgestellt sei: Die Dominanz des internen Korridor-Denkens und -Handelns führe dazu, dass neue Geschäftschancen außerhalb des Korridors nicht entdeckt würden.[43] Auch stehe das aktuelle Managementsystem von IBM der Exploration neuer Geschäftsideen entgegen: „Our management system rewards execution directed at short-term results and does not place enough value on strategic business building." (Garvin und Levesque 2005, S. 3).

Im Ergebnis dieser Diagnose wurde bei IBM das Programm „Emerging Business Opportunities" (EBO) aufgesetzt. Unter EBO verstand IBM besondere Geschäftsbereiche, die der Entwicklung neuer Geschäftsfelder dienten. Diese EBO-Bereiche wurden mit besonderen Management-Systemen ausgestattet, die sich erheblich vom traditionellen IBM-Management-System unterschieden. Ferner wurden diese EBO-Bereiche strukturell mit der Konzernzentrale und mit einzelnen Geschäftseinheiten verbunden (um eine Verselbständigung der EBO-Bereiche und eine Abkopplung der traditionellen Geschäftsbereiche von den EBO-Geschäftsinnovationen zu verhindern).

Diese EBO-Bereiche wurden unter anderem nach Grundsätzen des Managements von Kontingenz geführt: Sie waren als Experimentierräume ausgeflaggt, als Entwicklungslabore, in denen eine Vielzahl von Optionen nach dem Trial-and-Error-Prinzip getestet wurden und in denen den Akteuren ein Freiraum für unkonventionelle Ideen, Visionen und korridorjenseitige Projekte eingeräumt wurde. Auf diesen EBO-Innovationsfeldern war das Verwerfen von Optionen, das Aufgeben von Plänen, das Scheitern von Tests genauso einkalkuliert wie die Inkaufnahme von Nicht-Wissen, Vagheit, Unsicherheit, Risiko und Ambiguität. Die EBO-Strategie war „a moving target, especially at the start." Im Ergebnis war es bei den EBO-Bereichen so, dass „sometimes it would take a year to a year and a half to get a strategy we were happy with. It would change three or four times. You'd meet a few milestones but fail to meet others. So you just kept iterating and iterating and iterating."

Es war stets die Intention der EBO-Geschäftsfelder, ihre Marktumwelt proaktiv zu gestalten: „Part of the challenge for EBOs was to shape the evolution of their markets." (Garvin und Levesque 2005, S. 10). Entsprechend wurde auf diesen EBO-Geschäftsfeldern in Kauf genommen, dass harte Business-Case-Evaluationen, detaillierte quantitative Marktanalysen, exakte Prognosen und damit klassische finanzielle KPI's nicht möglich waren, ja dass in einem Raum gearbeitet werden musste, in

---

[43] Die Korridor-Terminologie stammt von mir. Es heißt dazu bei Garvin und Levesque: „We are preoccupied with our current served markets and existing offerings. Like many well-established companies, IBM focused on listening intensely to current customers. As a result, it frequently missed the creation of new business models and was slow to recognize new markets and new classes of decision makers." (Garvin und Levesque 2005, S. 3)

dem Unsicherheit auszuhalten war und Nicht-Wissen nicht als Vorwand für Tatenlosigkeit herhalten konnte. Florence Hudson, damalige Vizepräsidentin in der Corporate Strategy von IBM, bemerkte dazu: „It's difficult to find marketplace insights for a market that doesn't exist." Und ein EBO-Manager berichtete, dass seine „funding discussion" mit EBO-Chef Thomson ganze 30 Minuten dauerte. „It was for tens of millions of dollars. We were convinced that the business had the potential to reshape the industry but had very sketchy information. If we had spent time doing a rigorous financial analysis, it wouldn't have been worth the paper it was printed on." (Garvin und Levesque 2005, S. 12)

Entsprechend wurden die EBO-Bereiche bei IBM nach anderen Kriterien kontrolliert und evaluiert als die traditionellen Geschäftsbereiche. Sie wurden im Wesentlichen nach „project-based milestones" bewertet: „Project-based milestones were the primary basis for evaluating EBO leaders and their teams …They were measurable and concrete and were expected to be leading indicators of progress on achieving nonfinancial objectives. Potential categories included marketplace acceptance, external perception, ecosystem development, internal execution, and resource building." (Garvin und Levesque 2005, S. 13)

Kritisch am EBO-System von IBM war stets das Verhältnis zwischen den EBO-Bereichen und den traditionellen Geschäftsbereichen: Friktionen entstanden einerseits dort, wo die EBO-Bereiche auf ein Zusammenwirken mit den traditionellen Bereichen angewiesen waren (die vielfach eine habituelle Skepsis gegenüber diesen Sonderbereichen kultivierten) und andererseits dort, wo EBO-Bereiche, die gereift waren, den Transitionsprozess hin zu einem „normalen" Geschäftsbereich durchlaufen mussten (vgl. Garvin und Levesque 2005, S. 14). Diese Friktionen wurden dadurch gemanagt, dass IBM eine „Hybridstruktur" (Hamel 2008, S. 316) einführte. Diese Hybridstruktur sah vor, dass die Verantwortung für den Erfolg eines jeden EBO-Projektes sowohl in der Unternehmenszentrale als auch in einem bestimmten Kerngeschäftsbereich (der dem jeweiligen EBO-Geschäftsfeld besonders nah stand) allokiert war.

Eine der Lehren aus dem EBO-Programm bei IBM besteht darin, dass unternehmensinterne Start-ups nicht abgeschottet von den Kerngeschäftsfeldern entwickelt werden sollten. Vielmehr ist es erforderlich, die Ressourcen der Kerngeschäftsfelder (F&E-Kapazitäten, Kunden-Know-how, Marktforschungskompetenz etc.) auch für die Start-ups bereitzustellen. Diese Ressourcen müssen dazu in der Regel an die besonderen Bedarfe der Start-ups angepasst werden. Damit die Kerngeschäftsfelder ihre Ressourcen passgenau den Start-ups zur Verfügung stellen, ist in der Regel eine beständige Unterstützung der Start-ups durch das Top-Management des Unternehmens erforderlich (vgl. dazu: Laurie und Harreld 2013, S. 72 ff.).

6.4   Management von Temporalisierung

Ich leite dieses Paradigma des Managements von Temporalisierung aus Überlegungen ab, die Niklas Luhmann in seiner Systemtheorie angestellt hat.

Nach Luhmann besteht ein Strategieansatz für die Erzeugung von Wandlungsdynamik, Agilität und Innovationsoffenheit in Unternehmen im Konzept der „temporalisierten Komplexität" (vgl. Luhmann 1984, S. 77 ff). Ich habe dies bereits oben im Kap. 3.1 angeführt. Systeme mit temporalisierter Komplexität

- lassen intern nur noch Strukturen zu, die in der Lage sind, entstehende und vergehende, aktuell bestimmte und künftig unbestimmte Elemente zu verknüpfen,
- minimieren die Dauer der Elemente, aus denen sie bestehen, zwingen sich dadurch zum laufenden Wechsel ihrer Zustände und kombinieren auf diese Weise Instabilität und Stabilität, Bestimmtheit und Unbestimmtheit,

- erzwingen den laufenden Wechsel der Relationierungsmuster je nach internen und externen Anforderungen,
- bestehen, um stabil sein und immer stabiler werden zu können, aus instabilen Elementen,
- sind auf ständigen Zerfall ausgelegt und angewiesen, auf Desintegration, auf eine spezifische Konditionierung der Interdependenz von Auflösung und Reproduktion ihrer Elemente und der Relationen zwischen den Elementen,
- sind immanent unruhig, sind einer endogen erzeugten Dynamik ausgesetzt und zwingen sich genau dadurch selbst, permanent zu lernen,
- kehren nicht nach der Absorption von Störungen in eine stabile Ruhelage zurück, sondern befinden sich im Prozess der unaufhörlichen Erneuerung der Systemelemente,
- kennen keine statische, sondern nur dynamische Stabilität,
- sind in besonders hohem Maße abhängig von Umweltinformationen und einem internen Arrangement, das die Rezeptivität des Systems für diese Informationen sichert,
- werden durch diese endogen erzeugte Reizbarkeit sensibler für ausgewählte Aspekte ihrer Umwelt (siehe Luhmann 1984, S. 77 f.).

Solche sozialen Systeme, in denen Komplexität temporalisiert wird, erzeugen einen permanenten Wandlungsdruck und eine dezidierte Wandlungsflexibilität, indem sie eine kontinuierliche Spannung und Interdependenz zwischen gegensätzlichen Polen erzeugen und aufrechterhalten: zwischen Dynamik und Statik, Unbestimmtheit und Bestimmtheit, Instabilität und Stabilität, Flexibilität und Beharrung, Improvisation und Routine, Temporalität und Dauer, Risiko und Sicherheit, Abenteuer und Bestandswahrung, Innovation und Tradition, Unruhe und Ruhe, Ungleichgewicht und Gleichgewicht, Dissens und Konsens, Desintegration und Integration, Irregularität und Regelkonformität, Destruktion und Konstruktion, Unordnung und Ordnung, Chaos und Harmonie.

Diese Erzeugung und Aufrechterhalten einer permanenten Spannung zwischen gegensätzlichen Polen werde ich im Kap. 7 das Management einer Dialektik nennen, ausgehend von dem Verständnis, dass die Dialektik „in dem Fassen des Entgegengesetzten in seiner Einheit" besteht (Hegel 1969a, S. 52).

Ziel dieser „Temporalisierung von Komplexität" ist es, Unternehmen in die Lage zu versetzen, schneller und besser zu lernen und sich schneller und besser an Umweltveränderungen anzupassen als es ihre Wettbewerber tun.

Zwar brechen sich diese Maßnahmen zur Temporalisierung von Komplexität immer an den unternehmensinternen Reservaten, Gemeinschaften, Konsonanzen und Korridoren, doch ist es gerade diese Brechung, die im Paradigma des Managements von Temporalisierung abgebildet und reflektiert werden muss. Stellt doch diese Form des synaptischen Managements nicht darauf ab, die vier Syndrome der Abschottung auszulöschen und abzuschaffen (weil sie notwendiger Teil der Binnenwelt des Unternehmens sind), sondern darauf, sie kontinuierlich herauszufordern und unter Spannung zu setzen.

Dies geschieht dadurch, dass Reservate, Gemeinschaften, Konsonanzen und Korridore durch Temporalisierung ständig irritiert werden. Denn Temporalisierung bedeutet, dass

die Elemente, Prozesse und Strukturen, aus denen diese Syndrome der Abschottung bestehen, nur eine befristete Dauer haben, flüchtig und vergänglich gehalten werden und stetig
von neuen Elementen, Prozessen und Strukturen abgelöst werden. Dadurch können diese
Syndrome keine zementene Konstanz ausbilden, keine dauerhafte Wandlungsresistenz.

Das Management von Temporalisierung agiert mit verschiedenen Instrumenten und
Methoden. Einige seien hier aufgeführt:

- Transformation des Unternehmens dadurch, dass der formalen Organisation (mit vertikaler Hierarchie) eine Projektorganisation beigestellt wird: Die Projekte sind an bestimmten Aufgaben orientiert, sind zeitlich begrenzt, bilden sich flexibel und lösen sich
  auf, wenn ihre Aufgaben erfüllt sind. Sie können sich stetig selbst organisieren und re-
  organisieren, um ihre Aufgaben optimal wahrnehmen zu können. Sie sind nach dem
  Prinzip der zielbasierten Selbstverantwortung organisiert, können sich stetig innerhalb
  des Freiraums, den sie haben, neu erfinden, neu strukturieren, neu gruppieren und formieren. Sie bestimmen ihre Dauer und den Zeitpunkt und den Modus ihrer Selbstauf-
  lösung eigenständig. Sie bestehen nur aus Strukturen und Prozessen, die auf stetigen
  Wechsel und flüchtigen Bestand ausgelegt sind. Sie bilden damit innerhalb des Unternehmens ein Netzwerk von aufgabenorientierten, temporalisierten, flüchtigen und stetig bewegten Strukturen, die quer zu den Syndromen der Abschottung stehen.[44]
- Stimulierung und Erleichterung von unternehmensinterner Rotation von Mitarbeitern: Einerseits kann dies durch unternehmensinterne Absenkung von bürokratischen
  Wechselbarrieren geschehen, andererseits durch Incentivierung von Mitarbeitern, die
  die Chancen unternehmensinterner Rotation ergreifen.
- Einsetzung von Interim-Managern im Unternehmen, die eine bestimmte Aufgabe nur
  für einen definierten Zeitraum übernehmen.
- Etablierung einer Stabsstelle im Unternehmen, die die Aufgabe hat, einen permanenten
  Prozess der „Transformation durch Temporalisierung" innerhalb des Unternehmens zu
  konzipieren und zu implementieren („Office for Transformation via Temporalization"):
  Diese Stabsstelle hat die Aufgabe, korrespondierend mit den Wandlungserfordernissen,
  die die Systemumwelt für das Unternehmen schafft, und korrelierend mit der strategischen Unternehmensentwicklung, die aus jenen Erfordernissen resultiert, die Binnenstrukturen des Unternehmens stetig zu dynamisieren. Dabei kann diese Stabsstelle auf
  das gesamte Arsenal der Instrumente zurückgreifen, die im Paradigma der „Temporalisierung von Komplexität" zur Disposition stehen. Sie kann z. B. folgende Instrumente
  an den Start bringen:
  - Top-down- und Bottom-up-Evaluation über die Bedingungen und Möglichkeiten
    der Befristung der Dauer von Unternehmenseinheiten und Strukturen,
  - Reorganisation von Einheiten im Unternehmen, für deren Organisationsstruktur
    ein bestimmtes „Zerfallsdatum" gesetzt wird,

---

[44] Beispiele für Unternehmen, die ihrer formalen Organisation eine vielfältige Projektorganisation
beistellen, sind Intel, 3M, GE und IBM; vgl. dazu: Pinnow 2011, S. 71 ff.; Pascale et al. 2002, S. 167 ff.

- Integration von flüchtigen, nur kurzzeitig existierenden Strukturen in Unternehmenseinheiten, die dauerhaft bestehen, mit dem Ziel, dadurch gegensätzliche (temporäre und dauerhafte) Strukturen in einem einzigen Subsystem zusammenzuspannen,
- Definition eines Transformationspfades für eine bestimmte Unternehmenseinheit, deren Weiterbestehen damit zeitlich befristet wird, und Begleitung der Unternehmenseinheit auf diesem Pfad,
- Integration von Strukturen, die desintegrierend, störend, unruhig, instabil, zerfallsgeneigt, ungeordnet sind, in bestimmte stabile und geordnete Unternehmensbereiche mit dem Ziel, die interne Dynamik in diesen Unternehmensbereichen durch Implantation einer widersprüchlichen Binnenstruktur zu stimulieren.

• Diese Stabsstelle hat nicht die Funktion eines klassischen Project Management Office für die Restrukturierung von Unternehmen, die eine Krise durchmachen. Vielmehr dient diese Stabsstelle dazu, die internen Strukturen eines Unternehmens durch Temporalisierung permanent wandlungsbereit und wandlungsfähig zu halten. Diese Funktion ist unabhängig davon, in welcher Situation sich das Unternehmen gerade befindet. Sie ist deshalb kein Krisenphänomen, sondern eine Dauereinrichtung zur kontinuierlichen Dynamisierung von Unternehmen. Ergo ist sie nicht nur von Bedeutung, wenn Unternehmen in schweres Wetter geraten, sondern auch und gerade dann, wenn sie sich auf der Sonnenseite einer stabilen Wachstumskonjunktur befinden.

Management von Temporalisierung bedeutet damit immer auch **Management von Reversibilität**. Letzteres hat zwei Bedeutungsdimensionen:

Einerseits bedeutet Management von Reversibilität, alle Systeme, Strukturen und Prozesse im Unternehmen so auszulegen, dass sie ohne substanziellen Aufwand revidierbar und renovierbar sind. Andererseits bedeutet dieses Management von Reversibilität auch, alle immateriellen Phänomene im Unternehmen so zu konditionieren, dass sie schnell und einfach, kostengünstig und friktionslos revidiert bzw. modifiziert werden können. Zu diesen immateriellen Phänomenen gehören Entscheidungen ebenso wie Strategien, Leitbilder, Visionen, Werte, Regeln und Konventionen.

Das Management von Reversibilität operiert in der Regel damit, dass in die jeweiligen Elemente des sozialen Systems Unternehmen Wandlungspromotoren eingebaut werden, d. h. Bauteile und Baustoffe, die es erlauben, diese Elemente aufwandsarm und friktionslos zu wandeln. Diese Wandlungspromotoren bewirken, dass die Elemente des Systems eine immanente Elastizität annehmen. Die Systemelemente sind fest und fix errichtet und zugleich auf Verflüssigung des Festen und Beweglichkeit des Fixen hin ausgelegt. Sie werden damit befähigt, sich aus sich heraus einfach und schnell zu transformieren.

Das synaptische Management von Temporalisierung unterzieht alle Entscheidungen und Maßnahmen, Strukturen und Strategien, Prozesse und Systeme, Regeln und Verträge im Unternehmen (im Folgenden „Phänomene" genannt) einem permanenten „**Reversibi-**

litäts-Check". Dabei werden diese unternehmensinternen Phänomene auf folgende Fragen hin untersucht:

- Welche Kosten sind damit verbunden, das jeweilige Phänomen zu revidieren bzw. zu verändern (z. B. dann, wenn sich eine Investitionsentscheidung im Nachhinein als nicht vorteilhaft herausgestellt hat)?
- Welche Resistenz setzt das jeweilige Phänomen (z. B. eine Standortentscheidung) einer Flexibilisierung des Unternehmens entgegen (die sich später als erforderlich herausstellen könnte)? Welche Kosten entstehen dem Unternehmen durch diese Resistenz?
- Welche Effekte hat ein bestimmtes Phänomen für die Fähigkeit des Managements, einzelne Unternehmenseinheiten bzw. einzelne Unternehmensentscheidungen zu temporalisieren? Welche Kosten sind damit verbunden, dass ein bestimmtes Phänomen die Temporalisierung des gesamten Unternehmens oder seiner Teile be- bzw. verhindert (z. B. der Abschluss eines langfristigen Tarifvertrages)?

Dieser Reversibiliäts-Check ist ein **Temporalisierungs-Audit**, das die Bedingungen und Möglichkeiten einer Anpassung bestimmter Phänomene im Unternehmen an neue Anforderungen kontinuierlich überprüft und misst. Dieses Temporalisierungs-Audit sollte vor allen Entscheidungen im Unternehmen durchgeführt werden. Die Ergebnisse dieses Audits sollten in die jeweiligen Entscheidungsprozesse einfließen. Auf diese Weise verfügt das synaptische Management über ein Instrument, um die Temporalisierungs-Affinität und die Temporalisierungs-Kosten bestehender Strukturen und anstehender Entscheidungen beurteilen zu können.

Es ist das Ziel des synaptischen Managements, ein Unternehmen nicht erst dann zu verändern, wenn eine akute Unternehmenskrise eine Veränderung unausweichlich macht, sondern durch fortwährende Dynamisierung traumatische Restrukturierungen und Sanierungen überflüssig zu machen. Synaptisches Management zielt darauf ab, einen Turnaround, eine krisenbedingte Unternehmens-Revolution vermeidbar zu machen, indem sie das Unternehmen in einen Zustand permanenter Evolution versetzt.

> Ein Turnaround ist nichts anderes als eine tragisch verspätete Verwandlung, ein kostspieliger Ersatz für die rechtzeitige Anpassung. Das Ziel besteht also darin, Organisationen aufzubauen, die zur stetigen, untraumatischen Erneuerung imstande sind. (Hamel 2008, S. 69)

Synaptisches Management muss aber auch in der Lage sein, ein Unternehmen in Krisensituationen zu dynamisieren. Dazu setzt synaptisches Management Instrumente des Temporalisierungs-Managements ein.

Management von Temporalisierung muss in einer akuten Unternehmenskrise mit einer abrupten Beseitigung von bestimmten Unternehmenskonstellationen einhergehen.

Wenn die Analyse einer Unternehmenskrise zeigt, dass die Krise wesentlich durch Reservate, Gemeinschaften, Konsonanzen und/oder Korridore bewirkt wurde und dass das

Unternehmen aufgrund festzementierter Abschottungssyndrome in eine existenzielle Krise geraten ist, so ist synaptisches Management gehalten, Brüche herbeizuführen. Synaptisches Management muss dann in der Lage sein, diejenigen Elemente im sozialen System Unternehmen, die Rituale der Abschottung etablieren und damit die Dynamisierung des Unternehmens nachhaltig be- bzw. verhindern, außer Kraft zu setzen und aus dem Unternehmenssystem zu entfernen.

Wir wollen diesen Typus des synaptischen Managements das „**Management eines Umbruchs**" nennen (zum Begriff des „Umbruchs" vgl. Prodoehl 1983, S. 208 ff.).

Synaptisches Management ist gehalten, einen Umbruch zu inszenieren, wenn das System Unternehmen durch das Wirken von Syndromen der Abschottung in eine existenzgefährdende Krise geraten ist bzw. zu geraten droht. Eine Unternehmenskrise ist im sozialen System Unternehmen in der Regel nicht allein durch das Handeln einzelner Personen bedingt, sondern dadurch, dass dieses System durch das Wirken von Abschottungssyndromen strukturell und nachhaltig entdynamisiert wurde. In einer solchen Krisensituation muss synaptisches Management einen Umbruch herbeiführen. Dieser Umbruch geht einher mit der Beseitigung von System-Elementen, die für die Abschottung und Entdynamisierung des Systems verantwortlich sind, und mit dem sukzessiven Aufbau von neuen System-Elementen, die für Vernetzung stehen und damit in der Lage sind, das Unternehmenssystem wieder neu zu dynamisieren.

Das Management von Umbrüchen muss schroff und nachhaltig, destruktiv und konstruktiv zugleich angelegt werden. Es muss eine harte Diskontinuität mit Abschottungstendenzen bewirken, die zur Unternehmenskrise beigetragen haben. Und es muss zugleich Kontinuität mit Unternehmenstraditionen und Unternehmensstrukturen sicherstellen, die für die Zeit nach dem Umbruch benötigt werden, um das Unternehmen neu auszurichten und nachhaltig zu dynamisieren.

Das Management von Umbrüchen muss also zum einen eine gezielte Beseitigung von nicht kurzfristig dynamisierbaren System-Elementen beinhalten. Gleichzeitig muss es darauf abzielen, neue Elemente in das System Unternehmen zu implantieren, die in der Lage sind, durch kontinuierliches, nachhaltiges Wirken die Eigendynamik des Systems zu stimulieren.

In der Regel ist das Management von Umbrüchen nur dann effizient und effektiv durchführbar, wenn es mit einem Bruch in der Führung des Unternehmens und mit einem tiefen Wandel in der Kultur des Unternehmens einhergeht. Die Gralshüter der althergebrachten Reservate, Gemeinschaften, Konsonanzen und Korridore sind meist keine geeigneten Sachwalter für eine krisenüberwindende Re-Dynamisierung des Unternehmens.

Beim synaptischen Umbruchs-Management müssen neue Führungskräfte deshalb darangehen, in einem spezifischen Mix von Diskontinuität und Kontinuität die Strukturen und Kulturen, die für die Krise verantwortlich waren, aufzuheben. Das kann in der Regel nur dann gelingen, wenn diese Führungskräfte extern rekrutiert werden bzw. nicht Teil des bisherigen Abschottungszusammenhangs sind.

Exkurs: Management eines Umbruchs bei ABB[45]

Der schwedisch-schweizerische Elektrotechnikkonzern ABB war im Jahr 2002 in eine existenzielle Krise geraten. Er stand vor dem Konkurs. Das Unternehmen wies einen Jahresverlust von 691 Mio. $ aus. Seine Verschuldung war auf 5,2 Mrd. $ hochgeschnellt. Sein Eigenkapital war innerhalb von zwei Jahren von über fünf Mrd. Dollar auf nur noch eine Mrd. Dollar geschrumpft. In dieser akuten Unternehmenskrise übernahm der damalige Vorsitzende des ABB-Verwaltungsrates, Jürgen Dormann, für die Zeit von zwei Jahren die Position des CEO. Es war also eine temporalisierte Unternehmensführung, ein Management auf Zeit, mit dem Dormann versuchte, diese Krise zu bewältigen.

Bei seiner Diagnose der Krisenursachen und der krisenrelevanten Konstellationen im Unternehmenssystem von ABB stellte Dormann dort eine gewachsene und festzementierte Landschaft von Syndromen der Abschottung fest. Er ging dann gezielt daran, die unternehmensinternen Reservate, Gemeinschaften, Konsonanzen und Korridore aufzuheben. Er installierte im Unternehmen ABB für die zwei Jahre seiner CEO-Dienstzeit ein synaptisches Umbruchs-Management.

Zum einen ging er gegen Reservate und Gemeinschaften vor: „Unbeeindruckt von alten Machtansprüchen und Eitelkeiten löste er die Seilschaften in der Führungsriege und die kleinen Königreiche im Unternehmen rigoros auf... Als erster externer CEO in der Geschichte von ABB konnte er die bestehenden Seilschaften zerschlagen und damit den Grundstein für einen radikalen Neuanfang legen."

Dormann musste feststellen, dass die Kultur der Abschottung, die bei ABB Einzug gehalten hatte, nachhaltig geschäftsschädigend gewirkt hatte: „Die langjährige Klüngelwirtschaft an der Konzernspitze zeigte starke Nebenwirkungen im gesamten Unternehmen. An die Stelle von Informationsaustausch und Kooperation waren eine selbstzerstörerische Intransparenz und tief greifende interne Rivalitäten getreten." So berichtete ein Kunde von ABB, bei ihm seien innerhalb von drei Monaten elf verschiedene ABB-Manager gewesen, um ihm unabhängig voneinander Angebote in der gleichen Angelegenheit zu unterbreiten. Es waren dies ABB-Manager gewesen, die nichts voneinander gewusst hatten. Der Kunde kommentierte dies gegenüber Frank Duggan, dem Landeschef von ABB in Irland, wie folgt: „Ihr Problem ist, dass sie zu viele Leute haben, von denen der eine nicht weiß, was der andere tut." (Jenewein und Morhart 2007, S. 30)

Zu dieser Kultur der internen Abschottung, der dezidierten Abkehr von Binnenvernetzung, der Reservate-Domänen und der gemeinschaftsstabilisierenden Seilschaften und Klüngel-Gruppen kam bei ABB noch eine weitverbreitete Pflege von Konsonanzen hinzu. So stellte Dormann bei ABB eine gefestigte Kultur der „Informationsvertuschung" fest (Jenewein und Morhart 2007, S. 30).

Dormann ergriff dann zur Bewältigung der ABB-Krise eine Vielzahl von Maßnahmen, die allesamt zum Arsenal der Instrumente eines synaptischen Umbruchs-Management gehören.

So trennte er sich von einer Vielzahl von Mitarbeitern, die für die überkommene Unternehmenskultur standen. Zu dieser „eingeschworenen Riege alter Weggefährten" (Jenewein und Morhart 2007, S. 28) merkte Dormann an: „In solchen Situationen muss man auch einmal kristallklare Härte zeigen und sich von Menschen trennen" (Jenewein und Morhart 2007, S. 30).

Zugleich leitete er einen grundlegenden Kulturwandel ein und begründete eine neue Unternehmenskultur umfassender Binnenvernetzung: „Ziel war es, im Konzern langfristig eine Mentalität des Zusammenhalts und der Kooperation, der Offenheit und Verantwortung aufzubauen. Dormann ließ dazu Hunderte von firmeninternen Seminaren veranstalten, in denen ABB-Managern aus aller Welt nicht nur den Inhalt, sondern auch die Notwendigkeit eines solchen Kulturwandels vermittelt wurden" (Jenewein und Morhart 2007, S. 30).

---

[45] Die folgende Darstellung des Umbruchsmanagements bei ABB nimmt Bezug auf ein Forschungsprojekt, das die Universität St. Gallen in den Jahren 2002 bis 2004 zum Turnaround-Management bei ABB durchgeführt hat. Siehe dazu den folgenden Forschungsbericht: Jenewein und Morhart 2007, S. 22 ff.

Integraler Bestandteil dieser binnenvernetzenden „Kultur des Miteinander" waren Dormanns Freitagsbriefe. Jeden Freitag schrieb Dormann an alle der mehr als 100.000 ABB-Mitarbeiter einen ein- bis zweiseitigen Brief, der in 15 Sprachen übersetzt und als E-Mail versandt wurde. In diesen 112 Briefen, die Dormann während seiner Zeit als CEO schrieb, informierte er die Mitarbeiter mit beispielhafter Transparenz über Missstände und Versäumnisse, Aktivitäten und Fortschritte, strategische Guidelines und deren Hintergründe. Die Mitarbeiter von ABB konnten über einen Antwort-Button, der am Ende jeder E-Mail war, dem CEO persönlich ihre Meinungen und Ideen mitteilen. Auf 4500 solcher Rückmeldungen hat Dormann persönlich reagiert und Feedback auf dieses Feedback gegeben.

Dormann stimulierte auch die Umweltvernetzung von ABB. Dabei ging er nach seinem Führungsmotto „walk the talk" mit eigenem Beispiel voran: Alle fünf Mitglieder im Geschäftsleitungsteam von ABB reisten zu Beginn der Amtszeit von Dormann „zu den Schlüsselkunden in der ganzen Welt, um sie über das tatsächliche Ausmaß der Probleme bei ABB zu informieren" und ihnen die „vorgesehenen Auswege aus der Misere" zu erläutern.

Auch stärkte Dormann gezielt durch Delegation von Verantwortung und Schaffung von Freiräumen die Kräfte der Selbstorganisation bei ABB: „Auf allen Ebenen vergrößerte er Kompetenzbereiche, baute Handlungsspielräume aus, verkürzte Entscheidungswege und löste die Verhaltenskontrolle durch eine Ergebniskontrolle ab."

Ferner sorgte Dormann gezielt für eine Dynamisierung unternehmensinterner Korridore, indem er hergebrachte Konventionen änderte bzw. zur Disposition stellte: „So räumte er beispielsweise den Vorständen das Recht ein, sich direkt mit dem Verwaltungsrat abzustimmen, ohne – wie in der Vergangenheit üblich – den CEO einzuschalten." (Jenewein und Morhart 2007, S. 30)

Management von Temporalisierung hat noch eine weitere Bedeutungsdimension. Temporalisierung geht davon aus, dass die Vergangenheit nicht vergeht. Dass die Vergangenheit in die Gegenwart und Zukunft hineinwirkt, Optionen und Strategien präformiert, Handlungsvarianten und Denkhorizonte konditioniert, Urteile und Entscheidungen vorprägt. Und dass die Vergangenheit ein Repertoire an Erkenntnissen bereithält, das, wenn es adäquat erinnert wird, zur Bewältigung der Zukunft unverzichtbar ist.

Management von Temporalisierung stellt deshalb darauf ab, eine Organisation synaptisch mit ihrer eigenen Vergangenheit zu verknüpfen. Temporalisierungs-Management erkennt, dass eine umfassende und kontinuierliche Analyse vergangener Erfahrungen ein unverzichtbares Instrument zur Gestaltung der Zukunft ist. Deshalb stellt sich das synaptische Management von Temporalisierung gegen den Trend, Unternehmen als ahistorische Einheiten zu führen und sie von ihrer eigenen Vergangenheit abzukoppeln.

Management von Temporalisierung geht von dem Grundsatz aus: Wenn die Umwelt der Unternehmen immer volatiler, komplexer und unberechenbarer wird, wenn deshalb Prognosen immer weniger verlässlich werden, braucht ein Unternehmen, das sich durch die Nebelwände der Zukunft mit Erfolg hindurch navigieren will, eine stetige synaptische Verknüpfung mit seiner eigenen Vergangenheit.

Management von Temporalisierung stellt deshalb darauf ab, ein Unternehmen kontinuierlich mit seinem eigenen kollektiven Gedächtnis zu konfrontieren. Es mobilisiert und vitalisiert beständig die Ressourcen Erinnerung und Erfahrung und bindet sie organisch in die Aktivitäten des Unternehmens zur Gestaltung seiner Zukunft ein.

Für eine solche beständige Aktivierung des kollektiven Gedächtnisses des Unternehmens kann das synaptische Temporalisierungs-Management vielfältige Instrumente ein-

setzen. Diese Instrumente reichen von regelmäßigen „Lessons-learnt-Sessions" zu den Erfahrungen und Erkenntnissen, die ein Unternehmen aus vergangenen Erfolgen oder Miss-
erfolgen ziehen muss[46], bis hin zur kontinuierlichen Analyse der Lehren, die aus Projekten
der Vergangenheit für die künftige Unternehmensentwicklung gewonnen werden können.

> Im Falle des indischen Stahlmagnaten Lakshmi Mittal waren es seine ersten Deals in Indone-
> sien, Trinidad und Mexiko, auf deren Basis sein Team Regeln für die Durchführung zukünftiger
> Akquisitionen aufstellte. Die Analyse zeigte, dass Mittals beste Geschäfte in Schwellenländern
> stattgefunden hatten, die die anderen Stahlproduzenten nicht auf dem Radar hatten. Daraus
> resultierte, dass die erste Regel für das Team darin bestand, den Globus nach nicht beachteten
> Akquisitionskandidaten abzusuchen. (Sull und Eisenhardt 2012, S. 43 f.)

6.5   Management von Heterarchie

Wie oben bereits dargestellt, ersetzt synaptisches Management nicht das Erfordernis einer
mechanischen Unternehmenssteuerung, sondern ergänzt und überformt dieses „klassische" Paradigma im Blick auf die Erfordernisse einer Unternehmensführung bei wachsender Umweltkomplexität und Umweltvolatilität.

Diese Aussage lässt sich auch auf die Organisationsstruktur eines Unternehmens übertragen. Unternehmen im 21. Jahrhundert benötigen eine **duale Organisationsstruktur.**
Sie können in einer fluktuierenden, zunehmend komplexen und erratischen Umwelt nur
dann optimal funktionieren, wenn sie sowohl nach einem hierarchischen Weisungssystem
als auch nach einem heterarchischen Verhandlungssystem organisiert sind.

Dies ist ein weiteres Modul im **Paradigma des dualen Managements durch synaptisches Management,** das ich am Anfang des Kap. 6 vorgestellt habe.

**Synaptisches Management ist duales Management insofern, als es eine duale Orga-
nisationsstruktur in Unternehmen implementiert. Es wirkt darauf hin, dass innerhalb
dieser Dualität die Heterarchie zu der hegemonialen, die Kultur des Unternehmens
maßgeblich prägenden Organisationsstruktur wird.**

Das hierarchische Prinzip einer formalen Organisation, die auf Macht, Weisung, Belohnung und Bestrafung basiert, ist das organisationsstrukturelle Pendant einer klassisch-
mechanischen Unternehmenssteuerung. Für die routinehafte Lösung von Problemen, die
bekannt sind, durchanalysiert wurden, wiederholt auftreten und mit vorhandenem Wissen
bearbeitet werden können, benötigt das Unternehmen eine monozentrische hierarchische
Organisation. Letztere basiert auf dem Weisungsprinzip, operiert mit Systemen der Belohnung und Bestrafung, der Überwachung und Kontrolle. Sie stellt auf Effizienz und Effektivität in der Problemlösung ab, indem sie Disziplin, Stabilität, Standardisierung und
Verlässlichkeit einfordert.

---

[46] Pixar hat für diese Sessions, die dort Postmortem genannt werden, folgendes Format eingeführt:
Bei jeder nachträglichen Evaluation von vergangenen Projekten müssen die Teilnehmer an dieser
Session die fünf Dinge, die sie so wieder tun würden, und die fünf Dinge, die sie so nicht wieder tun
würden, auflisten und zur Diskussion stellen.

Das Paradigma des synaptischen Managements geht davon aus, dass diese vertikal-hierarchische Organisationsstruktur in der Unternehmensumwelt des 21. Jahrhunderts zur Steuerung des sozialen Systems Wirtschaftsunternehmen nicht ausreicht. Sie muss ergänzt und tendenziell überformt werden durch eine andere Organisationsstruktur, die der synaptischen Heterarchie.[47]

Dies ist auch und gerade deshalb erforderlich, weil die hierarchische Organisation nicht in der Lage ist, Komplexität effizient und effektiv zu bewältigen. Es ist dies eine der zentralen Erkenntnisse der neueren Komplexitäts- und Systemtheorie (siehe dazu z. B. Malik 2008, S. 210 ff.).

Hierarchische Organisationen operieren mit einer zentralistischen Unternehmenssteuerung, bei der eine Zentrale die Befehle erteilt. Die Zentrale delegiert Befehlskompetenz an Sub-Zentralen (Geschäftsbereichsleitung etc.), die wiederum in ihrem jeweiligen Zuständigkeitsbereich mit zentralistischen Weisungen führen.

Ich habe oben dargestellt, dass eine solche hierarchische Organisation aus zwei Gründen nicht in der Lage ist, die Umweltkomplexität, mit der die Unternehmen im 21. Jahrhundert konfrontiert sind, effizient und effektiv zu bewältigen:

- Zum einen ist in einer derartigen hierarchischen Organisation die Kapazität des Gesamtsystems zur Komplexitätsbewältigung immer auf die Kapazität der Zentrale und der Sub-Zentralen beschränkt. Diese Limitierung führt notwendig zu einer Abschottung der Befehlsgeber von relevanten Informationen und Erfahrungen. Eine hierarchische Organisation muss stets auf den „Mythos vom monarchischen Unternehmenschef" (Hamel 2008, S. 285) setzen und die kollektive Intelligenz der Organisation missachten. Ein Unternehmen, das in der Lage ist, die gesamte Komplexitätsbearbeitungs-Kapazität und Selbstorganisationsfähigkeit aller Mitarbeiter für die Bewältigung von Umweltkomplexität zu mobilisieren, ist deshalb in der volatilen Umwelt des 21. Jahrhunderts immer einem Unternehmen überlegen, dass sich zur Bewältigung von Umweltkomplexität auf die Kapazität einiger Befehlsgeber verlässt.
- Zum anderen sind die Rückkopplungen, die die zentralen Befehlsgeber „von unten" bekommen, von denen also, die ihnen weisungsunterworfen sind, chronisch defizitär. Denn sie sind immer gebrochen durch den Filter der persönlichen Interessen derer, die von den Dispositionen ihrer Befehlsgeber abhängig sind und deshalb dazu neigen, nur gefilterte Informationen an den Befehlsgeber weiterzureichen. Dieses „Fürstendilemma" (siehe oben Kap. 5, Unterkapitel 3) ist in hierarchischen Organisationen unhintergehbar und unabweisbar. Es leistet Abschottungstendenzen Vorschub und limitiert strukturell die Problembearbeitungsfähigkeit der Gesamtorganisation.

Viele Unternehmenskrisen der vergangenen Jahrzehnte resultieren daraus, dass das Management von hierarchisch organisierten Unternehmen vergeblich den Versuch unter-

---

[47] Siehe hierzu und zum Folgenden die grundlegenden Arbeiten zur Organisationsstruktur der Heterarchie: Reihlen 1997, 1998. Die Heterarchie ist das soziale Pendant zum Modus der gehirnphysiologischen Impuls- und Signalübertragung: Auch letztere erfolgt zwischen gleichberechtigt nebeneinander existierenden, synaptisch miteinander kommunizierenden Elementen, den Neuronen.

nommen hat, diese strukturellen Gebrechen der Hierarchie **innerhalb des defizitären Rahmens dieser Organisationsform** zu kurieren. Solche Versuche mündeten häufig in einigen paradigmatischen Management-Illusionen. Einige seien hier beispielhaft aufgeführt:

• **Die IT-Illusion**: Damit ist der Versuch gemeint, die o. a. Limitierung der Kapazität der Befehlsgeber zur Komplexitäts-Bewältigung durch IT-Systeme zu heilen (Big-Data-Technologien, Business-Intelligence-Systeme etc.). Dieser Versuch findet seine Grenze darin, dass IT-Systeme selbst wiederum vielfältigen Limitationen unterworfen sind:
Sie können weder die neurophysiologische Limitierung des menschlichen Gehirns aufheben (die ich oben das Wandlungsdilemma der Komplexität genannt habe).
Noch sind sie in der Lage, die Arbeit des Menschen an jener Kaskade zu ersetzen, in der aus Daten Erkenntnisse, aus Erkenntnissen Bewertungen, aus Bewertungen Meinungen und aus Meinungen Entscheidungen abgeleitet werden.
Ferner ist die Art und Weise, wie IT-Systeme programmiert werden, selbst wieder ein Akt der Komplexitätsreduktion, der mit hinterfragbaren und fragwürdigen Reduktionsverfahren operiert.
• **Die Kommunikationsillusion**: Damit ist der Versuch gemeint, in einem Unternehmen, in dem Kommunikationsmängel festgestellt wurden, diese Mängel innerhalb des Systems, das diese Mängel hervorgebracht hat, zu heilen. Ein klassisches Beispiel ist ein Unternehmen, in dem durch Audits festgestellt wurde, dass offene, authentische Kommunikation nicht zureichend vorhanden ist, und in dem das Management daraufhin den Mitarbeitern eine Vielzahl von Workshops verordnet, in denen offene, authentische Kommunikation eingeübt bzw. praktiziert werden soll.[48]

Im Kontrast dazu stellt synaptisches Management darauf ab, dass Unternehmen im 21. Jahrhundert nur dann dynamisiert werden können, wenn sie beide Organisationsstrukturen auf kohärente Weise in sich vereinen: wenn Hierarchie in Heterarchie eingebettet wird und wenn umgekehrt Heterarchie in Hierarchie gründet.

Beide Organisationsmodelle markieren Gegensätze. So ist es auch hier die Aufgabe des synaptischen Managements, Gegensätze zu integrieren. Synaptisches Management schafft durch diese Integration des Gegensätzlichen einen Widerspruch, gestaltet diesen Widerspruch und hält ihn aus.

Synaptische Heterarchie meint: Alle Mitarbeiter eines Unternehmens, die kompetent sind, an der Erfüllung einer bestimmten Aufgabe oder an der Lösung eines bestimmten Problems mitzuwirken (ich nenne sie im Folgenden „Mitglieder"), haben die Möglichkeit und die Verpflichtung, außerhalb des hierarchischen Weisungssystems in einer Struktur gleichberechtigter Kooperationspartner und Entscheidungsträger zu agieren, um in dieser heterarchischen Struktur jene Aufgaben wahrnehmen und jene Probleme lösen zu können.

Management synaptischer Heterarchie bedeutet, im Unternehmen möglichst vielfältige und breitflächige Räume für heterarchische Kooperation und Kommunikation zu schaffen, für eine Kooperation und Kommunikation von Gleichgestellten, deren Koordination nicht von oben durch Macht, sondern von unten durch Einfluss erfolgt.

---

[48] So geschehen im Deutsche-Bahn-Konzern in den Jahren 2011 ff.

Die synaptische Heterarchie setzt darauf, dass die Mitglieder zu vielfältig vernetzten Knoten innerhalb eines Systems gleichberechtigter Akteure werden.

Die Mitglieder sind in dieser Struktur der synaptischen Heterarchie allesamt gleichgestellt. Sie agieren in einem offenen Kommunikationsraum. Es ist dies, wie oben aufgezeigt wurde (Kap. 6.3.7), der Raum des Dialogs. Sie haben Zugang zu allen für sie relevanten Informationen und Kommunikationsmedien. Sie interagieren in dieser heterarchischen Struktur nach dem Prinzip ubiquitärer Partizipation: Alle Mitglieder partizipieren gleichberechtigt an allen Arbeits-, Willensbildungs-, Abstimmungs- und Entscheidungsprozessen. Sie treffen ihre Entscheidungen durch kooperatives Aushandeln und durch partnerschaftliche Übereinkunft. Sie regeln ihre Konflikte und Meinungsverschiedenheiten auf der Grundlage wechselseitig vereinbarter Regeln und Konventionen.

Die Mitglieder bilden für die Wahrnehmung ihrer Aufgaben für eine bestimmte Zeit Arbeitsgruppen. Diese sind, wie es oben für die Projektarbeit dargelegt wurde, nach dem Paradigma der Temporalisierung konstituiert.

Die Organisationsstruktur der synaptischen Heterarchie markiert ein pluralistisches, demokratisches Entscheidungssystem, das nicht auf monozentrischen Weisungen, sondern auf polyzentrischen Verhandlungen beruht.

Es basiert, um hier das oben dargelegte Konzept der sozialen Interaktionsmedien von T. Parsons aufzugreifen, im Kern nicht auf dem Medium der Macht, sondern auf dem Medium des Einflusses: Die Reputation der Mitglieder als fachlich und sozial kompetente Kooperationspartner und Experten (und eben nicht ihre Machtbefugnis) definiert ihre Rolle und Funktion in der synaptischen Heterarchie. Sie koordinieren ihre Interaktion und regeln ihre Governance auf der Grundlage von Ansehen und Prestige, von Überzeugungskraft und Kompetenz.

Die synaptische Heterarchie reproduziert im Raum der Unternehmensorganisation die Strategie der Modularisierung, die zur Optimierung von industriellen Produktionsprozessen eingesetzt wird (siehe Kap. 3.5). Innerhalb des Unternehmensganzen werden bei der synaptischen Heterarchie einzelne „Module" herausdestilliert. Es sind dies heterarchische Unternehmenseinheiten, die quer stehen zur traditionellen Unternehmenshierarchie. Diese Einheiten funktionieren in dem Maße, wie sie in ihrem Binnenraum eine netzwerkartige Verknüpfung zwischen den egalitären Elementen herstellen, aus denen sie bestehen (modulinterne synaptische Verknüpfung), und wie sie mit den egalitären Elementen in ihrer Umwelt ein Netz von vielfältigen, dynamisch wandelbaren Verbindungen eingehen (modulexterne synaptische Verknüpfung) (vgl. Waltl und Wildemann 2014).

Die synaptische Heterarchie operiert im Medium der neuronalen Netze, jener Organisationsform, die ich oben im Kap. 6.2 erläutert habe.

Heterarchische Organisationsstrukturen simulieren vielfach innerhalb einer Organisation Formen herrschaftsfreier Kommunikation. Ein Beispiel sind die „Experten-Communities" bei Infineon. In diesen Experten-Communities kamen einzelne Experten aus unterschiedlichen Geschäftsbereichen von Infineon zusammen, um gemeinsam Geschäftsinnovationen zu entwickeln. Diese Communities waren Räume, in denen hierarchische Machtstrukturen für die Community-Mitglieder für begrenzte Zeit außer Kraft gesetzt waren: „Experten-Communities sind ein wichtiger Nährboden für Innovationen: Weil sich hier

Experten in einem machtfreien Raum treffen, sind sie eher bereit, auch unausgegorene Ideen zu diskutieren." (Wolf und Hilse 2009, S. 136).

Gegenüber der Struktur eines hierarchischen Weisungssystems hat diese Struktur einen signifikanten Vorzug: In einer volatilen und komplexen Umwelt, in der flexibler Wandel und elastisches Erneuern überlebenswichtig sind, ist diese heterarchische Struktur der hierarchischen deutlich überlegen.

Diese Überlegenheit hat vielfältige Facetten (siehe dazu auch die Belege bei Johnson 2013; vgl. auch: Pinnow 2011, S. 71 ff.).

Zum einen verfügen Systeme synaptischer Heterarchie gegenüber Systemen vertikaler Hierarchien über eine erheblich größere Kapazität zur Verarbeitung von Informationen, zur Mobilisierung von verteiltem, dezentral vorliegendem Wissen, zur Kultivierung von Lernprozessen und zur Stimulierung von verteilter Intelligenz. Sie beruhen ja gerade darauf, dass sie die Intelligenz, Vernetzung und Kompetenz, die jedes Mitglied hat, umfassend für die gemeinsamen Ziele mobilisieren. Sie räumen allen Mitgliedern einen Raum für autonomes Denken und Handeln ein, das auf Eigeninitiative, Eigenverantwortung, intrinsischer Motivation und gleichberechtigter Partizipation basiert.

Dadurch haben Systeme synaptischer Heterarchie ein erheblich größeres Potenzial als hierarchische Systeme, um jene Denk- und Wahrnehmungsbeschränkungen, die ich Konsonanzen genannt habe, aufzuheben, und um Umweltkomplexität adäquat aufzunehmen und zu reflektieren.

Dieses Potenzial ist in einer Vielzahl von Arbeiten nachgewiesen worden (vgl. dazu: Surowiecki 2005). Vineet Nayar, der CEO von HCL Technologies, beschreibt dieses Potenzial wie folgt:

> The complexity of the knowledge and service economies is so great that it is impossible for any individual or company unit, including the CEO and the office of the CEO, to possess all the knowledge. The CEO must be in the business of enabling the people who do have the knowledge to do what they are good at, rather than taking decisions on his or her own, using incomplete, imperfect, and probably outdated knowledge. (Nayar 2010, S. 163)

Zum anderen sind Systeme synaptischer Heterarchie darauf ausgelegt, sich flexibel, unbürokratisch und permanent zu erneuern und zu rekonfigurieren. Sie sind an Aufgaben orientiert, können ihre Organisationsform und ihre Arbeitsteilung elastisch an die Erfordernisse der Aufgabenbewältigung anpassen, sind stets temporär und flüchtig angelegt, offen für Lernprozesse und Neuerungen. Sie funktionieren nach dem Prinzip der Selbstorganisation von Gleichgestellten, die jederzeit durch kollektive Übereinkunft Veränderungen induzieren können. Ihre Funktionsweise ist die der Emergenz.[49] Sie bestehen vielfach

---

[49] Siehe dazu Pascale et al. 2002, S. 109: „Selbstorganisation und Emergenz sind zwei Seiten der einen Medaille des Lebens. Selbstorganisation ist die Tendenz bestimmter … Systeme, in einem turbulenten Umfeld einen neuen Zustand zu erzeugen, indem ihre Bausteine neue und unvorhersagbare Verbindungen hervorbringen. Sobald ein System hinreichend bevölkert und in geeigneter Weise verknüpft ist, bildet sich in den Interaktionen eine neue Ordnung heraus. … Einfache Teile können, sobald sie miteinander vernetzt sind, eine Metamorphose durchlaufen. … Emergenz ist das Ergebnis davon: ein neuer Zustand."

aus informellen Strukturen, die friktionslos aufkündbar sind, und bilden formelle Strukturen nur mit der Maßgabe aus, dass sie schnell und einfach neu geordnet und aufgelöst werden können. Sie formieren sich in Netzwerken, die das Potenzial haben, sich ständig weiterzugestalten, anzureichern, neu zu gruppieren, neue Knoten auszubilden und sich aufzuheben.

Diese Vorzüge können Strukturen synaptischer Heterarchie gegenüber den hierarchischen Weisungssystemen aber nur dann zur Geltung bringen, wenn sie zwei Bedingungen erfüllen.

Sie müssen **erstens** eingebettet sein in einer Unternehmenskultur, die es ermöglicht, dass die dezentralen Einheiten tatsächlich effizient und effektiv kooperieren können. Synaptische Heterarchie kann nur dann funktionieren, wenn sie aufruht auf institutionalisierten und verbindlich fixierten Normen, Werten, Zielen, Überzeugungen und Moralgrundsätzen (Toleranz, Offenheit, Ehrlichkeit etc.). Sie muss, um vital sein zu können, auf Vertrauen und einer Vertrauenskultur basieren, in der man verlässlich darauf vertrauen kann, dass alle Mitglieder die Verbindlichkeit des kollektiven Kodex akzeptieren und beachten. In einer Organisationskultur der synaptischen Heterarchie muss entsprechend der „Mangel" der Abwesenheit von hierarchischem Zwang mit einer starken Verbindlichkeit von Werten und ethischen Prinzipien kompensiert werden.

Peters und Waterman haben diesen normativen Rahmen, in dem heterarchische Strukturen eingefasst sein müssen, um ein Unternehmen effizient und effektiv dynamisieren zu können, beispielhaft beschrieben. Sie stellen fest,

> „daß Eigenständigkeit in Disziplin wurzelt. Die Disziplin (das gemeinsame Selbstverständnis) bildet den Rahmen. Sie gibt den Menschen den nötigen Mut (zum Beispiel zu Experimenten), denn sie wissen genau, worauf es letzten Endes ankommt. Innerhalb eines solchen Rahmens, eines gemeinsamen Selbstverständnisses und gewisser Regeln, kann Eigenständigkeit zur Selbstverständlichkeit werden." Diese Disziplin beruhe „auf einer kleineren Zahl gemeinsamer Wertvorstellungen" und ermögliche letztlich eine Kultur von „Eigenständigkeit und Experimentierfreudigkeit im gesamten Unternehmen." (Peters und Waterman 2003, S. 367 f.)

Heterarchie funktioniert nur innerhalb dieses Rahmens, als eine „gerahmte Organisationsstruktur". Der Rahmen, innerhalb dessen die heterarchischen Strukturen ausgelegt werden, muss, entsprechend der Kernaufgabe des synaptischen Managements als einer Vereinigung des Gegensätzlichen, zugleich statisch und beweglich gehalten werden: Er muss fix sein und Verbindlichkeit für alle Unternehmensakteure haben; zugleich muss er auf bewegliche Anpassung und flexible Wandlung ausgelegt sein.

Dieser normative Rahmen, der Heterarchie ermöglicht, muss als ein System kulturbildender, allgemeiner Regeln angelegt werden. Damit ist ein Regelsystem gemeint, das durch Setzung allgemeiner Normen darauf abstellt, eine Unternehmenskultur zu schaffen, in der Selbstorganisation und Selbstregulierung teilautonomer Einheiten stattfinden kann. Dieses Regelsystem verzichtet auf Detaileingriffe, d. h. auf spezifische Regelungen, die das einzelne Verhalten einzelner Akteure in besonderen Situationen regulieren.

Durch diesen Verzicht auf Detailregelungen schafft dieses Regelsystem einen Raum für heterarchische Selbstbestimmung, Dezentralität und Delegation. Das Prinzip dieses

Regelsystems besteht also darin, „auf Eingriffe in die Detailorganisation und die Detail-funktionen eines Systems zu verzichten und stattdessen jene exogenen Rahmenregeln zu schaffen und zu kultivieren, die das endogene Wachstum von Ordnung und Komplexität möglich machen" (Malik 2009, S. 130). Dieses Regelsystem beschränkt sich dezidiert auf die „Steuerung bestimmter genereller Züge des Verhaltens durch allgemeine Regeln" (Malik 2008, S. 41).

Diese allgemeinen Regeln werden in einem heterarchischen System von den Mitgliedern eines Teams auf ihre jeweilige Situation heruntergebrochen: Die Team-Mitglieder definieren, im Einklang mit den allgemeinen Regeln und Zielen, die spezifischen Leistungsziele und Leistungskennziffern für das gesamte Team und für jedes einzelne Team-Mitglied. Die Leistungen der einzelnen Team-Mitglieder werden wiederum regelmäßig, auf der Grundlage dieser Ziel- und Kennziffern-Definition, von den Team-Mitgliedern nachgehalten, kontrolliert und bewertet. Die Team-Mitglieder bewerten also die Team-Mitglieder.

Die heterarchischen Teams entwickeln damit ein System der kollektiven Selbstkontrolle, Selbstbewertung und Selbstdisziplinierung. Sie managen sich selbst, indem sie eine Rechenschaftspflicht aller Team-Mitglieder gegenüber dem Team und des Teams gegenüber dem Gesamtunternehmen begründen. Sie schaffen ein Milieu, in dem der Erfolg des Einzelnen vom Erfolg des Teams (bzw. der Business Unit) und der Erfolg des Teams vom Erfolg des Einzelnen abhängen. Es ist dieses Milieu, das eine neue Form der Kontrolle, eine heterarchische Kontrolle, implementiert. Diese heterarchische Kontrolle funktioniert nicht über Anweisungen von oben, sondern über die wechselseitige Selbstverpflichtung, zur Erreichung der gemeinsam definierten Ziele beizutragen.

Zweitens muss die synaptische Heterarchie darauf bauen, dass die Mitglieder die fachlichen und sozial-emotiven Kompetenzen mitbringen, die erforderlich sind, wenn partnerschaftliche Kooperation von Gleichen gelingen soll. Dazu gehören die Bereitschaft und die Fähigkeit zur Eigeninitiative, zur Eigenverantwortung und zum Engagement, eine intrinsische Motivation zur Partizipation an den gestellten Aufgaben, die Befähigung zu kooperativ gebundenem Wettbewerb und zur fairen, regelkonformen Konfliktlösung und die Bereitschaft, sich für das Unternehmensganze einzusetzen und sich mit jener Unternehmenskultur der Heterarchie zu identifizieren.

Die Kultur der Heterarchie begünstigt und befördert einerseits die Ausbildung von Eigeninitiative und Engagement, andererseits aber verlangt sie von den Unternehmensakteuren auch eine charakterliche Prädisposition dafür, diese günstigen und fördernden Umstände honorieren zu können.

Innerhalb der Strukturen der synaptischen Heterarchie haben die Mitglieder die Aufgabe und die Chance, sich auf einem abgegrenzten Aktionsfeld als Unternehmer einzubringen. Sie sind hier verantwortliche Akteure in einem Subsystem des Unternehmens, die für die Bewältigung der Aufgaben, die sich dieses Subsystem stellt, Risiken eingehen und Ressourcen einsetzen können. Sie finden hier einen selbständig ausgestaltbaren Raum für unternehmerisches Handeln. Ihnen wird hier ein Milieu geboten, das direkte, hierarchie-freie Kommunikation und Kooperation ermöglicht, eigenverantwortliches Denken und

Handeln provoziert und individuelle Initiativen fördert und fordert. Sie können und müssen in diesem Milieu eigenverantwortlich Entscheidungen treffen. Sie finden dort Spielräume, in denen sie Ermessen ausüben können und müssen.

Synaptische Heterarchie kann deshalb nur dann funktionieren, wenn die Unternehmensführung bei der Personalrekrutierung systematisch darauf achtet, Mitarbeiter danach auszuwählen, ob sie bereit und in der Lage sind, in einer Unternehmenslandschaft der synaptischen Heterarchie zu funktionieren und diese Landschaft motiviert, mit eigenem Engagement und eigener Initiative mitzugestalten. Personalrekrutierung ist vor diesem Hintergrund ein wesentliches Instrument der synaptischen Unternehmensführung, um sicherstellen zu können, dass synaptisches Management in der alltäglichen Unternehmenspraxis tatsächlich funktioniert. Die Anforderungen, die synaptisches Management stellt, bilden die Matrize, auf deren Grundlage das Konzept für eine nachhaltig erfolgversprechende Personalrekrutierung in Unternehmen ausgefeilt werden muss.

Zugleich schafft synaptische Heterarchie ein Milieu, in dem allein sich Eigeninitiative, Kreativität und Passion der Mitarbeiter nachhaltig ausbilden kann (siehe zu diesen „synaptischen Fähigkeiten" auch das Kap. 9.). Die synaptische Heterarchie ist in der Lage, das Potenzial der Mitarbeiter zur intrinsisch motivierten Leistung zu wecken. Vineet Nayar hat dies wie folgt beschrieben:

> Once we transfer the ownership of our collective problems from the supposedly all-powerful CEO to the employees, people want to transform and deal with their professional and personal lives in a very different way than they ever did before. Suddenly, they see the company as their own enterprise. They start thinking like entrepreneurs. Their energy quotient leaps up. And when that happens with a critical mass of employees (usually, 5 or 10 % is all you need) throughout the company, it creates a kind of fusion – a coming together of the human particles in the corporate molecule that releases a massive amount of energy. So, the ultimate goal … is the creation of a self-governing, self-organizing company. (Nayar 2010, S. 165)

Eine Organisationsstruktur synaptischer Heterarchie ist das Medium, in dem beständig den Syndromen der Abschottung entgegengewirkt wird. So wird z. B. Konsonanz durch synaptische Heterarchie permanent attackiert. Denn die heterarchische Organisation ist immer damit verbunden, dass vielfältige, unterschiedliche Meinungen der Gleichgestellten offen artikuliert werden können und müssen, und dass aus diesem Meinungskontrast, diesem ständigen Widerspruch und Widerstreit, Dissens und Disput eine gemeinsame Handlungsorientierung herausdestilliert wird. In diesem Klima des Disputs werden Konsonanzen stetig auf den Prüfstand und zur Disposition gestellt. Es ist dies ein Treibhausklima für Lernen und neues Denken.

Die heterarchische Organisation begünstigt einerseits das Entstehen von Reservaten und Gemeinschaften, da sie aus kleinen Zellen besteht, die sich leicht durch gemeinsame Konventionen oder durch Machtdomänen von der Außenwelt abschotten können. Andererseits stellt die synaptische Heterarchie eine beständige Provokation und Bedrohung für die Domänen machtgestützter Reservate und veränderungsresistenter Gemeinschaften dar. Denn die synaptische Heterarchie besteht aus einer Kultur der Offenheit und der permanenten Auflösung und Neubildung einzelner Zellen. Sie konterkariert damit beständig die Konstitutionsbedingungen von Reservaten und Gemeinschaften.

Heterarchie durch Zellteilung
Heterarchische Strukturen können in Unternehmen auch durch „Zellteilung" implantiert werden. Das bedeutet: Ein Unternehmen gliedert bestimmte Geschäftseinheiten als teilautonome Systeme aus bzw. errichtet für bestimmte Geschäftsfelder autonome Tochtergesellschaften und überträgt diesen teilautonomen Systemen/Gesellschaften bestimmte für das Unternehmen relevante Funktionen.

Dieses Prinzip der Zellteilung wird beim Franchising ebenso praktiziert wie bei der Gründung von teilautonomen Filialen innerhalb eines Retail-Unternehmens. Aldi ist ein Beispiel für eine durchkomponierte Zellteilung durch Ausgründung teilautonomer Filialen. Ebenso die Firma Gore (Hersteller von Gore-Tex), die die Größe ihrer Geschäftseinheiten auf 200 Mitarbeiter beschränkt.

Der chinesische Hersteller von Haushaltsgeräten Haier hat dieses Prinzip der Zellteilung zum zentralen Funktionsprinzip und Motor seines Unternehmenswachstums ausgeformt. Im Haier-Konzern existieren viele tausend Kleinst-Unternehmen, die allesamt eigene Profit-Center sind. Für alle diese Kleinst-Unternehmen werden individuelle Gewinn- und Verlust-Rechnungen erstellt. Die Mitarbeiter, die solche Kleinst-Unternehmen gegründet haben oder in ihnen arbeiten, werden nach einer solchen, für jedes Kleinst-Unternehmen spezifischen Gewinn- und Verlust-Rechnung honoriert.

Das Prinzip der Zellteilung funktioniert auch z. B. bei der Allianz, die in ihrem Deutschland-Vertrieb mit einer Vielzahl von autonomen Vertretern-Unternehmern operiert, die für ein bestimmtes Gebiet und für bestimmte Geschäftsfelder selbstverantwortlich tätig sind und damit eigene unternehmerische Verantwortung tragen.

Bei der Bertelsmann AG wurde dieses Prinzip so umgesetzt, dass für einzelne Geschäftsbereiche eigene Tochtergesellschaften gegründet wurden, die autonom, in eigener unternehmerischer Verantwortung agieren. Die hierarchische Struktur eines zentralisierten Konzerns wurde damit in eine Vielzahl von dezentralen, teilautonomen Einheiten aufgelöst, die von der Zentrale ziel- und kennzahlenbasiert gesteuert werden.

Ähnlich hat Richard Branson sein Unternehmen gebaut: „Jedes Mal, wenn eine unserer Firmen zu groß wird, gründen wir eine neue." (Richard Branson, zitiert nach: DIE WELT vom 11. 9. 2000).

Texas Instruments hat in seinem „People Involvement Program" viele tausend Teams geschaffen, kleine Zellen von bis zu zehn Mitarbeitern, die für eine begrenzte Zeit und auf der Grundlage von selbstgesetzten Zielen an einer bestimmten Aufgabe arbeiten.

Auch der Automobilzulieferer Magna hat das Prinzip der Zellteilung verfolgt. Bei Magna wurde jede Produktionseinheit, die auf mehr als 100 Mitarbeiter angewachsen ist, aufgefordert, sich in mehrere Einheiten aufzuspalten. Ziel war es, die Produktionseinheiten so klein zu halten, dass Formen der Heterarchie und der Mitarbeiterpartizipation erhalten blieben.

Ähnlich hat Hewlett-Packard ein System kleiner Unternehmenseinheiten erfunden, die halbautonom agieren und in denen Mitarbeiter ihre eigenen unternehmerischen Visionen verfolgen können.

Auch schafft die heterarchische Organisation ein Milieu, in dem die Grenzen von Korridoren permanent durchlässig gemacht und zur Außenwelt hin geöffnet werden. Es ist dies ein lernendes Milieu dezentraler Einheiten, deren Existenzform die stetige Bereitschaft zu flexibler Erneuerung ist.

Die Organisation der Heterarchie ist eine Organisation der dezentralen, kleinen Unternehmenseinheiten, in denen Neuerungen möglich sind, Experimentieren gefördert, Risikobereitschaft prämiert und Fehlertoleranz praktiziert wird. In diesen Einheiten sind Freiräume für eigenverantwortliches Handeln garantiert. Informalität dominiert dort die

Formalität. In den kleinen Subsystemen der Heterarchie haben die Akteure die Chance, den Sinn, den sie ihrem Tun beimessen, und die Ziele, die sie sich setzen, zu einem erheblichen Teil selbst zu kreieren.

Kleinheit ist die Bestandsbedingung dieser heterarchischen Einheiten, persönliche Kommunikation ist das Medium ihrer Binnenkoordination und Temporalisierung ihre Geschäftsgrundlage.

Die Unternehmensakteure finden in diesen Einheiten einen Raum, um die Grenzen, innerhalb derer sie arbeiten, nicht nur zu touchieren, sondern sie auch rahmenkonform ein Stück weit zu verschieben. Für diese Form der rahmenkonformen Grenzüberschreitung haben Unternehmen wie GE oder 3M eigene Konventionen etabliert (z. B. die Konvention des „Bootlegging", die darin besteht, für ein Sonderprojekt ohne Genehmigung der Unternehmensleitung abseits des etablierten Geschäftsgeschehens Ressourcen abzuzweigen) (siehe dazu: Peters und Waterman 2003, S. 176).

Peters und Waterman beschreiben die Toleranz von Spitzenunternehmen gegenüber solchen kleinen Unternehmenseinheiten wie folgt:

> Es zeigte sich schließlich, daß all diese Unternehmen bewußt einen Kompromiß eingingen. Sie setzten auf geradezu radikale Dezentralisierung und Autonomie mit ihren unvermeidlichen Folgen – Überschneidungen, unsauberen Abgrenzungen, Koordinationsmängeln, internem Wettbewerb und einem Anflug von Chaos –, um auf diese Weise Unternehmergeist aufkommen zu lassen. Sie hatten einem gewissen Maß an Ordnung entsagt, um dafür ständige Innovation zu gewinnen. (Peters und Waterman 2003, S. 236)

Die vielfältigen Voraussetzungen, die erfüllt sein müssen, damit synaptische Heterarchie funktioniert, markieren allesamt erhebliche Anforderungen an das synaptische Management.

Synaptisches Management muss sich auch hier in Widersprüchen bewegen. Und sich darin erweisen, inwieweit es gelingt, diese Widersprüche nicht einzuebnen, sondern in die Unternehmenssteuerung organisch einzubinden.

So muss synaptisches Management die Koexistenz eines hierarchischen Weisungssystems, das jedes größere Unternehmen benötigt[50], und eines heterarchischen Verhandlungssystems, das zur Bewältigung von Umweltkomplexität und Umweltvolatilität erforderlich ist, organisieren und stetig vitalisieren. Damit ist die Aufgabe verbunden, zwei Systeme, die auf gegensätzlichen Funktionsprinzipien beruhen, ohne permanente Friktionen und zum wechselseitigen Vorteil im Unternehmen zu integrieren.

Diese Aufgabe einer „gleichzeitigen Repräsentation von Heterarchie und Hierarchie" (Interview mit dem Neurowissenschaftler Prof. Dr. Ernst Pöppel in: Pinnow 2011, S. 160) kann z. B. dadurch wahrgenommen werden, dass neben der klassischen Linien- bzw. Matrixorganisation eines Unternehmens ein fluktuierendes Netzwerk von Projekten aufgesetzt

---

[50] Davon gehen alle Theoretiker der Heterarchie aus. Vgl. auch: Hock 2008. Hock beschreibt die Funktionsweise einer chaordischen Organisation, die Chaos und Ordnung integriert, indem ein sich selbst organisierender, anpassungsfähiger, nichtlinearer komplexer Organismus geschaffen wird.

wird, eine Projektorganisation, die alle Unternehmensbereiche durchdringt und alle Mitarbeiter involviert. Ein solches Unternehmen hat eine duale Organisationsstruktur, eine hierarchisch-klassische und eine heterarchisch-synaptische. Alle Mitarbeiter des Unternehmens, die qua Kompetenz auch Mitglieder in Projekten sein können, sind in diese duale Organisationsstruktur eingebunden. Sie haben in der Regel eine Funktion innerhalb der hierarchischen Weisungsstruktur und sind zugleich Mitglieder in einem Projekt oder in diversen Projekten, die nach dem Paradigma der Heterarchie organisiert sind. In dieser Doppelfunktion bewegen sich die Mitarbeiter/Mitglieder in unterschiedlichen, tendenziell gegensätzlichen Organisationsstrukturen.

Eine weitere Möglichkeit, dem genannten Widerspruch im Alltag der Unternehmen eine Verlaufsform zu geben, besteht darin, hierarchische Macht und heterarchische Entscheidungsbefugnis zu entkoppeln und entsprechend Verantwortung und Kompetenz zu verkoppeln. Karl Weick stellt dazu fest: „Zu bestmöglichen, fachkundigen Reaktionen ist ein System in der Lage, wenn Autorität und Kompetenz entkoppelt sind und die Entscheidungen ungehindert zu den Orten des größten Know-hows wandern können." (Weick und Sutcliffe 2010, S. 86).

Für diese hierarchieferne Allokation von Entscheidungskompetenz bei der Fachkompetenz gibt Weick zahlreiche Beispiele. So ist es in „High Reliability Organizations", die stetig mit volatilen Umwelten konfrontiert sind und in diesen Umwelten ein Höchstmaß an Verlässlichkeit zeigen müssen, üblich, Entscheidungen nach unten zu delegieren:

> „Auf Flugzeugträgern ist eine schnelle Entscheidungsfindung notwendig, was dazu führt, dass die Entscheidungen auf die untersten Ebenen verschoben werden … In diesen Organisationen wandern die Entscheidungen herum und suchen sich die Person, die spezielle Kenntnisse vom aktuellen Geschehen hat." (Weick und Sutcliffe 2010, S. 79)[51]. Weick schreibt weiter: „So hat der Forscher Gene Rochlin festgestellt, dass Krisen auf Flugzeugträgern häufig durch informelle Netzwerke eingedämmt werden. Wenn die Ereignisse den Rahmen des Normalbetriebs überschreiten, schließen sich die erfahrenen Besatzungsmitglieder eigenverantwortlich zu Ad-hoc-Netzwerken zusammen, um fachkundige Problemlösungen herbeizuführen. Diese Netzwerke haben keinen formalen Status und lösen sich auf, sobald eine Krise vorüber ist. Sie ermöglichen das rasche Bündeln von Fachkenntnissen, um mit Ereignissen fertig zu werden, die unmöglich vorauszusehen sind." (Weick und Sutcliffe 2010, S. 83)

Diese Verkopplung von Kompetenz und Verantwortung ist in Unternehmen des 21. Jahrhunderts alles andere als üblich. Häufig ist das Gegenteil anzutreffen: Vorgesetzte, die entscheiden, ohne die Fachkenntnis ihrer betroffenen, kompetenten Mitarbeiter hinreichend zur Kenntnis genommen zu haben; Führungskräfte, die eher dazu neigen, eine Entscheidung ohne hinreichende Kenntnisse und Erfahrungen zu treffen, als dazu, die Entscheidung an diejenigen zu delegieren, die diese Kenntnisse und Erfahrungen besitzen; hierarchische Strukturen, in denen sich der fachliche Input der Kompetenzträger im Gestrüpp vielfältiger Hierarchiestufen und Vorgesetzten-Eitelkeiten verfängt und verliert; Mitarbei-

---

[51] Weick zitiert hier aus einer Untersuchung von K. Roberts, S. Stout und J. Halpern.

ter, die Verantwortung für Großprojekte tragen und gleichwohl selbst bei Mikroentscheidungen den Instanzenweg zum Vorgesetzten des Vorgesetzten zurücklegen müssen etc.

Auch andere Widersprüche sind in der heterarchisch-hierarchischen Organisation von der synaptischen Unternehmensführung zu managen. So z. B. der zwischen dem Erfordernis des intrinsisch motivierten Engagements der Mitglieder heterarchischer Systeme für das Unternehmensganze und der in vielen Studien (siehe exemplarisch: Sennett 2000; Granovetter 1973, S. 1360–1380) aufgewiesenen Tendenz zur Erosion von Identifikation und emotionaler Bindung an das Unternehmensganze.

Es ist dies ein zentraler Widerspruch, in dem sich das synaptische Management als Management von Heterarchie bewegen muss. Denn mit wachsender Umweltkomplexität und Umweltvolatilität wird das eigenverantwortliche, unternehmerische Arbeiten der Unternehmensakteure in ihrer Funktion als Mitglieder heterarchischer Systeme zu einem existenziellen Erfordernis für die Dynamisierung von Unternehmen. Zugleich unterminiert diese Umweltvolatilität beständig diejenige Motivationsstruktur, die für die Arbeit in heterarchischen Systemen von konstitutiver Bedeutung ist.

Im Zeitalter des disruptiven Wandels, in dem das Gewohnte anachronistisch und das Vertraute flüchtig wird, mutiert die Identifikation des Einzelnen mit dem Unternehmen und seine intrinsische Motivation für den Dienst am Unternehmen selbst zu einem Anachronismus. Eine starke emotionale Bindung an die Firma und eine hohe Loyalität zur Firma wird eine psychische Mobilitätsbarriere, ein Bleigewicht, das den Einzelnen daran hindert, flexibel Bindungen zu lösen und neue wieder aufzubauen. In einer Wirtschaftswelt, in der das „Regime der kurzfristigen Zeit" (Sennet 2000, S. 26) das „Reifen formlosen Vertrauens" (Sennet 2000, S. 28) unterminiert, wird „Loyalität zu einer Institution eine Falle" (Sennet 2000, S. 29).

Der US-amerikanische Soziologe Richard Sennett zitiert dazu einen Experten, der eine Entlassungswelle bei IBM moderiert hatte, mit dem Worten, Angestellte seien erst dann marktgängig, wenn sie verstanden hätten, dass sie sich nicht auf ihre Firma verlassen könnten. Sennett fährt fort: „Distanz und oberflächliche Kooperationsbereitschaft sind ein besserer Panzer im Kampf mit den gegenwärtig herrschenden Bedingungen als ein Verhalten, das auf Loyalität und Dienstbereitschaft beruht" (Sennet 2000, S. 29).

Auch hier gilt: Synaptisches Management besteht darin, diese Widersprüche nicht zu kaschieren, zu ignorieren, kontrafaktisch zu tabuisieren, sondern darin, sie zu erkennen und zum Gegenstand der Arbeit der Unternehmenssteuerung zu machen.

Dies markiert eine beträchtliche Schwierigkeit und eine erhebliche Komplexität, der sich die Unternehmensführung aber nur um den Preis der Gefährdung der Zukunft des Unternehmens entledigen kann.

Exkurs: Heterarchie bei Pixar, Google und HCLT
Heterarchie bei Pixar
Das Erfolgsprinzip des US-amerikanischen Filmstudios Pixar ist, so Pixar-Mitgründer und CEO Ed Catmull, seine „Peer Culture". Es ist dies ein Prinzip der heterarchischen Organisation (peer = Gleicher, Ebenbürtiger). Ed Catmull beschreibt dieses Prinzip wie folgt (Catmull 2008, S.64 ff.):

Bei Pixar besteht eine „Community of Peers", die auf Vertrauen und Selbstverantwortung basiert. Jeder Mitarbeiter bei Pixar bekommt einen eigenen Raum für selbstbestimmtes Tun: „Each person on a film should be given creative ownership of even the smallest task."

Zugleich besteht bei Pixar eine „practice of working together as peers", die sich z. B. in einer Feedback-Kultur manifestiert, in der sich die Peers ohne hierarchische Über- und Unterordnung in ihrer täglichen Arbeit unterstützen. „This is purely peers giving feedback to each other." „Everyone is fully invested in helping everyone else turn out the best work. They really do feel that it's all for one and one for all." Diese Feedback-Kultur, in der „people learn from and inspire each other", besteht z. B. aus „daily reviews", in denen Mitarbeiter aus verschiedenen Disziplinen Feedback zu den Arbeitsergebnissen eines Teams geben, aus „small incubation teams", die in kontinuierlichem Austausch mit allen Departments die Produktentwicklung vorantreiben, aus „Postmortems", d. h. kontinuierlichen „Lessons Learnt Sessions" nach Abschluss einer Arbeitsetappe, und aus dem „Creative Brain Trust".

Dieser Brain Trust besteht aus den acht Direktoren von Pixar, einer „community of master filmmakers who come together when needed to help each other." Jeder bei Pixar kann diesen Brain Trust zusammenrufen, dort sein Arbeitsprojekt vorstellen und Feedback einholen. Das besondere an diesem Brain-Trust-Feedback ist, dass dieser Brain Trust, obwohl er aus allen leitenden Mitarbeitern von Pixar besteht, keinerlei formelle Autorität hat. Er ist ein Instrument heterarchischen Managements: „The problem-solving powers of this group are immense and inspirational to watch. After a session, it's up to the director of the movie and his or her team to decide what to do with the advice; there are no mandatory notes, and the brain trust has no authority. This dynamic is crucial. It liberates the trust members, so they can give their unvarnished expert opinions, and it liberates the director to seek help and fully consider the advice."

Die Peer Culture bei Pixar besteht aber auch und gerade aus bestimmten Regeln. Eine lautet: „Everyone must have the freedom to communicate with anyone. This means recognizing that the decision-making hierarchy and communication structure in organizations are two different things. Members of any department should be able to approach anyone in another department to solve problems without having to go through ‚proper' channels …The most efficient way to deal with numerous problems is to trust people to work out the difficulties directly with each other without having to check for permission."

In diesem Kontext hat Pixar, als wesentliches Element der Peer-Heterarchie, eine Kultur des offenen, herrschaftsfreien Dialogs etabliert. Dazu wurden vielfältige Regeln festgelegt: „We make a concerted effort to make it safe to criticize." „The bigger issue for us has been getting young new hires to have the confidence to speak up … We want everyone to question … We do not want people to assume that because we are successful, everything we do is right."

Heterarchie bei Google

Die Kultur von Google ist im Kern eine heterarchische Kultur. Sie besteht zu einem erheblichen Teil aus „kleinen, autonomen Teams; die Qualität ihrer Arbeitsergebnisse wird nicht durch klassische Supervision, sondern durch Überprüfungen durch andere Mitarbeiter sichergestellt. Es ist allerdings durchaus möglich, dass in diesen kleinen Teams, die die Freiheit besitzen, selbst zu entscheiden, an welchen Projekten sie arbeiten, viel zu viele Projekte gestartet werden, so dass ein Großteil der verfolgten Aktivitäten gar nicht zur strategischen Ausrichtung passt, die in der Führungsetage angestrebt wird." (Johnson et al. 2011, S. 530)

Der ehemalige CEO von Google, Eric Smith, beschreibt diese Google-Kultur wie folgt: „Google ist ungewöhnlich, denn wir sind wirklich von unten nach oben organisiert. Oft fühlt es sich so an, als würden die einzelnen Mitarbeiter einfach das tun, was ihnen am besten erscheint, während sie uns – das Management – einfach dulden … Dieser Ansatz unterscheidet sich … sehr stark von dem traditionellen, hierarchischen Modell, in dem der CEO die strategische Richtung vorgibt und genau vorschreibt, was jeder zu tun hat. Für alles gibt es einen genauen Plan. Wir dagegen nehmen gern ein gewisses Maß an Chaos in Kauf." (zitiert nach: Johnson et al. 2011, S. 528, 530)

Heterarchie bei HCL Technologies (HCLT)

Das indische IT-Unternehmen HCLT schuf gezielt eine Parallelorganisation zur bestehenden hierarchischen Organisation, indem es sogenannte „Employee First Councils" einrichtete. Diese Councils wurden nach heterarchischen Prinzipien organisiert: „The councils would be virtual, spanning all organizational boundaries, but would have an elected representative in each physical facility. … It's democratic exercise; the leaders are elected by the employees, rather than appointed by management." Diese Councils waren „communities of people collaborating and creating alternatives outside the boundaries of hierarchy." Diese Councils verbreiteten sich bei HCLT „like wildfire". Bald gab es bei HCLT etwa 2500 solcher Councils mit mehr als 10.000 Mitgliedern. Sie waren in den vergangenen Jahren wesentliche Treiber und Katalysatoren für Geschäftsinnovationen bei HCLT. Sie waren, so CEO Vineet Nayar, „powerful in energizing our people". Sie erbrachten für HCLT den Benefit „creating new business ideas through unstructured innovation" (alle Zitate in: Nayar 2010, S. 153 ff.).

Synaptisches Management besteht nicht einfach darin, diese fünf Maßnahmen-Cluster zu exekutieren. Sondern darin, diese Umsetzung der fünf Maßnahmen-Cluster auf der Grundlage eines bestimmten Konzepts von Unternehmensführung anzugehen.

Dieses Konzept, das synaptischem Management zugrunde liegt, beruht auf einer einfachen Feststellung. Ich will diese Feststellung aus den Darlegungen der Kap. 2 und 4 ableiten.

Im Kap. 2 wurde aufgezeigt, dass sich Unternehmen heute in einer Umwelt bewegen müssen, die mehr als in früheren Zeiten komplex, unsicher, erratisch, volatil und unberechenbar ist. Ich habe daraus gefolgert, dass sich Unternehmen, die in dieser Umwelt zurechtkommen wollen, im Blick auf diese nicht-antizipierbaren Umweltbewegungen ständig dynamisieren müssen.

Im Kap. 4 wurde dargelegt, dass das „Humanum", der „menschliche Faktor", gegenüber den Anforderungen und Zumutungen permanenten Wandels und ständiger Wandlungsbereitschaft widerständig ist. Die menschliche Psyche ist nicht so abgerichtet, ist nicht so abrichtbar, dass sie bruchlos auf die Imperative der Wirtschaftswelt des 21. Jahrhundert hin parieren würde.[1] Sie bildet Widerstände aus, Resistenzen, Zonen der Kontinuität und des dauerhaft Vertrauten, die nur abgeschafft werden können, wenn man damit auch darauf abstellt, das „Humanum" abzuschaffen.

Da letzteres aber dringend und zwingend für die Unternehmensevolution benötigt wird, in Gestalt intrinsischer Motivation und eigeninitiativer Kreativität der Mitarbeiter, scheidet diese Abschaffungsstrategie aus dem Arsenal Erfolg versprechender Unternehmenssteuerungs-Optionen aus.

Synaptisches Management geht auf dieser Grundlage davon aus, dass ein Unternehmen nur dann dauerhaft erfolgreich durch die Irrungen und Wirrungen der neuzeitlichen Un-

---

[1] Siehe dazu Luhmann, der diese Abrichtungserfordernis bruchlos affirmiert, indem er schreibt: Der Mensch „muß zur Selbstabstraktion fähig werden, durch die er auf die Rationalisierung des sozialen Systems parieren kann." (Luhmann 1971, S. 138)

H. G. Prodoehl, *Synaptisches Management,*
DOI 10.1007/978-3-658-05519-6_7, © Springer Fachmedien Wiesbaden 2014

ternehmensumwelt gesteuert werden kann, wenn es beide Phänomene aufgreift, wenn es also die Bereitschaft und die Fähigkeit zum Wandel ebenso kultiviert wie die Bereitschaft und die Fähigkeit zur Kontinuität.

Synaptisches Management hält die Spannung zwischen Wandlungsdynamik und vertrauter Kontinuität aus und integriert sie in das Paradigma einer Unternehmensführung, die darin besteht, dieser Spannung eine Verlaufsform zu geben. Es ist die Verlaufsform einer besonderen Dialektik, einer Verknüpfung und Integration des Widersprüchlichen.

Ich verstehe hier den Begriff der Dialektik als die Bewegung, die das Entgegengesetzte integriert und es als eine Einheit gestaltet.[2]

Das Paradigma des synaptischen Managements stellt darauf ab, Unternehmen zu befähigen, Kontinuität im Wandel und Wandel in der Kontinuität zu leben. Es zielt darauf, Unternehmen permanent wandlungsfähig und wandlungsbereit zu machen, und erkennt zugleich, dass die Momente der Beharrung und der Kontinuität im Unternehmen aufgehoben werden müssen. Wobei ich auch hier wieder den Begriff „aufheben" im dreifachen Wortsinn verwende.[3]

Es geht um das dialektische Unterfangen, ein Unternehmen wandlungsoffen in der Kontinuität und kontinuitätsoffen in der Wandlung zu gestalten. Wohl wissend, dass ein Unternehmen im Meer der Volatilität ohne Kontinuität, ohne Reservate, Gemeinschaften, Konsonanzen und Korridore jeden Kompass und jede Richtung verliert. Und dass ein Unternehmen, das eine klare Richtung und einen vertrauten Kurs verfolgt, unterzugehen droht, wenn es sich nicht dafür aufrüstet, diese Richtung und diesen Kurs immer dann, wenn es die Umstände gebieten, zu verändern. Und sei es abrupt und unerwartet.

Neuere empirische Untersuchungen zu den Gründen, warum bestimmte Unternehmen dauerhaft Spitzenpositionen erringen und andere nicht, haben einmal mehr aufgezeigt, dass die Bereitschaft und die Befähigung zum Wandel nur die eine Seite der Medaille ist. Sie haben gezeigt: Der Erfolg von Unternehmen hängt nicht davon ab, dass sich Unternehmen häufiger, disruptiver und schneller verändern als es ihre weniger erfolgreichen Wettbewerber tun. Schnelligkeit im Handeln und Entscheiden ist alles andere als ein Er-

---

[2] Siehe dazu die klassische Definition von Hegel, der das Dialektische als das „Fassen des Entgegengesetzten in seiner Einheit oder des Positiven im Negativen" bezeichnet (Hegel 1969a, S. 52). „Dialektik aber nennen wir die höhere vernünftige Bewegung, in welche solche schlechthin getrennt Scheinende durch sich selbst, durch das, was sie sind, ineinander übergehen." (Hegel 1969a, S. 111)

[3] Vgl. dazu Hegel: „Aufheben hat in der Sprache den gedoppelten Sinn, daß es soviel als aufbewahren, erhalten bedeutet und zugleich soviel als aufhören lassen, ein Ende machen." Hegel macht deutlich, dass der Begriff des Aufhebens insofern eine dialektische Bewegung indiziert: „Etwas ist nur insofern aufgehoben, als es in die Einheit mit seinem Entgegengesetzten getreten ist." (Hegel 1969a, S. 114)

folgsgarant.[4] Ebenso wenig garantiert eine ständige Umwälzung und Restrukturierung von Unternehmen nachhaltigen Erfolg.[5]

Vielmehr kommt es darauf an, Unternehmen permanent in einen Zustand zu überführen, in dem sie

- durch vitale Umwelt- und Binnenvernetzung in der Lage sind, Wandlungserfordernisse frühzeitig wahrzunehmen und zu diagnostizieren,
- durch Temporalisierung, Heterarchie und Kontingenz-Management stetig bereit und befähigt sind, erforderliche Wandlungen elastisch und flexibel zu vollziehen,
- und dabei durch bewusstes Management von Kontinuität (von Reservaten, Korridoren, Gemeinschaften und Konsonanzen) das Potenzial bewahren, bewährte Unternehmensprinzipien und Strukturen aufzuheben.

Ich habe dies einen Zustand ständiger Dynamisierung genannt. Ein dynamisiertes Unternehmen verändert sich nicht notwendig schneller, öfter und abrupter als seine Wettbewerber. Es ist vielmehr in der Lage, besser als seine Wettbewerber die Veränderungen, die erforderlich sind, wahrzunehmen, umzusetzen und in die eigene Unternehmensstrategie und Unternehmensoperationen zu integrieren. Es ist dabei auch in der Lage, die Elemente im Unternehmen, die für Stabilität, Kontinuität und Ordnung sorgen, in dem Maße „aufzuheben", wie es für eine effiziente und effektive Wandlung erforderlich ist.

Dies kennzeichnet auch die Art und Weise, wie synaptisches Management die Wandlungsdilemmata der Komplexität und der Konfliktresistenz bewältigt:

Synaptisches Management bearbeitet das Wandlungsdilemma der Komplexität dadurch,

- dass alle Mitarbeiter des Unternehmens umfassend und ubiquitär, intensiv und produktiv, temporär und heterarchisch, effizient und effektiv im Binnenraum des Unternehmens und in der unternehmensrelevanten Umwelt synaptisch vernetzt werden;
- dass aus diesen vielfältigen Variationen, die durch dynamische Vernetzung erzeugt werden, durch Management von Kontingenz diejenigen Entscheidungen, Denkweisen und Verhaltensregeln herausselektiert werden, die für die optimale Adaption des Unternehmens an seine Umwelt erforderlich sind.

---

[4] „Die Auffassung, Führungsstärke in einer ‚schnelllebigen Welt' erfordere grundsätzlich ‚schnelle Entscheidungen' sowie ‚schnelles Handeln' – und der generell vorherrschende Firmenethos ‚Schnell! Schnell! Schnell!' sei begrüßenswert –, ist eine sichere Methode, um unterzugehen." (Collins und Hansen 2012, S. 26)

[5] „Wir müssen uns von dem Gedanken verabschieden, der einzige Weg zu dauerhaftem Erfolg führe über stetige Umwälzungen innerhalb eines Unternehmens. … Die Gebrauchsanweisung zu Mittelmäßigkeit besteht in chronisch mangelnder Kontinuität." (Collins und Hansen 2012, S. 194 f.). Collins und Hansen resümieren ihre empirischen Erhebungen mit den Worten: Erfolgreiche Unternehmen „lehnen die Wahl zwischen Kontinuität und Veränderung ab. Sie realisieren Kontinuität und Veränderung, beides gleichzeitig." (Collins und Hansen 2012, S. 203)

Synaptisches Management geht auf das Wandlungsdilemma der Konfliktresistenz dadurch ein, dass Reservate, Gemeinschaften, Konsonanzen und Korridore im dreifachen Sinne des Wortes aufgehoben werden.

Diese Syndrome der Abschottung werden gepflegt und bewahrt, weil sie für den Bestand des Unternehmens konstitutiv sind.

Sie werden zugleich in Bewegung und Spannung gehalten, um ihr Abschottungspotenzial stetig zu unterminieren.

Auf diese Weise werden sie kultiviert, d. h. auf eine neue Stufe der Evolution gehoben, auf der diese Syndrome den gegensätzlichen Erfordernissen der Unternehmensentwicklung zuträglich sein können: dem Erfordernis der Stabilisierung und der Flexibilisierung.

Betrachten wir erneut das synaptische Management wie das Führen eines Schiffes auf hoher See. Synaptisches Management rüstet das Schiff so aus, dass es dann, wenn das Wetter umschlägt, wenn also Stürme und unvorhergesehene neue Anforderungen aufkommen, nicht Objekt der Gewalt der äußeren Umstände wird, sondern Subjekt der Dispositionen über sein eigenes Schicksal bleibt: weil das synaptische Management für all diese Eventualitäten des Wetters vorgesorgt hat, weil es seismographisch den Wetterumschlag in die eigene Navigationsstrategie einbezogen hat, weil es eine Mannschaft und Binnenstrukturen geschaffen hat, die darauf ausgelegt sind, osmotisch den äußeren Wandel in inneren Wandel zu transformieren.

Diese **osmotische Wandlungselastizität** macht das synaptisch geführte Unternehmen aus.

Ein „osmotisches Unternehmen" ist permanent darauf ausgelegt, aus einem Zustand der Kontinuität und der Status-quo-Fortschreibung in einen Zustand des Wandels und der Status-quo-Aufhebung überzugehen. Die osmotische Wandlungselastizität bewirkt eine Dynamik, die es dem Unternehmen möglich macht, sich auch dann, wenn das Wetter umschlägt, nicht von äußeren Faktoren hin- und her schütteln zu lassen, sondern sich aus eigener Kraft und aus eigenem Kalkül heraus selbst zu bewegen.

Synaptisch geführte Unternehmen versetzen sich damit stets in die Lage, mit jeder denkbaren Wetterkonstellation, sei sie vorhergesehen oder nicht, produktiv umgehen zu können. Sie sind darauf ausgelegt, Kapriolen und Unbillen des Wetters zur Optimierung ihres Kurses nutzbar zu machen. Sie können günstige Wetterkonstellationen für eine chancenreiche Weiterentwicklung ihres Geschäftsmodells nutzen. Und sie können ungünstige Wetterkonstellationen, Zufälle und Unglücksfälle osmotisch in ihre Unternehmensstrategie integrieren und damit in eine Geschäftschance ummünzen.

Synaptisches Management besteht damit in einer Dialektik von Treiben und Getrieben-Sein. Synaptisches Management treibt das System Unternehmen, seine Elemente und Akteure, damit es eine Eigendynamik entfaltet, die verhindert, dass es zum Getriebenen der äußeren Umstände wird.

Synaptisches Management kann diese interne Triebkraft aber nur ableiten von der Dynamik des externen Getriebes. Es treibt, weil und insofern es dazu getrieben wird. Es transformiert dieses externe Getriebe in internes Treiben und macht damit aus Getriebenen Treiber.

Es ist diese permanente Dialektik, aus der synaptisches Management im Kern besteht.

Synaptisches Management stellt damit auch darauf ab, eine andere Dialektik zum Nutzen des Unternehmens zu managen: die Dialektik von Zufall und Notwendigkeit. Definiert man Zufall als ein Ereignis, das sich unabhängig vom eigenen Tun, außerhalb der eigenen Kontrolle, unvorhergesehen und unvorhersehbar vollzieht und das zugleich für das eigene Tun relevant ist, dann bietet synaptisches Management ein Konzept, um dem Zufall eine Linie der Notwendigkeit zu unterlegen.

Damit ist gemeint, dass zufällige Ereignisse im Paradigma des synaptischen Managements systematisch in Ereignisse transformiert werden, die mit der Unternehmensentwicklung kompatibel bzw. die der Unternehmensentwicklung zuträglich sind. Diese Transformation des Zufalls in ein Moment der Notwendigkeit, diese Integration unvorhergesehener Umstände in eine erfolgversprechende Unternehmensentwicklung markiert eine weitere Seite der Dialektik der synaptischen Unternehmensführung.

Es ist eine Dialektik, die sich vielfach praktisch nachweisen lässt. So ist bekannt, dass eine Vielzahl von Unternehmenserfolgen darin gründet, dass sich zu einem bestimmten Zeitpunkt zufällig Menschen getroffen haben, die dieses Treffen dann für eine gemeinsame Unternehmung genutzt haben.[6] Empirische Untersuchungen haben vielfach untermauert, dass sich solche Treffen, die Signifikanz für ein bestimmtes Unternehmen haben, dann mit einer höheren Wahrscheinlichkeit ergeben, wenn sich ein Unternehmensakteur in einem Milieu bewegt, in dem er auf vielfältige Weise kontinuierlich mit Dritten, auch mit solchen, die sich nicht in seinem „Korridor" bewegen, verknüpft und in Beziehung gesetzt wird (vgl. exemplarisch: Ferrazzi 2005).

Es ist gerade eine der Aufgaben des synaptischen Managements, ein solches Milieu zu schaffen.

Damit bewirkt synaptisches Management eine systematische Erhöhung der Wahrscheinlichkeit dafür, dass sich geschäftsrelevante Begegnungen ergeben. Synaptisches Management kann damit dem Zufall – einer geschäftsrelevanten, nicht vorhergesehenen und geplanten Begegnung eines Unternehmensmitarbeiters mit einem unbekannten Dritten – eine Linie der Notwendigkeit unterlegen, d. h. den Zufall wahrscheinlich und mit einer bestimmten Wahrscheinlichkeit notwendig machen.

Damit besteht synaptisches Management auch hier in einer eigentümlichen Operation mit Widersprüchen, einer Operation, die das Widersprüchliche kombiniert und integriert.

---

[6] Man denke an das zufällige Treffen von Berthold Beitz und Alfred Krupp bei einem Kunsthändler in Hamburg, das zur Folge hatte, dass Krupp Beitz zum Generalbevollmächtigten seines Unternehmens machte. Oder an die zufällige Begegnung der Mutter von Bill Gates mit dem damaligen CEO von IBM, John Opel, bei einer Sitzung des Board of Directors der gemeinnützigen Organisation United Way, die Bill Gates den Weg zu einem für Microsoft bahnbrechenden Geschäft mit IBM ebnete. Oder an die zufällige Begegnung des Finanziers Robert Swanson mit dem Biologen Herbert Boyer in Kalifornien, die zur Gründung des Unternehmens Genentech führte.

Man kann die fünf Grundprinzipien und Maßnahmen-Cluster, auf denen synaptisches Management basiert und aus denen synaptisches Management besteht, in plakativer Vereinfachung wie folgt zusammenfassen:

Synaptisches Management gründet in einem bestimmten Mindset, in einem bestimmten Habitus. Nach diesem Mindset, diesem Habitus, muss alles, was im sozialen System Unternehmen gedacht und getan wird, im Lichte dessen gedacht und getan werden,

- dass dieses Denken und Tun auf komplexe Weise mit der Unternehmensumwelt zusammenhängt (Management von Umweltvernetzung),
- dass dieses Denken und Tun auf komplexe Weise mit den Elementen des Unternehmenssystems verflochten ist (Management von Binnenvernetzung),
- dass dieses Denken und Tun und das, was daraus folgt, niemals „objektiv wahr" sein kann und immer auch anders geschehen könnte (Management von Kontingenz),
- dass dieses Denken und Tun und das, was daraus folgt, immer nur eine zeitlich befristete Dauer haben kann (Management von Temporalisierung) und
- dass dieses Denken und Tun und das, was daraus folgt, immer in einem Raum geschieht, in dem Menschen freiwillig miteinander kooperieren und interagieren (Management von Heterarchie).

Im Rekurs auf diesen Mindset, diesen Habitus des synaptischen Managements kann die Essenz des synaptischen Managements wie folgt gefasst werden:

Synaptisches Management besteht darin, in einem Unternehmen auf der Grundlage der Unternehmensstrategie ein Dynamisierungs-Projekt aufzusetzen und durchzusetzen, das die systematische und kontrollierte Durchführung eines umfassenden Sets an Maßnah-

H. G. Prodoehl, *Synaptisches Management,*
DOI 10.1007/978-3-658-05519-6_8, © Springer Fachmedien Wiesbaden 2014

men für das Management der Umweltvernetzung, der Binnenvernetzung, der Kontingenz, der Temporalisierung und der Heterarchie beinhaltet.

Mit „Durchführung" ist jener rekursive Prozess der Kulturbildung gemeint, der oben (in Kap. 6) dargestellt wurde.

Die These, die diesem Paradigma des synaptischen Managements zugrunde liegt, lautet: Die Ertüchtigung von Unternehmen für die Bewältigung der Anforderungen, die sich in diesem Jahrhundert stellen, kann nur dann gelingen, wenn die Unternehmensführung diese fünf Maßnahmen-Cluster in holistischer Perspektive in Angriff nimmt und umsetzt.

Mit den Worten **„holistische Perspektive"** ist gemeint: Diese fünf Maßnahmenbündel müssen als Teile eines Ganzen verstanden werden. Die einzelnen Maßnahmen-Cluster können nicht außerhalb des Ganzen und nicht für sich selbst, ohne Vermittlung zum Ganzen, mit Erfolg realisiert werden. Es sind fünf Zahnräder, die nur dann ihre Wirksamkeit entfalten können, wenn sie allesamt bewegt werden und damit organisch ineinandergreifen. Bleibt eines oder bleiben mehrere dieser Zahnräder unbewegt, misslingt das Ganze. Wird ein Zahnrad nur für sich selbst aktiviert, ohne Berücksichtigung seiner Funktionsweise im Ganzen und ohne Integration seiner Funktion in die Funktionsweise des Ganzen, wird das Funktionieren des Ganzen gefährdet.

Synaptisches Management bedeutet also, die fünf Maßnahmenbündel ebenfalls synaptisch zu denken und zu praktizieren. Sie können nur dann ihre Wirkung entfalten, wenn sie miteinander vernetzt werden. Sie müssen stets als Organe eines Organismus konzipiert und realisiert werden, als Organe, die aufeinander bezogen sind, sich wechselseitig bedingen und konstituieren, miteinander wirken und in diesem Miteinander ihre Wirkung beständig hebeln und optimieren.

Synaptisches Management ist also selbst, insofern es darauf besteht, fünf Maßnahmenbündel miteinander zu verschränken und in einen einzigen Organismus zu integrieren, ein komplexes Unterfangen. Seine Komplexität ist aber nicht reduzierbar. Sie ist der Reflex der Komplexität der Umwelt, in der sich Unternehmen heute bewegen müssen.

Synaptisches Management ist, in dieser holistischen Perspektive und in dieser unabdingbaren Komplexität, ein Paradigma der Unternehmenssteuerung, das planvoll, systematisch, diszipliniert und kontrolliert umgesetzt werden kann und muss. Die Effekte dieser Unternehmenssteuerung können und müssen geplant, nachgehalten, gemessen und evaluiert werden.

Gleichwohl besteht synaptisches Management darauf, dass diese planvolle und kontrollierte Umsetzung selbst wieder den Gegebenheiten der Kontingenz unterworfen ist.

Synaptisches Management von Unternehmen bedeutet damit, planvoll, systematisch, berechenbar verlässlich und kontrolliert zu agieren und zugleich diesen Plan, diese Systematik, dieses Kalkül und diese Kontrolle beständig, im Lichte der Volatilitäten der Unternehmensumwelt, beweglich, veränderungsoffen, temporär und transformational zu gestalten.

Es ist dies erneut ein Widerspruch, in dem sich synaptisches Management bewegen muss.[1] Der Widerspruch, eine langfristig berechenbare und verstetigte Strategie der Unternehmenssteuerung umzusetzen und dabei zugleich einzukalkulieren, dass es im Paradigma der Kontingenz langfristige Berechenbarkeit und stetige Konstanz nicht geben kann.

Auch im Blick auf diesen Widerspruch gilt: Eine Strategie der Widerspruchseliminierung ist im Zeitalter der erratischen Veränderungen ein Ausweis für Wirklichkeitseliminierung. Sie programmiert damit das Scheitern von Unternehmen. Peters und Waterman sprechen davon, dass das Management von Unternehmen in eine „zwiespältige, widersprüchliche Welt" führt: „Vor allem meinen wir, daß die besonders erfolgreichen Unternehmen sich auf nichts besser verstehen als auf das Management von Widersprüchlichkeit." (Peters und Waterman 2003, S. 119).

Synaptisches Management bewährt sich hingegen in der Exzellenz des Aushaltens und des Managements der Widersprüche, die in der Unternehmenswirklichkeit des 21. Jahrhundert nicht abdingbar sind. Im Kern ist synaptisches Management deshalb dialektisches Management oder Management von Dialektik.

Dieser Kern des synaptischen Managements konturiert zugleich ein bestimmtes Wertesystem, von dem synaptisches Management ausgeht. Dieses Wertesystem des synaptischen Managements gründet in vier Kernaussagen:

- Unternehmen müssen in der volatilen und komplexen Umwelt des 21. Jahrhunderts auf permanente Dynamisierung hin ausgelegt werden.
- Diese permanente Dynamisierung kontrastiert mit bestimmten Bedürfnissen und Interessen der Unternehmensakteure. Deren Denken und Handeln wird maßgeblich von diesen Bedürfnissen und Interessen gesteuert.
- Es ist die Kernaufgabe der Unternehmensführung, diesen Kontrast so zu managen, dass diese gegensätzlichen Anforderungen und Prädispositionen integriert werden, dass also das Erfordernis, Unternehmen zu dynamisieren, mit dem Erfordernis, die Bedürfnisse der Unternehmensakteure zu achten, in Einklang gebracht wird.
- Diese dialektische Arbeit der Integration des Gegensätzlichen kann nur in einem Prozess des Dialogs und der Partizipation erfolgen, in den alle Mitarbeiter einbezogen werden und in dem die Kreativität, der Initiativgeist und die intrinsische Motivation der Mitarbeiter freigesetzt und stimuliert werden. Die Führungskräfte haben die Aufgabe, ein unternehmensinternes Milieu zu schaffen, in dem sich dieser Prozess entfalten kann.

Synaptisches Management geht davon aus, dass die fünf Maßnahmen-Cluster auch und gerade in Umbruchssituationen, in die ein Unternehmen durch eigenes Tun oder äußeren Zwang geraten kann, unerlässliche Instrumente für die Steuerung des Unternehmens sind.

---

[1] Siehe dazu Collins, der in seiner Arbeit „Immer erfolgreich" herausfand, dass Manager von dauerhaft erfolgreichen Spitzenunternehmen die Fähigkeit haben, widersprüchliche Konzepte zu managen und zu integrieren (Collins und Porras 2005).

Wir haben das synaptische Umbruchs-Management bereits oben, im Kap. 6.4, als einen Typus des Temporalisierungs-Managements dargestellt.

Umbruchssituationen können darin bestehen, dass

- ein Unternehmen aufgrund einer akuten Krise eine umfassende Restrukturierung durchlaufen muss,
- ein Unternehmen aufgrund disruptiver technischer oder wirtschaftlicher Evolutionen ein grundlegend neues Geschäftsmodell adaptieren muss (Beispiel: Wandel von der Speicherchip-Produktion zur Produktion von Mikroprozessoren bei Intel),
- ein Unternehmen verkauft und damit in einen neuen Unternehmensorganismus integriert wird (Post Merger Integration) oder einen grundlegenden Wandel vollziehen muss, den der neue Eigentümer verordnet,
- ein Unternehmen ein anderes Unternehmen akquiriert und damit die Aufgabe hat, das akquirierte Unternehmen in das übernehmende Unternehmen zu integrieren.

In all diesen Umbruchssituationen werden klassische Management-Instrumente für die Gestaltung des Umbruchs eingesetzt werden müssen: Instrumente zur Restrukturierung und Sanierung des krisengeschüttelten Unternehmens, Instrumente zum Management eines disruptiven Strategiewechsels, Instrumente der Post Merger Integration und andere.

Synaptisches Management ist auch und gerade in diesen Umbruchssituationen von zentraler Bedeutung. Das synaptische Management bildet gleichsam das Substrat für eine erfolgversprechende Anwendung jener klassischen Management-Instrumente. Es schafft, wie oben schon dargelegt, jenes Milieu, in dem die klassischen Instrumente alleine effizient und effektiv eingesetzt werden können.

So gehen wir z. B. davon aus, dass ein wesentlicher Grund für defizitäre bzw. scheiternde Post-Merger-Integration darin besteht, dass zwei Sachverhalte nicht zureichend beachtet und bearbeitet wurden: zum einen Tendenzen zur interessierten Abschottung auf Seiten des übernommenen und des übernehmenden Unternehmens, die zur Zementierung von Reservaten, Gemeinschaften, Konsonanzen und Korridoren führen, und zum anderen Tendenzen zur bewussten interessengeleiteten Nicht-Ausnutzung der Chancen zur Umwelt- und Binnenvernetzung, die dieser Merger bietet. Synaptisches Management ist deshalb auch und gerade in solchen Umbruchssituationen des Verkaufs und Kaufs von Unternehmen ein essentielles Paradigma für eine nachhaltig erfolgversprechende Unternehmensführung. Es hat die Aufgabe, dafür zu sorgen, dass der Umbruch nicht zu einer Schwächung und Ausdünnung, sondern zu einer Stärkung und Ausfächerung von Umweltvernetzung, Binnenvernetzung, Kontingenz-Management, Temporalisierungs-Management und heterarchischen Strukturen führt.

Hinzu kommt: Synaptisches Management in Unternehmen kann nur dann gelingen, wenn die Führungskräfte das synaptische Management **nicht nur als Paradigma der Unternehmenssteuerung, sondern auch als Paradigma der Selbststeuerung** begreifen. Synaptisches Management betrifft nicht nur die anderen, sondern immer auch das eigene Selbst. Es markiert eine Rezeptur, die Führungskräfte ihrem Unternehmen nur dann mit

Aussicht auf Erfolg verordnen können, wenn sie bereit und in der Lage sind, sie sich selbst zu verordnen.

Dies kennzeichnet zugleich eine wesentliche Umsetzungsbedingung und eine wesentliche Umsetzungsbarriere jenes Paradigmas.

Eine Umsetzungsbedingung deshalb, weil synaptisches Management eines Unternehmens scheitern muss, wenn die Führungskräfte die Anmutungen und Zumutungen, die synaptisches Management mit sich bringt, nur den anderen angedeihen lassen, nicht aber sich selbst.

Eine Umsetzungsbarriere deshalb, weil es immer leichter fällt, anderen eine Veränderung aufzuerlegen als sich selbst. Und weil es kritisch ist, an sich selbst jene Dialektik des synaptischen Managements zu vollziehen, die aus einer Synchronisierung von Kontinuität und Wandel besteht. Und daraus, den Wandel, den man für andere und für sich selbst einfordert, zugleich wieder zum Gegenstand kritischer Reflexion und dynamischer Alteration zu machen.

Synaptisches Selbstmanagement bedeutet eben nicht nur, den Wandel zu leben. Sondern auch, den Wandel wandlungsfähig zu halten.

Synaptisches Selbstmanagement beginnt damit, sich selbst Rechenschaft darüber abzulegen, in welchen Syndromen der Abschottung man seinen eigenen Berufsalltag eingebettet hat. Sie beinhaltet eine Selbstvergewisserung dazu, welche Reservate man um sich selbst herum gebaut hat, in welche Gemeinschaften man sich hinein verstrickt hat, welche Konsonanzen man für sich selbst hegt und pflegt und in welchen Korridor man sich selbst eingefügt bzw. eingefriedet hat.

Diese Selbstvergewisserung wird ein Manager nicht aus eigener Kraft, nicht mit Bordmitteln schaffen. Dies ist allein deshalb nicht möglich, weil es in der Natur von Konsonanzen liegt, dass sie dem, der sie hegt, nicht als Konsonanzen, also als Syndrome der Abschottung erscheinen, sondern als geeignete, für den eigenen Berufsalltag passende Wahrnehmungs- und Denkmuster.

Eine Führungskraft wird diese Selbstvergewisserung auch nicht allein aus dem Internum des Unternehmens heraus bewerkstelligen können. Denn dem stünde das oben beschriebene „Fürstendilemma" entgegen. Ein Mitarbeiter, der der Führungskraft versichert, dass sie das Richtige tue und das auch noch richtig, dass sie das Richtige denke und das auch noch richtig, hat allemal bessere Gratifikations- und Karrierechancen als einer, der die Konsonanzen im Denken der Führungskraft rücksichtslos dekuvriert.

Also ist die Führungskraft für diese synaptische Übung der Selbstvergewisserung über die eigenen Syndrome der Abschottung auf externes Geleit angewiesen.

Aber auch dieses externe Geleit schützt nicht vor jenem Fürstendilemma: Denn in der Regel sucht sich die Führungskraft diejenigen aus, die ihr das externe Geleit zuteilwerden lassen. Sie mag sich dabei zwischen solchen externen Beratern, die bei der Selbstvergewisserung schonend assistieren, und jene Beratern entscheiden, die hier schonungslos agieren. In der Regel wird die Führungskraft bei dieser Entscheidung den bekannten und vertrauten, berechenbaren und gefügigen Berater favorisieren, denjenigen, der das Ego der Führungskraft bestätigt und wertschätzt, und nicht denjenigen, der nicht berechenbar erscheint, authentisch daherkommt und deshalb das Risiko heraufbeschwört, das Ego seines Auftraggebers zu beschädigen.

Claqueure, die auf beflissenes Beifallklatschen programmiert sind, finden sich mithin nicht nur bei Untergebenen, deren Karriere von den Dispositionen der Führungskraft abhängig ist, sondern auch bei Beratern, deren Umsatz (und damit auch Karriere) von eben diesen Dispositionen abhängt.

Aus diesen Dilemmata kann die Führungskraft, die das synaptische Management auch an sich selbst vollziehen will, nur dann einen Ausweg finden, wenn sie stetig an sich selbst, im Kontext eines permanenten, auf Dauer gestellten Prozesses der Selbstvergewisserung, die fünf beschriebenen Maßnahmen des synaptischen Managements exekutiert. Sie kann ihre eigene Selbstvergewisserung über ihre Verstrickung in die Syndrome der Abschottung also nur dann vorantreiben, wenn sie ihr synaptisches Selbstmanagement durch Umweltvernetzung, Binnenvernetzung, Kontingenzmanagement, Temporalisierung und Beförderung von Heterarchie voranbringt. Und wenn sie dabei externes Geleit von Personen in Anspruch nimmt, deren berufliche und persönliche Identität nicht vom Grad der Wertschätzung abhängt, den die Führungskraft ihr entgegenbringt.

Das bedeutet konkret: Der Manager, der sich selbst synaptisch managt, muss die eigene **Umweltvernetzung** stetig hinterfragen, von Dritten hinterfragen lassen, optimieren, vitalisieren, modifizieren, ausweiten, intensivieren, produktiver gestalten und von Dritten beeinflussen lassen. Er hat die Aufgabe, die Netzwerke, die ihn mit der systemrelevanten Umwelt verbinden, stetig weiterzubauen, quantitativ und qualitativ anzureichern, in Frage zu stellen, neu zu ordnen und für die eigene Umwelterkundung produktiv zu nutzen.

Dabei ist er gehalten, seine Interaktionen in der systemrelevanten Umwelt auch und gerade dort zu intensivieren, wo diese Interaktionen in die Zonen außerhalb seines angestammten Korridors hineinreichen. Mit anderen Worten: Es gilt für ihn, sich nicht nur im Bekannten und Vertrauten zu bewegen, sondern auch und gerade auf unerprobtem, unerkundetem Terrain. Es gilt für ihn, seinen eigenen Korridor weiterzuentwickeln, indem er für sich selbst die Welt außerhalb seines Korridors entdeckt und erschließt. Denn er weiß, dass er sich zu Hause nur dann zurechtfinden kann, wenn er sich in der Fremde zu Hause fühlt.

Entsprechend muss der synaptische Manager **sowohl direkte als auch indirekte Arbeit** tun.

Direkte Arbeit markiert das Pflichtprogramm des Managers. Sie zielt auf konkrete, zwingend zu erledigende Aufgaben ab, die auf der Agenda des Managers stehen und in einem bestimmten Zeitraum auf eine bestimmte Weise abzuarbeiten sind.

Indirekte Arbeit hingegen stellt das Kürprogramm des Managers dar. Damit sind all diejenigen Leistungen des Managers gemeint, die er in der vagen Annahme erbringt, dass diese Leistungen möglicherweise künftig für die Weiterentwicklung seines Unternehmens eine bestimmte Relevanz erlangen könnten. Vage ist diese Annahme deshalb, weil sie der Manager weder präzise validieren noch mit konkreten Wahrscheinlichkeiten unterlegen kann.

Indirekte Arbeit ist also eine Arbeit, die nicht zum Funktionskreis des Obligatorischen, sondern des Fakultativen gehört. Der indirekt arbeitende Manager agiert hier nach dem

Prinzip Hoffnung, nimmt Zufälle in Kauf bzw. sucht sie gezielt, immer in der vagen Annahme, dass sich aus dieser indirekten Arbeit in der Zukunft irgendein Effekt ergeben
könnte, der für das Unternehmen relevant ist.

Umweltvernetzung bedeutet zum Beispiel dann direkte Arbeit, wenn ein Manager zur
Lösung bestimmter Probleme in einem Kundenprojekt einen Termin mit Vertretern des
Kunden macht.

Umweltvernetzung ist dann indirekte Arbeit, wenn der Manager z. B. ein politisches
Diskussionsforum besucht, in der vagen Erwartung, dass er dort auf Ideen oder Personen
treffen könnte, die für seine künftige Arbeit Relevanz erlangen könnten.

Indem der Manager Umweltvernetzung als indirekte Arbeit anlegt, geht er bewusst
über den Korridor seiner Pflichtaufgaben hinaus, begibt sich gezielt auf eine Terra incognita, in der vagen Hoffnung, dort etwas zu finden, das künftig für seine direkte Arbeit
relevant werden könnte.

Synaptisches Selbstmanagement geht dabei von der Prämisse aus, dass ein Manager
nur dann nachhaltig in der Lage ist, seine direkte Arbeit exzellent zu tun, wenn er bereit
und fähig ist, immer wieder neu Zeit und Ressourcen in die indirekte Arbeit zu inves-
tieren. Wer immer nur direkt arbeitet, wird auf Dauer allenfalls Durchschnittsleistungen
erbringen. Er bewegt sich nur in seinem angestammten Korridor, absolviert sein Pensum
mit statischer Stereotypie. Nur der, der direkte Arbeit mit indirekter Arbeit kombiniert,
ist in der Lage, sich selbst zu dynamisieren und in seiner direkten Arbeit exzellent zu sein.
Nur der, der die Pflicht und die Kür absolviert, kann sein Unternehmen nachhaltig dynamisieren. Diese Dialektik von direkter und indirekter Arbeit, von Pflicht und Kür, ist ein
Kernelement des synaptischen Selbstmanagements.

Synaptisches Selbstmanagement bedeutet ferner kontinuierliche Dynamisierung der
eigenen **Binnenvernetzung**. Eine Dynamisierung der Binnenvernetzung kann nur dann
gelingen, wenn die Binnenvernetzung über den Kordon des Eingeübten und Althergebrachten hinausreicht: über die eingeschworenen Gemeinschaften, die konspirierenden
Kamarillas, die informellen Freundeskreise, die berechenbaren Kollegen-Seilschaften.

Damit Binnenvernetzung permanent dynamisiert ist, muss sie die Konfrontation mit
Andersartigem, Fremdem, Heterogenem ebenso beinhalten wie die Konfrontation mit
abweichenden, überraschenden Positionen und Erkenntnissen. Sie muss darauf angelegt
sein, die Führungskraft interdisziplinär, grenzüberschreitend und hierarchieübergreifend
mit denjenigen zu konfrontieren, die anders sind und anderswo arbeiten (in anderen
Funktionen, auf anderen Hierarchieebenen, in anderen Regionen und Kulturen etc.).

Auch für das synaptische Selbstmanagement durch Binnenvernetzung gilt jene Dialektik von direkter und indirekter Arbeit. Ein synaptischer Manager ist gehalten, sich sowohl
im Funktionskreis der direkten Arbeit als auch im Funktionskreis der indirekten Arbeit
unternehmensintern zu vernetzen. Er muss die Binnenvernetzung nicht nur dann intensivieren, wenn dies aufgrund zwingend zu erledigender Aufgaben erforderlich ist. Sondern
auch dann, wenn es gilt, Vernetzungsanlässe außerhalb aller Pflichtaufgaben wahrzunehmen oder selbst zu schaffen. Er muss Binnenvernetzung nicht nur suchen, weil und wenn
sie notwendig ist, sondern auch und gerade dann, wenn sie zufällig ist. Wohl wissend, dass
dem Zufall, wenn man ihn regelmäßig sucht, eine Linie der Notwendigkeit inhärent ist.

Ein Kernelement des synaptischen Managements des eigenen Selbst ist zum Dritten das Selbstmanagement von **Kontingenz**. Dies ist für Führungskräfte in der Regel besonders kritisch. Sind sie doch im Unternehmensalltag gehalten, gegenüber ihren Mitarbeitern (die von ihnen Führungsstärke erwarten), ihren Vorgesetzten (die über ihre Karriere entscheiden, z. B. die Aufsichtsräte und Eigentümer) und den Stakeholdern der Außenwelt (die den Geschäftserfolg des Unternehmens determinieren, z. B. die Kunden, Partner, Analysten, Medienöffentlichkeit etc.) souverän, bestimmt, selbstbewusst, entschlossen und zielklar aufzutreten. Im Kontrast dazu bedeutet Selbstmanagement der Kontingenz für jede Führungskraft vor allem eines: Demut zu kultivieren, demütig zu denken und zu handeln.

Demut bedeutet dabei: eingedenk dessen agieren, dass die eigenen Denk- und Verhaltensweisen relativ sind, d. h. möglicherweise suboptimal, nicht zutreffend, nicht zureichend, der Dynamik der Zeitläufte nicht standhaltend und im Blick auf diese Dynamik veränderungsbedürftig.

Für jede Führungskraft, die synaptisches Selbstmanagement betreibt, bedeutet dies mithin die Herausforderung, einen chronischen Spannungszustand aufrechtzuerhalten und auszuhalten. Die Spannung nämlich zwischen der Anforderung, sich selbst als Führungskraft absolut zu setzen und sich selbst als Kontingenzmanager zu relativieren. Die Spannung zwischen der Rolle des Entscheiders, der klar und bestimmt für alle, die er führt und die seine Führungsleistung beurteilen, die Richtung vorgibt. Und der Rolle des Unentschiedenen, der eingedenk der eigenen Limitierung eine Richtungsentscheidung von den kontingenten Einflüssen abhängig macht, die auf ihn einwirken.

Es ist dies auch die Spannung zwischen dem Top-down-Manager, der objektive Parameter setzt und vollzieht, und dem synaptischen Manager, der diese Parameter immer wieder neu konstruiert (siehe die Ausführungen oben im Kap. 6.3 zum Management als Konstruktion).

Das Management dieses Spannungszustandes ist im Kern das, was eine herausragende Führungspersönlichkeit von einer durchschnittlichen oder einer schwachen unterscheidet: die Fähigkeit, flexibel zwischen absolut und relativ zu changieren, zwischen Dezisionismus und Relativismus, zwischen einer eindeutigen Richtungsentscheidung und der eindeutigen Bekundung der eigenen Unentschiedenheit, zwischen Führung und Geführt-Werden, zwischen der eigenen Unbeirrbarkeit und der eigenen Beirrbarkeit, zwischen einem entschlossenen Vorangehen auf einem klar konturierten Weg und einem tastenden Suchen nach der klar konturierten Gravur im fließenden Wasser.

Anders gesagt: Derjenige kann sich als Führungskraft erfolgversprechend im Paradigma des synaptischen Managements bewegen, der führt, indem er sich führen lässt, der sich führen lässt, indem er führt, der den Weg findet, indem er ihn sucht, und ihn sucht, nachdem er ihn gefunden hat.

Selbstmanagement von Kontingenz ist danach die Königsdisziplin des synaptischen Selbstmanagements. Wer sie bestreiten kann, der ist in der Lage, sich selbst zu dynamisieren und dadurch auch das Unternehmen, das er führt, zu dynamisieren.

Selbstmanagement von Kontingenz bedeutet zunächst, es aushalten zu können, im Optionenraum zu managen. Es bedeutet, Entscheidungen für bestimmte Optionen auf der

Grundlage einer gründlichen Evaluation von alternativen Optionen zu treffen und zugleich den Optionenraum für andere Optionen weiter aufrechtzuerhalten.

Kontingenz-Management des eigenen Selbst meint auch, die Fähigkeit zu haben und zu erhalten, Reserven für den Fall vorzuhalten, dass Entscheidungen, die man getroffen hat, korrigiert werden müssen, und dass sich eigene Annahmen über Umstände, die eingetreten sind oder eintreten werden, als unzutreffend erweisen.

Kontingenz-Management als Selbstmanagement bedeutet auch, sich dem Wagnis auszusetzen, objektive Vorgaben und Parameter immer wieder neu aufgrund situativer, kontextueller, potenzieller und subjektiver Gegebenheiten zu interpretieren und zu adjustieren, bedeutet also Selbstmanagement als Konstruktion.

Weiter ist Kontingenz-Management des eigenen Selbst stets damit verbunden, dass man sich dem Unberechenbaren, Irritierenden, ja dem Verstörenden aussetzt: einer Rückkopplung, einer externen Bewertung, einer Feedbackschleife, die dem eigenen Selbstbild ein Fremdbild gegenüberstellt, das konträr steht zum eigenen Ego. Und damit, dass man bereit und in der Lage ist, diese Irritation auszuhalten, ernst zu nehmen und zu goutieren, d. h. in das eigene Denk- und Verhaltenstableau einzubeziehen.

Selbstmanagement von Kontingenz bedeutet darüber hinaus auch, dass man Dissens nicht gezielt meidet, sondern sucht, nicht sanktioniert, sondern prämiert. Es ist dies eine besondere Herausforderung für die konsonante Führungspersönlichkeit, eine Herausforderung, die nicht durch Selbst-Appelle, sondern nur dadurch angenommen werden kann, dass man ein Milieu schafft, in dem es unvermeidbar ist, Erfahrungen von Dialog und Dissens, Wort und Widerwort zu machen.

So bedeutet denn Selbstmanagement von Kontingenz die permanente Einübung in eine bestimmte Haltung, in einen bestimmten Habitus. Es ist die Haltung einer Führungspersönlichkeit, die ihre Stärke daraus gewinnt, dass sie zu ihrer Schwäche steht. Es ist der Habitus eines Selbstmanagers, der bereit und in der Lage ist, sein Denken und Handeln im Lichte neuer Erfahrungen, Ereignisse und Erkenntnisse zu adjustieren und zu renovieren.

Synaptisches Selbstmanagement muss viertens immer mit einem Management von **Temporalisierung** einhergehen. Damit ist gemeint, dass Führungskräfte in ihren Arbeitsalltag und in ihre unternehmensinterne Systemumwelt immer Elemente einbauen müssen, die eine befristete Dauer haben. Um in der Lage zu sein, einer Zementierung und Erstarrung der von ihnen geschaffenen und „bewohnten" Reservate, Gemeinschaften, Konsonanzen und Korridore entgegenzuwirken, müssen die Führungskräfte ihre berufliche Lebenswelt mit einem Verfallsdatum ausstatten. Sie müssen das Milieu, in dem sie arbeiten, stetig neu gestalten, die Strukturen, in denen sie wirken, regelmäßig erneuern, das Tableau der Menschen, mit denen sie interagieren, ständig weiterbilden, den Verantwortungsbereich, den sie ausfüllen, in bestimmten Zeitrhythmen renovieren, und mit ihrer eigenen Funktion und Position in bestimmten Zeiträumen rotieren.

Auch dieses Selbstmanagement von Temporalisierung ist alles andere als selbstverständlich. Bedeutet dies doch immer eine Abkehr von langfristiger Konstanz. Die war in der Unternehmenswelt des 20. Jahrhunderts vielfach durchaus funktional für die Führung von Unternehmen. Eine langfristige Konstanz in der Unternehmensführung konnte damals als angemessenes Pendant für die langfristige Konstanz der Umweltkonstellationen gelten, in denen sich Unternehmen im 20. Jahrhundert häufig bewegt haben.

Im 21. Jahrhundert ist dies aber grundlegend anders geworden. In der volatilen, erratischen und dynamisch wandlungsaffinen Unternehmensumwelt des 21. Jahrhunderts kann erfolgreiche Unternehmensführung nicht mehr mit einer langfristigen Stetigkeit und Veränderungsresistenz der Arbeitswelt des Unternehmensführers einhergehen. Eine Führungskraft, die sich heute einbetoniert in althergebrachte Organisationsstrukturen, Funktionsbereiche, Konventionen, Regeln, Kultur-Routinen, Interaktionsrituale, Kollegenkreise und Denkschemata, ist für die Führung eines Unternehmens im 21. Jahrhundert denkbar ungeeignet. Sie stellt für das Unternehmen ein chronisches Gefährdungspotenzial dar.

Denn es kann einer Führungskraft im 21. Jahrhundert nur dann gelingen, ein Unternehmen auf abrupte Wandlungsfähigkeit, flexible Anpassungsbereitschaft, dynamische Beweglichkeit und unbedingte Veränderungsoffenheit auszurichten, wenn sie selbst den Korridor, in dem sie wirkt, einer stetigen Wandlungsdynamik aussetzt.

Genau das ist mit Selbstmanagement von Temporalisierung gemeint: Die Bereitschaft und Befähigung einer Führungskraft, den angestammten Korridor, in dem sich ihr beruflicher Alltag abspielt, ständig zu renovieren. Diese Arbeit der permanenten Renovierung muss sich zum einen auf die Innenarchitektur des Korridors und zum anderen auf die Außenwände des Korridors erstrecken. Die Wandlung der Korridor-Innenwelt ist ein notwendiges Pendant zur Wandlung der Außenwände, die den Korridor von seiner Umwelt abgrenzen. Eine Führungskraft kann diesen ihren persönlichen Korridor nur dann jener stetigen Wandlungsdynamik aussetzen, wenn sie die Strukturen und Elemente, die Wände und Ingredienzien des Korridors temporalisiert, d. h. in ihrem Bestand befristet.

Dieses Selbstmanagement von Temporalisierung geht in der Regel damit einher, dass eine Führungskraft in ihrer eigenen beruflichen Lebenswelt Konflikte zuspitzen und verschärfen muss. Stellt doch der Fortbestand des Bestehenden, die Kontinuität des Bekannten, die Konstanz des Altgewohnten und die Routinisierung des Geläufigen für jede Führungskraft einen Modus der alltäglichen Konfliktreduktion dar (vgl. hierzu: Prodoehl 1983, S. 115 ff.). Für sie ist es deshalb mit Dissonanzen und Konflikten verbunden, einen Bruch mit liebgewonnenen Ritualen zu vollziehen und disruptiven Wandel im eigenen Berufsalltag zuzulassen.

Weil das Selbstmanagement von Temporalisierung chronisch konflikthaft ist, bedarf es zum Gelingen dieses Selbstmanagements in der Regel nicht nur einer Führungskraft, die dieses Selbstmanagement mit intrinsischer Motivation betreibt, sondern auch äußerer Stimulanzien. Solche Stimulanzien können reichen von Verfahrensregeln, die sich das Unternehmen gegeben hat und an die sich auch die Führungskräfte halten müssen, bis hin zu Vorgaben von Aufsichtsräten und Eigentümern.

Synaptisches Selbstmanagement muss fünftens immer auch die Bereitschaft der Führungskraft eines Unternehmens umfassen, Strukturen der **Heterarchie** im eigenen Unternehmen nicht nur hinzunehmen und auszuhalten, sondern gezielt zu fördern.

Förderung von Heterarchie in der Hierarchie bedeutet für Führungskräfte im Kern, vom Modus der direkten zum Modus der indirekten Steuerung überzuwechseln.

Das bedeutet konkret: Sie sind gehalten abzugehen von der Unternehmenssteuerung über detailtiefe Befehle und Weisungen, Belohnungen und Bestrafungen und über detaillierte Eingriffe in die Organisation und Funktion des Systems Unternehmen. Sie sind demgegenüber aufgefordert, durch Setzung eines Rahmens (von Regeln, Konventionen und Kulturen) dafür zu sorgen, dass ein unternehmensinternes Milieu entsteht, in dem sich die Elemente des sozialen Systems Unternehmen selbstbestimmt, frei und eigenverantwortlich organisieren und regulieren.

Das Prinzip des heterarchischen Selbstmanagements besteht also darin, „auf Eingriffe in die Detailorganisation und die Detailfunktionen eines Systems zu verzichten und stattdessen jene exogenen Rahmenregeln zu schaffen und zu kultivieren, die das endogene Wachstum von Ordnung und Komplexität möglich machen" (Malik 2009, S. 130).

Auch dies schafft für die Führungskräfte einen konflikthaften Spannungszustand. Denn sie sind qua ihrer Funktion als Führungskräfte gehalten, in einem hierarchischen System durch Top-down-Entscheidungen zu führen. Wenn sie nun zugleich darauf hinwirken sollen, Strukturen im Unternehmen auf- und auszubauen, die sich der hierarchischen Steuerung entziehen, stellen sie damit nicht nur ihre Funktion als übergeordnete Weisungsgeber in Frage, sondern schränken dadurch auch den unternehmensinternen Wirkungskreis ihrer eigenen Top-down-Führungsentscheidungen ein.

Synaptisches Selbstmanagement durch Management von Heterarchie ist deshalb für die Führungskräfte eines Unternehmens strukturell konflikthaft. Führungskräfte, die heterarchische Strukturen fördern, dezimieren damit ihre eigene Machtfülle als Befehlsgeber, beeinträchtigen auch tendenziell die Macht und den Einfluss der von ihnen geschaffenen Reservate und Gemeinschaften, beeinträchtigen die Konstanz ihrer eigenen Konsonanzen und schaffen für den Bestand ihrer persönlichen Korridore Wandlungsrisiken, die von den heterarchischen Unternehmensstrukturen induziert werden könnten.

Hierarchische Führung durch Fördern von Heterarchie markiert damit einen Widerspruch, in dem sich die Führungskräfte eines Unternehmens notwendig bewegen müssen, wenn sie ihr Unternehmen nachhaltig dynamisieren wollen.

Wenn Führungskräfte darangehen, diesen Widerspruch, diese Risiken und Konflikte des Heterarchie-Managements dadurch zu minimieren, dass sie die heterarchischen Strukturen wieder „an der kurzen Leine" führen, dann unterminieren sie deren dynamisierende Wirkungskraft.

Auch hier gilt also, dass synaptisches Management und synaptisches Selbstmanagement im Kern darin besteht, Widersprüche nicht zu eliminieren und zu negieren, sondern sie in das Tableau der Instrumente der strategischen Unternehmensführung im 21. Jahrhundert organisch einzuflechten und sie damit auszugestalten und auszuhalten.

Synaptisches Management als duales Management

9

Ich habe oben, im Kap. 6, bereits dargelegt, dass Unternehmensführung im 21. Jahrhundert im Kern duales Management sein muss. Ich kann diese Feststellung nun, auf der Grundlage der Beschreibung der fünf Maßnahmen-Cluster des synaptischen Managements, näher konkretisieren.

Stafford Beer schreibt in seiner Grundlegung der Management-Kybernetik: „After all, we have become used to the idea that every system is embedded in a higher-order metasystem, which alone is competent to handle the structure of the lower-order system." (Beer 1995, S. 225).

Im Rekurs auf diese Aussage von Stafford Beer kann die Kernthese, die dem Paradigma des synaptischen Managements zugrunde liegt, wie folgt spezifiziert werden:

Unternehmensführung im 21. Jahrhundert erfordert ein duales Management: zum einen ein Management nach den Grundsätzen der mechanischen Unternehmensführung („lower-order system") und zum anderen ein Management nach dem Paradigma der synaptischen Unternehmensführung („higher-order metasystem"). Das synaptische Management hat die Aufgabe, das Milieu zu schaffen, in das das mechanische Management eingebettet („embedded") werden muss, damit es nachhaltig effizient und effektiv funktionieren kann. Durch diese Einbettung wird die Funktionsweise des mechanischen Managements („the structure of the lower-order system") neu formatiert.

Ohne diese Einbettung in das Paradigma des synaptischen Managements muss das mechanische Management in der Unternehmensumwelt des 21. Jahrhunderts chronisch defizitär bleiben. Das synaptische Management kann deshalb, mit den Worten von Stafford Beer, auch als „the higher management" bezeichnet werden (Beer 1995, S. 227). Es ist im Vergleich zum mechanischen Management das hegemoniale Paradigma.

Das mechanische Management von Unternehmen ist und bleibt ein notwendiges, für die Unternehmensführung maßgebliches Basis-Paradigma. Es setzt darauf, dass es möglich ist, Probleme eines Unternehmens vollständig zu durchdringen, Ziele und Urteilskriterien eindeutig und widerspruchsfrei festzulegen, erschöpfend und zweckrational alle denkbaren/möglichen Mittel und Wege zur Problemlösung zu analysieren und deren

H. G. Prodoehl, *Synaptisches Management*,
DOI 10.1007/978-3-658-05519-6_9, © Springer Fachmedien Wiesbaden 2014

Folgewirkungen zu erkennen, daraus dann mit mathematischer Präzision die beste Alternative zur Problemlösung und Zielerreichung abzuleiten und auf dieser Grundlage dann durch kontrollierte Umsetzung der besten Alternative linear-kausal exakt jene Wirkungen zu erzielen, die vorher errechnet wurden.

Es ist oben vielfach aufgewiesen worden, dass dieses Paradigma des mechanischen Managements auf einer Gestaltungsillusion beruht.[1] In der komplexen und volatilen Unternehmensumwelt des 21. Jahrhunderts ist dies eine „heroische Illusion", der ein Manager dann unablässig huldigen muss, wenn er dafür bezahlt und daran gemessen wird, dass er nach diesem Paradigma der zweckrationalen Gestaltung eines Unternehmens funktioniert. Es gehört dann zur mentalen Grundausstattung, zur Basisqualifikation, zum „Survival Kit" des Managers, dass er dieser Illusion nachhängt.[2]

Dieses Paradigma des mechanischen Managements taugt in der Unternehmensumwelt des 21. Jahrhunderts nur dann, wenn es als ein „lower-order system" verstanden wird, als ein Modus der **operativen** Unternehmensführung, der nur dann nachhaltig erfolgreich sein kann, wenn er eingebettet wird in das „higher-order system" einer **strategischen** Unternehmensführung durch synaptisches Management.

Diese Einbettung geschieht dadurch, dass synaptisches Management ein Milieu (oder, mit anderen Worten: ein Klima, ein Ambiente, ein Environment, ein ökologisches System, einen Bedingungsrahmen) schafft, innerhalb dessen die Instrumente des mechanischen Managements im dreifachen Sinne des Wortes aufgehoben werden.

Es ist das Milieu des synaptischen Unternehmens, in dem diese Instrumente allein effektiv und effizient funktionsfähig sein können. Außerhalb dieses Milieus können sie nur zufällige Erfolge zeitigen. Sie ähneln darin den Methoden, die, um ein Bild aus dem ersten Kapitel wieder aufzugreifen, ein Gärtner zur Pflege seiner Pflanzen verwendet, und die doch allesamt nur dann zweckentsprechend wirken können, wenn sie in einem Klima eingesetzt werden, das dem Pflanzenwachstum zuträglich ist.

Ed Catmull, Mitgründer und CEO von Pixar, beschreibt diese Milieubildung wie folgt:

> What we can do is construct an environment that nurtures trusting and respectful relationships and unleashes everyone's creativity. If we get that right, the result is a vibrant community where talented people are loyal to one another and their collective work, everyone feels that they are part of something extraordinary, and their passion and accomplishments make the community a magnet for talented people. (Catmull 2008, S. 66 f.)

Eric Smith, ehemaliger CEO von Google, merkt dazu an:

> Google wird von seiner eigenen Kultur geleitet und nicht von mir. (Eric Smith, zitiert nach: Johnson et al. 2011, S. 530)

---

[1] Siehe dazu das Kap. 2. Malik resümiert seine Einschätzung dieses Management-Paradigmas mit den Worten, „dass diese Problemlösungskonzeption ein Maß an Information verlangt, das praktisch nicht erreicht werden kann" (Malik 2008, S. 232).

[2] In der Literatur ist oftmals nachgewiesen worden, dass ein großer Teil der Manager von dieser Gestaltungsillusion ausgeht; siehe dazu z. B.: Reeves et al. 2012, S. 55.

Synaptisches Management schafft dieses Milieu dadurch, dass es einen Bedingungsrahmen setzt, der für alle Aktionen des mechanischen Managements verbindlich und konstitutiv ist. Dieser Bedingungsrahmen besteht aus denjenigen Einstellungen, Werten, Regeln und Ressourcen, die zur Durchsetzung der fünf Maßnahmen-Cluster des synaptischen Managements in Unternehmen erforderlich sind.

Der Bedingungsrahmen konstituiert damit jenes System höherer Ordnung, jenes Metasystem, das für alle Aktionen des mechanischen Managements die handlungsleitenden Voraussetzungen vorgibt.

Er schafft ein Unternehmens-Ambiente, in dem die Selbstorganisation und Selbstregulierung der einzelnen Unternehmenseinheiten ermöglicht und stimuliert wird.

Synaptisches Management zielt damit nicht unmittelbar darauf ab, das Verhalten von Akteuren zu verändern, sondern die Verhältnisse, in denen sich dieses Verhalten ausbildet.

Allein dadurch, dass synaptisches Management Verhältnisse schafft, die die Kräfte der Selbstorganisation, Selbstregulierung und Selbstmotivierung im Unternehmen stimulieren, kann eine Steuerung des Verhaltens gelingen. Verhaltenssteuerung ist also in der Logik des synaptischen Management nur dann dauerhaft und nachhaltig erfolgversprechend möglich, wenn es eingebettet wird in ein Arsenal an synaptischen Maßnahmen zur Schaffung bestimmter Verhältnisse.

Synaptisches Management ist damit immer auch **duales Wandlungsmanagement**.

Denn nach dem Paradigma des synaptischen Managements spielen sich Wandlungsprozesse im Unternehmen grundsätzlich auf zwei verschiedenen Ebenen ab: einerseits auf der Ebene des Verhaltens, andererseits auf der Ebene der Verhältnisse.

Ein Manager, der nachhaltige Effekte erzielen will, muss darauf abstellen, bestimmte Veränderungen des Verhaltens (erste Ebene) dadurch zu bewirken, dass er bestimmte Veränderungen der Verhältnisse (zweite Ebene) vornimmt; – eingedenk dessen, dass diese Verhältnisse das Milieu darstellen, innerhalb dessen sich das Verhalten allein ausbilden kann. Er geht dabei davon aus, dass ohne eine synaptische Veränderung auf der zweiten Ebene Veränderungen auf der ersten Ebene nicht gelingen können. Und dass er dann, wenn er mit seinen Steuerungsaktionen nur auf der ersten Ebene ansetzt, ohne zugleich die zweite Ebene zu adressieren, das Scheitern seiner Ambitionen programmiert.

Das Credo des synaptischen Managements lautet danach: Ein Manager kann nur dann mit Aussicht auf dauerhaften und nachhaltigen Erfolg

- bestimmte Ziele erreichen, wenn er die intrinsischen Kräfte der Selbstorganisation im Unternehmen, die für die Erreichung dieser Ziele erforderlich sind, freisetzt,
- das Unternehmen in eine bestimmte Richtung steuern, wenn er die endogenen Selbststeuerungskräfte im Unternehmen, die in diese Richtung hinstreben, gezielt stimuliert,
- steuern und Ziele erreichen, wenn er sein Führungshandeln, das auf der ersten Ebene ansetzt, so adjustiert, dass es seinem Führungshandeln, das die zweite Ebene adressiert, entspricht.

Beispiele für duales Management in der Unternehmenspraxis

Alle mechanischen Maßnahmen des Managements zur Verbesserung der Vertriebs-leistung des Unternehmens durch Optimierung der Vertriebsorganisation, des Vertriebscontrollings und der Vertriebs-Incentivierung machen nur dann Sinn, wenn sie eingebettet werden in die synaptische Transformation eines Unternehmens zu einem außengeleiteten, extrovertierten, kundenzentrierten Unternehmen.

Alle mechanischen Maßnahmen des Managements zur Kostenreduktion machen nur dann Sinn, wenn das Management diese Maßnahmen einbettet in ein Milieu, in dem die intrinsische Motivation der Mitarbeiter zur unablässigen Erneuerung und Optimierung aller Unternehmensfunktionen stimuliert wird. Außerhalb dieses Milieus führen diese Maßnahmen allenfalls dazu, dass eine Abwärtsspirale in Gang gebracht wird.

Alle mechanischen Maßnahmen des Managements zur Steuerung des Verhaltens der Mitarbeiter sind nur dann sinnvoll, wenn sie integriert sind in ein synaptisches Management, das alle Mitarbeiter zur unablässigen **Konstruktion** ihrer eigenen Arbeitsumgebung und ihrer eigenen Arbeitsleistung befähigt und motiviert.

Alle mechanischen Maßnahmen des Managements zur Top-down-Steuerung eines Unternehmens durch Weisungen können nur dann greifen, wenn die einzelnen Elemente im Unternehmen bereit und in der Lage sind, sich selbst zu steuern. Geschieht letzteres, dann wird Top-down-Steuerung dadurch zugleich transformiert. Sie ist dann in erster Linie Steuerung des Milieus/der Verhältnisse und nur in besonderen Fällen Steuerung des Verhaltens (z. B. bei Fehlverhalten einzelner Mitarbeiter).

Alle mechanischen Aktionen des Managements zur Führung des gesamten Unternehmens, jeder Geschäftseinheit und jedes Mitarbeiters nach operativen Kennziffern sind nur dann zielführend, wenn sie in ein heterarchisches Milieu eingebettet sind, in dem jeder Mitarbeiter ermutigt und ertüchtigt wird, innerhalb eines Freiraums, den das Unternehmen ihm gibt, durch selbstbestimmtes Tun einen intrinsischen Sinn in seiner Tätigkeit zu entdecken und zu schaffen (einen „autotelischen" Sinn, der in der Tätigkeit selbst liegt und nicht in den Belohnungen, die die Tätigkeit abwirft).

Alle Aktivitäten des Managements zur Entwicklung neuer Geschäftsfelder zerschellen an den Volatilitäten der Märkte, wenn sie nicht aufsetzen auf einer umfassenden Umwelt- und Binnenvernetzung, wenn sie nicht durch vielfältige Rückkopplungen, Dialoge und Trial-and-Error-Projekte im Optionenraum abgesichert sind und mit Reserven daherkommen.

Alle Initiativen des Managements zur Förderung von Innovation und kontinuierlicher Verbesserung laufen dann leer, wenn sie nicht aufruhen auf einer „endogenen Dynamik", die das Unternehmen auch unabhängig von diesen Initiativen des Managements innovationsoffen und innovationsaffin macht.

Alle mechanischen Maßnahmen des Managements zur Exekution von Entscheidungen machen nur in einem Milieu Sinn, in dem es möglich ist, diese Entscheidungen auf Verbesserungsmöglichkeiten hin zu überprüfen.

Mechanisches Management kennt keine Instrumente, um Initiativ- und Innovationsgeist anzuordnen, intrinsische Motivation zu befehlen, unternehmerische Eigenverantwortung anzuweisen, adaptive Anpassungsfähigkeit zu verordnen und eine Atmosphäre offener und authentischer Kommunikation zu verfügen. All dies kann nur in einem Milieu entstehen, das durch die Maßnahmen des synaptischen Managements kreiert wird. In einem Unternehmen, in dem nicht offen kommuniziert wird, kann offene Kommunikation nicht dadurch hergestellt werden, dass diese von oben angeordnet wird, sondern nur dadurch, dass ein Prozess zur Ausbildung einer synaptischen Unternehmenskultur in Gang gesetzt wird. Der mechanische Manager, der Innovationsgeist oder barrierenfreie Kommunikation durch Top-down-Anweisungen, Belohnungen und Bestrafungen, harte Zielvorgaben und präzise Maßnahmenpläne zu erzwingen versucht, ähnelt dem Gärtner, der mit einer wohlkalkulierten Rund-um-die-Uhr-Pflege das Blühen, Wachsen und Gedeihen einer Plantage von Orangenbäumen in der sibirischen Tundra sicherstellen will.

Das synaptische Management setzt also den Bedingungsrahmen, nach dem das untergeordnete System des mechanischen Managements zu funktionieren hat. Es stellt darauf ab, durch Veränderungen auf der zweiten Ebene Veränderungen auf der ersten Ebene zu induzieren.

Entsprechend ist es die Aufgabe des synaptischen Managements, im Unternehmen ein Ensemble von Einstellungen, Werten, Regeln und Ressourcen zu implementieren, die für das Management von Umweltvernetzung, Binnenvernetzung, Kontingenz, Temporalisierung und Heterarchie funktional und erforderlich sind.

Damit schafft das synaptische Management innerhalb des Unternehmens jenen „entropic drift" (Stafford Beer), jene auf Selbstorganisation beruhende Eigendynamik, die es dem Unternehmen ermöglicht, sich im Einklang mit der Dynamik seiner Umwelt zu bewegen.

In diesem Kontext kann noch ein weiteres Merkmal des synaptisch geführten Unternehmens ausgemacht werden. Es ist dies auch ein Unternehmen, in dem die endogenen Kräfte durch eine **duale Vision** vitalisiert und mobilisiert werden können.

Diese duale Vision ist das Pendant zum dualen Management im synaptisch geführten Unternehmen. Sie ist ein Momentum, das durch synaptisches Management erzeugt wird und das vice versa die Wirkung des synaptischen Managements im Unternehmen befördert. Die duale Vision ist ein wesentliches Merkmal, mit dem sich das synaptisch geführte Unternehmen von anderen Unternehmen differenzieren kann.

Dabei gehe ich mit Peter Senge davon aus, dass eine Vision, die von allen Unternehmensakteuren geteilt wird, von entscheidender Bedeutung dafür ist, dass sich ein Unternehmen dynamisieren und dauerhaft lernfähig halten kann:

> Eine gemeinsame Vision ist lebenswichtig für eine lernende Organisation, weil sie den Schwerpunkt und die Energie für das Lernen liefert. Während adaptives Lernen auch ohne Vision möglich ist, ist ein schöpferisches Lernen nur möglich, wenn Menschen nach etwas streben, das ihnen wahrhaft am Herzen liegt. … Eine gemeinsame Vision ist eine Vision, der sich viele Menschen wahrhaft verschrieben haben, weil sie ihre eigene persönliche Vision widerspiegelt. (Senge 2011, S. 226)

Das synaptisch geführte Unternehmen hat das Potenzial, eine duale Vision auszubilden. Diese duale Vision ist der Kern der **Sinnstiftung**, die ein synaptisch geführtes Unternehmen für sich selbst, für seine Mitarbeiter und für seine Stakeholder schaffen kann.

Diese duale Vision besteht **zum einen** aus einer Profilierung des Nutzens, den das Unternehmen für seine Kunden erzeugt.

In einem extrovertierten Unternehmen markiert diese Vision den „höheren Zweck" (Senge 2011, S. 228) des Unternehmens, der für alle Akteure eine gemeinsame Identität schafft, ein gemeinsames Ziel setzt und damit intrinsische Motivation wie intrinsisches Engagement befördert. Die extrovertierte Vision kann dies dann bewirken, wenn sie in der Lage ist, für alle Akteure einen Sinn zu stiften, der intrinsisch ist, der also in der Arbeit selbst liegt und nicht darin, dass die Arbeit Belohnungen oder Bestrafungen provoziert. Diesen intrinsischen Sinn kann die Vision dann vermitteln, wenn sie für alle Akteure sinnfällig aufzeigen kann, dass ihre Arbeit für die Kunden des Unternehmens einen nachhaltigen, signifikanten und singulären Nutzen schafft, einen Nutzen, mit dem sich das Unternehmen aus der Sicht seiner Kunden von den Wettbewerbern differenziert.

Die Vision, die das synaptische Management im Unternehmen verankern kann, hat aber noch eine zweite Dimension. Sie besteht **zum anderen** in dem besonderen Milieu, das durch synaptisches Management geschaffen wird.

> Eine gemeinsame Vision … gibt dem Streben der Menschen Auftrieb. Die Arbeit wird Teil eines höheren Zwecks, der durch die Produkte oder Dienstleistungen des Unternehmens verkörpert wird … **Der höhere Zweck kann auch in dem Stil, dem Klima oder dem Geist des Unternehmens verkörpert sein.** (Senge 2011, S. 228; eigene Hervorhebung, HGP)

Synaptisches Management schafft durch synaptische Kulturbildung ein besonderes Unternehmensmilieu. Dieses Milieu, das durch Management von Umweltvernetzung, Binnenvernetzung, Kontingenz, Temporalisierung und Heterarchie ausgeprägt wird, hat das Potenzial, eine persönliche Vision für alle Unternehmensakteure und damit eine gemeinsame Vision des Unternehmens zu begründen.

Es ist die Vision eines Unternehmens, das ein besonderes Klima, eine besondere Kultur hat, eine synaptische Kultur, deren Credo lautet: Die Exzellenz eines Unternehmens besteht darin, dass es die Fähigkeiten aller Unternehmensakteure zur Selbstbestimmung, Selbstorganisation und Selbstentwicklung weckt.

In dieser Kultur der Selbstorganisation kann die Vision, die das Unternehmen dynamisiert, von unten, aus der Selbstorganisation der Mitarbeiter heraus, entstehen. Nur dadurch kann die Vision Treiber für eine dynamische, evolutionäre Weiterentwicklung des Unternehmens sein.

> Gemeinsame Visionen entwickeln sich aus persönlichen Visionen. Nur auf diesem Wege gewinnen sie an Kraft und stärken das Engagement… Eine Organisation, die gemeinsame Visionen aufbauen will, ermutigt ihre Mitglieder dazu, ihre persönlichen Visionen zu entwickeln… Die Disziplin vom Aufbau gemeinsamer Visionen beginnt mit dem Abschied von der traditionellen Vorstellung, dass Visionen immer ‚von oben' verkündet werden oder aus dem institutionalisierten Planungsprozess einer Organisation hervorgehen. (Senge 2011, S. 232 f.)

Synaptisches Management hat gerade deshalb das Potenzial, ein Unternehmen effektiv und effizient voranzubringen, weil es in der Lage ist, diese **duale Vision** in allen Teilen des Unternehmens aufwachsen zu lassen.

Dies führt zu einem weiteren Dualismus, in dem sich das synaptische Management bewegt und den es bewirkt. Es ist der **Dualismus menschlicher Fähigkeiten (Kompetenzen und Eigenschaften)**, die ein Unternehmen im 21. Jahrhundert zwingend benötigt, will es sich entsprechend der Dynamik seiner Umwelt dynamisieren.

Ein Unternehmen kann im 21. Jahrhundert nur dann nachhaltig erfolgreich sein, wenn seine Mitarbeiter bzw. eine Vielzahl seiner Mitarbeiter zwei verschiedene Typen von Fähigkeiten haben: mechanische und dynamische. Beide Typen von Fähigkeiten sind nur durch duales Management zu erschließen.

Mechanische Fähigkeiten können durch mechanisches Management stimuliert werden. Dynamische Fähigkeiten hingegen können ausschließlich durch synaptisches Management geweckt werden. Die Instrumente des mechanischen Managements müssen bei dem Versuch, dynamische Fähigkeiten zu befördern, notwendig versagen. Auch daran zeigt sich, dass das mechanische Management außerhalb der Kultur des synaptischen Managements nicht in der Lage ist, ein Unternehmen für die Herausforderungen des 21. Jahrhunderts angemessen auszurüsten.

Das duale Management eines Unternehmens im 21. Jahrhundert mit den Instrumenten des synaptischen und des mechanischen Managements korrespondiert also mit einem dualen Set an Fähigkeiten, die die Unternehmensakteure im dynamisierten Unternehmen ausbilden müssen.

Ich beziehe mich bei der Assoziation des dualen Managements mit dualen Fähigkeiten auf eine Vielzahl von sozialpsychologischen Studien (siehe dazu exemplarisch: Hamel 2008; Pink 2010; Pinnow 2011; siehe auch: Csikszentmihalyi 2008). Diese Assoziation kann wie folgt näher charakterisiert werden.

Das **mechanische Management** operiert in der Zielperspektive, bei den Unternehmensakteuren ein bestimmtes Verhalten zu bewirken, mit dem klassischen Ensemble der zweckrationalen Führungsinstrumente:

- mit der Fixierung präziser (nicht „vager") Regeln, die Strukturen und Prozesse, Verhalten und Denken im Unternehmen normieren,
- mit der Festlegung von Rollen, Funktionen und Zuständigkeiten für jeden einzelnen Mitarbeiter,
- mit der Vorgabe messbarer Ziele und Leistungsparameter,
- mit generellen Anordnungen und Einzelweisungen,
- mit regelmäßigen Leistungsbeurteilungen und Persönlichkeits-Bewertungen,
- mit quantitativen Leistungsmessungen,
- mit detaillierten Beaufsichtigungen und Kontrollen,
- mit materiellen bzw. immateriellen Belohnungen und Bestrafungen, die auf der Ausübung hierarchisch fundierter Macht beruhen.

Mit diesen Instrumenten kann das mechanische Management ausschließlich mechanische Fähigkeiten wecken und mobilisieren. Es sind dies drei Funktionskreise von Fähigkeiten:

- **Fähigkeiten im Funktionskreis der Regelkonformität**: Gehorsam, Fügsamkeit, Ergebenheit, Loyalität, Anpassungsbereitschaft; der regelkonform Handelnde passt sein Denken und Handeln weisungsabhängig in ein Prokrustesbett von detaillierten Vorgaben, Anordnungen und Regeln ein; er pariert folgsam auf die Befehle der Machtbefugten;
- **Fähigkeiten im Funktionskreis der Leistungsethik**: Sorgfalt, Zuverlässigkeit, Gewissenhaftigkeit, Ordnungsliebe, Disziplin, Präzision, Pünktlichkeit, Fleiß, Einsatzbereitschaft; der leistungsethisch Agierende fügt sich ohne Vorbehalte und Reserven bruchlos in das Gefüge einer Organisation ein und funktioniert dort als ein berechenbares Teil im Räderwerk des Ganzen;
- **Fähigkeiten im Funktionskreis der Sachkompetenz**: Sachkenntnis, Bereitschaft zur Aneignung von Wissen und Fertigkeiten, Bereitschaft zur Nutzung der eigenen intellektuellen Fähigkeiten für die Berufsarbeit; Befähigung zur Entwicklung von Routinen für die standardisierte Bearbeitung von Aufgaben; der sachkompetent Handelnde ist bereit und in der Lage, weisungsgemäß sein Wissen und seine beruflichen Fertigkeiten aus- und weiterzubilden und dabei seine Intelligenz einzusetzen; er akkumuliert so, wie es von ihm erwartet wird, Kenntnisse und sammelt Informationen.

Mechanisches Management kann entsprechend bei den Unternehmensakteuren die Bereitschaft und die Fähigkeit zur regelkonformen, zuverlässigen und sachkompetenten **Pflichterfüllung** bewirken. Nicht mehr, aber auch nicht weniger.

Mitarbeiter zu haben, die ihre Pflicht erfüllen, ist eine notwendige, aber keine hinreichende Bedingung dafür, dass Unternehmen im 21. Jahrhundert erfolgreich am Markt bestehen können.

Damit Unternehmen im 21. Jahrhundert zureichend dynamisiert werden, bedarf es mehr. Unternehmen benötigen dazu Mitarbeiter, die mehr tun als ihre Pflicht. Dieses „mehr" kann durch die Instrumente des mechanischen Managements nicht nachhaltig stimuliert werden. Dazu bedarf es der Methoden des synaptischen Managements.

Was ist nun dieses „mehr"?

Das **synaptische Management** wirkt auf das Denken und Handeln der Unternehmensakteure mit den beschriebenen fünf Maßnahmen-Clustern und Grundprinzipien ein. Die Medien, die das synaptische Management dabei einsetzt, unterscheiden sich grundlegend von den Instrumenten des mechanischen Managements. Es sind im Wesentlichen die folgenden Medien:

- Kulturbildung und Rahmensetzung zur Beförderung der fünf Maßnahmen-Cluster („synaptische Kultur"),
- Werte und Visionen, die individuellen und kollektiven Sinn stiften,

- Vertrauen (auch in die Fähigkeiten der Mitarbeiter zur Selbstorganisation) und Wertschätzung,
- Delegation von Macht, Verantwortung und Entscheidungsbefugnissen,
- Koordination über Einfluss,
- Schaffung von Freiräumen für Selbstmanagement, Selbstbestimmung, Selbstorganisation, Selbstführung, Selbstverantwortung, Selbstprüfung, Selbstkontrolle und Selbstverwirklichung.

Mit diesen Handlungsmedien und mit den beschriebenen fünf Maßnahmen-Clustern ist das synaptische Management in der Lage, dynamische Fähigkeiten zu fördern und zu stimulieren. Es sind dies ebenfalls drei Typen von Fähigkeiten:

- **Fähigkeit zur Eigeninitiative**: Mitarbeiter, die Eigeninitiative zeigen, bearbeiten nicht nur ihr Pflichtprogramm, sondern schaffen für sich selbst und für andere darüber hinaus ein Kürprogramm. Sie denken und handeln über die Grenzen des Pflichtkanons hinaus. Sie unternehmen von sich aus, ohne dazu von Dritten aufgefordert zu sein, Erkundungen auf neuem Terrain. Sie sind in diesem Sinne intrinsisch unternehmerisch und verfügen über eine „erneuerbare Energie". Sie haben in sich eine intrinsische Motorik, die sie stetig suchen lässt nach neuen Herausforderungen und nach Wegen, die Dinge anders und besser zu machen. Auf dieser Suche sind sie bereit und in der Lage, bestehende Routinen in Frage zu stellen und über vorhandene Grenzzäune hinauszudenken und hinauszugehen. Initiative Mitarbeiter sind entsprechend bereit und fähig, sich selbst als Subjekte gegenüber objektiven Phänomenen (Regeln, Strukturen etc.) zu positionieren, d. h. sie rezipieren und registrieren nicht nur das, was ist, sondern bilden unablässig dazu eine eigene Meinung aus.
- **Fähigkeit zur Invention**: Inventive Mitarbeiter sind bereit und in der Lage, vorhandene Elemente neu zu verknüpfen, bestehende Beziehungen neu zu ordnen und dabei neue Konstellationen zu erfinden. Sie greifen Bewegungen in ihrer Umwelt auf, um gegebene Konstellationen (Systeme, Strukturen, Prozesse, Beziehungen etc.) auf neuartige Weise in Bewegung zu bringen. Sie begeben sich auf neues Terrain, um dieses so zu umzugestalten, wie es vorher nicht war. Sie sind intrinsisch kreativ und innovativ, indem sie neue Konstellationen erproben, experimentell testen und spielerisch fortbilden.
- **Fähigkeit zur Passion**: Passionierte Mitarbeiter sind bereit und in der Lage, „autotelisch" (vgl. dazu: Csikszentmihalyi 2008; Pink 2010) zu arbeiten, d. h. eine Arbeit um ihrer selbst willen zu tun, wegen der Erfüllung, die in ihr selbst liegt. Sie sind fähig, in ihrer Arbeit aufzugehen, in ihrer Arbeit einen Sinn zu erkennen oder zu erschaffen, der die Arbeit für sie selbst-belohnend und fesselnd macht. Sie sind deshalb intrinsisch begeisterungsfähig, fähig zu leidenschaftlichem Engagement, zur Hingabe an ihre Aufgabe. Sie können jenen Zustand des „Flow" erleben, der sie eins werden lässt mit ihrer Arbeit. Entsprechend sind sie zur Selbst-Inspiration und Selbst-Verpflichtung in der Lage. Weil sie in ihrer Arbeit einen intrinsischen Sinn sehen, können sie freiwillig und mit Enthusiasmus lernen, Bestehendes verbessern und einen Prozess der stetigen Optimierung vollziehen.

Es gibt in der sozialpsychologischen und soziologischen Forschung eine Vielzahl von Belegen dafür, dass diese Fähigkeiten zur Eigeninitiative, zur Invention und zur Passion durch die Instrumente des mechanischen Managements nicht nur nicht gefördert werden können, sondern sogar an ihrer Entfaltung gehindert werden.[3]

> Die vorhandenen Management-Tools können Menschen zu Gehorsam und Gewissenhaftigkeit nötigen, aber sie sind ungeeignet, die Kreativität und das Engagement der Mitarbeiter zu wecken. (Hamel 2008, S. 94)

Die Stimulierung dieser drei dynamischen Fähigkeiten ist nur mit den Medien des synaptischen Managements möglich.

Daraus folgt auch, dass es im dualen Management stets eine Hegemonie geben muss. Das synaptische Management muss das führende System sein, das „higher-order system". Es muss die hegemoniale Unternehmenskultur ausbilden, in die die Instrumente des mechanischen Managements so hineingefügt werden, dass sich diese Instrumente im Prozess dieser Integration an die Medien des synaptischen Managements anbequemen.

Für den Bedingungsrahmen, den das synaptische Management für das Unternehmen setzt, gilt auch, dass er selbst wiederum auf synaptischem Wege, also durch Management von Umweltvernetzung, Binnenvernetzung, Kontingenz, Temporalisierung und Heterarchie geschaffen und fortgebildet werden muss. Die Unternehmensführung kann diesen Bedingungsrahmen nicht in einer Arkansphäre, in einer von der Außenwelt abgeschotteten Klausur, erfinden und dann top-down verordnen.

Das gilt auch und gerade für den **Prozess der Strategieentwicklung.**

Am Beispiel dieses Prozesses kann exemplarisch aufgezeigt werden, wie synaptisches Management im Unterschied zum mechanischen Management funktioniert und wie duales Management im Unternehmen implementiert werden kann.

Mechanische Strategieentwicklung oder Strategieentwicklung im Paradigma des mechanischen Managements erfolgt von der Prämisse jener „Gestaltungsillusion" aus: Es wird angenommen, dass die Zukunft verlässlich prognostizierbar ist und dass auf dieser Grundlage durch zweckrationales Entscheiden eine Ideallinie der Unternehmensentwicklung ermittelt und festgeschrieben werden kann.

Entsprechend wird Strategieentwicklung in diesem Paradigma des mechanischen Managements wie folgt ablaufen:

- Unternehmensstäbe und/oder externe Berater erstellen Analysen über die für die Strategiefindung relevanten Input-Faktoren (Umwelt- und Marktentwicklung, Wettbe-

---

[3] Siehe exemplarisch das Statement von Pink: „Die Wissenschaft zeigt, dass ‚Wenn-Dann'-Belohnungen … nicht nur in vielen Situationen unwirksam sind, sondern auch primäre, kreative, abstrakte Fähigkeiten zerstören können, die maßgeblich für gegenwärtige und zukünftige ökonomische und soziale Fortschritte sind." (Pink 2010, S. 177)

werbslage, künftige Bedrohungen und Chancen für das Unternehmen, Kernkompeten-
zen und Stärken/Schwächen des Unternehmens, Erfolgsfaktoren etc.).
- Auf der Grundlage dieser Analysen trifft das Top-Management in einer Klausurtagung
  eine Entscheidung über die Unternehmensstrategie.
- Diese Entscheidung wird dann von Unternehmensstäben bzw. von Beratern auf Maßnahmenkataloge heruntergebrochen und mit Steuerungsinstrumenten grundiert (KPI's,
  Ziele-Kaskade, Reporting-Routinen, Controlling-Tools etc.).
- Die Umsetzung dieser Maßnahmen wird dann top-down durch Installation eines „Pro-
  gram Management Office" nachgehalten und überwacht.

Das synaptische Management muss alle diese Instrumente und Methoden inkludieren. Es
formatiert sie aber neu, indem es sie in die fünf beschriebenen Maßnahmen-Cluster einbettet, und hebt sie mit dieser Einbettung auf eine neue Ebene. Es bewahrt diese Instrumente und Methoden damit auf und transformiert sie zugleich.

Synaptisches Management versteht Strategieentwicklung als einen Prozess, der organisch mit den fünf Maßnahmen-Clustern verflochten ist. Seine Merkmale können wie
folgt skizziert werden:

- **Strategieentwicklung durch Umweltvernetzung**: Das synaptische Management mobilisiert für eine umfassende und tiefenscharfe Analyse und Evaluation der unternehmensrelevanten Umwelt (Markt, Kunden, Wettbewerber, weitere Umweltfaktoren) die
  Kapazitäten des gesamten Unternehmens zur dynamischen Umweltvernetzung. Es bezieht alle Einheiten und Elemente des Unternehmens, die an der Umweltvernetzung
  teilhaben, ebenso in diesen Prozess der Analyse und Evaluation ein wie die Partner
  des Unternehmens. Es stimuliert damit im Kern einen Prozess der partizipativen Strategieentwicklung, in den alle Unternehmenseinheiten und alle Unternehmensakteure
  einbezogen sind.
- **Strategieentwicklung durch Binnenvernetzung**: Entsprechend operiert das synaptische Management bei der Strategieentwicklung auch mit dem gesamten Arsenal der
  Instrumente der Binnenvernetzung. Es schafft im Kontext des Prozesses der Strategieentwicklung Arbeitsgruppen und Foren für einen interdisziplinären, bereichs- und
  grenzüberschreitenden Dialog und Kooperationsprozess.
- **Strategieentwicklung durch Management von Kontingenz**: Das Ensemble der Methoden des Kontingenz-Managements ist für die synaptische Strategieentwicklung von
  konstitutiver Bedeutung. Synaptische Strategieentwicklung beinhaltet immer,
  - Verfremdung zuzulassen und zu stimulieren, d. h. ein Ambiente auszubilden, in
    dem Bekanntes, Gewohntes und Selbstverständliches konstruktiv hinterfragt wer-
    den kann,
  - ein Milieu für offenen, d. h. nicht sanktionsbeschwerten, kritischen und kontrover-
    sen Dialog zu schaffen,
  - Methoden der Konstruktion zuzulassen,

- einen Optionenraum auszubreiten für unterschiedliche, sich gegenseitig ausschließende strategische Handlungsoptionen, die in mehreren Prozessschritten zunächst generiert, dann auf ihre Realisierungsbedingungen hin untersucht und schließlich hinsichtlich der Umsetzbarkeit dieser Bedingungen evaluiert werden (siehe zu diesem Vorgehen der Strategieentwicklung im Optionenraum: Lafley et al. 2012, S. 24 ff.),
- in den Interaktionsprozess Rückkopplungen einzubauen,
- Räume für Experimente, Tests und Lernschleifen zu öffnen.

- **Strategieentwicklung durch Temporalisierung**: Strategieentwicklung muss stets verstanden werden als ein „kollektiver Akt der Distanzierung von den Erfolgsmustern der Vergangenheit". Strategie hat immer auch die Aufgabe, „die gegebenen Verhältnisse in Frage zu stellen" (Glatzel und Wimmer 2009, S. 196 f.). Der Prozess der Strategieentwicklung muss also stets ein Hinausdenken und Hinausgehen über den Status quo inkludieren.

  Zugleich muss er synaptisch mit der Vergangenheit des Unternehmens verbunden werden, denn „jede strategische Neuausrichtung hat immer die bereits in der Vergangenheit liegenden Erfahrungen des Systems zum Fundament. Zukunft in diesem Sinne fußt natürlich auf einer gründlichen Beschäftigung mit der eigenen Herkunft, mit den tieferen Wurzeln der eigenen Leistungsfähigkeit als Organisation" (Glatzel und Wimmer 2009, S. 202; siehe dazu auch: Nagel und Wimmer 2002).

  Hinzu kommt, dass der Prozess der Strategieentwicklung und die festgelegte Strategie im Sinne des Managements von Temporalisierung stets auf Reversibilität hin angelegt werden muss. Die Strategie kann immer nur als eine vorläufige, reversible, temporär bestandskräftige aufgefasst werden.

- **Strategieentwicklung durch Heterarchie**: Die Strategieentwicklung im Unternehmen muss immer in einem Peer-Milieu erfolgen, in dem Gleiche außerhalb hierarchischer Organisationsgefüge kooperieren. Und sie muss aufsetzen auf Teilstrategien, die in einzelnen Subsystemen des Unternehmens aufgrund ihrer jeweiligen Eigenverantwortung und Selbstbestimmung entwickelt wurden. Synaptisches Management muss diese dezentrale, verteilte Intelligenz in den vielfältigen Einheiten des Unternehmens mobilisieren und vitalisieren. Auf diese Weise muss synaptisches Management für den Prozess der Strategieentwicklung im Gesamtunternehmen die Kräfte der emergenten Selbstorganisation in den verschiedenen dezentralen Subsystemen des Unternehmens nutzen. Zugleich ist es die Aufgabe einer synaptischen Strategieentwicklung, diese dezentralen Teilstrategien in eine Gesamtstrategie für das Unternehmen einzubinden. Synaptische Strategieentwicklung durch Heterarchie hat damit die doppelte Aufgabe, dezentrale Intelligenz zu mobilisieren und zugleich diese dezentrale Intelligenz organisch in die Erarbeitung einer Gesamtstrategie für das Unternehmen einzuflechten.

Hinzu kommt: Synaptisches Management muss im gesamten Strategieprozess darauf hinwirken, dass die im Unternehmen vorhandenen Reservate, Gemeinschaften, Konsonanzen und Korridore zum Gegenstand der Strategiearbeit gemacht werden. Ein Strategieprozess, der dies nicht inkludiert, der also das Aufdecken und Hinterfragen von unternehmens-internen Machtdomänen, Abschottungsritualen, Silostrukturen, gewohnten und konven-tionalisierten Denk- und Verhaltensmustern nicht beinhaltet, wird Probleme, mit denen das Unternehmen konfrontiert ist, nicht bearbeiten, sondern nur verdecken und perpetu-ieren können.

Duales Management kann nun im Blick auf diesen Prozess der Strategieentwicklung wie folgt verstanden werden:

Synaptisches Management muss für die so verstandene Strategieentwicklung einen Zeitplan, eine Planung für den Kooperations-, Partizipations- und Interaktionsprozess und eine Planung für die verschiedenen Workstreams zur fachlichen Bearbeitung der ver-schiedenen Aufgabenpakete vorgeben.

Im Ergebnis dieses Prozesses der Strategieentwicklung müssen Entscheidungen zur künftigen strategischen Ausrichtung des Unternehmens getroffen werden. Die Ergebnis-se, die der synaptische Prozess der Strategieentwicklung generiert hat, müssen dann im Unternehmen fixiert und auf entsprechende Maßnahmen und Umsetzungspläne hin her-untergebrochen werden. Hier machen dann wieder klassische Instrumente der mechani-schen Unternehmenssteuerung Sinn. Sie müssen gezielt zur Umsetzung der beschlossenen Strategie eingesetzt werden.

Doch ist der Sinn, den diese Instrumente des mechanischen Managements haben, hier zugleich ein anderer als der, der ihnen außerhalb des Paradigmas des synaptischen Ma-nagements zukommen würde.

Denn im Paradigma des synaptischen Managements findet der Prozess der Strategie-entwicklung stets auf zwei Ebenen statt:

- auf der Ebene eines temporären Sonder-Prozesses, in dem das Unternehmen, wie oben dargestellt, im Rahmen der fünf Maßnahmen-Cluster des synaptischen Managements eine Strategie erarbeitet,
- und auf der Ebene eines permanenten Dauer-Prozesses, in dem das Unternehmen kon-tinuierlich seine Strategie auf Optimierungschancen und Verbesserungsnotwendigkei-ten hin überprüft.

Synaptisches Management hat die ambivalente Aufgabe, für bestimmte Zeiten jenen Son-der-Prozess zu organisieren und zugleich jenen Dauer-Prozess aufrechtzuerhalten. Es ist dies auch die Aufgabe, den Sonder-Prozess organisch in den Dauer-Prozess einzubetten. Und die Aufgabe, die Instrumente des mechanischen Managements, die auf den Sonder-Prozess hin geeicht sind, durch ihre Einbettung in den Dauer-Prozess aufzuheben.

Das synaptisch geführte Unternehmen befindet sich stets in diesem Dauer-Prozess. In ihm findet stetig jener Gärungsprozess statt, in dem die verschiedenen Elemente des Un-ternehmens permanent darangehen, die bestehende Marktpositionierung des Unterneh-mens zu hinterfragen und auf Optimierungsmöglichkeiten hin zu überprüfen.

Dieser permanente Suchprozess, diese unablässige Arbeit daran, die Verfassung des Unternehmens zu optimieren, ist in der Genetik des synaptisch geführten Unternehmens einprogrammiert.

Es ist ein Unternehmen, in dem Strategieentwicklung ubiquitär und ständig stattfindet, als ein Prozess, in dem die Akteure im Unternehmen stetig daran arbeiten, die interne Dynamik des Unternehmens optimal mit der Dynamik der Umwelt zu verschränken.

Literatur

Ackoff, R. L. (2010). *Systems thinking for curious managers.* Devon: Triarchy Press.

Anderson, P. (1999). Complexity theory and organization science. *Organization Science, 10*(3), 216–232.

Anderson, C. (2006). *The long tail: How endless choice is creating unlimited demand.* London: Random House.

Anderson, B., Hagen, D., Reifel, J., & Stettler, E. (2006). Complexity. Customization's evil twin. *Strategy & Leadership, 34*(5), 19–27.

Aoki, K., & Lennerfors, T. T. (2013). Die Rückkehr der Keiretsu. *Harvard Business Manager,* 62 ff.

Argyris, C. (1985). *Strategy, change and defensive routines.* Boston: Pitman Publishing.

Ashby, W. R. (1956). *An introduction to cybernetics.* London: Chapman & Hall.

Baghai, M., Coley, S., & White, D. (1999). *The Alchemy of growth.* Reading: Basic Books.

Beck, U. (1986). *Risikogesellschaft. Auf dem Weg in eine andere Moderne.* Frankfurt a. M.: Suhrkamp.

Beer, S. (1995). *Brain of the firm* (2. Aufl.). New York: Wiley.

Belz, C., Müllner, M., & Zupancic, D. (2008). *Spitzenleistungen im Key Account Management* (2. Aufl.). München: mi-Fachverlag.

Berger, P. L., & Luckmann, T. (1969). *Die gesellschaftliche Konstruktion der Wirklichkeit.* Frankfurt a. M.: Fischer.

Blecker, T., & Kersten, W. (2006). *Complexity management in supply chains. Concepts, tools and methods.* Berlin: Erich Schmidt.

Bliss, C. (2000). *Management von Komplexität. Ein integrierter, systemtheoretischer Ansatz zur Komplexitätsreduktion.* Wiesbaden: Gabler.

Bohm, D., & Peat, F. D. (1987). *Science, order and creativity.* New York: Bantam Books.

Braun, T., Lindemann, U., & Maurer, M. (2009). *Structural complexity management. An approach for the field of product design.* Berlin: Springer.

Buckley, W. (1968). Society as a complex adaptive system. In W. Buckley (Hrsg.), *Modern systems research for the behavioral scientist.* Chicago: Aldine Publishing.

Burr, W., Stephan, M., & Werkmeister, C. (2011). *Unternehmensführung. Strategien der Gestaltung und des Wachstums von Unternehmen.* München: Vahlen.

Catmull, E. (2008). How Pixar fosters collective creativity. *Harvard Business Review,* 64–72.

Child, P., Diederichs, R., Sanders, F. H., & Wisniowski, S. (1991). The management of complexity. *McKinsey Quarterly, 4,* 52–68.

Clarke, L. (1993). The disqualification heuristic: When do organizations misperceive risk? *Research in Social Problems and Public Policy, 5,* 289–312.

Collins, J., & Hansen, M. T. (2012). *Oben bleiben. Immer.* Frankfurt a. M.: Campus.

H. G. Prodoehl, *Synaptisches Management,*
DOI 10.1007/978-3-658-05519-6, © Springer Fachmedien Wiesbaden 2014

Collins, J., & Porras, I. (2005). *Immer erfolgreich. Die Strategien der Top-Unternehmen.* München: Deutscher Taschenbuchverlag.

Csikszentmihalyi, M. (2008). *Das flow-Erlebnis: Jenseits von Angst und Langeweile im Tun aufgehen.* Stuttgart: Klett-Cotta.

Dahrendorf, R. (1962). *Industrie- und Betriebssoziologie.* Berlin: De Gruyter.

Di Pasquale, G., & Parisi Presicce, C. (Hrsg.). (2013). *Archimedes – The art and science of invention.* Rome: Giunti Editoriale.

Dodd, S. (2004). *An exploratory study of success and failure factors in internal corporate venturing.* Boston/Cambridge: MIT Sloan School of Management.

Drucker, P. (1954). *The practice of management.* New York: Harper Business.

Eckermann, J. P. (1981). *Gespräche mit Goethe.* Baden-Baden: Insel.

Ferrazzi, K. (2005). *Never eat alone. And other secrets to success, one relationship at a time.* New York: Crown Business.

Festinger, L. (1978). *Theorie der kognitiven Dissonanz. Herausgegeben von Martin Irle und Volker Möntmann.* Bern: Huber.

Fink, D., & Wamser, C. (2006). *Outgrowing. Wachsen mit den Ressourcen starker Partner.* München: Carl Hanser.

Finkelstein, S. (2006). Why smart executives fail. Business History, 153 ff.

Forrester, J. W. (1961). *Industrial dynamics.* Cambridge: MIT.

Freud, A. (1982). *Das Ich und die Abwehrmechanismen.* München: S. Fischer.

Friedman, T. L. (2006). *The world is flat. The globalized world in the twenty-first-century.* London: Penguin Books.

Fromm, E. (1974). *Anatomie der menschlichen Destruktivität.* Stuttgart: Deutsche Verlags-Anstalt.

Garfinkel, H. (1967). *Studies in ethnomethodology.* Englewood Cliffs: Wiley.

Garfinkel, H. (1973). Das Alltagswissen über soziale und innerhalb sozialer Strukturen. In Arbeitsgruppe Bielefelder Soziologen. (Hrsg.), *Alltagswissen, Interaktion und gesellschaftliche Wirklichkeit* (Bd. I, S. 189 ff.). Reinbek: Rowohlt.

Garvin, D. A., & Levesque, L. C. (February 2005). Emerging business opportunities at IBM. *Harvard Business School.* 9-304-075.

Geus de, A. (1988). Planning as learning. *Harvard Business Review.* 1988/66. Jahrgang.

Gigerenzer, G. (2008). *Bauchentscheidungen. Die Intelligenz des Unbewussten und die Macht der Intuition.* München: Goldmann.

Glatzel, K., & Wimmer, R. (2009). Strategieentwicklung in Theorie und Praxis. In R. Wimmer, J. O. Meissner, & P. Wolf (Hrsg.), *Praktische Organisationswissenschaft* (S. 194 ff). Heidelberg: Carl-Auer.

Gloor, P. A. (2006). *Swarm creativity. Competitive advantage through collaborative innovation networks.* Oxford: Oxford University Press.

Gouillart, F. J., & Kelly, J. N. (1999). *Business Transformation. Die besten Konzepte für Ihr Unternehmen.* Wien: Ueberreuter.

Gouldner, A. W. (1974). *Die westliche Soziologie in der Krise.* Reinbek: Rowohlt.

Granovetter, M. (1973). The strength of weak ties. *American Journal of Sociology, 78,* 1360–1380.

Habermas, J. (1981). *Theorie des kommunikativen Handelns. Bände 1 und 2.* Frankfurt a. M.: Suhrkamp.

Hamel, G. (2008). *Das Ende des Managements. Unternehmensführung im 21. Jahrhundert.* Berlin: Econ.

Hamel, G. (2013). *Worauf es jetzt ankommt. Erfolgreich in Zeiten kompromisslosen Wandels, brutalen Wettbewerbs und unaufhaltsamer Innovation.* Weinheim: Wiley-VCH.

Hart, S. (1991). Intentionality and autonomy in strategy-making process: Modes, archetypes, and firm performance. *Advances in Strategic Management, 7,* 97–127.

Hayek, F. A. v. (1967). *Studies in philosophy, politics and economics.* Chicago: Routledge.

Hayek, F. A. v. (1973). *Law, legislation and liberty. Volume 1: Rules and order*. London: Routledge.

Hegel, G. W. F. (1969a). *Wissenschaft der Logik I*. Frankfurt a. M.: Suhrkamp.

Hegel, G. W. F. (1969b). *Wissenschaft der Logik II*. Frankfurt a. M.: Suhrkamp.

Hock, D. (2008). *Die chaordische Organisation*. Stuttgart: Schäffer-Poeschel.

Hollnagel, E., Woods, D. D., & Leveson, N. (2013). *Resilience engineering. Concepts and precepts*. Dorchester: Dorset Press.

Holzkamp, K. (1973). *Sinnliche Erkenntnis. Historischer Ursprung und gesellschaftliche Funktion der Wahrnehmung*. Frankfurt a. M.: Fischer Athenäum Taschenbuch.

Holzkamp-Osterkamp, U. (1975/1976). *Grundlagen der psychologischen Motivationsforschung* (1975 (Bd. 1) und 1976 (Bd. 2)). Frankfurt a. M./New York: Campus.

Humphries, C. E., & Smith, A. C. T. (2004). Complexity theory as a practical management tool. A critical evaluation. *Organization Management Journal, 1*(2), 91–106.

IBM: Führen durch Vernetzung. Ergebnisse der Global CEO Studie. IBM Institute for Business Value. 2012.

Irle, M., & Möntmann, V. (1978). Die Theorie der kognitiven Dissonanz. Ein Resümee ihrer theoretischen Entwicklung und empirischen Ergebnisse 1957–1976. In Festinger 1978, S. 274–365.

Jenewein, W., & Heidbrink, M. (2008). *High-Performance-Teams. Die fünf Erfolgsprinzipien für Führung und Zusammenarbeit*. Stuttgart: Schäffer-Poeschel.

Jenewein, W., & Morhart, F. (September 2007). Wie Jürgen Dormann ABB rettete. *Harvard Business Manager*, 22 ff.

Johnson, S. (2013). *Wo gute Ideen herkommen. Eine kurze Geschichte der Innovation*. Bad Vilbel: Scoventa.

Johnson, G., Scholes, K., & Whittington, R. (2011). *Strategisches Management* (9. Aufl.). München: Pearson Studium.

Jonash, R. S., & Sommerlatte, T. (2000). *Innovation: Der Weg der Sieger. Wie erfolgreiche Unternehmen Werte schaffen*. Landsberg/Lech: Verlag Moderne Industrie.

Jung, S., & Wimmer, R. (2009). Organisation als Differenz: Grundzüge eines systemtheoretischen Organisationsverständnisses. In R. Wimmer, J. O. Meissner, & P. Wolf (Hrsg.), *Praktische Organisationswissenschaft* (S. 101 ff). Heidelberg: Carl-Auer.

Kahneman, D. (1973). *Attention and effort*. New York: Prentice Hall.

Kahneman, D. (2012). *Schnelles Denken. Langsames Denken*. München: Siedler.

Kahneman, D., & Tversky, A. (2012). Urteile unter Unsicherheit: Heuristiken und kognitive Verzerrungen. In D. Kahneman, *Schnelles Denken, langsames Denken* (S. 521 ff.). München: Siedler.

Kauffman, S. (1995). *At home in the universe. The search for laws of self-organization and complexity*. New York: Oxford University Press.

Kelly, K. (1994). *Out of control. The rise of biological civilization*. Reading: Basic Books.

de Keyser, V., & Woods, D. D. (1990). Fixation errors: Failures to revise situation assessment in dynamic and risky systems. In V. A. G. Colombo & A. S. de Bustamante (Hrsg.), *Systems reliability assessment*. Dordrecht: Kluwer.

Khalsa, M., & Illig, R. (2008). *Let's get real or let's not play. Transforming the buyer/seller relationship*. New York: Penguin Books.

Köppl, P. (2003). *Power Lobbying. Das Praxishandbuch der Public Affairs*. Wien: Linde.

Lafley, A. G., Martin, R. L., Rivkin, J. W., & Siggelkow, N. (Oktober 2012). Die Kunst der Strategieplanung. *Harvard Business Manager*, 24 ff.

Landes, D. (1999). *The wealth and poverty of nations*. New York: Abacus Books.

Langen, R. (2001). *Corporate Agenda. Kommunikation in Zeiten unternehmerischer Transformation*. Neuwied: Luchterhand.

Laurie, D. L., & Harreld, J. B. (November 2013). Was ihr Wachstum sabotiert. *Harvard Business Manager*, 72 ff.

Lefebvre, H. (1972). *Das Alltagsleben in der modernen Welt*. Frankfurt a. M.: Suhrkamp.

Letiche, H., & Lissack, M. R. (2002). Complexity, emergence, resilience and coherence. Gaining perspective on organizations and their study. *Emergence, 4*(3), 72–94.

Luhmann, N. (1964). *Funktionen und Folgen formaler Organisation*. Berlin: Duncker & Humblot.

Luhmann, N. (1971). *Politische Planung*. Opladen: Westdeutscher Verlag.

Luhmann, N. (1973). *Vertrauen. Ein Mechanismus der Reduktion sozialer Komplexität*. Stuttgart: UTB.

Luhmann, N. (1975). *Macht*. Stuttgart: UTB.

Luhmann, N. (1984). *Soziale Systeme*. Frankfurt a. M.: Suhrkamp.

Luo, X., Kanuri, V. K., & Andrews, M. (April 2013). Mit der Zeit immer bequemer. *Harvard Business Manager*.

Machiavelli, N. (2009). *Der Fürst*. Hamburg: Nikol.

Makridakis, S. (1990). *Forecasting, planning and strategy for the 21st century*. New York: The Free Press.

Malik, F. (2008). *Strategie des Managements komplexer Systeme* (10. Aufl.). Bern: Haupt.

Malik, F. (2009). *Systemisches Management, Evolution, Selbstorganisation* (5. Aufl.). Bern: Haupt.

Malik, F. (2013a). *Strategie. Navigieren in der Komplexität der Neuen Welt* (2. Aufl.). Frankfurt a. M.: Campus.

Malik, F. (2013b). *Unternehmenspolitik und Corporate Governance*. Frankfurt a. M.: Campus.

Marti, M. (2007). *Complexity Management – optimizing product architecture of industrial products*. Wiesbaden: Deutscher Universitätsverlag.

Maslow, A. H. (1981). *Motivation und Persönlichkeit*. Reinbek: Rowohlt.

Maturana, H. (1982). *Erkennen: Die Organisation und Verkörperung von Wirklichkeit*. Braunschweig: Vieweg.

McKelvey, B. (2004). Simple rules for improving corporate IQ: Basic lessons from complexity science. In P. Andriani & G. Passiante (Hrsg.), *Complexity theory and the management of networks*. Singapur: World Scientific Publishing.

Meissner, J. O., Wolf, P., & Wimmer, R. (2009). Weshalb system(theoret)ische Organisationswissenschaft? In R. Wimmer, J. O. Meissner, & P. Wolf (Hrsg.), *Praktische Organisationswissenschaft* (S. 20 ff). Heidelberg: Carl-Auer.

Meyer, C. M. (2007). *Integration des Komplexitätsmanagements in den strategischen Führungsprozess der Logistik*. Bern: Haupt.

Mintzberg, H. (1995). Die strategische Planung: Aufstieg, Niedergang und Neubestimmung. München: Hanser

Miragliotta, G., & Perona, M. (2004). Complexity management and supply chain performance assessment. A field study and a conceptual framework. *International Journal of Production Economics, 90*, 103–115.

Montgomery, C. A. (Hrsg.). (1995). *Resource-based and evolutionary theories of the firm: Towards a synthesis*. Boston: Kluwer.

Müller, O. (2006). *Wirtschaftsmacht Indien*. München: Carl Hanser.

Nagel, R., & Wimmer, R. (2002). *Systemische Strategieentwicklung*. Stuttgart: Schäffer-Poeschel.

Naipaul, V. S. (1992). *Indien. Ein Land in Aufruhr*. Köln: Kiepenheuer & Witsch.

Nayar, V. (2010). *Employees first, customers second. Turning conventional management upside down*. Boston: Harvard Business Press.

Papsdorf, C. (2009). *Wie Surfen zu Arbeit wird. Crowdsourcing im Web 2.0*. Frankfurt a. M.: Campus.

Parsons, T. (1980). *Zur Theorie der sozialen Interaktionsmedien*. Opladen: Westdeutscher Verlag.

Pascale, R. T. (1999). Surfing the Edge of Chaos. *Sloan Management Review, 40*(3), 83–94.

Pascale, R. T., Millemann, M., Gioja, L., & Herrmann, M. (2002). *Chaos ist die Regel. Wie Unternehmen Naturgesetze erfolgreich anwenden*. München: Econ.

Peters, T. J., & Waterman, R. H. (2003). *Auf der Suche nach Spitzenleistungen*. Frankfurt a. M.: Redline Wirtschaft.

Pettigrew, A. M. (1973). *The politics of organizational decision making.* London: Routledge.

Petzinger, T. (1999). A new model for the nature of business. *Wall Street Journal,* vom 26.2.1999.

Piller, F. T. (15. Mai 2013). Vortrag auf der Veranstaltung „Effizienter Staat".

Pink, D. H. (2010). *Drive. Was Sie wirklich motiviert.* Salzburg: Ecowin.

Pinnow, D. F. (2011). *Unternehmensorganisationen der Zukunft. Erfolgreich durch systematische Führung.* Frankfurt a. M.: Campus.

Porter, M. E. (1986). *Wettbewerbsvorteile.* Frankfurt a. M.: Campus.

Porter, M. E. (1988). *Wettbewerbsstrategie.* Frankfurt a. M.: Campus.

Prodoehl, H. G. (1983). *Theorie des Alltags.* Berlin: Duncker & Humblot.

Puhl, H. (1999). *Komplexitätsmanagement – ein Konzept zur ganzheitlichen Erfassung, Planung und Regelung der Komplexität in Unternehmensprozessen.* Kaiserslautern: Lehrstuhl für Fertigungstechnik und Betriebsorganisation.

Raufeisen, M. (1999). *Konzept der Komplexitätsmessung des Auftragsabwicklungsprozesses.* München: TCW.

Reeves, M., Love, C., & Tillmanns, P. (Oktober 2012). Eine Strategie für die Strategiearbeit. *Harvard Business Manager,* 48 ff.

Reichwald, R., & Piller, F. (2009). *Interaktive Wertschöpfung. Open Innovation, Individualisierung und neue Formen der Arbeitsteilung.* Wiesbaden: Gabler.

Reihlen, M. (1997). *Entwicklungsfähige Planungssysteme. Grundlagen, Konzepte und Anwendungen zur Bewältigung von Innovationsproblemen.* Wiesbaden: Springer.

Reihlen, M. (1998). Die Heterarchie als postbürokratisches Organisationsmodell der Zukunft? Arbeitsbericht Nr. 96. Arbeitsberichte des Seminars für Allgemeine Betriebswirtschaftslehre, Betriebswirtschaftliche Planung und Logistik der Universität zu Köln, Köln.

Richardson, G. (1990). *Feedback thought in social science and systems theory.* Philadelphia: University of Pennsylvania Press.

Ross, L., & Nisbett, R. E. (1991). *The person and the situation: Perspectives of social psychology.* New York: Pinter & Martin Publishers.

Roth, G. (2007). *Persönlichkeit, Entscheidung und Verhalten. Warum es so schwierig ist, sich und andere zu ändern.* Stuttgart: Klett-Cotta.

Schein, E. H. (2004). *Organizational culture and leadership. A dynamic view* (3. Aufl.). San Francisco: Jossey-Bass Publishers.

Scheler, M. (1955). *Vom Umsturz der Werte.* Bern: A. Francke.

Schuh, G., & Schwenk, U. (2001). *Produktkomplexität managen. Strategien, Methoden, Tools.* München: Carl Hanser.

Schumpeter, J. A. (2005). *Kapitalismus, Sozialismus und Demokratie.* Stuttgart: UTB.

Senge, P. M. (2011). *Die fünfte Disziplin. Kunst und Praxis der lernenden Organisation* (11. Aufl.). Stuttgart: Schäffer-Poeschel.

Sennett, R. (2000). *Der flexible Mensch. Die Kultur des neuen Kapitalismus.* Berlin: Siedler.

Simmel, G. (1911). *Philosophische Kultur. Gesammelte Essays.* Leipzig: Klinkhardt.

Simon, F. B. (2009). Wurzeln der systemtheoretischen Organisationstheorie. In R. Wimmer, J. O. Meissner, & P. Wolf (Hrsg.), *Praktische Organisationswissenschaft* (S. 40 ff.). Heidelberg: Carl-Auer.

Spender, J.-C. (1992). Strategy theorizing: Expanding the agenda. *Advances in Strategic Management, 8,* 3–32.

Stacey, R. D. (2005). *Experiencing emergence in organizations.* London: Routledge.

Sull, D., & Eisenhardt, K. M. (Oktober 2012). Einfache Regeln für eine komplexe Welt. *Harvard Business Manager,* 38 ff.

Surowiecki, J. (2005). *The wisdom of crowds.* New York: Doubleday.

Taleb, N. N. (2007). *The Black Swan.* New York: Penguin Books.

Tetenbaum, T. J. (1998). Shifting paradigms. From Newton to Chaos. *Organizational Dynamics, 26*(4), 21–32.

Ulrich, H. (1971). *Die Unternehmung als produktives soziales System* (2. Aufl.). Bern: Haupt.

Ulrich, H. (1978). *Unternehmenspolitik.* Bern: Haupt.

Waltl, H., & Wildemann, H. (2014). *Modularisierung der Produktion in der Automobilindustrie.* München: TCW.

Warner, M., & Witzel, M. (2004). *Managing in virtual organizations.* London: Cengage Learning EMEA.

Weber, M. (1976). *Wirtschaft und Gesellschaft. Grundriß der verstehenden Soziologie.* Tübingen: Mohr Siebeck.

Weick, K. E. (1995). *Der Prozeß des Organisierens.* Frankfurt a. M.: Suhrkamp.

Weick, K. E., & Sutcliffe, K. M. (2010). *Das Unerwartete managen. Wie Unternehmen aus Extremsituationen lernen.* Stuttgart: Schäffer-Poeschel.

Welch, J. (2002). *Was zählt.* München: Econ.

Wildemann, H. (1998). Komplexitätsmanagement durch Prozess- und Produktgestaltung. In D. Adam (Hrsg.), *Komplexitätsmanagement.* Wiesbaden: Gabler.

Wildemann, H. (1999). Komplexität. Vermeiden oder beherrschen lernen. *Harvard Business Manager, 6*, 30–42.

Wimmer, R., & Jung, S. (2009). Organisation als Differenz: Grundzüge eines systemtheoretischen Organisationsverständnisses. In R. Wimmer, J. O. Meissner, P. Wolf (Hrsg.), *Praktische Organisationswissenschaft* (S. 101 ff.). Heidelberg: Carl-Auer.

Wimmer, R., & Schumacher, T. (2009). Führung und Organisation. In R. Wimmer, J. O. Meissmer, & P. Wolf (Hrsg.), *Praktische Organisationswissenschaft* (S. 169 ff.). Heidelberg: Carl-Auer.

Wimmer, R., Meissner, J. O., & Wolf, P. (2009). *Praktische Organisationswissenschaft.* Heidelberg: Carl-Auer.

Wolf, P., & Hilse, H. (2009). Wissen und Lernen. In R. Wimmer, F. O. Meissner, & P. Wolf (Hrsg.), *Praktische Organisationswissenschaft* (S. 118 ff.). Heidelberg: Carl-Auer.

Zohar, D. (2000). Am Rande des Chaos. St. Gallen/Zürich: Midas.

Zupancic, D., Belz, C., & Bußmann, W. F. (2005). *Best practice im key account management.* Frankfurt a. M.: mi-Fachverlag.

The manufacturer's authorised representative in the EU is Springer
Nature Customer Service Centre GmbH, Europaplatz 3, 69115 Heidelberg,
Germany. If you have any concerns regarding our products, please
contact ProductSafety@springernature.com

Printed and bound by CPI Group (UK) Ltd, Croydon, CR0 4YY
23/04/2026
02095601-0016